기술사업화 프로세스

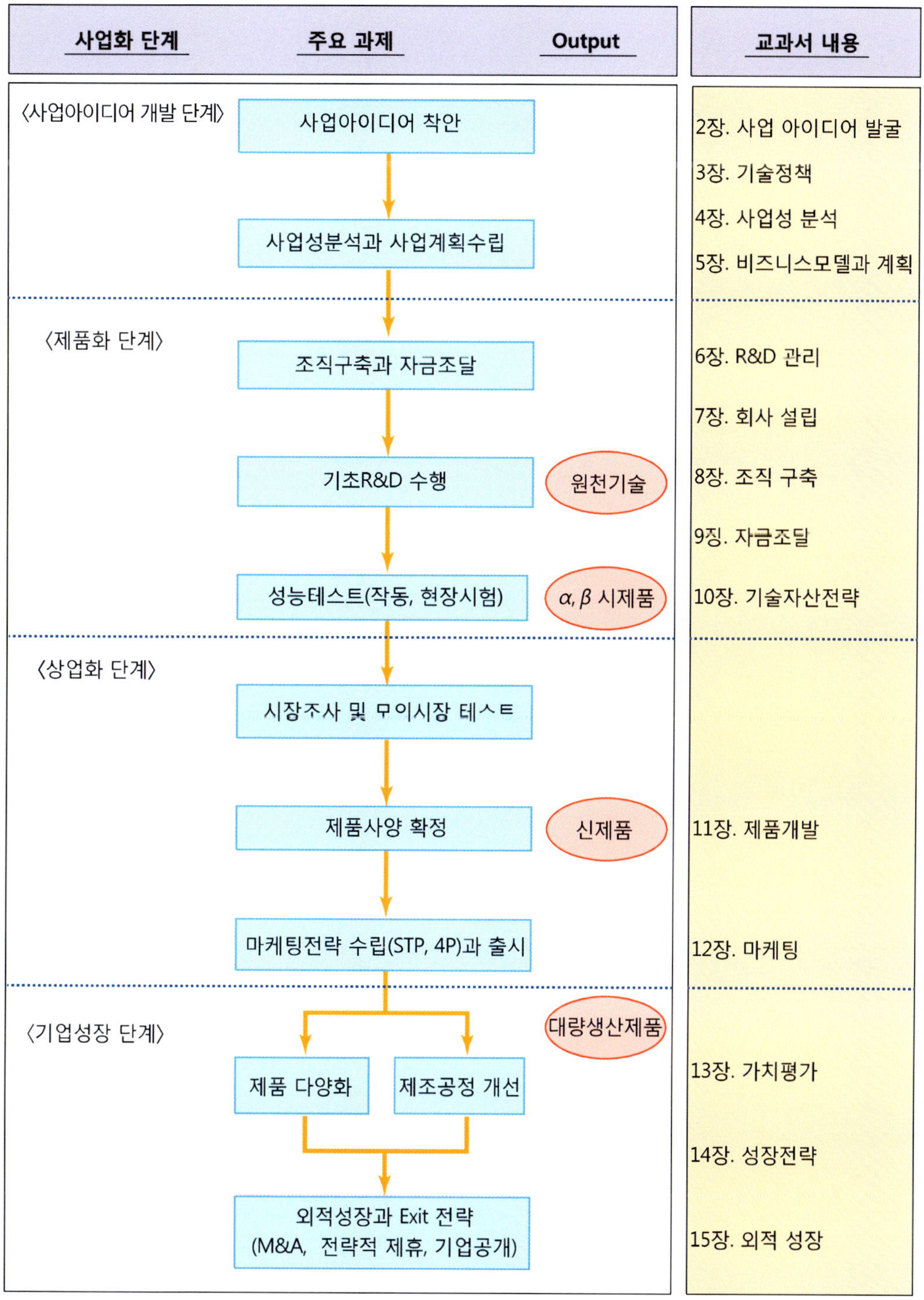

사업화 단계
주요 과제
Output
교과서 내용
〈사업아이디어 개발 단계〉
사업아이디어 착안
사업성분석과 사업계획수립
2장. 사업 아이디어 발굴
3장. 기술정책
4장. 사업성 분석
5장. 비즈니스모델과 계획
〈제품화 단계〉
조직구축과 자금조달
기초R&D 수행
원천기술
성능테스트(작동, 현장시험)
α, β 시제품
6장. R&D 관리
7장. 회사 설립
8장. 조직 구축
9장. 자금조달
10장. 기술자산전략
〈상업화 단계〉
시장조사 및 모의시장 테스트
제품사양 확정
신제품
마케팅전략 수립(STP, 4P)과 출시
11장. 제품개발
12장. 마케팅
〈기업성장 단계〉
대량생산제품
제품 다양화
제조공정 개선
외적성장과 Exit 전략
(M&A, 전략적 제휴, 기업공개)
13장. 가치평가
14장. 성장전략
15장. 외적 성장

단계별로 본

기술사업화와 창업

박원구 지음

KM 경문사

머리말

기술을 기반으로 기업을 창업하고 경영하기 위해서는 다방면의 지식과 경험이 필요하다. 우선 해당 기술에 대한 이해가 있어야 하며, 사업성평가에 대한 안목이 있어야 한다. 채택된 기술에 대해 기술개발 및 제품화 방안도 갖추어야 하며, 나아가 회사를 설립하는 방법, 자금조달, 인력충원, 조직구축, 기술자산전략, 마케팅에 대한 감각도 필요하다. 기업성장에 따라 발생하는 내외부 갈등을 미리 감지하고 향후 성장에 대한 전략과 비전도 갖추고 있어야 한다.

기술창업에 필요한 모든 지식을 갖춘 후에 창업하라고 권하지도 않으며, 실제 모든 지식을 갖춘 후에 창업하는 경우도 드물다. 그러나 경영자는 전체 창업과 경영 과정에서 어떤 종류의 이벤트들이 일어날 수 있는가를 대체적으로는 파악하고 사업을 전개해야 할 것이다, 본인이 감당할 수 없는 이벤트가 발생할 경우, 내외부 전문가를 활용하여 헤쳐나겠다는 복안도 포함되어야 한다. 이러한 기술창업에 대한 어려움을 다수의 선각자들이 이미 인식하여 다양한 저서들이 출간되었으며, 발간된 책의 스타일에 맞는 고객들의 욕구를 충족하고 있다.

이러한 상황을 고려하여, 저자는 아래 언급한 사항에 대한 궁금증을 많이 가지고 있는 독자를 주 대상으로 하여, 다음과 같은 방침으로 이 책을 저술하였다.

첫째, 기술창업 관련 지식을 사업화 순서에 따라 3단계로 구분, 설명하였다.

1단계(사업아이디어 개발 단계): 아이디어 발굴, 사업성분석, 사업계획서 작성
2단계(기술의 사업화 단계): R&D 관리, 기업설립, 충원, 자금조달, 제품개발
3단계(기업성장 단계): 마케팅, 가치평가, 성장을 위한 내외부전략 수립

둘째, 가능한 분야별로 자세한 지식이 포함되도록 노력하였다.

기술창업에 필요한 지식은 융합학문으로서, 공학, 경영학, 기술경영 모두를 포괄하는 관점을 가지고 기술되어야만 독자의 만족도가 높아질 것이다. 따라서 이 책은 15개 챕터들이 각 분야의 깊은 지식까지 포함되도록 노력하였다.

셋째, 독자 만족도를 높이기 위해 해당 분야 전문가 견해를 과감히 참고·인용하였다.

기술창업에 필요한 지식들은 다양한 학문 분야에 걸쳐 있는 것이기에, 저자 개인의 제한된 지식으로 모든 분야를 감당하기에는 한계가 있었다. 그리하여 독자의 만족도를 높이기 위해, 특정 몇 개 챕터는 한국에서 해당 분야에서 탁월한 식견을 소유하고 있는 저명한 전문가들의 견해를 과감히 활용하였다.

인용한 챕터와 이 분야의 전문가들은 아래와 같다.

2장 사업 아이디어의 발굴과 산업분석 후반부 등: 박용태 교수
2장 전반부 등: Bruce R. Barringer & R. Duane Ireland
3장 기술정책과 기술혁신: 이장재 박사
6장 R&D 관리: 조근태 교수
12장 마케팅과 기술마케팅: 성태경 교수

넷째, 창업 구상을 용이하게 하는 실전 창업 워크시트를 단계별로 넣었다.

창업을 모색하고 있으나 창업 전문지식과 경험이 적은 entrepreneur들을 위하여, 교과서 단계별로 사업화를 용이하게 하는 8단계의 '창업 워크시트(Worksheet)'를 삽입하였다. 워크시트 작성을 통해 창업의 간접 경험을 할 수 있을 것이다.

창업자들에게는 자세한 내용에 얽매이지 말고 큰 흐름 파악과 워크시트 작성을 권한다.

앞으로도 계속하여 기술사업화와 창업에 관련된 좋은 책들이 나와 이 분야 지식이 더욱 축적되었으면 한다. 이 책의 제작과정에서 많은 분들의 도움이 있었으며, 특히 귀중한 시간을 할애하여 교정사항을 지적해 주신 강인선 교수님, 성실하게 도움을 준 안수근 박사과정 학생, 유원석, 송상길, 강신호 학생, 창업 워크시트 작성에 도움을 준 CEO멘토 이진호 연구원과 최향 연구원의 도움이 막대하였다. 경문사의 많은 분들이 이번에도 수고해주셨다. 만들어진 책이 기술사업화와 창업을 하려는 분들에게 도움이 된다면 저자는 매우 큰 기쁨을 느낄 수 있을 것이다.

2017년 9월 관악산에서
박원구

목 차

세부 목차

제 1 부 예비 단계

제 1 장 기술창업의 이해

제 2 부 사업 아이디어 개발 단계

제 2 장 사업 아이디어의 발굴과 산업분석

제 3 장 기술정책과 기술혁신

제 4 부 기업성장 단계

제12장 마케팅과 기술마케팅

제13장 기술회계 및 가치평가

제14장 성장을 위한 전략과 리스크관리

제15장 외적성장과 정부 역할

제 1 부

예비 단계

1부에서는 본격적인 설명에 앞서 기술창업의 전반적인 프로세스에 대해 언급하고 기술창업이 왜 필요한지 알아본다. 나아가 기술을 토대로 창업하는 경우 수행해야 할 과제를 단계별로 점검해 보고, 이를 토대로 기술창업자가 갖추어야 할 지식을 정리해 본다.

나아가 성공적인 기술사업화를 위해 창업 시점부터 기업성장 단계별로 구분하여 사업 아이디어 개발 단계, 기술의 사업화 단계, 기업성장 단계로 나누어 언급함을 제안해 본다.

제 1 장

기술창업의 이해

1절 기술창업 프로세스

기술을 기반으로 기업을 창업한 후 오랜 기간의 고난과 위험을 이겨내고 성공적인 기업으로 성장하는 것은 매우 어려운 일이다. 성공 기업이 되기 위해서는 창업 후 추가 R&D를 수행하여 제품화에 성공하고 나아가 이를 판매하고 수익을 창출해야 한다. 기술을 토대로 창업한 기업이 겪어야 할 과제를 단계별로 나열해 보면 다음과 같다.

1. 사업 아이디어 개발 단계

우선 유망한 사업 아이디어를 찾아내고 어떻게 끌고 나갈 것이라는 청사진을 갖는 것이 필요하다. 유망한 사업아이템을 찾아내는 과정에는 과거 경험, 선천적 육감, 기술발전 추이, 사회적 추세 분석 등이 도움이 된다. 다음 후보 사업을 검토하는 사업성 분석 과정을 거쳐야 하는데 이에는 기술성, 시장성, 경제성, 추진 주체의 능력 검토가 주를 이룬다. 선택된 사업에 대해 구체적인 사업계획서를 작성하면서 미비점을 보완해야 하며, 또한 사업의 성공적인 비즈니스 모델을 그리고 있어야 한다.

2. 기술의 사업화 단계

채택된 사업 아이템에 대해서 구체적인 사업화가 추진된다. 추진 주체인 회사가 설립되어야 하며, 인력의 충원(staffing), 조직 구축이 뒤따른다. 사업계획을 토대로 추정재무제표를 작성해야 하며, 이를 통해 필요자금을 추정하고 시기별 소요자금을 조달(financing)하여야 한다. 미완성인 기술에 대해 추가적인 R&D가 진행되어야 하며, 필요시 원천기술을 확보해야 한다. 개발된 지적재산에 대한 자산화와 보호방안이 있어야 한다. 초기 제품화에 성공하면 이를 어떠한 제품사양으로 소비자에 선보일 것인가를 결정하기 위해 소비자분석과 런칭 전략이 필요하다.

3. 기업성장 단계

이어서 기업성장과 기업가치 극대화를 위한 활동이 이어져야 한다. 시장에 출시된 제품의 판매 증대를 위한 마케팅믹스(marketing mix) 결정 등 마케팅 전략수립과 마케팅

활동이 필요하다. 개발된 기술의 자산화와 필요기술의 효율적인 조달 등 기술마케팅 전략도 고려되어야 한다. 이를 위해 기술의 가치평가(valuation)도 있어야 하며, 아울러 기업가치 평가에 대한 안목도 갖추어야 한다. 기업이 크게 성장하면 구성원 간의 갈등(conflict)도 커지며 운전자금 급증 등 내부문제에 대한 대책도 필요하다. 기업의 지속적인 발전을 위해서는 제휴, 합병인수(M&A), 기업공개(IPO)가 고려되어야 하는데, 이에 대한 안목도 있어야 한다.

2절 기술창업의 필요성과 기업가정신

1. 세계 산업의 흐름과 기술의 중요성

18세기 산업혁명 이후 오늘날까지 세계경제는 기술혁신에 의해 발전하여 왔으며, 기술혁신이 유발한 새로운 기술 패러다임을 선도한 국가가 세계 경제를 주도하여 왔다. 특히, 20세기 후반부터 시작된 정보통신기술의 발달은 기술변화의 속도를 과거에는 상상할 수 없을 정도로 빠르게 하고 국가 간에 존재하는 지리적 경계를 무색하게 하고 있다.

이제 기술은 경제발전의 중요한 요소로 인식되고 있으며 세상을 엄청난 속도로 변화시키고 있다. 기술은 고전적인 경제학에서의 생산의 3대 요소(토지, 노동, 자본)를 능가하는 새로운 생산요소로 등장하게 되었고, 기술혁신은 국가나 기업의 경쟁력을 좌우하는 중요한 요소가 되었다.

이러한 기술의 중요성은 경제학 이론의 발전과 함께 더욱 강조되어 왔다. 우선 근대 경제학의 창시자라 할 수 있는 애덤 스미스는 그의 저서인 《국부론》에서 다수의 수요자와 다수의 생산자가 자기 이익을 극대화하려고 노력한 결과로 가격이 형성되고, 그렇게 형성된 가격이 시장 참여자들을 고루 만족시키는 것은 물론, 사회 전체의 이익도 극대화시키는, 이른바 '보이지 않는 손'의 역할을 강조하였다.

케인스는 '고용·이자 및 화폐의 일반이론'을 통해 총수요의 크기가 총공급의 크기를 결정하며 불완전고용을 극복하기 위해서는 유효수요 창출이 필요하며, 이를 위해 정부의 능동적인 개입을 강조하였다. 케인스가 활동할 당시 미국은 대공황으로 극심한 경기침체를 겪고 있었다. 이러한 현상에 대해 케인스는 공급할 능력은 충분한 데 비하여 수요가 부족하기 때문에 재고와 실업이 증가하는 것이라고 판단하고, 유효수요를 확대하기 위해 정부의 적극적인 시장개입을 주장하였으며, 결과적으로 대공황을 극복한 바 있다.

그러나 1970년대에 들어서면서 오일쇼크, 스태그플레이션이 등장하고, 계속되는 재정적자 누적과 생산적 투자의 저하가 초래되어 케인스의 정책은 비효율적이라는 지적을 받게 되었다. 이러한 케인스 경제정책의 비효율성을 극복하기 위해, 이른바 신자유주의 경제학자들은 세계화되어 가는 경제에 있어서 국가적 경계의 제한성을 비판하면서 '작은 국가'와 '시장 경쟁 확대'를 강조하게 되었다.

이러한 시대적 흐름에서 주목을 받기 시작한 경제학자는 기업가의 역할을 중시한 슘페터다. 슘페터는 시장의 역할보다는 기업, 특히 기업가의 역할이 경제 발전의 원동력이라고 주장하였다.

2. 기업가정신과 창업의 필요성

슘페터는 기업가의 창조적 파괴행위가 자본주의 역동성의 원천이고 경제를 발전시키는 원동력이라고 강조했다. 과거 전통적인 경제학에서는 수요와 공급이 모든 것을 결정하며, 기업가는 이윤만을 추구하는 탐욕스러운 존재로 평가되었다.

특정분야에서 혁신적 기술을 가진 기업이 위험을 무릅쓰고 아무도 생각하지 못한 제품을 출시하여 그 분야에서 새로운 시장을 형성하고 수요를 창출하는 데 성공할 경우, 관련분야의 기존 회사들도 시장에 진입하기 위하여 투자를 늘리는 순환 과정이 전개된다. 이러한 과정에서 투자와 고용이 늘어나고, 수요와 공급이 원활하게 이어지면서 시장이 활성화되어 경제가 전반적으로 호황을 누리게 된다.

슘페터의 이론에서 중요한 개념은 창조적 파괴와 기업가정신이다. 창조적 파괴는 기술혁신으로 인하여 과거의 지식이나 기술, 또는 투자가 더 이상 쓸모없게 되는 것을 의미한다. 즉, 비록 기존의 것을 파괴하기는 하지만 더욱 유용한 것을 창조한다는 의미에서 '창조적 파괴'라고 한다. 휴대전화 시장에서 스마트폰이 기존 휴대폰을 매우 빠르게 대체하면서 관련 시장을 확대하는 것은 창조적 파괴를 통한 발전의 대표적인 사례이다. 슘페터가 창조적 파괴와 함께 강조한 기업가정신은 위험을 무릅쓰고 이를 행동으로 옮기는 것을 의미한다.

또한 기업가에는 적응적 반응을 나타내는 기업가와 종래의 방법을 완전히 혁신하는 창조적인 반응을 나타내는 기업가가 있는데, 후자인 창조적 기업가야 말로 진정한 기업가이며, 이와 같은 '기업가정신'을 앙트러프러너십(entrepreneurship)이라고 했다. 다시 말하면 혁신을 행하는 자가 기업가이고 그러한 기업가의 창조적 혁신활동이 '기업가정신'

이라고 할 수 있는 것이다.

슘페터가 최근 주목 받는 이유도 작금의 세계적 불황을 타파하기 위해서는 '창조적 파괴'를 수행할 기업가 역할이 더욱 중요해지고 있기 때문이다. 아울러 기술창업이야말로 슘페터가 강조한 창조적 파괴와 기업가정신에 적합한 경제발전의 원동력이 될 수 있을 것이다.

더욱이 산업구조의 고도화에 따라 고용 창출력이 높은 노동집약적 산업의 비중이 감소하고 지식과 자본 집약적인 산업의 비중이 증가함에 따라 경제성장이 추가적인 고용 증대를 수반하지 않는 고용 없는 성장 하에서는 기술혁신에 기반을 둔 중소 벤처기업을 통한 고용창출에 대한 기대가 점차 높아지고 있다. 기업의 파괴적 혁신에 의한 기술창업은 기존시장을 대체하거나 확장하는 새로운 고용 수요를 창출함으로써 향후 고용확대에 중요한 역할을 할 것으로 기대된다.

3. 벤처기업의 개념

벤처기업의 의미를 정리해보면, 벤처(venture)와 기업(corporation)의 합성어로서 벤처기업은 고수익, 고위험을 내포하고, 그 제품 또는 사업 방법이 기술혁신과 창조성에 바탕을 두고 경영의 독립성을 견지하며, 기업의 성장과 주식공개를 지향한다.

첫째, 벤처기업은 대개 새로운 기술과 아이디어에 바탕을 두고 있으므로 수요 및 기술 측면의 불확실성으로 인한 위험이 따른다. 기술과 아이디어에 바탕을 둔 벤처기업이 성공하면 기술 및 시장우위를 획득하여 독점적 지위를 향유한다.

둘째, 고위험, 고수익이 있는 사업이라고 해서 모두 벤처기업이라고 말할 수 없으며, 기술혁신과 아이디어를 기반으로 할 경우에만 엄격한 의미에서 벤처기업이라고 말할 수 있다. 기술에 바탕을 두기 때문에 매출액 대비 연구개발 투자비율이 높고 창조성이 사업 성공의 중요한 요소가 된다.

셋째, 벤처기업은 제품기획, 구매, 생산 및 유통 등의 의사결정에 있어서 독자적이다. 불확실하고 급변하는 환경은 경영 및 사업스타일에 있어서 독립적인 의사결정과 혁신성을 요구하기 때문이다.

넷째, 벤처기업은 경영의 참여자, 기술제공자, 자본투자가에서 가능한 위험부담에 대한 보상을 조기화할 필요가 있으며, 성장을 위해 추가 자본 조달을 계속 필요로 한다.

4. 기술창업과 기술경영

마이클 포터는 '국가경쟁력 이론'을 통해 국가 경제는 요소주도형, 투자주도형, 혁신주도형, 부주도형 등 4단계로 전개되면서 발전한다고 주장하였다. 요소주도형 경제에서는 천연자원이나 노동력이 성장의 원천이고 투자주도형은 대기업 중심의 투자를 통해 산업을 고도화하는 경제이다. 혁신주도형은 기술혁신에 의한 제품차별화, 창의적 인력양성 등에 의한 성장의 경제이며, 부주도형은 과거에 이룩한 부에 의존하여 성장을 지속하면서 금융, 문화산업에 의해 주도되는 경제라 하였다. 그러나 요소주도형이나 투자주도형 경제는 어느 시점에 이르면 노동력이나 자원, 대기업 위주의 투자만으로는 국가경제의 성장이 한계에 부딪히게 된다.

현재 우리나라 경제도 국경 없는 세계 경제의 진전과 중국 경제의 성장, 고급원천기술 부족, 고용 없는 성장, 청년 실업 증가 등으로 인해 매우 어려운 상황이다. 따라서 기술혁신형 창업을 통해 기술력을 갖춘 기업의 성장에 필요한 환경을 제공하는 것이 필요하다.

기술창업의 활성화는 연구개발에 집중하고 개발된 기술을 사업화함으로써 수익성과 기업가치 향상이 도모될 때 가능하다. 기술집약적인 벤처기업의 성장을 위해서는 창의성을 바탕으로 한 기술혁신과 합리적인 기술혁신 프로세스를 관리하고, 성장 단계별로 연구개발에 대한 투자가 효율적으로 이루어질 수 있도록 관리가 필요하다.

연구개발 투자액과 기업성과와의 관계에 대해 많은 연구가 있어왔다. 연구개발비와 성과 간 관계에 대한 연구결과는, 비례한다는 결론, 반비례한다는 결론, 상관관계가 없다는 결론들이 다양하게 쏟아져 나왔다. 그러나 최근의 연구에서는 조직의 기술경영능력이 결국 기업성과를 좌우한다는 쪽으로 기울고 있다. 즉, 연구개발비가 곧바로 성과와 연결되는 것이 아니기 때문에 아이디어 개발과 전략수립, 기술개발 및 연구관리, 제품개발, 시장개발을 위한 기술사업화, 기술마케팅 활동 등에 대해 체계적으로 관리할 수 있는 기술경영 능력이 필요하다.

'기술경영(MOT; management of technology)'에 대해서는 다양한 정의가 있으나, 일반적으로 '기술(technology)과 경영(management)을 접목해 기업 경영에 기술을 적용하는 것'이라 표현할 수 있다. 즉, '기술전략·기술개발·기술 인프라·기술사업화 등에 있어 공학·과학 및 경영학의 원리를 결합하는 것이며 과학, 기술 및 사회과학을 포괄적으로 접목하여 종합적인 경쟁력을 확보하기 위한 새로운 학문'이라고 정의할 수 있으며 기술의 체계적 관리 수요에 대응하기 위해 미국을 비롯한 선진국의 대학들을 중심으로 학문으로 정립되기 시작하여 발전을 거듭해왔다.

〈그림 1.1〉과 같이 초기 기술경영 단계인 1단계에서는 R&D로 시작되었으나, 점차 마

케팅, 재무, 인적자원 개발, 지적재산권, 고객까지도 기술경영의 범주에 포함되는 양상을 보이고 있다.

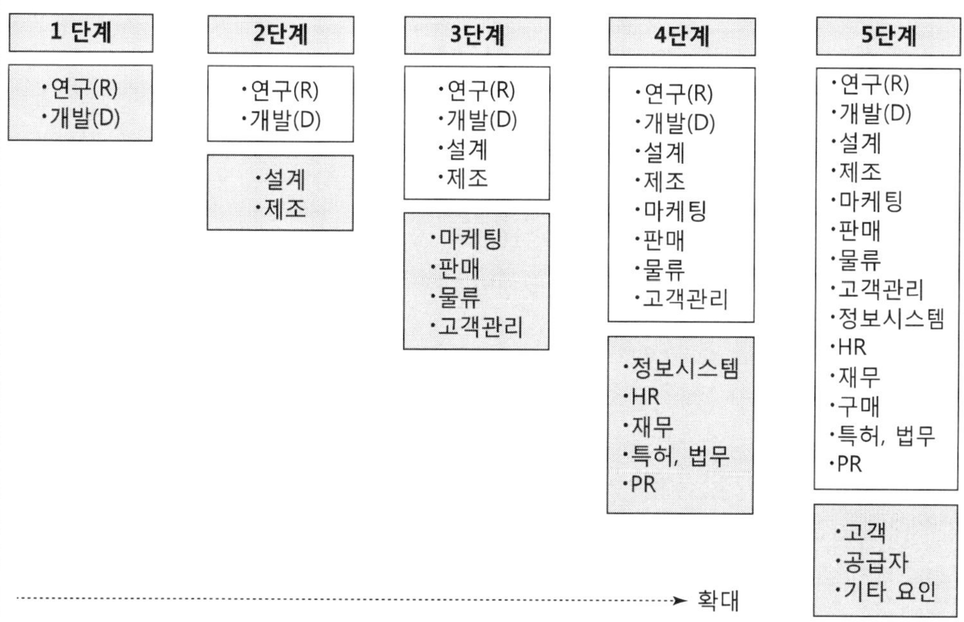

* 출처: Stages of Technology Integration for Technology Management(McGraw-Hill, 1996)

‖ **그림 1.1** 기술경영 범위의 확대 과정

3절 기술사업화의 단계별 과제와 교재의 구성

1. 기술사업화 프로세스와 단계별 과제

기술창업자가 기술 측면을 중심으로 단계별로 헤쳐나가야 할 과제는 다음과 같다(그림 1.2 참고). 각 단계별 산출물은 원천기술, α, β 시제품, 신제품 및 대량 생산제품이며, 기술의 사업화 단계는 제품화와 상업화로 나눌 수 있다. 이러한 세부과제들을 풀어나가는 사고의 기초지식을 제공하는 것이 본 교재의 목적이다.

2. 본 교재의 구성(기술창업자가 갖추어야 할 지식)

앞에서 우리는 기술을 기반으로 창업한 기업가가 성공적인 기업을 키우기 위해 겪어야 할 어려움을 읽어 보았으며, 경제발전을 위해 창조적인 기업가가 필요한 이유를 보았다. 또한 기술창업가가 바람직한 기업으로 발전시키기 위해 단계별로 수행해야할 과제도 알

‖ 표 1.1 본 교재의 구성

구 분	주 요 내 용
제1부 예비 단계	1장. 기술창업의 이해
제2부 사업 아이디어 개발 단계	2장. 사업 아이디어의 발굴과 산업분석 3장. 기술정책과 기술혁신 4장. 사업성분석 5장. 비즈니스모델과 사업계획서
제3부 기술의 사업화 단계	6장. R&D 관리 7장. 회사 설립과 벤처 8장. 기술 인사 및 조직관리 9장. 재무능력 평가 및 자금조달 10장. 기술자산전략 11장. 제품개발
제4부 기업성장 단계	12장. 마케팅과 기술마케팅 13장. 기술회계 및 가치평가 14장. 성장을 위한 전략과 리스크관리 15장. 외적성장과 정부 역할

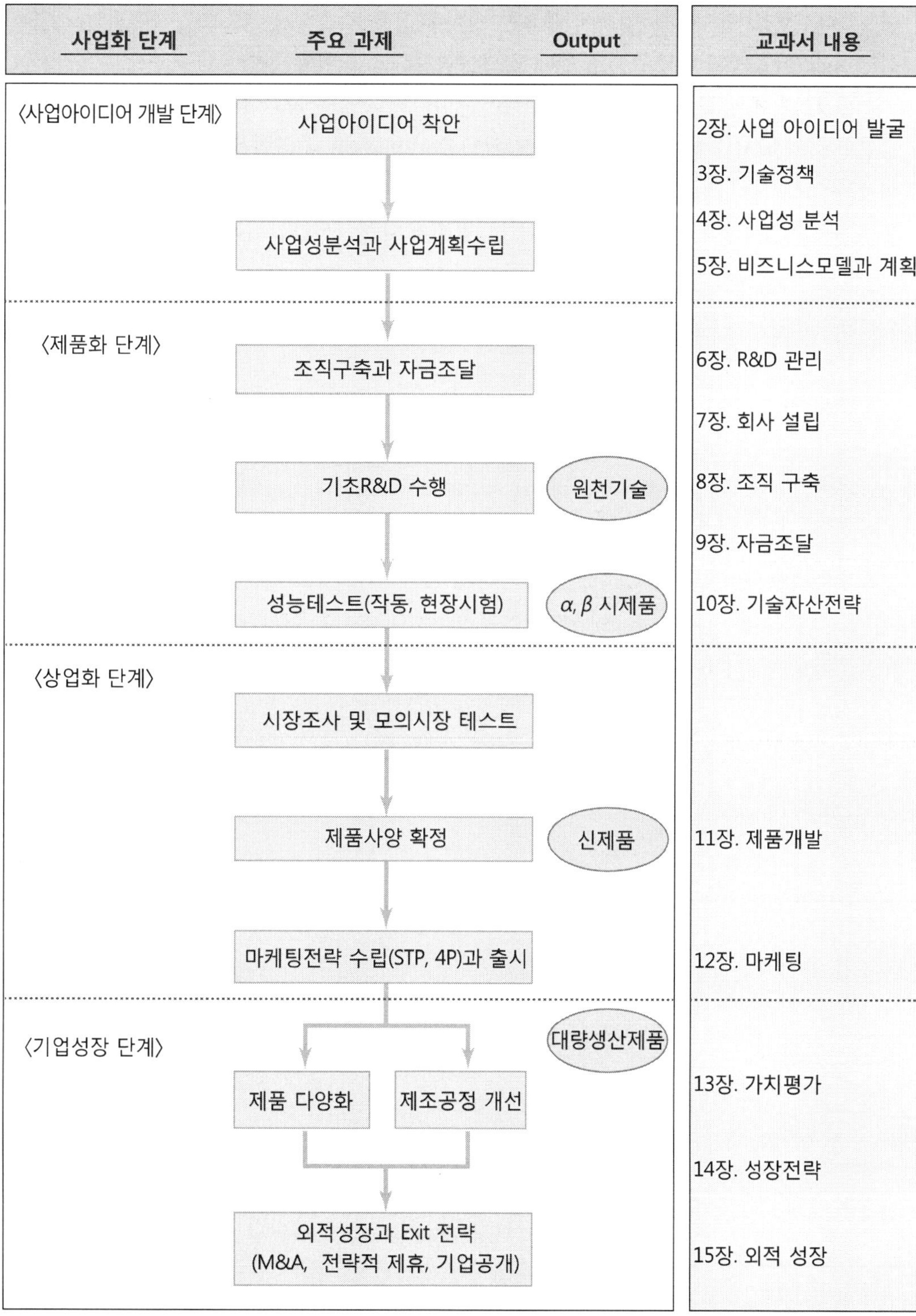

‖ **그림 1.2** 기술사업화 프로세스

아보았다. 창업가는 기술사업화에 필요한 지식을 모두 갖출 수는 없으나, 성공적인 사업화에 필요한 소양이 무엇인가를 전체적으로 파악하고 있어야 한다.

기술창업가에게 필요한 지식을 전달하는 것이 본 교재의 목표이다. 본 교재에서는 기술창업에 필요한 내용을, 단계별로 구분하여 설명한다. 〈표 1.1〉에서 보듯이 성공적인 기업으로 성장하는 과정을 4단계로 나누어 예비단계, 사업아이디어 개발 단계, 기술의 사업화 단계, 기업성장 단계로 구분하였다. 각 단계에 대한 구체적 내용은 다음과 같다.

제1부: 예비 단계

(1장. 기술창업의 이해) '예비 단계'로서 기술창업에 대한 전반적 이해를 돕게 한다. 기술을 기반으로 한 창업을 성공적으로 이끌기 위해서 갖추어야 할 지식을 나열하고, 기술창업의 필요성에 대해 언급한다. 기업성장 단계별로 수행해야 할 과제를 나열하고, 이 교재의 전체 구성에 대해서도 언급한다.

제2부: 사업 아이디어 개발 단계

(2장. 사업 아이디어의 발굴과 산업분석) 우선 창업을 위한 사업아이디어(business opportunity) 찾는 방법이 설명된다. 추세파악, 개인 특성, 틈새찾기 등 기회의 창이 열려 있는 사업기회 발굴방법에 대해 언급하며, 착안된 아이디어의 보호 방안도 살펴본다. 대상산업을 파악하는 데 유용한 Michael Porter의 산업구조분석방법도 설명된다. 그 외 SWOT분석, 위상분석, portfolio분석 등 다양한 산업분석기법들이 소개된다.

(3장. 기술정책과 기술혁신) 검토대상 기술을 정밀하게 검토하는 단계이다. 국가의 기술정책과 다양한 기술혁신이론들이 언급되며, 효율적인 기술확보 방법인 open innovation과 추격형 기술전략도 설명된다. 기술기획을 위한 방법인 기술예측, 기술로드맵(TRM)도 알아본다.

(4장. 사업성분석) 착안된 아이디어가 괜찮은 사업인지 실물을 투입하기 전에 점검해 보는 단계이다. 사업성분석의 4대 요소인 기술성, 시장성, 경제성 및 추진주체능력의 검토방법을 알아보고, 나아가 효율적인 분석을 위한 사업성공의 critical factor 파악에 대해 설명한다.

(5장. 비즈니스모델과 사업계획서) 사업성이 있다고 판단된 아이템에 대해, 사업의 큰 그림을 그려보고 구체적 계획을 수립하는 단계이다. 사업성패와 전략적 자산 요소가 표현되는 business model의 구성과 사업계획서에 포함될 내용과 작성 방법에 대해 배운다. business plan은 구체화 과정에서 준비가 부족한 부분을 발견하는 효과가 있다.

제3부: 기술의 사업화 단계

(6장. R&D 관리) 필요한 기술의 확보를 위한 연구개발(R&D)의 효율적 수행방안에 대해 알아본다. 구체적으로 연구개발 전략수립, R&D프로젝트 관리기법, R&D성과관리 및 평가방법, 연구자원 배분, R&D자원조달 방법에 대해 언급된다. 첨단기술과 결부된 아이디어인 경우, 원천기술의 확보가 필요하며, 이때 기초 연구개발이 성공적으로 이루어져야 한다.

(7장. 회사 설립과 벤처) 사업의 본격 수행을 위해서는 추진 조직이 필요하다. 우선 검토대상 조직인 주식회사, 개인회사 등 기업 형태와 설립시의 장단점, 설립 절차도 살펴본다. 기술창업의 경우 벤처기업이 많으므로 벤처의 특성, 등록요건도 언급된다. 설립 시 법적 인프라와 윤리문화 구축 필요성, 변호사 선임 시 고려사항도 설명한다.

(8장. 기술 인사 및 조직관리) 창업 조직의 관리와 효율 증진을 위한 방안에 대해 설명한다. 우선 일반적 인사관리방법에 대해 설명하고 나아가 벤처기업과 R&D조직의 인사관리 특수성, 벤처기업의 충원(staffing), 동기부여 방안에 대해 언급한다.

(9장. 재무능력 평가 및 자금조달) 창업자는 기본적 회계지식과 자금조달방법을 알고 있어야 한다. 재무제표, accounting cycle, 재무비율분석에 대해 설명한다. 자금조달(financing)도 자기자본, 타인자본 별로 종류, 장단점, 조달원에 대해 언급된다.

(10장. 기술자산전략) 연구 결과물인 기술자산의 가치를 증대시켜야 하고, 필요기술은 효율적으로 도입해야 한다. 지적재산권(intellectual property right)의 종류, 특성에 대해 알아보고, 특허의 출원 및 등록절차, 지적재산권의 보호 및 활용전략, patent map에 대해서도 설명한다.

(11장. 제품개발) 확보한 원천기술을 토대로 제품화를 위한 연구가 수행되어야 한다. 신제품개발 시 고려해야할 사항과 제품개발 프로세스, QFD 등 제품개발 도구들도 언급되며, 고객지향 제품개발의 필요성, 방법에 대해 설명한다. 사례를 제시하여 제품개발 과정의 이해를 돕게 하였다.

시제품(prototype)을 대상으로 실시되는 성능테스트는, 작동 여부를 점검하는 작동모형테스트, 최종제품과 같은 재질로 제작하여 평가하는 성능테스트, 극한 상황에서의 작동여부를 측정하는 현장시험테스트로 구분된다.

제4부: 기업성장 단계

(12장. 마케팅과 기술마케팅) 개발된 제품이 잘 팔려야만 창업의 목적이 달성된다. 전통적 마케팅전략 수립 기법인 시장을 세분화하여, 목표시장을 선정하고, 시장 내 위치를 설정하는 STP(segmentation, targeting, positioning)와 4P(price, place, product, promotion) 전략에 대해 설명한다. 나아가 개발된 기술의 고부가가치화, 필요기술의 효율적 도입 전략 등으로 구성되는 기술마케팅에 대해서 언급한다.

본격적인 출시(launching)에 앞서 시장테스트를 수행하는데, 이에는 잠재고객을 대상으로 한 모의시험시장과 출시제품에 대한 표본고객 반응을 점검하는 시험시장이 포함된다.

(13장. 기술회계 및 가치평가) 기술창업의 경우 제조된 제품의 원가관리, 개발된 기술의 가치평가(valuation)에 대한 안목을 갖추는 것이 큰 힘이 된다. 원가구성, 원가계산 방법, 제조원가명세서, 원가-조업도-이익분석(CVP) 등 원가회계와 관리회계 영역을 언급한다. 나아가 기업의 가치, 개발된 기술의 가치를 평가하는 방법에 대해 살펴본다.

(14장. 성장을 위한 전략과 리스크관리) 기업 규모가 커지면 구성원간의 갈등, 운전자금 증가, 규정화의 필요성, 품질관리 등의 문제점이 대두하는데, 이는 엔지니어 경영자가 간과하기 쉬운 요소이다. 성장 단계별로 발생할 수 있는 문제점을 미리 파악하고 그 대책에 대해 언급한다. 기업에서 성장이 필요한 이유와 다양한 기업 성장이론에 대해서도 설명한다.

(15장. 외적성장과 정부 역할) 기업이 지속적으로 성장하기 위해서는 내부 활동만으로는 한계가 있고, 획기적인 외적성장 방안에 관심을 가져야 한다. 외적성장 방법인 인수합병(M&A), 라이선싱, 전략적제휴, joint-venture, 프렌차이징 등과 기업공개(IPO) 등 성공적 출구전략(exit strategy)도 알아본다. 기업성장을 위해 정부협력을 이끌어낼 방법도 살펴본다.

참고 1 기술경영(MOT)이란?

1. 기술경영의 의의

'기술경영(MOT; management of technology)'이라는 용어는 근본적으로 '기술'과 '경영'의 합성어로 두 개 분야의 학제성(interdisciplinarity)을 전제로 한다. 기술경영은 과학기술 전 분야를 다룬다는 점에서 공학과 자연과학 지식의 접목이 필요하며, 조직의 목표 설정, 전략수립, 인력운영, 마케팅 등을 위한 경영학적인 지식도 필요하다. 기술경영(MOT)의 학제성은 〈그림 1.3〉과 같이 나타낼 수 있을 것이다.

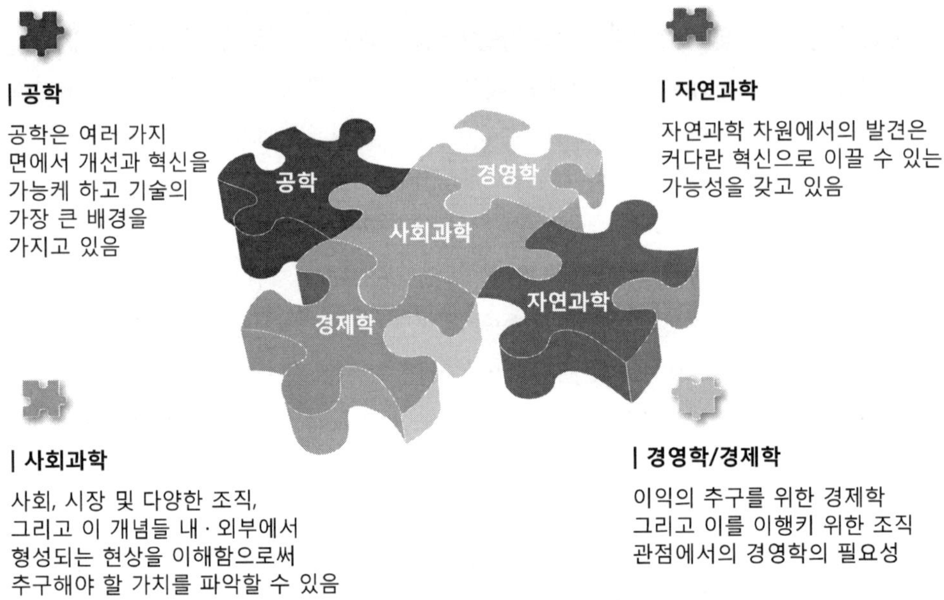

‖ **그림 1.3** 기술경영의 학제성

2. 기술경영의 발전

기술경영은 기술혁신의 속도가 가속화되는 현시대에, 전략 및 기술이 중요시되면서 나타난 학문이다. 기술경영은 초기에는 연구개발(R&D) 위주의 관리체제 확립이라는 좁은 이슈로부터 출발하였다.

기술경영이 본격적으로 학문으로 태동하기 시작한 것은 1980년대 스탠포드 경영대학원의 William Miller 교수가 technology management 강좌를 개설한 것이다. 이후 1990년대 MIT 경영대학원 내에 기술경영 학위 프로그램이 개설되면서 주요 선진대학에 본격적으로 기술경영이 보급되기 시작하였다.

미국에서 기술경영이 본격적으로 연구되기 시작된 이유는 1980년대 미국 제조업이 일본에 대응하는 경쟁력이 약화되자 이를 극복하고자 하는 노력에서 파생되었다. 미국 기업은 기술경영을 소홀히 한 사실에 침체의 원인이 있다고 판단하여, 기술을 효과적으로 경영하는 것이 중요하다고 판단하였다. 미국의 MOT 프로그램은 Stanford와 MIT의 주도로 발전하기 시작하여, 현재 미국내 200개 이상의 대학이 어떤 형태로든 지간에 MOT 프로그램을 가지고 있다.

일본은 1990년대까지 전통적인 제품개발, 생산기술, 품질관리를 포함한 오퍼레이션 분야의 MOT 인재를 육성해왔다. 그렇기 때문에 21세기에 일본이 구조적 불황에 빠진 것은 신사업 전개에 기여하는 인새가 부족한데 그 이유가 있다는 인식이 대두하였다. 이러한 상황에서 새로운 차원의 기술경영 프로그램의 필요성을 인식하고, 2002년 경제 산업성 주도로 기술경영 consortium을 결성하여, 기술계 인재들이 기술경영을 습득하게 하였다.

유럽에서는 1990년대에 영국 주도로 MOT 프로그램이 발진하기 시작히였으며 현재 영국, 독일이 이를 선도하고 있다. 대부분의 대학들이 MOT를 MBA의 sub-program으로 운영하고 있으며 최근에는 스칸디나비아 3국과 스위스도 활발하게 MOT 프로그램을 운영하고 있다. MOT 프로그램을 운영하는 주요 유럽 대학들은 Cambridge, Manchester, MERIT 대학 등이다.

우리나라도 기술이 중요시되는 경제체제 하에서 공학, 사회과학의 통합적 인재 양성의 필요성을 인식하여, 기존에 일부 대학의 경영대학원에서 운영 중이던 프로그램을 2000년대 이후 별도의 기술경영대학원으로 설립하여 운영하기 시작하였다.

3. 기술경영의 범위

학문으로서의 기술경영이 다루는 영역은 MOT가 다루는 핵심지식 영역으로 정의할 수 있다. 즉, 과학과 공학의 영역에서 다루는 기초과학, 재료기술, 제품기술, 생산/공정기술, 환경기술 등과 경제학과 경영학의 영역에서 다루는 회계, 재무, 관리, 마케팅, 경제학, 상법 등이 어우러져 기술경영의 영역이 정의될 수 있다. 〈그림 1.4〉은 기술경영의 핵심 지식 영역을 정의한 것이다.

과학기술분야	MOT	경영분야
기초과학	기술전략	일반경영
재료기술	과학기술정책	회계
제품기술	기술혁신과정	재무
생산/공정기술	R&D관리	마케팅
정보기술	R&D인프라 및 기술변화	경제학
환경기술	기업가정신 및 벤처	상법
	제품/공정수명주기	
	기술예측 및 계획	
	기술혁신과 전략계획	
	기술이전	
	국제기술이전 및 다국적기업	
	기술위험분석/기술평가	
	기술과 경제성장	
	기술과 인간, 사회, 문화	
	기술경영의 교육훈련	
	제조업의 기술경영	
	서비스업의 기술경영	
	기술과 마케팅의 연계	
	기술변화와 조직구조	
	프로젝트 관리	
	기술과 재무의사결정	
	품질 및 생산성	
	기술경영 방법론	
	환경경제효율성과 지속가능성	

* 출처: Management of Technology(T. Khalil, McGraw-Hill, 1996)

‖ **그림 1.4** 기술경영의 핵심 지식 영역

위에서 언급된 기술경영의 핵심을 이루는 학문적 영역도 절대적인 것이 될 수 없으며 기술발전과 시대의 흐름에 따라 세분화되고 발전되어 간다는 점을 염두에 두어야 한다. 예를 들면, 최근에는 세계경제가 장기적 불황을 겪으면서 기술을 통한 새로운 성장동력을 창출하는 것에 대한 관심이 집중되면서 기술혁신 분야가 활발하게 연구되고 있다.

기술경영은 새로운 학문분야로서, 그 필요성에도 불구하고 내용이 광범위하고 구성요소들 간의 이질성이 높으며 기술의 무형자산적인 속성과 혁신의 다양성이 존재하기 때문에 체계화하기가 어렵다. 최근 기술경영은 혁신의 상호작용적 특성에 대한 이해가 심화되면서, 범위가 확대되고 통합되는 모습을 보이고 있으며, 기술창업에 필요한 지식을 상당 부분 포함하고 있다.

참고 2 Jolly의 기술사업화 모형

기술의 사업화에 관한 연구 중 대표적인 이론인 Jolly의 기술사업화 이론에 따르면, 기술의 사업화는 5단계로 구분하여, '아이디어의 착상(imagining)' 단계부터 '보육(incubating)', '시연(demonstrating)', '촉진(promoting)' 단계를 거쳐 시장에서 오랜 기간 동안 존속할 수 있도록 준비하는 '지속(sustaining)' 단계로 구성된다. 이하 5단계(stage) 각각에 대해 자세히 살펴보며 전체 내용은 〈그림 1.5〉와 같다.

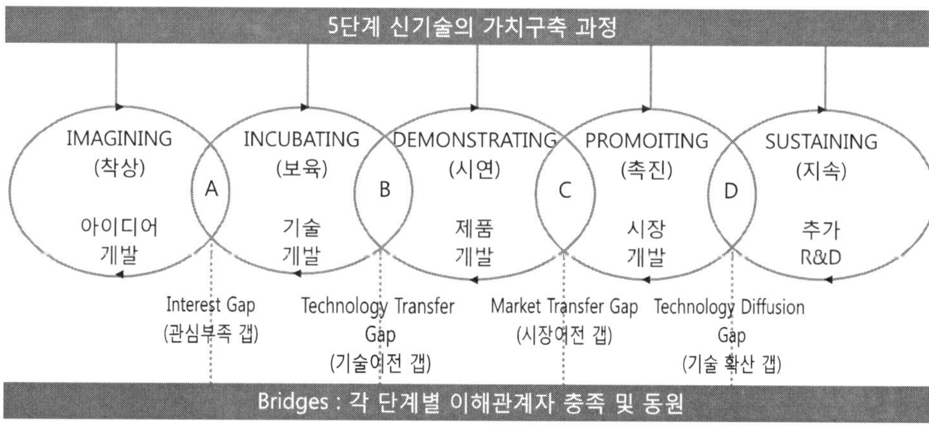

* 출처: V. K. Jolly, 1997

‖ **그림 1.5** Jolly의 기술사업화 모형

'아이디어 착상' 단계(1st stage)는 잠재적 기술성과에 부가가치를 창출할 수 있는 시장기회를 접목하는 단계이다. '보육' 단계(2nd stage)는 착상된 아이디어의 사업화 가능성에 대해 시장과 기술적 측면에서 구체화해 나가는 단계이다. 다음 '시연' 단계(3rd stage)는 신기술을 시장에서 판매 가능한 제품 또는 공정으로 구현하는 단계로 정의된다. '촉진' 단계(4th stage)는 신기술 제품의 시장진입에 따른 시장수용성을 높이는 단계이다. 마지막 '지속' 단계(5th stage)는 신기술 제품이 시장에서 퇴출되는 것을 방지하며 고객에게 오랜 기간 가치있는 것으로 인식되고 경제적 부가가치를 유지하는 단계이다.

창업 Worksheet 1 창업자로서의 자질 평가

다음 항목들에 대해 자신의 입장에서 평가하여 보자.
평가항목 중 점수가 낮은 항목은 개선방안을 생각해 본다.

평가항목	평가기준	점수
① 사업에 대한 성취욕구와 열정을 끊임없이 유지하고 키워가고 있는가?	매우 부족(1) 부족(3) 보통(5) 충분(7). 매우 충분(10)	
② 문제를 다른 관점에서 보고 창의적으로 해결할 수 있는 능력을 갖고 있는가?	매우 부족(1) 부족(3) 보통(5) 충분(7). 매우 충분(10)	
③ 하기 싫은 일조차 기꺼이 감수할 수 있는 자기 통제력을 갖고 있는가?	매우 부족(1) 부족(3) 보통(5) 충분(7). 매우 충분(10)	
④ 사업에 필요한 인력(인재)을 선별할 수 있는 충분한 안목을 갖고 있는가?	매우 부족(1) 부족(3) 보통(5) 충분(7). 매우 충분(10)	
⑤ 고객, 직원, 사업 파트너 및 투자자 등을 제대로 설득할 수 있는 역량을 갖고 있는가?	매우 부족(1) 부족(3) 보통(5) 충분(7). 매우 충분(10)	
⑥ 나의 사업에 도움을 줄 수 있는 멘토 또는 전문가를 통해 도움을 얻고 있는가?	매우 부족(1) 부족(3) 보통(5) 충분(7). 매우 충분(10)	
⑦ 주변의 동료, 직원, 사업 파트너들로부터 인간적 측면, 윤리적 측면에서 좋은 평판을 얻고 있는가?	매우 부족(1) 부족(3) 보통(5) 충분(7). 매우 충분(10)	
⑧ 비용 지출, 현금관리, 자산 운용 등 재무활동을 효과적으로 통제하고 있는가?	매우 부족(1) 부족(3) 보통(5) 충분(7). 매우 충분(10)	
⑨ 위기의 순간에도 끝까지 포기하지 않는 끈기를 갖고 있는가?	매우 부족(1) 부족(3) 보통(5) 충분(7). 매우 충분(10)	
⑩ 나의 솔루션(제품 또는 서비스)이 다른 사람들이 놓치고 있는 나만의 기회임을 검증하고 있는가?	매우 부족(1) 부족(3) 보통(5) 충분(7). 매우 충분(10)	
총 점		

(자료원: CEO멘토 이진호 연구원)

제 2 부

사업 아이디어 개발 단계

사업 아이디어 개발 단계는 사업 아이템을 발굴하고, 정밀 검토를 위해 해당사업과 연관된 기술정책과 산업 동향을 분석한다. 또한 사업추진 여부를 결정하기 위한 사업성분석을 수행한다. 이후 사업의 큰 그림인 비즈니스모델을 개발하고 미비점을 보완하는 사업계획서 작성 과정으로 구성된다.

제 2 장

사업 아이디어의 발굴과 산업분석

1절 사업기회의 발굴

사업기회(business opportunity)라는 것은 새로운 제품 혹은 서비스를 성공적으로 제공할 수 있는 가능성이 있는 기회라고 할 수 있다. 사업의 기회는 4가지 요건을 갖추어야 한다. 첫째, 매력적이어야 하고, 둘째, 시기적으로 적절해야 하며(timely), 셋째, 오래 지속될 수 있는 것이어야 하며, 넷째, 고객이나 사용자에게 추가적인 가치를 더할 수 있거나 새로운 것을 제공할 수 있어야 한다는 것이다.

새로운 제품의 도입을 통해 시장이 형성되면 기회의 창(window of opportunity)이 열리게 되고 새로운 진입자가 들어 올 수 있는 여건이 제공된다(그림 2.1 참고). 그러나 시장이 확장되고 성숙기에 들어서게 되면 기회의 문은 닫히게 된다. 사업기회는 대부분 제품의 도입기와 성장기에 있다. 사업기회를 찾기 위해서는 앞서 언급한 네 가지 요건에 대한 점검이 필요하다.

어떠한 기업이 시장에서 리더(market leader)가 되었나? R. Rumelt 하버드대 교수가 실증적 분석을 통해 밝힌 바로는 '기회의 창이 열렸을 때 초기에 과감히 뛰어들어 성공한 기업이 마켓리더(market leader)가 된다.'고 밝혔다. 물론 기회가 올 때를 대비하여 평소에 체력을 쌓아두는 것이 필요하다. 이에 대한 사례로 2013년 삼성전자가 애플, 노키아를 제치고 스마트폰 시장에서 선두를 확보한 것을 예로 들 수 있다.

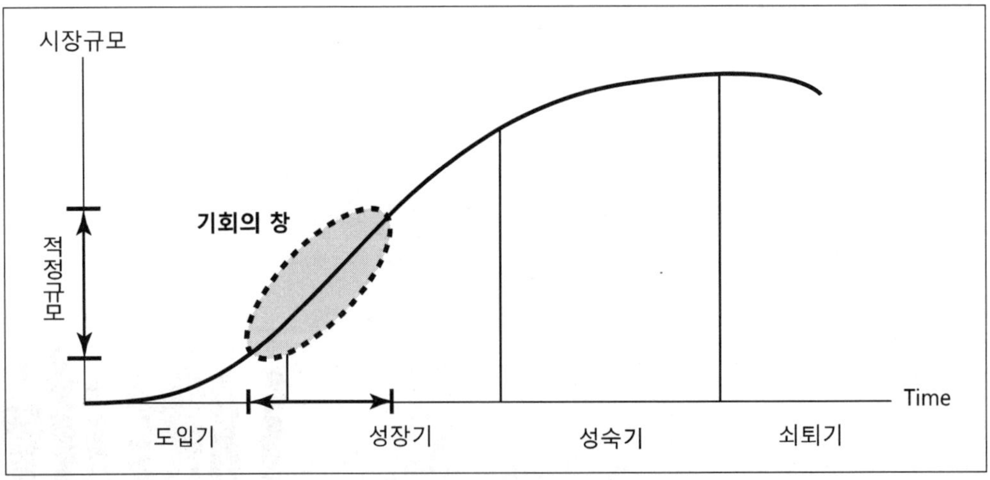

그림 2.1 기회의 창(window of opportunity)

사업기회를 찾기 위한 방법으로는 크게 추세 파악, 현행 문제점의 해결방안 모색, 사업화에 성공한 사례연구, 시장에서 틈새 찾기, 개인적 특성분석 등의 다섯 가지 방법이 있다. 이하 각 방법에 대해 설명한다.

1. 추세 파악[1)]

추세(trend)는 향후 사회적 큰 흐름을 말하는 것이므로, 추세에 따라 나아갈 때 성공확률을 높일 수 있는 기회에 편승했다고 할 수 있다. 기업가는 시대적 트렌드, 기술적 추세를 파악할 수 있어야 신제품과 서비스를 개발할 때 어떠한 방향으로 가야할 지를 정할 수 있는 것이다. 중요한 추세로는 경제적 동인, 사회적 변화, 기술진보, 그리고 정치적 행위와 법규의 변화 등을 제시할 수 있다.

가. 경기 상황

경기 상황을 알아야 여기에 맞는 사업을 시작할 수 있다. 예를 들어 호황기인 경우 소비자들이 더 많은 돈을 사용할 기회가 생긴 것을 의미하기 때문에 다소 고가의 제품을 판매할 기회가 발생한다. 반대로 경제가 악화되었을 경우 저가제품의 서비스를 통해서 사업기회를 열 수도 있다. 경기상황이 사람들의 행동 방식에 어떻게 영향을 미칠 것인가에 대한 파악을 통해 할인이나 부가가치가 높은 상품개발 등에 대한 방향을 정할 수 있다. 2014년 한국의 경우 침체된 내수를 살리기 위해 기준금리가 인하되었으므로 저금리를 활용할 수 있는 사업을 생각해 볼 수 있다.

나. 사회적 추세

사회적 추세(social trend)와 사람들의 사업 방식에 따라 소비자들이 제품과 서비스를 채택하는 우선순위가 정해지며, 제품과 서비스의 채택 그 자체에도 중요한 요소로 작용한다. 사회적 변화는 예를 들어 한국 사회의 생활수준 향상에 따른 노령인구의 증가, 스마트폰 사용 증가에 따른 유선전화 사용량의 감소와 on-line 결제방식의 확산, 국제화에 따른 외국인 방문객의 증가 등을 들 수 있다. 다시 말해 기술의 발전과 현대 사회의 급격한 변화에 따라 사람들의 행동양식이 많이 달라질 수 있다는 것이다.

이러한 변화 요소들이 새로운 사업 아이디어 발굴의 중요요소들이 된다. 최근 인터넷 발달에 따라 social networking의 일환으로 Facebook과 Twitter 사용인구의 급격한 증가

1) 이 부분은 Bruce R. Barringer & R. Duane Ireland, Entrepreneurship, Pearson, 2012를 참조·작성함.

는 사회적 추세가 뚜렷한 예가 될 수 있다. 이러한 social networking의 발달에 따라 이에 수반되어 발달하는 여러 가지 사업모델들 또한 새로운 사업기회로 고려될 수 있다.

다. 기술 진보

기술 진보(technological advances)도 새로운 사업기회를 가져다준다. 대표적인 예로 스마트폰을 들 수 있다. 스마트폰과 통신 기술의 발달로 환자가 병원 밖에서 진료를 받을 수 있고, 진단 결과 등 다양한 정보를 손쉽게 접할 수 있게 되었다. 또한 기술 진보는 사람들이 생활 속에서 발생되는 여러 가지 문제들을 더욱 편리하게 해결할 수 있도록 만들었다. 스마트폰의 개발로 인해서 H2OAudio와 같은 기업은 iPhone 등을 수중에서도 사용 할 수 있도록 케이스를 만드는 기업으로 성공하였다.

이같이 신기술이 나타남에 따라 여기에 수반된 여러 비즈니스모델들이 새로이 탄생할 수 있다. 또한 낡은 기술에 집착한 산업은 기술진보로부터 쇠퇴하기 쉬우므로 신속한 출구전략(exit strategy)이 필요하다.

라. 새로운 규제의 도입

새로운 규제가 도입되면 기업가에게는 제약이 될 수도 있겠지만 새로운 사업기회 역시 제공한다. 2014년 한국에서 세월호 선박 침몰 사건이 있은 후 안전 강화를 위한 각종 규제가 제정되자, 국민안전을 위한 사업이 상당수 나타난 것이 그 예이다. 정치여건의 변화 역시 신사업 기회를 가져 온다. 예를 들어 정치적 불안정 수준이 높거나 테러 발생이 빈번하면 보안업체와 보안장비 판매 등의 새로운 비즈니스가 탄생 할 수 있다.

2. 현행 문제점의 해결방안 모색

사업기회를 찾기 위한 두 번째 방법으로는 직면한 현행 문제점에 대한 해결방안을 찾는 것이다. 이는 사람들이 매일 직면하는 문제에 대한 지속적인 관찰을 통해서 찾을 수 있다. Common Case의 창시자 John Gardner가 “모든 문제는 훌륭하게 위장하고 있다.”라고 말했듯이 사람들의 생활 속에서 발생되는 문제들 속에 해결의 실마리가 있고, 많은 회사들 역시 이로부터 새로운 사업기회를 발견할 수 있다.

월등하게 진보된 기술을 사용하는 사회에서는 반대로 기술을 사용하지 못하는 사람들의 애로사항을 해결하는 방안을 찾는 데에서 새로운 사업기회를 발견할 수 있다.

3. 사업화에 성공한 사례 연구

사업화에 성공한 타인의 실제 사례연구(case study)를 통해서 성공적인 사업기회를 얻을 수 있다. 특히 기술을 기반으로 한 사업의 경우 성공적인 사업화(commercialization)를 위해서는 만족할만한 기초 및 응용연구, 신제품설계 및 개발, 제품생산을 위한 공정엔지니어링(process engineering), 성공적인 시제품 개발은 물론이고, 나아가 생산체계 구축, 판매성공 및 충분한 이익실현이 모두 필요하다.

모든 과정을 이겨내야만 하는 어려운 과정이므로 타인의 사업화 성공 및 실패 사례 분석에 대한 간접 경험을 통해 안목을 넓혀야 한다. 독특한 사업기회는 같은 분야에 종사하는 사람보다는 다른 분야에 종사하는 이질성이 높은 집단(weak-tie relationship)과의 교류를 통해 얻기가 쉽다.

4. 시장에서 틈새 찾기

사업기회를 찾는 네 번째 방법으로는 시장에서의 다양한 갭(gap)을 찾는 것이다. 좋은 제품에도 수요자와 공급자 사이에 틈새시장(niche market)이 존재한다. 이는 지역적인 틈새에서 발생할 수도 있고, 수요자 욕구를 모두 충족하지 못하는 데에서 발생할 수도 있다. 따라서 현실과 이상 간 차이를 파악하는 것이 중요하다. 또한 이 틈새는 잠재적으로 성공할 수 있는 사업기회를 보여 줄 수 있다.

틈새시장에 침투한 사례를 들면 체격이 큰 사람들이 의류, 신발 구입시 어려움을 느낀다는 점에 착안하여 big size의 신발, 의류만을 판매하는 매장을 오픈한 경우가 있다.

시장에서 갭을 찾는 일반적인 방법은 사람들이 원하는 물건이나 서비스를 찾을 수 없는 경우가 무엇인가를 생각해 보는 것이다. 예를 들면 멋진 옷은 대부분 작은 사이즈로 만들어진다는 점에서 착안하여 큰 사이즈의 멋들어진 옷만을 판매하는 사업을 하는 경우가 있다. 또한 시장세분화(market segmentation)를 다른 방식으로 접근하거나 새로운 고객 세그먼트를 발굴하여 비즈니스를 찾는 방법도 있다.

5. 개인적 특성

개인적 특성은 남들보다 시장의 기회를 더 잘 찾을 수 있는 요인이 될 수도 있다. 이러한 개인적 특성에는 과거 경험, 선천적 인식능력, 사회적 네트워크, 창의성 등이 있다.

가. 과거 경험

자신이 이전에 경험한 것(prior experience)들이 비즈니스 기회를 찾는 데 도움이 된다. 자신이 근무했던 산업체 경험으로 새로운 비즈니스모델을 찾고, 특히 이러한 경우 같은 분야에서 새로운 비즈니스 기회를 찾을 가능성이 높다. 해당 분야에서 사회적 관계를 형성할 수 있으므로 사업기회를 발견할 수 있는 기회를 가지기도 한다.

기업가로서 회사를 시작하면 새로운 모험의 기회가 따라오는데 이를 통로원리(the corridor principle)라고 한다. 사업기회의 통로원리는 성공적인 창업가의 특징을 연구한 론 스타트가 명명한 사업기회 발굴의 원리이다. 론 스타트의 연구 결과에 의하면 성공적인 벤처 기업가들은 대부분 단일 창업에 그치지 않고 과거의 사업 경험을 기초로 제2, 제3의 창업을 시도하며 이때 실패의 확률이 급격히 줄어든다는 것이다. 창업 행위 자체가 창업 전에는 인식하지 못했던 다른 사업기회를 발견하게 하고, 이를 활용할 수 있는 능력을 배양하게 하는데 그 원인이 있다고 한다.

사업기회의 통로원리는 신사업 추진에 있어 중요한 것은 어떤 사업을 선택하느냐 하는 것보다 '새로운 사업을 벌이는 일' 그 자체라는 점을 일깨워 주고 있다. 즉 엄청난 신사업을 발굴하기 위해 시장을 분석하고 자료를 수집하다 명확한 결론 없이 끝나는 것보다 작은 것이라도 일단 실행하는 일 그 자체가 더 중요한 일이라는 것이다. 왜냐하면 신사업의 성공확률을 높이는 것은 충분한 분석이 아니라 신사업을 추진해 본 경험을 보유하고 있느냐의 여부에 달려있기 때문이다.

나. 선천적 인식능력

기회를 인식하는 데 선천적인 감각이나 인지 과정(cognitive process)이 필요하다. 기업가들은 기회를 파악하는 육감(sixth sense)을 가지고 있으며 이를 "기업가의 기민성(entrepreneurial alertness)" 이라고 부른다.

자유주의 경제학을 가장 훌륭하게 발전시킨 인물로 평가받는 이스라엘 커즈너(Israel M. Kirzner)가 개발한 기업가정신의 핵심 사상은 기업가의 상상력과 창조성에서 나오는 '기민성'(alertness)이다. 이는 불확실한 세상에서 새로운 이윤 기회를 포착하는 프로정신을 뜻한다. 새로운 상품과 새로운 생산 방법 등을 창출하는 혁신도 그 같은 기업가정신의 산물이다(민경국, 2012).

다. 사회적 네트워크

넓고 깊은 개인의 사회적 네트워크(social network)는 기회 인지에 많은 영향을 준다. 단단한 네트워크를 가진 사람은 더 많은 기회에 노출되며 이 노출이 새로운 사업의 시작으로 이어진다. solo entrepreneurs 보다 network entrepreneurs가 더 많은 기회를 포착할 수 있다는 연구 결과도 있다.

네트워크는 시장, 위계(hierarchy)와 구분되는 제3의 방식으로서 다양한 자원에 신속하게 접근할 수 있는 시장의 장점과 안정적으로 고급 지식 및 정보를 공유할 수 있는 위계의 장점을 동시에 만족시킨다. 축적된 네트워크 역량은 네트워크 실행을 거치지 않고도 기업성과를 제고할 수 있다. 파트너와 접촉하는 단계에서 사업 및 시장 트렌드, 고객에 대한 정보를 흡수할 수 있고, 이것이 전략수립 및 기업성과 제고로 연결될 수 있다. 이상에서 언급한 시장, 네트워크, 위계 간의 효용을 비교하면 〈표 2.1〉과 같다.

또한 사람들 간의 강력한 연결 관계(strong-tie relationships)는 보통 같은 분야에 종사하는 개인적 친분이 있는 사람이거나 친구인 경우가 많고, 약한 연결 관계(weak-tie relationships)는 같은 분야에 종사하지 않는 지인, 즉 이해관계가 있는 사람들과의 관계이기 때문에 오히려 약한 연결 관계의 경우가 다른 분야에 종사하고 이질성이 높으므로 사업기회를 포착하는 면에서는 유리하다는 연구 결과도 있다.

‖ **표 2.1** 시장, 네트워크, 위계 효용 비교

구분	Market	Network	Hierarchy
자원유동성	◎	○	△
관계의 안정성	△	○	◎
상호신뢰	△	○	◎
자원의 다양성	◎	○	△
커뮤니케이션 형태	단순 거래	수평적	수직적

주: 강, 중, 약을 각각 ◎○△로 표기
* 출처: 삼성경제연구소

라. 창의성

창의성(creativity)에 대한 일반적 정의는 "새롭고 질적으로 수준이 높은 비범한 아이디어와 적절한 산물을 생산 또는 발견해 내는 능력"이라고 할 수 있다. 창의적으로 사물을 바라볼 수 있는 능력을 가진 경우, 좋은 사업기회를 포착할 수 있으며 나아가 이를 성공적으로 사업화시킬 수 있다. 창의성은 혁신과 매우 중요하고 밀접한 관련성을 지니고 있다. 〈표 2.2〉에서 보는 바와 같이, 일반적으로 많은 연구자들은 혁신을 창의성보다 광의

‖ **표 2.2 창의성과 혁신 개념 구분**

구분	창의성	혁신
Amaile	독특한 방식으로 아이디어를 결합하는 연결하는 능력	창의적인 아이디어를 선택하여 이를 유용한 제품, 서비스 또는 공정으로 전환하는 과정
Scott & Bruce	새롭고 유용한 아이디어의 산출	유용한 아이디어의 산출, 채택, 산출
Leonard & Swap	프로세스	결과
West & Farr	완전히 새로운 것	상대적으로 새로운 것

* 출처: 조근태(R&D 관리, 2011)

의 개념으로 정의하고 있다.

한 개인의 창의성은 그 사람의 지적능력, 지식, 생각하는 방식, 성격, 동기부여, 그리고 환경의 복합작용이라고 할 수 있다. 창조적인 생각에서 가장 중요한 지적능력은 문제점을 쉽게 생각하여 넘기지 않는 능력, 어떤 아이디어가 가치 있고, 가치가 없는지 분석해 낼 수 있는 능력, 그리고 그 아이디어를 다른 것들과 명확히 구분하여 다른 사람들에게 가치 있다는 것을 확신시킬 수 있는 능력 등을 포함한다. 개인 창의성을 이끄는 속성들은 1) 해당분야에 있어서의 광범위한 지식과 경험, 2) 창의적 사고 기술 3) 과제 동기이다.

이상에서 언급한 사업기회를 찾는 방법 이외에도 피터 드러커(Peter Drucker)의 혁신 기회의 7가지 원천에 대한 견해가 사업기회의 발굴에 도움이 될 것 같아 기술하여 본다. 그는 '미래사회를 이끌어가는 기업가정신'에서 성공적인 혁신적 아이디어들은 대부분의 생각보다 훨씬 평범한 것으로서, 기업가들은 이를 체계적으로 실천하는 법을 배워야한다고 했다. 피터드러커에 의하면 변화를 목표 지향적·조직적으로 탐색하고, 그런 변화가 불러올 수 있는 경제적·사회적 혁신 기회를 체계적으로 분석함으로써 새로운 기회를 맞이할 수 있으며, 대부분의 혁신적 아이디어는 〈표 2.3〉의 7가지 원천 중 하나의 범주에 해당한다고 하였다.

표 2.3 피터 드러커의 혁신기회 7가지 원천

1. 예상치 못했던 일(unexpected occurrences)

성공적인 혁신 아이디어를 활용할 수 있는 기회는 '예상치 못했던 성공'에서 얻을 수도 있다. 예상치 못했던 사건이 경영혁신의 원천이 되는 이유는, 그것이 우리의 선입관, 가정, 신념을 뒤흔들어 우리를 각성케 하기 때문이다.

따라서 경영자는 예상치 못했던 성공을 접할 때마다 다음과 같은 질문을 던져야 한다. (1) 만약 이것을 우리가 이용하게 되면 우리에게 무슨 의미가 있는가? (2) 그것은 우리를 어디로 나아가게 할 것인가? (3) 그것을 기회로 삼으려면 우리는 무엇을 반드시 해야 하는가? (4) 그러려면 우리는 어떻게 해야 하는가?

2. 당위성과 현실의 갭(incongruities)

불일치(incongruity)란 현재의 것과 '당연히' 그래야 하는 것, 또는 실제 현실의 모습과 모두가 그래야 한다고 가정하고 있는 현실의 모습 사이의 괴리이자 부조화다.

어떤 불일치 현상이 나타나면 그것은 경영혁신의 기회가 왔음을 알리는 한 징후로 인식할 이유가 충분히 있고 그 다음에는 매우 구체적이고 성공 확률이 높은 기회가 있다고 판단하여야 한다.

3. 절차 혹은 공정 상의 필요(process needs)

과업의 프로세스에서 필요성이 제기된 사항들은 기존의 프로세스를 완성하며, 결함이 있는 연결부분을 대체하며, 새로운 지식을 활용해 기존의 낡은 프로세스를 다시 디자인한다. 때때로 그것들은 '잃어버린 연결고리'를 찾음으로써 프로세스를 완성시킨다.

이러한 프로세스상의 필요성은 새로운 사업기회를 제공하는 것으로 이를 효과적으로 이용하기 위해서는 몇가지 중요한 조건들이 있는데 이는 (1) 이해될 수 있는 필요성이어야 하고, (2) 기존의 것보다 덜 낭비적이어야 하며, (3) 해결책이 사람들이 일을 하는 방식과 부합해야 한다는 것이다.

4. 산업/시장의 변화(industry and market changes)

산업과 시장구조는 오랫동안 그대로 유지되고, 안정적인 것처럼 보이기도 하지만, 실질적으로는 꽤 변하기 쉽다. 이러한 산업/시장의 변화가 발생하면 또 다른 기회가 임박하였음을 인식하고 복잡한 전략보다는 단순한 전략을 통해 기회를 살펴야 한다.

5. 인구구조의 변화(demographic change)

산업화 초기에도 인구 구성의 변화가 급속하고 돌발적이며, 충격적이었던 것처럼 향후에도 인구 구조를 무시하는 것은 어리석은 일이다. 20세기의 인구 변화는 실제로 나타나기 전에 리드타임(lead time)이 있는데, 이는 예측 가능하다는 것이 중요하다.

6. 인식의 변화(changes in perception)

지각상의 변화가 일어나는 경우에는 본질이 변하는 것은 아니며 의미만 변한다. 예를 들면 자신을 '노동계층'으로 보던 것이 스스로 '중산층'으로 그 의미가 변하고, 그 결과 자신의 사회적 지위와 경제적 지위를 매우 중요하게 생각하게 되는 것이다.

지각상의 변화가 지속적인 추세가 될지 불확실하기 때문에, 지각상의 변화에 기초한 혁신은 애초에 소규모로 출발해야 하고 구체적으로 시작되어야 한다.

7. 새로운 지식(new knowledge)

지식에 기초한 경영혁신은 기업가정신을 발휘하는 방법으로서는 '최상급의 혁신'이다. 지식에 의한 혁신을 통해 기회를 찾아내는 것은 리드타임이 매우 길기 때문에 위험도 크지만, 잠재적인 보상도 더욱 크고 명성도 함께 획득 할 수 있다.

2절 아이디어의 착안과 보호

1. 아이디어 착안 기법

가. 브레인스토밍

일반적으로 새로운 사업 아이디어의 도출을 위해서 브레인스토밍(brain-storming) 기법이 많이 쓰인다. 브레인스토밍은 특정 주제에 대한 여러 가지 아이디어 도출을 위해서 쓰인다. 이를 수행할 때는 그룹의 선임자가 그룹 구성원들에게 주제에 대한 설명을 하고 각자의 의견을 서로 공유하는 방식으로 진행된다.

주로 플립 차트 혹은 전자 보드를 사용하여 여러 가지 아이디어들을 기록하여 즉각적으로 아이디어를 도출하고 수집하는 방식으로 실시하게 되는데, 주의하여야 할 사항은 〈표 2.4〉와 같다.

‖ **표 2.4** 브레인 스토밍 추진시의 주의사항

구분	주의사항
1	비판은 자유로운 아이디어 도출에 방해가 된다는 것을 인식하여야 한다. 서로의 의견에 대해 존중하고 수용하는 자세가 필요하다.
2	회의 진행에 있어서 자유로운 의사 표현을 보장하여야 한다. 엉뚱하거나 비상식적인 아이디어들이 문제 해결에 유용할 수 있기 때문이다.
3	회의가 아이디어 본질을 파악하는 것이 아니라 기록하는 방식으로 빨리 진행되어야 함
4	leapfrogging은 동기부여를 시킨다. 이는 어떤 아이디어가 다른 아이디어의 도출 방법으로 사용될 수 있음을 뜻한다.

* 출처: Entrepreneurship, 85p, Table 2.4

나. 포커스 그룹

포커스 그룹(Focus Group)은 서로 유대 관계에 있는 5~10명 정도의 인원이 모여서 한 주제에 대해 토론을 하는 방법이다. 이것은 여러 가지 목적이 있지만 새로운 사업 아이디어 창출을 위한 방법으로도 쓰일 수 있다.

포커스그룹은 어떤 주제에 대해 익숙한 사람들로 그룹을 이루며 같은 문제에 대해서 장시간 서로 의견을 교환한다. 특히 중재자(Moderator)와 함께 몇 시간 동안 회의를 하게 된다. 중재자는 토론할 이슈에 대해서 객관적이고 관련 지식이 풍부한 사람이어야 하며 그룹 리더 역할을 원만히 수행할 수 있는 사람이어야 한다. 또한 자유롭고 편안한 토론을 장려할 수 있어야 한다.

다. 도서나 인터넷을 통한 조사

새로운 사업 아이디어 착안을 위한 세 번째 방법은 도서와 인터넷을 통한 조사이다. 때때로 좋은 아이디어들은 개념의 합성을 통해서 나오게 된다. 책이나 저널, 특정 분야에 관계된 서적은 핵심 이슈들을 도출해 낼 수 있는 좋은 방법이다.

인터넷의 강력한 검색 엔진이나 자료들은 매우 강력한 아이디어 도출 도구로 활용된다. 인터넷 검색 엔진은 자신이 원하는 키워드만 치면 관련 서적과 자료 수집이 가능하기 때문에 매우 강력하며 아이디어 도출에 많은 도움이 될 것이며, 향후 인터넷의 데이터들은 계속 보강될 것이기 때문에 활용가치는 더욱더 증가할 것이다. 특정 이슈에 대한 많은 소식들은 "Google" 혹은 "네이버" 등에서 제공하고 있는 서비스를 이용하면 더욱 용이하게 접근가능하다.

라. 델파이법

델파이(delphi)법은 특정 문제에 대해 여러 전문가들의 독립적인 의견을 수집한 다음, 이 의견들을 요약·정리하여 다시 전문가들에게 배부하여 총체적 합의가 이루어질 때까지 서로의 아이디어에 대해 논평하는 방법이다.

운영방법은 광범위한 성격의 질문을 담은 설문지를 배포한 뒤 답변 결과를 정리하여 기록한다. 그리고 도출한 답변 결과를 토대로 다시 설문지를 배포한다. 여기서 도출한 답변 결과를 팀원들이 검토하여 상이한 의견을 제시한 근거를 토론한다. 이러한 토론을 통해 답변에 대한 합의점을 도출한다. 이 결과를 반영한 설문지를 다시 배포하여 최종 답변 결과를 요약·정리한다.

델파이법의 장점은 전문가들을 한 장소에 모이게 할 필요가 없으며, 의사결정 과정에서 타인의 영향력을 배제할 수 있다는 점이다. 반면 많은 시간이 소요되고 응답자에 대한 통제가 어려운 점이 단점으로 거론된다. 〈표 2.5〉에는 델파이기법의 라운드별 진행방법을 제시하였다.

‖ **표 2.5** 델파이기법의 진행단계

구분	요약	내용
0라운드	준비	• 전체 기술 분류상에서 예측 대상 기술의 목록을 선별하는 단계 • 관리자는 선별된 기술 분야별로 전문가들을 선정하여 전문가 집단을 구성함 • 예상되는 응답률을 고려하여 전문가 수를 충분한 수준으로 결정해야 함 • 설문지는 예측하고자 하는 문제와 직접 관련된 주제로 작성되어야 함
1라운드	예측	• 관리자의 주관 하에 전문가 집단의 전문가들에게 기술예측 세부항목으로 이루어진 설문지를 발송 • 회수된 설문지를 토대로 평균(mean), 중앙값(median), 분산(deviation) 등을 구하는 기술 통계(descriptive statistics) 분석을 수행 • 분석 결과 나타난 전문가들 간의 편차를 보고 예측의 신뢰도를 판단 • 분산 크기가 클수록 신뢰도는 낮은 것으로 판정 • 충분한 신뢰도가 얻어지면 예측 활동을 종료하고 그렇지 않으면 다음 라운드로 넘어간다.
2라운드	수정	• 전문가들에게 1라운드 결과를 알려주고 다시 한 번 예측하도록 요청 • 회수된 설문지를 통계적으로 분석 • 전문가들 간의 편차를 분석, 예측의 신뢰도를 다시 판단, 얼마나 편차가 줄었는지를 살펴 봄 • 충분한 신뢰도가 얻어지면 예측 활동을 종료하고 그렇지 않으면 다음 라운드로 넘어감

* 출처: 조근태(R&D 관리, 76p 참조, 2011)

2. 아이디어의 개발 독려와 보호

가. 아이디어 발굴을 위한 중심 역할지 구축

일부 회사에서는 아이디어를 개발하거나 평가하는 업무를 특정 인사에게 수행하도록 한다. 그러나 이는 잘못된 것으로 아이디어의 수집, 평가는 특정 사람의 의무가 아니라 모든 사람들이 함께 이루어 나가야 하는 것이다. 아이디어 뱅크(idea bank)에 저장되는 데이터 수집 방법은 물리적 혹은 전자적 장치를 활용하여 저장하는 방법이 있으며, 각 종업원들의 아이디어를 저널로 발간하여 아이디어 수집을 하는 경우도 있다.

나. 회사 차원에서의 창의성 독려

창조와 혁신 사이에는 중요한 차이가 있다. 혁신(innovation)은 회사에 의해서 새로운 이윤 창출의 성공적인 도입을 지향하는 반면, 창조(creativity)는 참신하거나 쓸모 있는 아이디어를 별 다른 도구 없이 만들어 내는 과정이다.

종업원들은 자신들의 창조력을 여러 가지 방법을 통해서 발휘할 수 있으며, 문제 해결의 방법이나 기회의 포착, 제품개발 또는 서비스에 대한 아이디어를 도출하곤 한다. 창조는 개인적인 성향으로 나타나는 경향이 있지만, 회사에서는 이를 전사적 차원에서 관리하는 것이 필요하다. 따라서 창조는 혁신의 중요한 요소가 되기도 한다.

다. 분실, 도난으로부터 아이디어의 보호

지적재산은 무형의 인간의 지능이지만 시장에서는 많은 가치를 가지고 있다. 따라서 지적재산은 특허, 등록상표(trademark), 저작권(copyrights), 영업비밀 등으로 보호받아야 한다. 지적재산을 보호하기 위한 방법에는 일반적으로 3가지 단계로 나누어 볼 수 있다. 〈표 2.6〉은 단계별 지적재산권 보호조치 내용을 정리한 것이다.

표 2.6 단계별 지적재산권 보호 조치 내용

단계	조 치 내 용
Step1	아이디어들은 반드시 유형의 결과물로 보관되어야 한다. 아이디어가 떠올랐을 경우 연구노트 혹은 PC 등이 유형적인 도구를 활용하여 보관한다.
Step2	1 단계의 장치(연구노트 혹은 PC 등)로 결과물을 보관할 때에는 보안이 유지되도록 한다. 네트워크에서는 보안장치를 설치해야 한다.
Step3	아이디어가 부주의 혹은 임의적으로 공개되는 것을 막아야 한다. 이를 소홀히 하면 자사 고유자산에 대한 권리를 잃게 된다.

3절 산업분석

1. 산업의 정의

일반적으로 산업은 물적 재화의 생산과 더불어 서비스의 생산 영역을 포함한다. 즉, 농림어업·광업·제조업·건설업·공익사업·운수통신업·유통업·금융업·보험업·부동산업 기타 모든 서비스업이 산업에 포함된다. 이와 같은 모든 종류의 생산업을 구분하여 농림어업 부문에 속하는 업종의 산업은 1차산업, 광공업 부문에 속하는 것은 2차산업, 기타 서비스 부문에 속하는 업종은 3차산업으로 나누었다. 좁은 의미에서는 주로 제조업만을, 또는 농업 이외의 모든 분야의 업종만을 산업으로 정의하기도 한다.

2. 산업분석의 목적

산업구조는 기업이 현실에서 대처하고 있는 여러 환경 중 가장 중요한 환경이다. 기업 환경 중에서 무엇보다 중요한 것은 사업에 직접 관련된 관계로 여기에는 공급자와의 거래관계, 고객과의 관계, 경쟁기업들 간의 경쟁관계가 포함된다. 이와 같이 특정산업의 경쟁자, 공급자, 고객과의 관계가 산업 환경을 이루고, 이러한 여러 기업과의 관계를 조직적으로 분석하는 것이 산업구조분석(industry structure analysis)이다.

산업분석이란 한 산업과 관련된 제품 시장에 관한 분석을 의미하며, 주요한 목적으로는 특정 산업에 대해 현재와 미래의 잠재적 진입자에게 그 산업의 매력도(attractiveness)를 파악하게 하는 것과, 특정 산업에서 성공할 수 있는 핵심요인이 무엇인가를 알게 하려는 것이다. 산업구조 분석은 사업부 수준의 전략과 기업수준의 전략을 수립하는 데 아주 중요한 역할을 한다. 기업전략은 그 기업이 어느 신규 사업 분야로 진출하고, 어느 사업 분야에서 탈퇴할 것인가에 관한 결정을 의미한다. 그러한 결정을 내리기 위해서는 기업의 개별 사업 분야가 속해 있는 각각의 산업이 유망한가, 또는 사양화 단계에 있는가를 판단할 필요가 있다.

산업구조분석의 필요성과 의의를 정리하면 〈표 2.7〉과 같다.

‖ **표 2.7** 산업구조분석의 필요성과 의의

산업구조분석의 필요성	산업구조분석의 의의
기업의 개별사업분야가 속해 있는 각각의 산업이 유망한가 또는 사양화 단계에 있는가에 대한 판단이 요구됨.	• 궁극적으로 그 사업부에서 어떠한 전략을 수립하여야 기업의 수익률을 높일 수 있는가를 알 수 있음. • 기업이 그 산업에서 성공하는 데 필요한 산업 특유의 성공요인(key success factor)을 알 수 있음.

이러한 산업구조의 분석을 통해 궁극적으로 그 사업부에서 어떠한 전략을 수립하여야 기업의 수익률을 높일 수 있는가에 대한 해답을 구할 수 있다. 또한 기업이 그 산업에서 성공하는 데 필요한 산업 특유의 중요 성공요인(key success factor)을 알 수 있다.

3. 산업분석의 중요성

산업분석은 궁극적으로 기업경영의 결과를 나타낸 재무 상태에 미치는 영향력이 크다. 즉 산업분석은 기업의 신용분석에 있어 사업 분석과 재무 분석의 시작이자 토대이다. 이러한 신용분석의 한 단계로 개별기업의 미래에 대해 추정작업을 실시하는데 이 때 가장 먼저 이루어지는 작업이 매출에 대한 추정, 수급, 가격, 경쟁상황에 대한 분석으로 이 또한 산업분석에서 다루어진다.

산업분석에서 산업별 주요 위험요소에 대한 이해는 개별기업의 신용위험 분석의 우선순위를 제시하여 분석의 심도와 효율을 높인다. 산업별로 고유의 위험이 상이하여 경쟁이 심한 산업의 경우에는 기업의 시장지위 분석에 유의해야 하며 자본집약적 산업의 경우에는 현금흐름의 적정성에 대한 분석이 중요해진다. 특히 산업분석을 통해 산업 내 경쟁요소를 파악함으로써 개별기업의 경영목표 달성가능성과 경영위험 회피능력을 분석할 수 있게 된다.

4. 산업 경향에 관한 연구

산업분석은 기업이 계속기업으로 존재하기 위해서 고려해야 할 중요한 위험요소 중의 하나로서 기업분석 시 필수적으로 이행되어야 할 사항이다. 산업분석을 통해 검토하여야 할 주요 기업 경영의 위험 요소를 살펴보면 〈표 2.8〉과 같다.

‖ 표 2.8 기업경영의 주요 위험요소

구 분	주 요 위 험 요 소
거시적 위험 (macro risks)	경제, 사회적 경향, 기술의 발전, 정치적 안정, 정부정책의 변화, 기후조건, 이자율, 환율, 인플레이션 등 정치·경제적 위험
산업위험 (industry risks)	산업의 성장추세, 원자재 수급, 공급능력, 경쟁관계 등 산업특성에서 비롯되는 위험요인
기업 고유위험	영업위험(business risk)과 재무위험(financial risk), 자기자본규모, 자금조달방법, 이자 및 환율 변화 등 재무특성에서 비롯되는 위험

5. 산업의 형태와 기회

산업분석을 위해서는 거시적 안목에서 산업을 개괄적으로 파악하여 해당 산업의 특성과 현재 위치를 정의내리는 것이 필요하다. 산업의 특성과 현재 좌표 파악을 위해서는 아래와 같은 분류 시각이 도움이 된다.

가. 신흥산업

신흥산업은 대부분 첨단기술 분야의 산업이 많으며, 첨단산업의 구조적 특징인 기술의 장래성과 시장전략이 분명하지 않다는 특징을 지닌다. 초기비용이 높지만 향후 요구되는 비용이 급격히 감소하고, 분사되는 기업이 계속하여 발생하는 경우가 많다. 구매자가 모두 처음 구매하는 사람이며, 시간과 시야가 좁고, 보조금이 있으며, 선발자의 이익(first-mover advantage)이 존재한다. 신흥산업 분야는 예상하기 어려운 불확실성이 있지만, 경험이 통용되지 않는다. 애플사의 아이튠즈 스토어가 대표적인 사례다.

나. 다수경쟁산업

실질적인 시장 선도자가 없는 산업이며, 작은 경쟁업체가 많은 산업에서 기업을 지키려고 경쟁하는 특징을 보인다. 상대적으로 경쟁이 심해 합병을 통해 시장에서 우위를 차지하는 경향이 있다. 스타벅스, 탐앤탐스 등이 포진한 커피외식업이 대표적인 사례이다.

다. 성숙산업

성숙산업의 특징은 경쟁의 중점이 비용과 서비스로 옮겨진다는 것이다. 성숙기에 도달한 기업은 원가우위, 차별화, 집중 중에서 무엇인가를 확실하게 선택하여 추구하지 않으면 시장에서 버티기 힘들다. 음식산업에서 건강하고 신선한 음식을 서비스하는 것이 대표적인 사례다.

라. 쇠퇴산업

쇠퇴산업의 특징은 매출의 감소가 단기적이 아니라 장기간에 걸쳐 계속 진행되고 있다는 것이다. 쇠퇴기의 제품은 특징이 없는 범용품으로 간주되고 있으며, 고정비가 크다는 특징이 있다. 쇠퇴기의 전략에는 리더십 전략, 틈새시장(niche market) 확보 전략, 수확전략, 즉시 철수 전략이 있으며, 이 중, 최적 전략으로 효과적인 것은 '수확' 전략이다. 새로운 투자를 중단하고 현재의 사업으로부터 가능한 한 많은 현금수입을 획득하고 바로 철수하는 것이다. 미국의 저가 항공사인 JetBlue 항공이 대표적인 사례이다.

마. 글로벌산업

글로벌산업에 속하면서 다국적 기업인 경우, 전 세계 시장을 목표로 하는 전략을 고려해야 하며, 만약 다국적 기업이지만 글로벌 산업이 아닌 경우는 각 지사가 자국의 전략을 고려하는 것이 바람직하다. 글로벌 전략수립 시 필수 고려사항은 국가별 생산요소의 비용, 외국 시장에서의 환경, 외국 정부의 역할, 외국 경쟁기업의 정확한 파악 등이다. Pharmajet社의 바늘 없는 주사기가 대표적인 사례다.

이상에서 언급한 산업형태에 따른 특징 및 기회에 대한 내용을 정리하면 〈표 2.9〉와 같다.

‖ 표 2.9 산업 형태에 따른 특징

산업형태	산업특징	기회	기회활용사례
신흥산업	새로운 산업 표준 운영절차가 아직 개발되지 않음	first-mover advantage	애플의 아이튠즈 스토어
다수경쟁산업	다수의 비슷한 규모의 회사가 존재	합병	스타벅스 커피숍
성숙산업	약간의 수요 증가, 다수의 고정적 고객, 제한된 혁신제품	공정혁신	신선하고 건강에 좋은 음식 판매
쇠퇴산업	산업수요가 지속적으로 감소	틈새시장	JetBlue 항공
글로벌산업	국제적 판매	국제화	Pharmajet社의 바늘 없는 주사기

4절 산업구조분석

산업 구조를 분석하는 방법은 여러 가지 방법이 있을 수 있으나, 가장 대표적인 방법으로 마이클 포터의 five forces analysis와 CSFs 분석을 들 수 있다.

1. Five Forces Analysis

산업구조를 분석하는 기법을 처음으로 경영 전략에 도입한 사람은 미국 하버드 경영대학원의 마이클 포터(Michael Porter)이다. 포터는 1980년 'Competitive Strategy' 라는 저서에서 경제학의 산업조직론에서 발전된 산업구조분석을 기업에 적용하기 쉽도록 변형시킨 분석틀을 제시하였다. 그의 분석틀에 의하면 다섯 가지 경쟁적인 세력에 의해 산업의 수익률이 결정된다. 이 다섯 가지 경쟁요소 중에서, 세 가지는 수평적인 경쟁으로 대체재와의 경쟁, 잠재적 진입자와의 경쟁, 기존사업자와의 경쟁이 이에 해당한다. 그 밖의 두 가지 요소는 수직적인 경쟁으로 공급자와 구매자의 교섭력이 이에 해당한다.

산업은 개별기업의 경영성과에 영향을 미치는 기업 환경 그 자체로서 중요한 의미를 지닌다. 기업의 성과는 산업경쟁 강도에 따라 좌우되는 경향이 있어 산업의 미래를 예측하기 위해서는 산업경쟁의 강도를 결정짓는 구조적 요인에 대한 분석이 중요하다. 5가지 경쟁요소의 구체적 내용은 다음과 같으며, 그림으로 제시하면 〈그림 2.2〉와 같다.

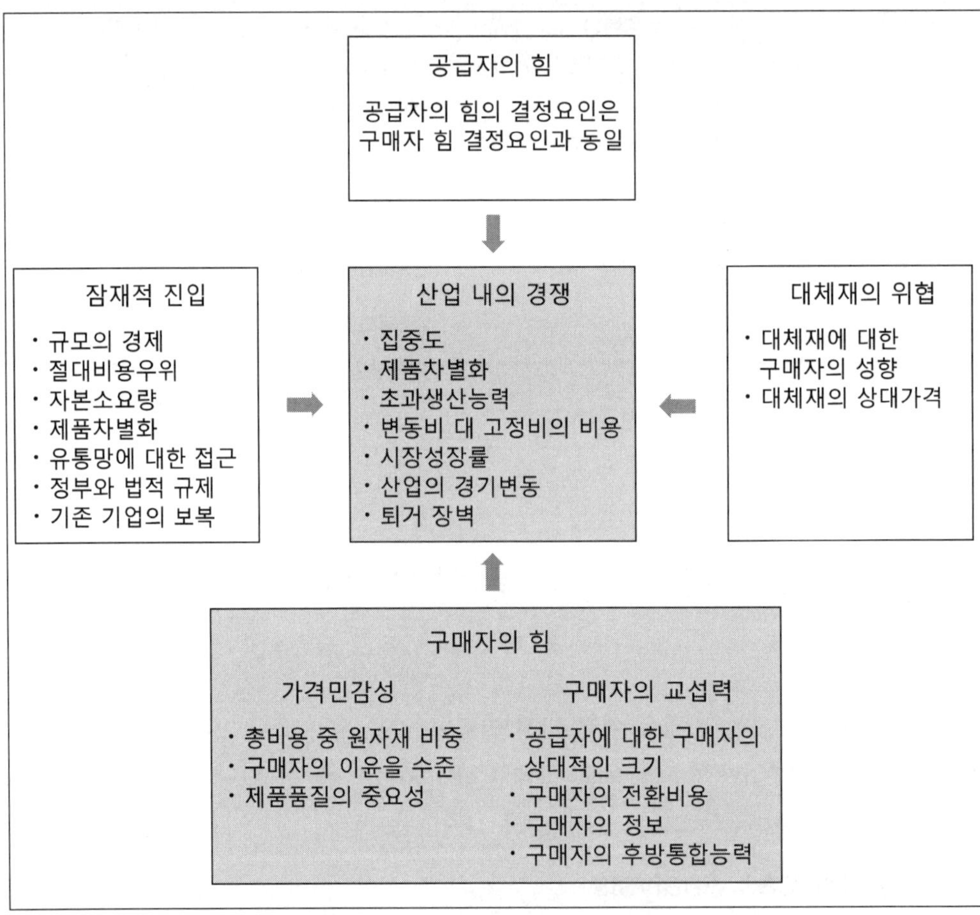

‖ **그림 2.2** five forces model의 구조적 변수

가. 대체재의 위협(threat of substitutes)

산업의 수익률이 소비자가 그 제품이나 서비스에 대해 지불하려는 가격에 따라 결정된다면 산업의 수익률은 대체재(substitute)의 유무에 따라 큰 차이를 나타내게 된다. 대체재가 많으면 많을수록 기업들이 자신의 제품이나 서비스에 높은 가격을 받을 수 있는 가능성은 줄어든다. 대체재의 존재가 그 산업의 가격결정에 영향을 미치는 정도는 크게 두 가지 요소, 즉 소비자들이 쉽게 대체재로 옮겨갈 수 있는가 하는 문제와 대체재가 가진 유용성에 의해 좌우된다.

나. 잠재적인 진입자의 위협(threat of potential entrants)

진입장벽(barriers to entry)이란 신규진입기업들이 기존기업들과 비교하여 부담하게 되는 상대적인 불리함이다. 진입장벽은 그 산업에서의 경쟁기업의 진입을 약화시키고 높은 수익률을 유지할 수 있게 한다. George Yip의 실증연구에 따르면 진입장벽이 효과적으로 신규진입을 억제한다고 한다.

신규 진입자들은 진입장벽을 여러 가지 방법으로 피해 가려고 한다. 신규 진입자들은 종종 새로운 방식으로 진입을 시도한다. 즉 새로운 기술, 새로운 경영능력, 새로운 브랜드를 가지고서 효과적으로 진입에 성공하기도 한다. 잠재적 시장 진입자는 잠재적 경쟁자의 진입 장벽에 의해 결정되며 절대적 원가우위, 정부의 정책, 예상되는 보복, 규모의 경제, 소요 자본량, 제품 차별화, 유통경로에의 접근성 등으로 판단하게 된다.

다. 기존 기업 간의 경쟁(rivalry among existing firms)

대부분의 산업에서 경쟁의 양상과 산업 전체의 수익률을 결정하는 가장 중요한 요인은 이미 그 산업 내에서 경쟁하고 있는 기업들 간의 경쟁관계이다. 산업 내의 기존 기업들 간의 경쟁양상과 강도를 결정하는 요소는 산업성장, 고정비용, 초과설비 유무, 제품차별화 가능성, 상품인지도, 교체비용, 정보의 복잡성, 경쟁자의 다양성, 경쟁기업 규모, 철수장벽 등으로 판단한다.

라. 공급자의 교섭력(bargaining power of suppliers)

강력한 구매자가 교섭력을 행사하여 가격을 낮춤으로써 공급자로부터 이익을 빼앗을 수 있는 것처럼, 공급자들도 자신의 교섭능력이 강할 때 가격을 높임으로써 이윤의 폭을 넓힐 수 있다. 이는 산업 내 구매에 대한 상대적 비용, 원가 또는 차별화에 대한 투입 요소 영향, 투입 요소 차별화, 교체 비용, 공급자의 집중 등으로 판단할 수 있다.

마. 구매자의 교섭력(bargaining power of buyers)

어떤 산업에 있는 기업이든 궁극적으로는 소비자들에게 제품이나 서비스를 공급한다. 구매자의 교섭력을 결정하는 데에는 다음 두 가지 요소가 중요하다.

첫째, 먼저 제품차별화가 심할수록 구매자는 가격에 대해 민감하지 않게 된다. 예를 들어, 과자, 의류 등과 같은 제품은 종종 원가보다 훨씬 높은 가격을 받고 있음에도 불구하고 구매자들은 높은 가격을 지불하면서라도 자신이 선호하는 제품을 사기 마련이다.

둘째, 구매자의 교섭능력에 가장 많은 영향을 미치는 것은 판매하는 기업과 구매하는 기업 간의 교섭력(bargaining power)의 차이이다.

2. CSFs 분석

CSFs(critical success factors) 분석은 기업의 비전 및 전략적 목표 달성을 위해 조직이 확보해야 하는 핵심을 파악하여 경쟁우위를 갖도록 하는 분석 방법이다. 특이하게도 도출된 CSFs 항목에 대해서는 내부 환경 분석에서 CSFs에 대한 평가를 통해 KPI를 도출하게 된다(표 2.10 참고).

CSFs 분석은 산업 특성, 경쟁 전략, 산업 내 위치, 외부 환경 요인, 한시적 요인, 관리의 성공 요인을 분석함으로써 R&D 과제 도출 시에도 유용하게 사용할 수 있다. CSFs 분석을 할 때에는 각 요인들이 중복되지 않고 다차원적으로 접근하여 각 수준별로 정의해야 하며, 전사 단위 전략보다는 세부 단위 전략에 유용하다.

동네 슈퍼마켓을 예로 들면, 산업 특성은 가격이나 재고 등이 될 수 있으며, 경쟁 전략 및 산업 내 위치는 이웃 슈퍼마켓 수와 현재 매출 순위 등이 될 수 있다. 외부 환경 요인은 할인율 제한 등과 같은 정부의 규제가 될 수 있고, 한시적 요인으로는 슈퍼마켓 주인이 부상을 당해 종업원이 제품 배달 확인부터 매출 정산까지 모두 총괄하게 되는 경우가 될 수 있다. 관리의 성공요인은 품질, 재고관리 등과 같은 요소가 될 수 있다.

‖ **표 2.10** CSFs의 주요 요소

산업의 특성	산업 고유의 성공 요소
경쟁전략 및 산업 내 위치	기업의 현재 경쟁전략과 산업 내 위치를 고려한 성공요소
외부환경 요인	기업이 조절하기 어려운 외부환경요인을 고려한 성공요소
한시적 요인	특정기간 동안 일시적으로 해결해야 하는 제약요소와 극복방안
관리의 성공 요인	모든 기능의 관리적 요소에서 최고의 성과를 창출하기 위한 성공 요인

* 출처: 조근태(R&D 관리, 2011)

5절 경쟁전략 분석기법들

산업분석을 위한 또 다른 형태의 분석방법으로는 경쟁환경분석과 산업진화분석이 있다. 경쟁환경분석은 기업의 경쟁전략 수립을 위한 것으로 경쟁자를 식별하고, 식별된 경쟁자에 대한 분석을 통해 경쟁전략을 수립하는 것이며 산업진화분석은 산업의 수명주기별 특징을 분석하여 해당 산업을 분석하는 방법이다.

1. 경쟁환경분석

경쟁환경분석은 기업의 경쟁 전략수립을 위한 것으로 경쟁자를 식별하고, 식별된 경쟁자에 대한 분석을 통해 전략을 수립하게 된다. 또한 단순히 전략수립에 그치는 것이 아니라 상시 모니터링 체계를 갖춰 경쟁자에게 지속적인 관심을 갖는다. 경쟁환경분석은 자사와 경쟁사와의 비교·분석이 주가 되기 때문에 미시적 분석에 대한 내용은 자사의 내부환경분석과 병행하여 수행되기도 한다.

가. 경쟁자 정보

경쟁자에 대한 정보는 각 기업의 기밀 사항일 수 있기 때문에 획득에 어려움이 있어 다양한 분야의 매체, 특허 정보, 미디어 등을 통해 획득한 내용을 종합하고 추론해서 창출해야 한다. 경쟁사 및 미디어의 연간 보고서, 신문이나 경영 잡지의 글, 해당 경쟁사 CEO의 인터뷰나 연설, 광고 등을 통해서 경쟁사 정보를 획득할 수 있다. 또한 투자 분석, 산업 성공 사례, 고객 만족 등의 정보를 통해서도 유추 가능하다.

나. 경쟁자/경쟁그룹 분석

경쟁자 분석은 자사와 경쟁사들 간의 항목별 비교를 통해 이루어진다. 이때 비교 가능한 항목에는 현재의 비즈니스 모형과 추구하는 비즈니스 모형, 재무적 성과인 시장 점유율, 매출, 수익성, 생산성 등, 그리고 브랜드 가치와 각 회사의 강점과 약점 등을 서술한다.

산업 내부 경쟁자가 하나가 될 수도 있지만 보통은 다수이다. 따라서 산업 내 위협과 기회 구조를 파악하기 위해 경쟁그룹 간 분석을 수행하기도 하는데, 군별 분석을 통해서 전체 산업 및 각 경쟁사의 향후 진행 방향을 파악해볼 수 있는 장점이 있다(그림 2.3 참고).

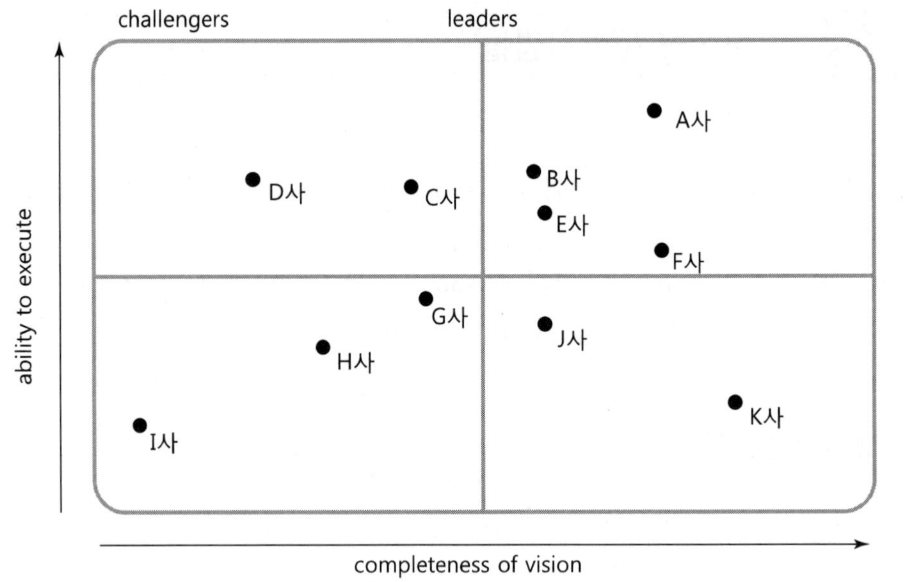

* 출처: 조근태(R&D 관리, 2011)

‖ 그림 2.3 경쟁그룹 분석 사례(2008 Gartner Magic Quadrant Diagram)

2. 산업진화분석

산업 진화를 분석하기 위해 가장 많이 사용되는 기법은 산업/제품 수명주기 분석이다. 수명주기 분석을 통해 산업 발전 과정에 대한 이해의 폭을 넓히고, 불확실한 미래 예측을 비교적 정확하게 할 수 있다. 산업 진화 차원인 산업 성숙도와 경쟁지위 차원으로 구분한다.

산업/제품 수명주기(표 2.11 참고)는 기술발전 방향을 예측하기 위해 활용되기도 한다. 여기서는 전략수립을 위해서 기업이 자사가 속한 산업이나 보유하고 있는 기술/제품의 현재 위치를 파악하고 해당에 맞는 전략을 수립하기 위한 부분에 초점을 맞추고 있다.

‖ 표 2.11 수명주기별 특징

	도입기 (early stage)	성장기 (expansion stage)	성숙기 (transition stage)	쇠퇴기 (mature stage)
주 전략	제품 개발	시장 확대	미래 방향	신규 투자
시장 성장	지속적 증가 기본 성장률이 낮아 의미 있는 성장이 되지 못함	성장 급증	성장 정체	성장 둔화 및 쇠퇴
성장의 잠재력	결정하기 어려움	예기치 못한 개발로 산업 전체 규모를 넘어설 수 있음.	포화 상태인 주요 시장	포화기, 새로운 기술/제품 개발 필요
제품 라인 수	기본 제품 라인	제품 라인의 빠른 확대	제품 라인 일정	제품 라인 감소
경쟁자 수	급속히 증가	절정	안정적	감소

*출처: 조근태(R&D 관리, 2011)

현재 속한 산업이 도입기나 성장기에 속하는 경우 기업은 제품 개발과 시장 확대에 중점을 두어야 하며, 성장이 정체되는 성숙기에는 현재 산업을 대체할 신규산업에 대해서 준비해야 한다. 쇠퇴기에 속할 경우 새로운 산업이나 기술/제품에 투자하는 방식으로 전략을 세워야 한다. 산업제품 수명주기의 분석사례는 〈그림 2.4〉를 참조 바란다.

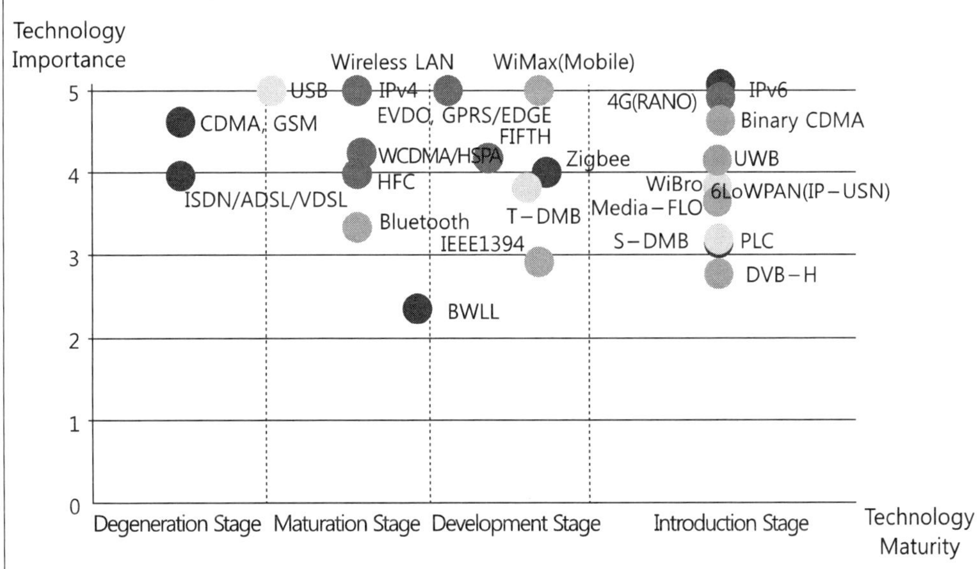

* 출처: 조근태(R&D 관리, 2011)

‖ 그림 2.4 산업/제품 수명주기 분석 사례

3. 경쟁전략 기본분석: SWOT 분석[2)]

여러 분석 틀 중 가장 자주 사용되는 분석으로서, 모든 분석의 출발점이자 기본이 되는 분석방법이다. SWOT 분석은 〈그림 2.5〉와 같이 기업의 내재적인 강점(strength), 약점(weakness)과 외부 환경요인인 기회(opportunity) 및 위협(threat) 요소를 종합적으로 분석하여 사업기회와 예비 사업성을 분석하는 것을 의미한다.

SWOT 분석을 위해 수집한 기업 내부 및 외부의 관련 정보는 타 분석 방법의 기초 자료로도 활용된다. SWOT 분석은 외부환경 분석, 내부능력 분석, 전략방향의 도출을 전체적인 순서로 하여 진행되며, 〈표 2.12〉에서 보는 바와 같이 7단계로 이루어진다.

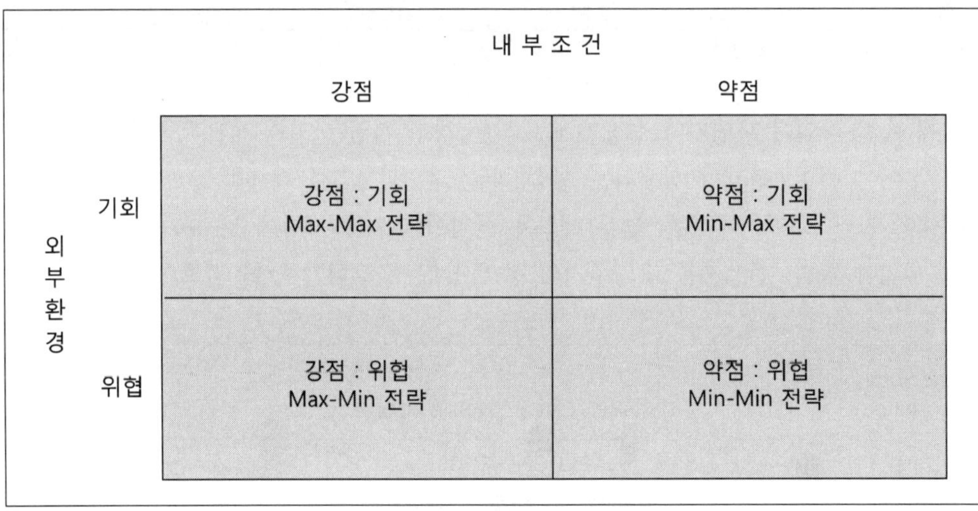

‖ **그림 2.5** SWOT 분석 요소

2) Utterback & abernathy의 'Process and Product Innovation' 논문(1975), Hayes & Wheelwright의 'Process-Product life cycle' 논문(1979), Ahmad의 'Product-Process Matrix' 논문(2002) 등과 박용태 교수의 저서(2005)를 참고하였다.

‖ 표 2.12 SWOT 분석 절차

구 분	내 용
1단계	(기업 프로필 분석) 기업 전체적인 프로필을 분석하는 단계로서, 업종, 시장영역, 경쟁상황, 최고경영층 역량과 비전 등의 기본 정보를 파악
2단계	(외부환경 분석) 기업 외부의 환경을 분석하는 단계로서, 주로 시장 요인, 경제 요인, 기술 요인, 사회적 요인 등을 파악
3단계	(기회-위협요인 도출) 이전 단계인 외부환경분석을 토대로 기회(O) 요소와 위협(T) 요소를 도출
4단계	(내부역량 분석) 내부적 역량을 분석하는 단계로서, 마케팅 능력, 재무 능력, 연구개발 능력, 인적자원 능력 등을 파악
5단계	(강점-약점 요인 도출) 내부역량 분석을 토대로 강점(S)과 약점(W)을 도출하는 단계
6단계	(SWOT 매트릭스 도출) 1단계~5단계를 종합하는 단계로서, 〈그림 2.5〉에서 보는 바와 같이 4가지 영역으로 된 SWOT 매트릭스를 도출
7단계	(전략방향 제시) 4개 영역별로 나누어 Max-Max, Min-Max, Max-Min, Min-Min 전략수립

4. 위상분석

위상분석(position analysis)은 분석 대상(기업)이 다른 대상과 비교하여 상대적으로 어떤 위상(position)을 차지하고 있는지, 어느 영역(area)에 있는지를 살펴보는 방법이다. 기업의 상대적 경쟁력 파악과 벤치마킹을 통한 향후 방향 설정을 목적으로 수행되며 일반적으로 〈표 2.13〉에서와 같이 4단계로 이루어진다.

‖ 표 2.13 position 분석 절차

구 분	내 용
1단계	(요인의 선정) 분석 대상의 핵심요인을 선정
2단계	(격자/매트릭스 구성) 핵심 두 요인을 선정하여 이를 축으로 격자/매트릭스로 구성
3단계	(맵핑, mapping) 우리와 비교 기업의 수준을 측정하여 각각의 위상을 표시
4단계	(전략방향 제시) 우리기업의 상대적 위상을 파악하고 향후 어느 방향으로 어떻게 이동할 것인가를 결정

〈그림 2.6〉에 나타난 것처럼, 특정 제품에 대하여 다수의 경쟁제품 수준을 기준으로 격자를 구성한 후, 상대적 위상을 표시하면 시장에서의 전반적인 위상을 분석할 수 있다. 위상분석 시 중요한 것은 1단계의 핵심요인을 선정하는 것인데, 이는 핵심요인 선정이 정확하게 이루어져야 그 다음 단계에서의 분석결과가 의미를 가질 수 있기 때문이다. 실무에서 주로 사용되는 핵심요인을 선정하는 방법은 여러 가지가 있을 수 있으나 크게 직관적 방법과 체계적 방법으로 나눌 수 있다.

직관적(intuitive) 방법은 가장 많이 사용되는 접근법으로 전략분석에 참여하고 있는 전문가들이 직관이나 경험을 토대로 요인을 결정하는 방법이며, 체계적(systematic) 방법은 전문가들의 인터뷰, 토론, 설문조사 등을 통해 데이터베이스를 만들어 다양한 통계적 기법으로 요인을 도출하는 방법이다. 체계적 방법에도 여러 가지 방법을 사용할 수 있겠지만, 대표적으로 사례로는 요인분석(FA; factor analysis)과 다차원 척도법(MDS; multi-dimentional scaling) 등이 있다.

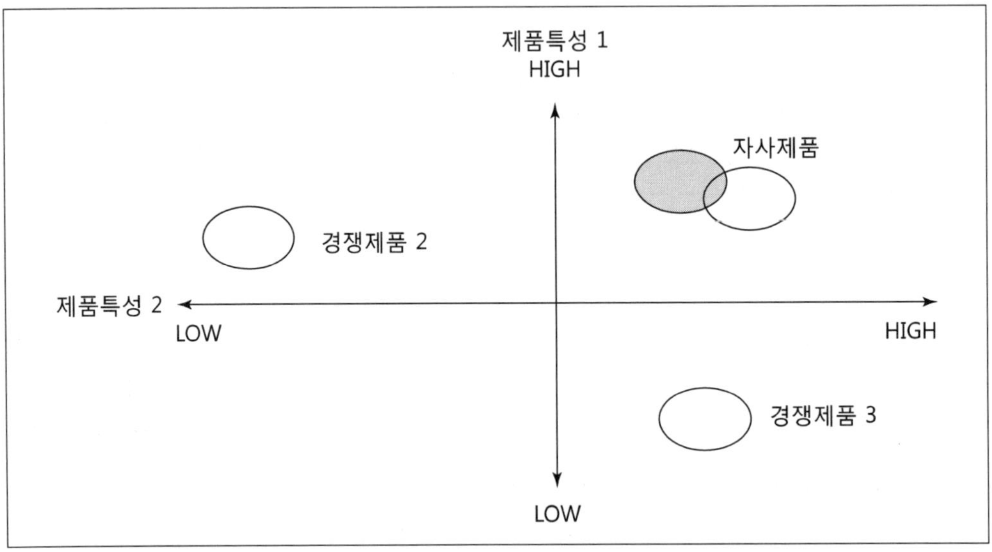

‖ **그림 2.6** Position 분석 격자

5. 분포분석

분포분석(portfolio analysis)은 기업이 수행중인 사업과 수행 예정인 사업들이 전체적으로 어떻게 분포되어 있는가를 살펴보는 분석 방법으로, 포트폴리오 분석이라고도 불린다. 분포 분석은 〈그림 2.7〉의 전체 분포도에서 보는 바와 같이 현재 보유하고 있는 사업 내

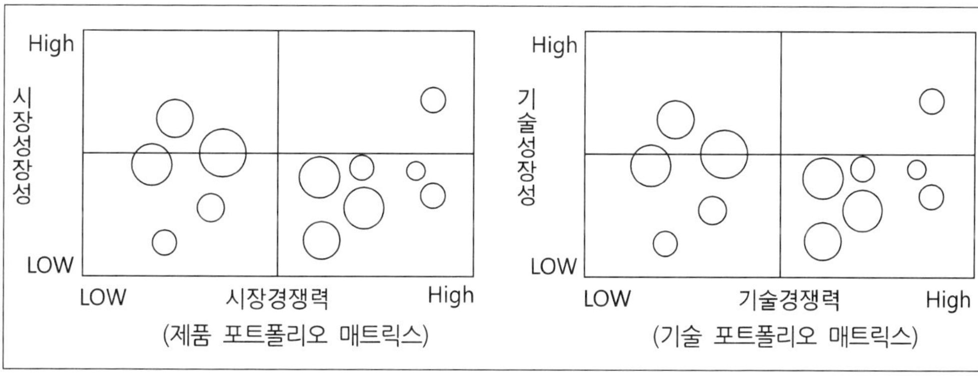

|| 그림 2.7 분포분석 사례

용이 얼마나 균형적인지를 파악하고 현재 포트폴리오를 개선할 수 있는 방향과 비율을 결정하는 데 유용하다.

분석 대상은 분석 목적에 따라 다양하게 설정할 수 있으며 각각의 동그라미들은 제품 또는 프로젝트를 의미하며 동그라미 크기를 다르게 하여 제품의 매출액, 프로젝트의 투자비용의 차이를 시각화할 수도 있다.

분포분석 가운데 가장 오랫동안 사용되어 표준이 된 방법은 BCG(boston consulting group) 매트릭스이다. 이는 미국 컨설팅 회사인 보스턴 컨설팅 그룹(boston consulting group)이 제안한 매트릭스로서 〈그림 2.8〉에서 보는 과정을 거쳐 전략적 방향과 대안이 도출된다.

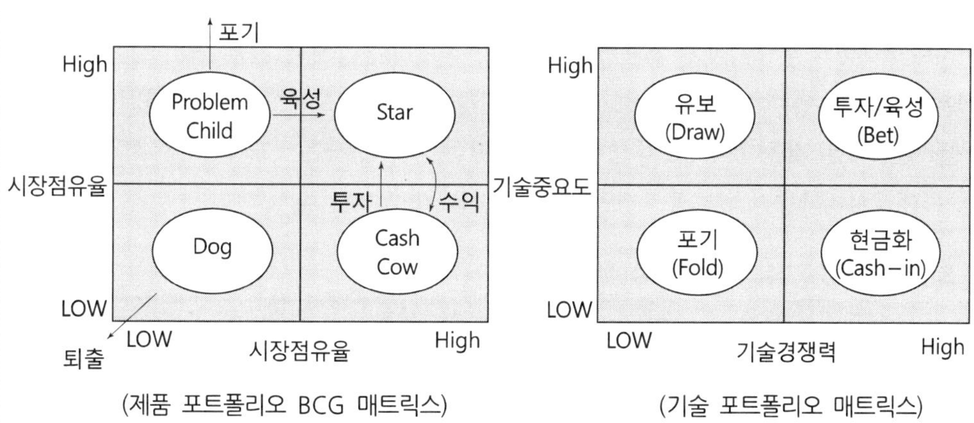

* Dog: 아무 쓸모가 없으며 가능한 한 빠른 시간 내에 철수
Problem Child: 포기하든지 아니면 Star로 키우든지 선택
Cash Cow: Cash Cow에서 벌어들이는 현금은 Star 육성에 투자, 빠른 시간 내에 Star가 될 수 있도록 관리

|| 그림 2.8 BCG 매트릭스 수행 단계

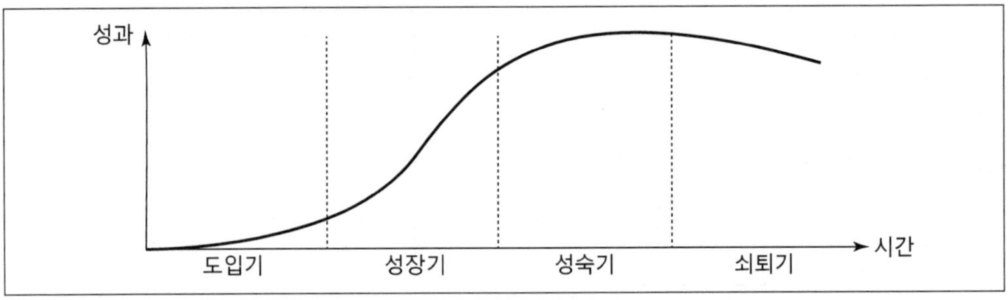

‖ 그림 2.9 산업/제품 수명주기

6. 동태분석

동태분석(dynamic analysis)은 시간의 흐름을 하나의 축으로 설정하고, 분석대상이 되는 요인의 상태가 시간의 흐름에 따른 변화동향을 살펴보는 분석이다. 동태분석의 초점은 분석 대상 요인의 변화 방향과 변화율, 분석 대상 요인의 중장기적 성장성이나 경쟁력이다.

동태분석의 절차는 시간축의 결정과 분석요인 결정의 단계로 이루어진다. 시간축의 결정 단계에서는 분석기간과 분석주기 결정, 수명주기(life cycle) 개념을 도입하여 도입(introduction)-성장(growth)-성숙(maturation)-쇠퇴(declining)의 주기를 따라 변화 속도와 양상을 살펴본다.

분석요인 결정 단계에서는 구체적인 분석의 형태가 결정되며 실무에 있어 양축을 어떻게 배치하느냐에 따라 매트릭스 형태의 분석과 그래프 형태의 분석을 할 수 있다.

동태분석에서 또 한 가지 중요한 것은 시장 진입(entry)-퇴출(exit) 전략을 들 수 있다. 이는 제품의 수명주기 상에서 어느 시점에 시장에 진입하고 어느 시점에 빠져 나올 것인가를 결정하는 것을 뜻한다. 수명주기상의 진입-퇴출 전략은 〈표 2.14〉에서 보는 바와 같이 대략적으로 3가지로 분류하여 살펴 볼 수 있다.

‖ 표 2.14 수명주기상의 진입-퇴출 전략

구 분	내 용
조기진입 후기퇴출 전략	• 도입기에 선도기업으로 진출, 쇠퇴기까지 남아있는 전략 • 도입기에 진입하여 신제품, 신기술을 개발하여 새로운 시장을 개척 • 선도기업은 시간 흐름에 따라 규모를 키우고 끊임없는 기술혁신을 이루어야 함
조기진입 조기퇴출 전략	• 도입기에 선도기업으로 진출, 성장기 후반/성숙기 초반에 빠져 나옴 • 성숙기에 기존시장에서 퇴출한 후에는 신시장 개척으로 사업내용 전환
후기진입 후기퇴출 전략	• 성장기에 후발기업으로 시장에 진출하여 쇠퇴기까지 남아 있음 • 성장기에 진입하기 위해서는 가격 경쟁력, 마케팅 능력, 자금력 필수 • 후발 대기업이나 기술집약적 중소기업의 기존시장 잠식 시 주로 선택

참고 1 경쟁사 정보수집 방법

산업분석을 위한 산업내 경쟁사 정보수집의 방법에는 상장기업과 비상장기업을 구분하여 다음과 같은 자료를 조사함이 효율적이다.

1. 상장기업일 경우: 공시자료 검색

- 금융감독원 홈페이지(http://dart.fss.or.kr)의 사업보고서
- 한국은행 기업경영분석(http://ecos.bok.or.kr), 증권거래소(www.kse.or.kr) 자료

2. 비상장기업일 경우: 다음 사항을 중심으로 정보 수집

자료	기대 효과
컨퍼런스, 전시회 참가	산업의 최근 트렌드 파악 및 최신 상품 파악
경쟁사 제품 구입	제품 장단점, 구매 프로세스를 통한 고객응대 자료 파악
경쟁사 Web-site 분석	회사의 최신 뉴스 및 제품 정보 파악
Google, Yahoo의 e-mail 알람 설정	경쟁사의 보도자료, 블로그 포스트, 관심단어 설정 등 e-mail을 통한 정보 파악
관련 도서, 잡지 구독	관련 책, 기사의 정보는 경쟁사의 정보로 작성
고객과의 대화	경쟁사 제품의 장단점 파악

창업 Worksheet 2 사업 아이디어 발굴

1. 교과서에서 배운 다양한 아이디어 발굴 방법들(추세파악, 과거 경험, 사회적 네트워크, 인터넷 서칭 등등) 중에서 본인이 잘 사용하는 방법을 선택한다면?

2. 현재 내가 참여하고 있는 프로젝트에서 고객 needs와 목표고객 생각하기

자료	기대 효과
현재 내가 진행하고 있는 프로젝트 내용은?	
해결하고자 하는 문제점이나 고객 니즈는 무엇인가?	
실제 고객의 니즈를 확인해 보았는가?	예 ( ), 아니오 ( ) '아니오'라고 대답했다면 어떻게 기술의 사업화가 실적(판매나 매출)을 낼 수 있다고 생각하는가?
고객의 니즈가 가장 큰 타겟 고객층은 어디인가?	

3. 자신이 하고자 하는 프로젝트에서 솔루션을 개발하고 있다면 경쟁자들과의 가장 큰 차별점은 무엇인가?

4. 향후 추가로 진입할 잠재적인 경쟁자들과의 진입 장벽으로 내세울 수 있는 것은 무엇인가?

(자료원: CEO 멘토 이진호 연구원)

제 3 장

기술정책과 기술혁신

Technology and Foundation

1절 기술정책과 기술혁신 관련 이론

1. 기술정책의 필요성

오늘날 국가와 기업의 기술 역량은 그 나라의 경제성장과 기업발전의 중요한 요소로서, 사회 전반에 걸쳐 타 분야와 다양하고도 긴밀하게 영향을 주고받고 있다. 새로운 기술 아이디어가 생기고 활용되는 모든 과정은 복잡한 사회적 관계에서 일어나며, 기술은 그것을 둘러싼 제도와 영향을 주고받으면서 발전해 나간다.

그러나 이러한 제도들 중에는 특정 기술 발전에 긍정적인 영향을 미치기도 하지만, 반대로 부정적인 영향을 미치기도 한다. 따라서 기술발전에 긍정적 영향을 미치는 제도는 장려하는 한편, 부정적 영향을 미치는 제도들은 축소하거나 폐지함으로써 기술이 더욱 발전할 수 있는 여건을 마련하는 것이 필요하다.

1970년대, 1980년대 미국 경제 침체와 1990년대 이후 일본 경제의 구조적 장기불황 원인은 국가적 차원의 기술경영 능력이 부족하였기 때문이라고 지적되었다. 이후 미국은 국가 차원에서 기술을 관리하고 활용하는 기술경영 능력을 향상시킴으로써 국가경제의 호황을 누리는 반면, 일본은 아직도 장기적 불황에서 벗어나지 못하고 있다. 즉, 국가 차원에서 기술을 조직적, 제도적으로 활용해야 할 필요성이 커졌다.

2. 기술정책의 정의와 분류

기술정책에 대해서는 여러 학자들이 정의를 내린 바 있으나, 스톤먼(Stoneman, 1987)은 기술정책(technology policy)을 '경제에 대한 정부 개입으로 기술혁신과정에 영향을 미칠 의도를 가진 정책'으로 정의하고 있다. 마워리(Mowery, 1992)는 기술정책을 '신기술의 개발, 상업화 및 응용을 촉진하기 위해 기업 의사결정에 영향을 미치고자 하는 의도된 정책'으로 정의하였다. 이러한 기술정책의 정의를 고려할 때, 기술정책은 일반적으로 기술의 혁신성과에 영향을 미치기 위해 의도적으로 정부가 개입하는 것이라고 할 수 있다. 다시 말하면 기술이 다양한 사회관계 속에서 발전할 수 있도록 국가적 차원에서 관련 제도를 조절해 주는 것이라고 할 수 있다.

---

1) 제3장 기술정책과 기술혁신은 이장재(과학기술정책론, 2011)을 참고하여 작성함.

따라서 소속된 조직의 특징과 추구하는 목표에 따라 기술정책의 내용과 구조가 다를 수 있고, 같은 조직이라 할지라도 시대에 따라 다를 수밖에 없다. 예를 들면, 규모가 큰 선진국의 경우 기술정책의 초점은 최신 과학기반 기술을 창출하는 역량 구축 및 이를 혁신에 활용하는 노력에 초점을 두고 있는 반면, 규모가 작은 국가에서는 시장에서 활용할 수 있는 기술의 흡수와 사용에 관심을 둔다. 추격형 국가의 경우는 신기술을 활용하여 전도유망한 특정산업에 진입하고자 노력하게 된다. 그러므로 특정 사회 및 특정 시대에 유용한 효과를 거둔 정책이 다른 환경에서도 동일한 효과를 가져 올 수 없다는 것을 염두에 두어야 한다.

한편 기술발전을 위한 정부 역할에 대해 많은 논의도 진행되어 왔다. 즉, 국가 개입이 없어도 시장의 원리에 의한 자원배분과 기업가정신(entrepreneurship)이 기술발전을 촉진할 것이라는 의견과 국가 개입에 의한 기술정책을 통해 국가경쟁력 확보와 경제발전이 이루어 질 수 있다는 의견이 대립하여 왔다. 최근에는 지식과 기술의 흐름을 촉진하고 기술혁신의 전반적 효율성을 향상하는 국가적 차원의 혁신시스템을 구축하는 것이 필요하며, 이를 위해 정부가 혁신에 영향을 미칠 수 있는 모든 제도적 환경을 동시에 변화시켜야 한다는 논리가 설득력을 얻고 있다.

따라서 기술정책을 수립하기 위해서는 기술혁신의 발생, 확산 과정 등의 일반적 기술혁신이론과 최근 주목받고 있는 국가 기술혁신시스템 이론에 대한 이해가 필요하며 동 이론은 기술정책의 가장 중요한 이론적 배경이 된다고 할 수 있다.

3. 기술혁신 관련 이론

앞서 언급한 바와 같이 기술정책의 가장 중요한 토대를 구축하고 있는 이론은 기술혁신 이론이라 할 수 있다. 기술혁신의 중요성은 20세기 초 슘페터(Schumpeter)에 의하여 강조되기 시작하였다. 해당 이론은 자본주의 경제 발전에서 기업의 이익이 중요하다는 인식에서 출발하며, 기업의 이익추구가 국가경제 발전의 원동력이라고 보았다.

슘페터는 기술의 상업화적인 관점에서 기술혁신을 다루었다. 그러나 현대 사회가 복잡해져감에 따라 기술혁신의 개념을 개별 기업의 생산자원의 재결합 차원에서 인식하기보다는 자본주의를 구성하는 다양한 주체들이 새로운 것을 만들거나 개선하여 경제적 가치를 늘려나가는 것으로 확대할 필요가 있다는 논의가 있어 왔다. 이러한 넓은 의미의 기술혁신은 현대사회의 동태적 측면을 포괄적으로 반영해 주기 때문에 국가 차원의 기술정책을 다루는 데 유용할 것이다.

기술혁신의 원천에 대해 연구한 이론은 '기술주도이론', '수요견인이론', 그리고 제시된 두 가지 이론을 보완하는 '상호작용모델'이 있다. 이 이론들은 혁신 행위에 주된 영향을 미치게 되는 요인을 각각 기술의 진보, 시장수요에 있다고 보고 이에 적절한 정책을 수립, 시행하여야 한다고 주장하였다.

가. 기술주도이론

기술주도이론(technology push theory)을 주장한 대표적인 사람으로는 슘페터이다. 자본주의의 장기적 경제발전과 구조적 변화에 관심을 둔 슘페터는 창조적 파괴(the gale of creative destruction)를 자본주의 경제발전의 본질적 요소로 간주하고 급진적 혁신이 새로운 산업의 출현과 경제발전을 위한 새로운 원동력을 형성한다고 주장하였다. 그는 여기에서 새로운 기술의 공급은 시장 수요에 대한 적응보다 더 중요하며 기술이 성장의 추진력으로 작용하게 된다고 하였으며, 이러한 생각이 기술주도이론의 토대를 마련한 것으로 평가된다. 그러나 기술주도이론은 혁신의 요인으로 경제적 요인을 무시하고 있고, 기술발전의 일방향적 개념을 제시하고 있다는 한계를 가지고 있다.

나. 수요견인이론

수요견인이론(market pull theory)은 기술혁신의 주된 요인을 시장에서 인지되는 수요(demand)와 같은 경제적 요소로 보고 있다. 따라서 소비자의 수요가 재화나 서비스에 대한 소비형태에 변화를 가져 오게 되고 이것이 시장신호(market signal)로서 생산자에게 인식되어 궁극적으로 혁신행위가 발생하게 된다는 것이다. 그러나 이러한 수요견인이론은 혁신과정에서 발생되는 생산자에 의한 수요의 인식이 기술혁신으로 이어진 구체적인 사례를 밝히지 못하고 있으며 수요요인이라는 개념이 너무 광범위하게 사용되고 있고, 무엇보다도 기술혁신에 있어서 기술의 변화를 무시하고 있다는 비판이 제기되고 있다.

다. 상호작용모형

앞에서 살펴 본 기술주도이론과 수요견인이론은 각각 장단점을 지니고 있다. 이러한 양 이론의 단점을 보완한 모델이 상호작용모형이다. 상호작용모형(Interactive model)은 과학과 기술 그리고 시장의 연속적인 상호작용을 기술혁신 행위의 주요 요인으로 지목하고 있다. 따라서 기술혁신의 기원과 결정요인에 관한 기술주도이론과 시장수요이론은 어느 것도 전적인 지지를 받지 못한 채 상호작용모형으로 흡수되고 있다. 이러한 논의에 참여하고 있는 대부분 학자들도 기술주도이론이나 수요견인이론의 양 극단의 입장을 취하기보다는 양 이론의 장점을 취하는 입장을 보이고 있다.

4. 기술혁신의 유형

기술혁신은 기술혁신의 속도나 대상에 따라 구분할 수 있다. 기술혁신의 속도나 정도에 따라서는 급진적 혁신과 점진적 혁신으로 구분되며 기술혁신의 대상에 따라서는 제품혁신과 공정혁신으로 구분된다.

가. 급진적 혁신과 점진적 혁신

(1) 급진적 혁신

급진적 혁신(radical innovation)은 기존 기술이 근본적으로 다른 시스템으로 전환되는 혁신을 의미한다. 급진적 혁신의 특징은 기술이 과학적 지식에 바탕을 두면서 주로 기술주도(Technology push)에 의하여 혁신이 이루어지며, 불확실성이 높고 불연속적으로 일어나는 특성을 지니고 있다. 일반적으로 급진적 혁신은 불황기에 많이 발생하며 불황을 극복하는 원동력으로 작용한다. 이는 새롭게 발명된 제품의 상업화가 특히 불황기에 빠르게 진행되기 때문이라고 여겨지고 있다. 불황은 비효율적으로 운영되는 기업을 퇴출시키고 과잉생산이 수정되는 과정으로서 슘페터는 '창조적 파괴'를 통해서 불황을 극복할 수 있다고 주장한 바 있다.

(2) 점진적 혁신

점진적 혁신(incremental innovation)은 기술이 근본적으로 다른 시스템으로 전환되는 것이 아닌 기존 기술시스템의 개선, 혹은 급진적인 기술혁신 이후 나타나는 보완적 혁신 등 다양한 작은 기술변화를 의미한다. 점진적 혁신은 주로 비공식적인 연구개발에 이루어지며 기술주도보다는 시장수요(market pull)에 의해 발생하게 된다.

점진적 기술혁신은 급진적 혁신처럼 혁명적이거나 급격한 경제적 변화를 초래하지는 않지만 기존제품이나 급진적 혁신을 대상으로 꾸준하게 품질을 개선하고 생산비용을 절감함으로써 기술혁신 과정에서 중요한 의미를 갖는다. 표준화된 제품을 대량 생산하는 기업들의 경우 다양한 점진적 혁신에 주력하여 생산비 절감효과를 얻게 되고, 신제품을 생산하는 기업의 경우 제품 성능이나 품질을 보완하기 위한 점진적인 기술 개선에 주력하여 판매 증대 효과를 얻게 된다.

나. 제품혁신과 공정혁신

(1) 제품혁신

제품혁신(product innovation)은 최종 제품으로 나타나는 신제품 생산을 위한 혁신으로, 제품의 사용자나 시장수요를 충족하기 위하여 상업적으로 도입되는 기술 또는 기술의 조합을 의미한다. 일반적으로 제품혁신은 신기술 제품의 표준 디자인이 도입될 시기에 정점에 다다르고 그 이후 감소하게 된다.

(2) 공정혁신

공정혁신(process innovation)은 최종 제품을 생산하기 위한 생산장비, 인력, 투입재료, 정보흐름과 같은 생산 체제의 혁신으로, 최종 제품을 생산하기 위한 수단의 출현을 의미한다. 일반적으로 공정혁신은 꾸준히 증가하다가 성숙기의 초반에 최고조에 도달하였다가 쇠퇴하게 된다.

5. 기술혁신의 과정 모형

기술혁신의 과정모형은 기술혁신이 어떤 순서로 일어나고 진행되는가, 그 과정에서 각각 단계는 어디에 위치하며 역할을 무엇인가 등을 설명하기 위해 제시된 모형을 의미하는 것으로 대표적인 모형으로는 선형 모형(linear model), 체인-링크 모형(chain-linked model), 동태적 모형(dynamic model) 등이 있다.

가. 선형 모형

선형 모형(linear model)은 가장 오래 되고 많이 알려진 기술혁신 과정 모형으로서, 기술혁신 과정을 기초연구에서 상업화로 이어지는 일련의 선형적인 관계로 단순히 파악하는 이론이다. 이 모델은 기술혁신을 창출하기 위해서 기초연구에 자원을 투입하면 자연적인 기술혁신의 과정(기초연구 → 응용연구 → 개발 → 생산 → 상업화)을 거쳐 산출물로 이어진다는 의미에서 '파이프라인 모델(pipelined model)'로 불리기도 한다.

이 모델은 단순하고 이해가 용이하여 기업경영 및 국가발전에 있어 기술혁신의 중요성 확산에 많은 기여를 하였고, 기술혁신과정에서 경영의 중요성을 강조하였다는 장점이 있다. 하지만, 기술혁신과정 단계들 간의 피드백과 과학-기술과의 상호작용을 고려하지 않고, 계속적 생산과정의 학습에서 나타나는 공정혁신의 중요성을 간과한다는 단점이 있다.

나. 체인-링크 모형

체인-링크 모형(chain-linked model)은 '선형모형'에 대한 반성에서 시작된 것으로 기술혁신이 이루어지기 위해서는 〈그림 3.1〉에서 보는 바와 같이 다양한 사슬과 경로로부

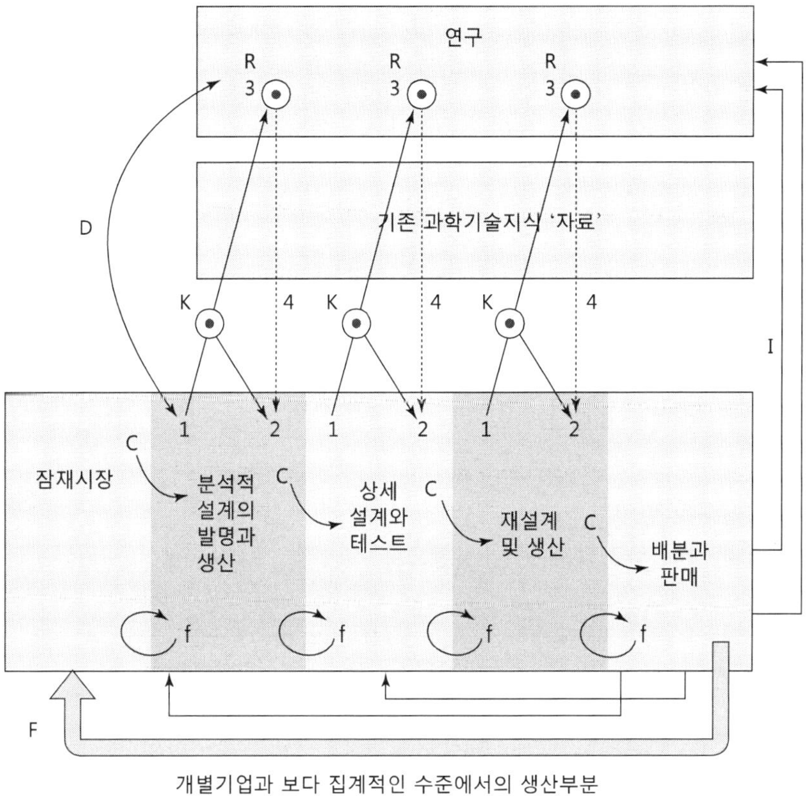

- C: 혁신의 중심연결고리
- f: 피드백 경로
- F: 특히 중요한 피드백
- K-R: 지식을 통한 연구(R)로의 연계와 반작용 경로
  결절점 K에서 문제가 풀린다면 연구(R)로 가는 3번 연계는 작동할 필요가 없음.
  연구(R)로부터의 반작용 연계(4번)는 불확실하기 때문에 점선으로 표시함.
- D: 발명이나 설계와 관련된 문제와 연구(R) 사이의 직접적 연계
- I. 제조업 부문의 계기, 기계, 장치, 기술 과정들에 의해 과학연구를 지원
- S: 생산 과정에서 직접 얻거나 외부 모니터링을 통해 얻은 과학정보에 의해 연구를 지원함.

* 출처: OECD(1992), Technology and Economy, The Key Relationships, p. 25

‖ **그림 3.1** 체인-링크 모형(chain-linked model)

터의 지식과 정보의 피드백과 상호작용이 필요함을 강조한다는 의미에서 '사슬연계 모형' 또는 '상호작용 모형'이라고도 불리기도 한다.

체인-링크 모형은 Kline & Rosenberg(1986)에 의해 도입된 모델로 기술혁신 과정을 R&D 활동, 기존의 과학지식, 기존시장 및 잠재시장 간의 상호작용과 피드백으로 설명하였다. 이 모형은 선형모형과 비교할 때 매우 복잡하지만, 예측 기능을 이용하여 기술 개발의 불확실성을 줄이고 기술기획의 효율성을 높일 수 있다는 점과 동시 병렬적 연구개발 설계를 통해 시간을 줄일 수 있다는 것을 보여줌으로써 연구개발 기획과 관리 실무의 효과성과 효율성을 제고하는 데 기여를 한 것으로 평가된다.

다. 동태적 모형

동태적 모형(dynamic model)은 Utterback and Abernathy(1975)가 제시한 모형으로 제품의 수명주기 모형을 기술혁신이론에 적용한 것으로 '기술혁신주기 모형'이라고도 한다. 이 모형은 제품혁신주기와 공정혁신 주기를 결합한 것으로 〈그림 3.2〉에서 보는 바와 같이 유동기, 과도기, 경화기의 3단계로 구분된다.

(1) 유동기(fluid stage)

아직 제품의 사양이 안정되지 못한 상황으로 전반적으로 기술혁신은 불안정한 상태를

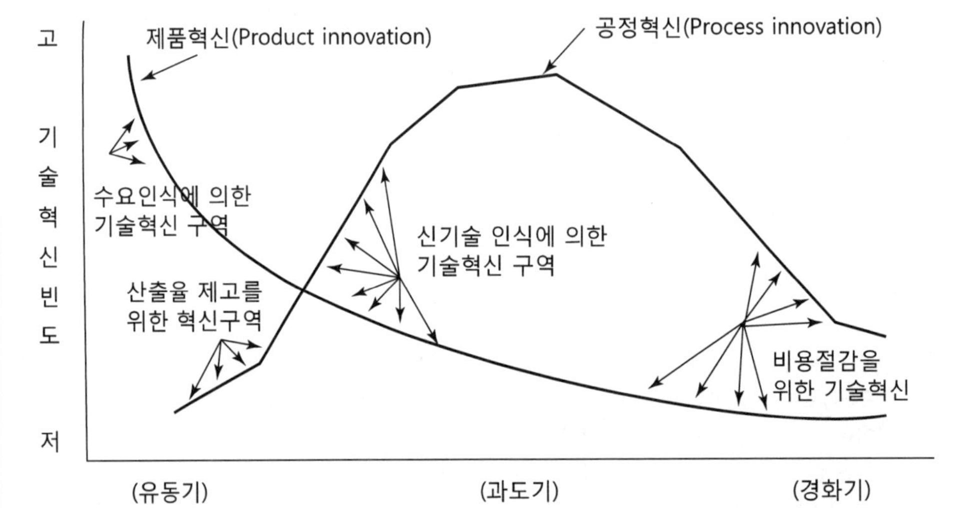

* 출처: Utterback and Abernathy(1975)

‖ **그림 3.2** 동태적 모형(dynamic model)

보인다. 기술혁신은 주로 제품 디자인이나 성능 개선을 위한 제품혁신에 집중되는 반면, 공정혁신은 아직 미미한 수준에 머무르고 있다.

(2) 과도기(transitional stage)

이 단계에 접어들어서는 지배 제품(dominant design)의 출현과 함께 제품의 표준화가 일어나면서 제품혁신의 빈도가 대폭 줄어드는 데 반해 생산 능력 확대를 위한 공정혁신이 활발하게 일어나게 된다.

(3) 경화기(specific stage)

마지막 단계는 경화기로서 제품은 이미 성숙기로 접어들었으므로 제품혁신은 거의 일어나지 않고, 비용 절감이나 생산 효율성 제고를 위한 부분적인 공정혁신만 나타나게 된다.

이러한 수명주기의 구체적인 형태가 모든 기술 분야와 산업분야에 동일하게 나타나는 것은 아니고 기술 분야와 산업분야의 차별적 특성에 따라 각 단계의 길이나 높이가 달라질 수 있다. 그러나 기본적인 형태는 기술과 산업의 차이와 관련 없이 위의 〈그림 3-2〉에서 보는 바와 같이 일반화될 수 있다.

2절 개방형 혁신

개방형 혁신(open innovation)은 기술이 점차 복잡해지고 융합화 되는 환경에서 모든 분야를 망라하여 혁신을 이룩할 수 없기 때문에, 잘 할 수 있는 분야에 집중하면서 한편으로 타 혁신 주체와 어떻게 협력을 할 것인가에 대한 논의에서 시작되었다.

이 방법은 기업이 연구·개발 기획에서 상업화에 이르는 혁신 전주기 과정을 개방하여 내·외부 자원을 활용함으로써 혁신 비용을 줄이고 기업의 혁신 성공 가능성과 부가가치 창출을 극대화하는 노력을 의미한다.

헨리 체스브루(Henry Chesbrough, 2003)에 따르면 기존 기업들은 대체로 혁신에 필요한 모든 프로세스를 스스로 전부 수행하여야 한다고 생각하거나, 해당분야 혁신을 위해 필요한 인적, 기술적 자산을 모두 가지고 있다고 잘못 생각하는 경향이 많다고 지적하였

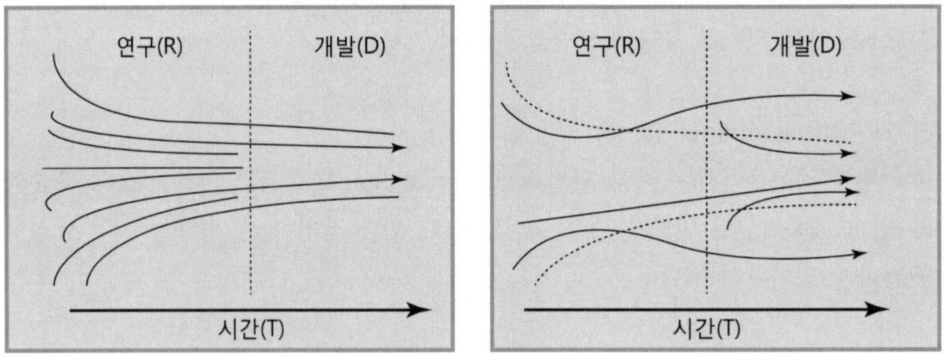

폐쇄모형　　　　개방모형

* 출처: Chesbrough(2006), Open Business Model, HBS

‖ **그림 3.3　폐쇄형 혁신과 개방형 혁신 모형**

다. 이어서 그는 역량 있는 사람과 기업들이 흩어져 있고, 기술이 복잡해지면서 기업 스스로 모든 연구를 수행하는 것이 불가능하기 때문에 자신이 가진 지식을 내놓고, 외부의 훌륭한 혁신 아이디어는 적극적으로 수용할 것을 제안하였다. 이를 기존 폐쇄형 혁신과 비교하여 표현하면 〈그림 3.3〉과 같다.

개방형 혁신의 대표적 사례로는 P&G의 'Connect & Develop'를 비롯하여 Cisco, Nokia, IBM 등 선진기업들을 들 수 있으며, 이들은 개방형 혁신 도입을 통해 성과를 창출하고 있다. 특히 IBM의 경우 회사가 가진 지식재산을 외부에 적극적으로 개방하여 2000년도에만 17억 달러의 로열티 수입을 올린 것으로 보고된 바 있다.

개방형 혁신 활동은 '내향형(outside-in)' 개방과 '외향형(inside-out)' 개방으로 구분된다. 내향형은 외부의 기술이나 아이디어를 도입하는 것으로 기술구매, 공동연구, 위탁연구, 합작벤처 설립, 벤처 투자, 기업인수, 사용자 혁신, 집단지성 활용 등이 있다. 외향형은 기업내부의 기술을 외부의 다른 경로를 통해 상업화하는 것을 가리키며, 기술판매, 분사화, 공동연구 참여, 인력이동 등이 여기에 속한다. 최근에는 기업의 혁신 패러다임으로 개방형 혁신에서 내향형의 중요성이 강조되고 있다.

개방형 혁신은 기술정책과 관련하여 여러 가지 함의를 제공하고 있다(이장재, 2011).

첫째, 국가혁신체제의 개방성 확대와 함께 기초연구 강화와 혁신 인프라의 확충이 필요함을 시사한다. 혁신원천으로 대학 및 연구기관 등 공공부문의 개방성 확대, 혁신 인프라로 정보 및 지식중개업의 육성과 벤처캐피털 등 금융 인프라의 확충이 요구된다.

둘째, 개방형 혁신은 새로운 형태의 산학협력 방식을 제시하고 있다. 대표적인 예로 글로벌 및 국내 차원의 전문가 네트워크와 커뮤니티 구성을 통한 아이디어 교환과 협력기

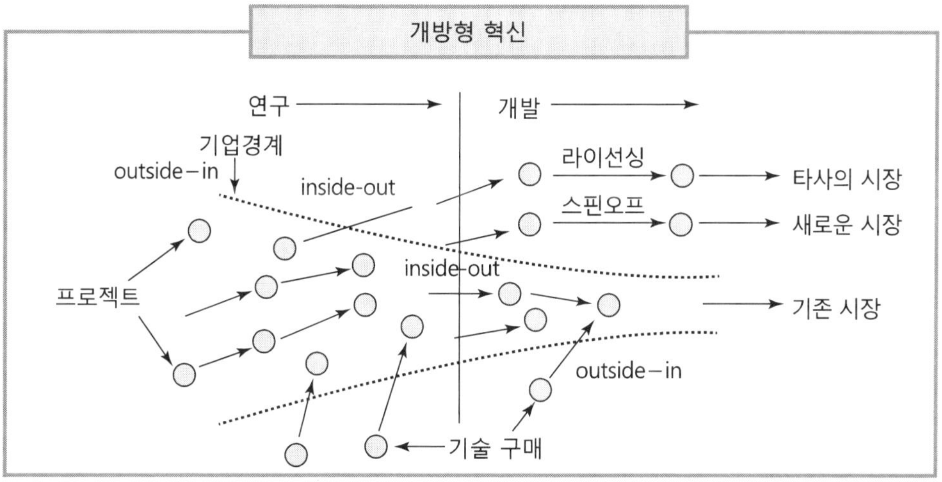

* 출처: Chesbrough(2006), Open Business Model, HBS

‖ **그림 3.4** 개방형 혁신의 내향형과 외향형 구분

회의 창출을 들 수 있다.

셋째, 정부차원에서의 글로벌 우수 인재의 유입 확대와 유동성 강화 노력을 들 수 있다. 해외 인재 유치에 친화적인 비자제도 및 이민제도, 글로벌 인력협력 네트워크 구축 등이 여기에 해당된다.

개방형혁신과 클러스터(cluster)가 같이 거론되기도 하는데, 클러스터란 지리적으로 제한된 범위 안에 산업요소와 기술요소가 함께 존재하여, 그 지역 내의 특화된 산업을 육성하는 시스템을 말한다.

3절 추격형과 탈추격형 기술전략

추격(catch-up)은 경제학 용어로 선진국을 목표로 하여 이를 따라잡기 위해 경제성장을 추구하는 것을 의미한다(Nath, 2007). 경제 추격의 기반은 산업화 과정에서 선진국이 개발한 기술을 획득하고 발전시키는 것이다(Hobday, 1995; Kim, 1997). 추격 전략의 선구자인 게르센크론(Gerschenkron, 1962)의 연구에 따르면 후발국가가 선진국을 따라잡는 추격은 두 나라 사이의 기술 수준과 사회적 역량(social capacity)의 격차를 좁히는 과정으로 해석된다(송위진 외, 2007). 즉, 과학기술과 사회적 역량의 수준 여부가 추격 전략의 성공 여부를 결정하는 주요 요인으로 고려되는 것이다.

1. 추격형 전략

기술 추격(technological catch-up)은 선진국과 자국의 기술 격차를 좁히고자 하는 명확한 목적 하에 기술을 수단으로 경제성장을 도모하고자 하는 전략을 가리킨다. 추격형 과학기술 전략은 기술 학습 과정을 통해 선도국의 성공적인 기술모방 또는 동 발전 경로를 따라가는 특성을 가진다(그림 3.5 참고). 따라서 안정된 기술혁신 환경하에서 비교적 단순하고 불확실성이 낮은 문제를 다루게 되며, 단선적인 문제해결 방식으로 처리가 가능한 결과, 문제해결의 효율성을 강조하게 된다.

정부정책의 경우, 추격형 전략에서는 공급자 중심의 정책들이 주로 채택되며 정부가 직접 개입하는 형태로 정책집행이 이루어지게 된다. 행정체제는 조직의 효율성을 강조하는 형태로 일원적·폐쇄적이며 높은 계층제를 구성함으로써 부처 간 교류가 어려워지는 현상을 초래하게 된다. 이러한 결과 선진기술의 도입·모방이 강조되는 연구개발 전략이 추진되며, 연구 성과는 주로 '단기적인 응용기술' 또는 '개선 중심의 역 엔지니어링 기술' 개발로 나타나게 된다.

추격형 전략에 대한 연구는 과거 독일, 미국, 일본과 같은 국가에서 진행된 산업전환을 대상으로 시작되어 최근에는 아시아나 남미와 같은 신흥 산업국가(NIEs)에 대한 연구가 중심이 되고 있다(Wang & Tsai, 2007). 추격형 전략은 보통 기술적 모방이나 동일한 발

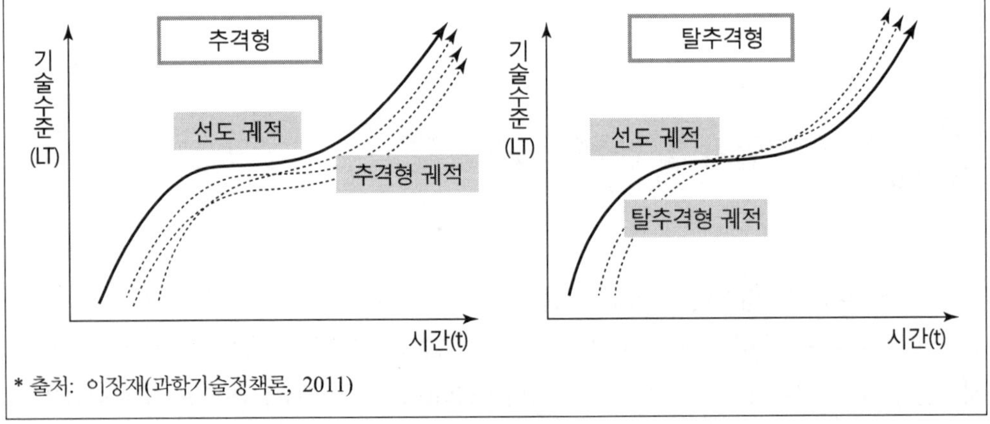

* 출처: 이장재(과학기술정책론, 2011)

‖ **그림 3.5** 추격형과 탈추격형 기술혁신의 궤적 비교

전경로를 쫓아가는 형태로 진행되고 있으며, 전자가 후자보다 좀 더 복잡한 형태로 나타나고 있다. 과거 일본의 경우 기술적 모방이 전통적인 아이디어의 재활용, 새로운 아이디어의 탐색, 참신성의 개발, 돌파구 생성, 기존 아이디어의 개선 등을 포함하는 다양한 형태로 나타났던 사례에서 엿볼 수 있다(Tatsuno, 1989). 한국에서도 MIS 분야의 기술추적 과정 연구에서 보듯이 다양한 연구가 수행되어 이 이론을 증명해 보이고 있다(박원구 2011).

2. 탈추격형 전략

탈추격형(post catch-up) 전략이란 기술혁신과 관련하여 선진국을 추격하던 단계에서 벗어나 선두로 진입하거나 기존의 모방전략에서 경로를 새롭게 창출하는 전략을 의미한다(표 3.1 참고).

탈추격형 과학기술 전략은 추격형을 극복하고 독자적인 기술궤적을 개척하는 전략인 까닭에 추격의 대상과 지향점이 명확하게 설정되어 있는 추격형과는 달리 추격대상도 없고, 지향점도 불명확하다.

탈추격형 과학기술 전략은 크게 3가지 유형으로 구분된다. 첫째, 기술심화형으로 모방적 학습을 통해 누적적으로 축적한 지식을 심화하여 원천기술 영역으로 진입해 새로운 궤석을 창출하는 유형을 가리킨다. 둘째, 기술차별화형으로 지배적 디자인(dominant design)이 등장하는 시기에 재빨리 참여하여 차별화된 제품을 개발하거나 아키텍처 혁신을 수행하는 유형이다. 셋째, 신기술기반형으로 원천기술을 보유하고, 아직 지배적 디자인이 등장하지 않은 기술 수명주기의 초기 단계부터 진입하는 유형을 가리킨다.

‖ **표 3.1** 추격형과 탈추격형의 R&D 전략 비교

분류	추격형 R&D 전략		탈추격형 R&D 전략	
	경로 추종	경로 확인	경로 탐색	경로 창출
문제 의식	모방 문제 풀기	기존 혁신 문제 풀기	새로운 혁신 문제 정의	새로운 혁신 문제 풀기
해결 문제	확실	확실	불확실	확실
해결 방법	확보 가능	불확실	불확실	불확실
핵심 요소	역행 엔지니어링	공정기술	원천기술/아키텍처/디자인	아키텍처/디자인/공정기술
기술혁신 방식	집단 학습	집단 재조합	집단 창조	집단 창조/재조합

* 출처: 최영락(2009) 참고, 이장재(과학기술정책론, 2011)

4절 기술기획을 위한 방법론

국가혁신체제론의 수용과 정부 역할의 변화로 인해 정부 R&D 사업의 규모가 급격하게 증가하면서 R&D과정에서 나타나는 비효율성의 문제는 기술기획 혹은 연구기획의 중요성을 강조하는 계기가 되었다. 이와 함께 R&D의 복잡화 및 대형화, 기술발전의 가속화 등과 같은 기술환경의 불확실성이 증가하면서, 사전 대응 중심의 연구기획 활동의 필요성이 증가하게 되었다.

따라서 대부분의 선진국들은 다양한 수단을 통해 연구기획 활동을 강화하고 있으며 사전대응 중심의 기획 활동은 기술예측, 기술영향평가, 기술수준평가 등을 통해 이루어지고 있다. 이러한 기술(연구) 기획 활동에 활용되는 방법론들을 소개한다(이장재, 과학기술정책론, 2011).

1. 기술정보활동

기술정보활동(TI; technology intelligence)이란 기술과 관련된 자료를 수집하고 정보화하고, 이를 다시 분석 및 가공하여 전략 및 기타 사업 등에 반영할 수 있도록 하는 일련의 활동이다.[2] 기술과 관련된 자료란 경쟁상대의 기술개발 현황에 대한 정보, 최근 과학기술계에서 떠오르는 유망 과학기술 또는 미래에 반드시 확보해야 할 것으로 파악되는 기술에 대한 정보 등으로 그 범위는 기술정보활동의 목적에 따라 결정될 수 있다. 기술전략의 수립을 위해서 가장 먼저 할 것이 기술니즈가 무엇인지 파악하는 것이다. 이러한 기술 니즈(needs)를 파악하는 방법을 구분한다면 기술의 최종 소비자 관점에서 니즈를 파악하는 방법과 기술의 생산자 또는 기술 자체의 관점에서 니즈를 파악하는 방법이 있는데 기술정보활동은 후자의 방법에 가깝다고 할 수 있다.

2. 기술예측

기술예측조사는 "최대의 경제사회적 이익을 창출할 것으로 기대되는 미래기반기술 및 전략적 연구영역의 선정을 위해 장기적인 입장에서 과학기술 및 경제사회의 미래를 통합

2) 정형지, 홍순대 외(2007), 제3세대 R&D 그 이후

적으로 검토하는 과정"으로 정의된다.[3] 기술예측(technology forecasting)은 미래의 기술 발전 방향과 전망을 탐색하는 것으로써 국가 또는 기업의 연구개발계획 수립 시 필요한 정보를 제공하는 데 목적을 두고 있다.

기술예측 방법에는 델파이(Delphi), 교차영향분석, 시나리오, 전문가 패널, 환경스캐닝, 추세외삽법 등 많은 방법들이 존재한다. 대부분의 기술예측 시에는 한 가지 방법만을 사용하는 것이 아니라 여러 개의 방법을 종합적으로 사용하게 된다. 기술예측을 위한 전형적인 예측 프레임워크가 존재하는 것이 아니라 주제·목적 및 사업 환경에 따라 필요한 방법론을 선택하여 체계적인 기술예측 프레임워크를 구성하게 된다. 〈표 3.2〉에 미래예측 시 사용하는 방법론에 대해 정리하였다.

‖ 표 3.2 미래예측 방법론

구분	방법론	개념 및 방법
확률적 방법	델파이	• 전문가 패널을 구성하여 설문조사를 반복 실시, 의견수렴 과정 이용 • 설문조사 반복 실시는 통산 2회 정도로 하고 있음
	교차영향분석	• 델파이 기법이 발전된 형태 • 예측대상에 대해 상호 영향을 미치는 요인을 분석
정성적 방법	시나리오	• 미래의 가상적 상황에 대한 묘사 • 타 예측기법을 바탕으로 여러 시나리오를 구상할 수 있음
	전문가 패널	• 다양한 분야의 전문가 집단으로부터 일정 수준의 전문가 패널 구성 • 정해진 기간동안 주기적 모임을 통해 주어진 주제에 대한 미래전망을 토론하고 전략을 수립하는 방법
	환경스캐닝	• 종합적인 예측조사에서 첫 번째 단계에서 반드시 시행하는 예측기법으로 주제와 연관된 동인(driving forces)을 발견하고 영향을 분석하여 기회와 위협요인을 찾아냄 • 전문가 패널, DB 문헌 검토, 인터넷 탐색, 인쇄물 문헌 검토, 이슈에 대한 전문가 에세이, 주요 인물 추적과 컨퍼런스 모니터링 등의 방법들에 의해서 수행
정량적 방법	추세외삽법	일련의 데이터에 연장선을 긋는 방법으로 추세를 예측하는 것으로, 수학적이고 통계적인 피팅(fitting) 방법을 사용
	다이나믹 모델링	수학적 모델을 이용하여 변수들의 상호관계를 모형화하여 분석하는 시뮬레이션 기법

* 출처: 손석호 외(2007), 이장재(과학기술정책론, 2011)

3) OECD(1999)

3. 기술수준평가

기술수준의 개념은 여러 학자와 단체에 의하여 다양하게 정의되고 있다. 마르티노(Martino, 1993)는 기술수준을 "기술이 목적으로 하는 기능을 얼마나 잘 수행하는가를 기능모수와 기술모수로 구분하여 정량적으로 나타낸 것"으로 정의하였다. 기술모수는 사용자가 바라는 효용을 얻기 위해 설계자가 제어하는 모수이며, 기능모수는 기술이 사용자의 요구를 만족시키는 정도를 측정하는 모수이다. 기술수준평가의 사용목적에 따라서 기술모수와 기능모수 중에서 적절한 변수를 선정하는 것이 중요하다.

기술수준평가 방법은 전문가 의견조사에 의한 주관적인 방법과 통계자료를 이용하는 객관적인 방법으로 나뉜다. 기술수준평가의 방법 및 특징을 설명하면 〈표 3.3〉과 같다.

‖ **표 3.3** 기술수준평가 방법 및 특징

방법론	평가내용	특징
전문가 의견조사	• 기술수준(%) • 기술격차(년)	• 기술적 아이디어, 연구성과, 관련 인프라 등을 포괄하는 종합적인 전문가 의견 조사 • 객관적 근거자료 제시 곤란
연구개발 기반 분석	• 연구개발인력 • 연구개발지출	연구분야의 분류방식, 연구인력의 신분 위상 등이 국가별로 르기 때문에 일률적인 비교·평가 곤란
연구개발 성과 분석	• 논문수 • 특허수	• 논문 및 특허 DB의 분류기준을 기술분야와 연계하거나 키워드 분석을 사용하여 핵심기술에 따른 국가별 비교 가능 • 동일한 기준으로 연년도별 추세 비교 용이

* 출처: 이장재(과학기술정책론, 2011)

4. 기술영향평가

기술영향평가(TA; technology assessment)란 해당 기술의 현황, 발전 동향, 다른 기술과의 관계, 사회적·경제적 영 등을 평가하는 것으로 정의된다.[4] TA의 개념은 시대나 국가에 따라 다양하게 변천해 왔다. 미국에서 발달한 초기 TA 개념이 흔히 전통적 의미로서 통용되는데, 기술개발로 인한 다양한 측면의 사회적 경제적 이익과 불이익 그리고 환경에 미치는 긍정적, 부정적 효과 등에 대한 정보를 제공함으로써 정책형성에 기여하는데 목적을 두고 있다. 기술영향평가는 이루어지는 형태에 따라 도구적 기술영향평가와 참여적 기술영향평가, 그리고 이에 대한 비판으로 나타난 구성적 기술영향평가와 실시간 기술영향평가 등 4가지로 구분할 수 있다.

---

4) KISTEP(2002), 기술영향평가 제도운영을 위한 추진방안 기획연구

5. 기술로드맵

기술로드맵(TRM; technology roadmap)이란 미래의 시장에 대한 예측을 바탕으로 미래수요를 충족하기 위해 기업 또는 산업 차원에서 향후 개발하여야 할 필요기술과 제품을 예측하여 최선의 기술 대안을 선정하는 기술기획방법의 하나이다. 기술로드맵은 기술개발과 관련된 중요한 의사결정을 내리거나 기술개발 계획을 수립하는 데 유익한 정보를 제공하는 일련의 기술적 문서를 의미한다(그림 3.6 참고).

일반적으로 기술로드맵은 일정 시점을 정하여 그 시점까지 개발하고자 하는 핵심 제품군을 위해 필요한 기술과 핵심기술을 나타내고, 제품의 핵심 기능이나 성능의 달성에 필요한 일련의 기술과 기술발전 정도, 보유한 기술 및 핵심역량을 명시한다. 기술로드맵은 계획기간 중의 핵심 제품군에 대한 핵심기술과 지원기술을 구분하고 핵심제품군의 기능과 성능 파라미터의 진화과정에 따라 필요한 세부 및 요소기술, 기술개발, 경쟁능력 등을 순차적으로 전개하여 보여준다.

기술로드맵의 전형적인 구조는 미래 시장 정보와 고객이 향후 필요로 하는 유망제품·서비스를 전망하고, 이러한 제품을 제공하기 위한 기술 및 관련 연구개발 프로그램, 연구개발에 활용 가능한 인프라 등을 시간 축에 따라 전개하는 형태를 보인다.

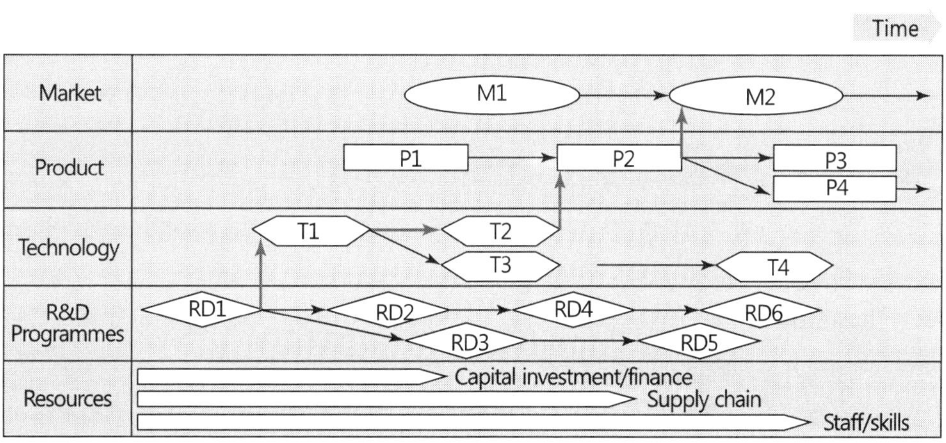

* 출처: 이장재(과학기술정책론, 2011)

‖ 그림 3.6 기술로드맵 사례

참고 1 기술혁신과 혁신체제

혁신체계 모형이 제시된 것은, 그 동안에 제시되었던 많은 기술혁신 모형들의 유용성과 설명력이 한계에 이르렀기 때문이라고 할 수 있다. 기술혁신의 양상과 과정은 갈수록 복잡해지고 있으며, 혁신은 속성상 매우 동적이기 때문에 기존의 모형들인 수명주기(life cycle), 단계 등은 이러한 기술혁신을 체계적으로 설명하기에는 구조적인 한계를 가지고 있다.

혁신체제 모형은 기술혁신 연구에서 범용적으로 활용할 수 있는 모형이다. 규모가 크고 과정이 복잡한 모든 기술혁신 문제는 시스템적으로 접근할 수 있기 때문이다. 일반적으로 기술혁신 체제모형은 국가차원에서 기술혁신을 분석하는 국가혁신체제(NIS), 지역차원에서 기술혁신을 분석하는 지역혁신체제(RIS) 등으로 구분할 수 있다.

1. 국가혁신체제

국가혁신체제(NIS; national innovation system)란 국가를 분석 단위로 혁신과 제도와의 관계, 지식의 사용자-생산자 관계, 그리고 이들 간 관계에서 나타나는 상호작용적인 학습을 국가적 차원에서 살펴본 개념으로, 국가혁신체제는 〈그림 3.7〉과 같이 나타낼 수 있다. 국가혁신체제에 대해서는 다양하게 정의할 수 있으나, 일반적으로 국가혁신체제는 '국가의 경계 내에서 기술의 창출, 확산, 활용과 관련된 여러 주체들과 이들의 연계, 그리고 활동양식을 규정짓는 각종 제도들의 집합체'로 정의될 수 있다.

국가혁신체제는 국가 간의 혁신능력은 개별국가가 지니는 특수요인과 모든 국가가 지니는 공통요인에 의해 결정된다고 가정한다. 특히 특수요인의 차이가 국가 간 혁신 성과의 차이를 결정한다고 가정한다. 따라서 분석의 초점은 특수 요인과 공통 요인이 무엇이며, 각 요인의 효과는 어느 정도인가에 있으며 가장 최적의 국가혁신체제는 무엇인가를 제시하는 데 있다.

이러한 국가혁신체제의 구성요소는 4개의 혁신주체로 구성되어 있다. 과학기술인들을 교육시키고 새롭고 기초적인 연구를 수행하는 대학 부문, 혁신활동의 결과를 상업화하여 국가경쟁력 향상에 기여를 하는 기업들로 구성된 산업(기업) 부문, 이들의 중간에 위치하여 양자 간의 효율적 연계를 담당하고 다양한 연구기관들을 바탕으로 기초연구와 응용연구를 함께 수행하는 공공연구부분, 그리고 혁신활동의 주체들을 국가발전의 장기비전을 가지고 조정·감독하는 정부부문으로 구성된다.

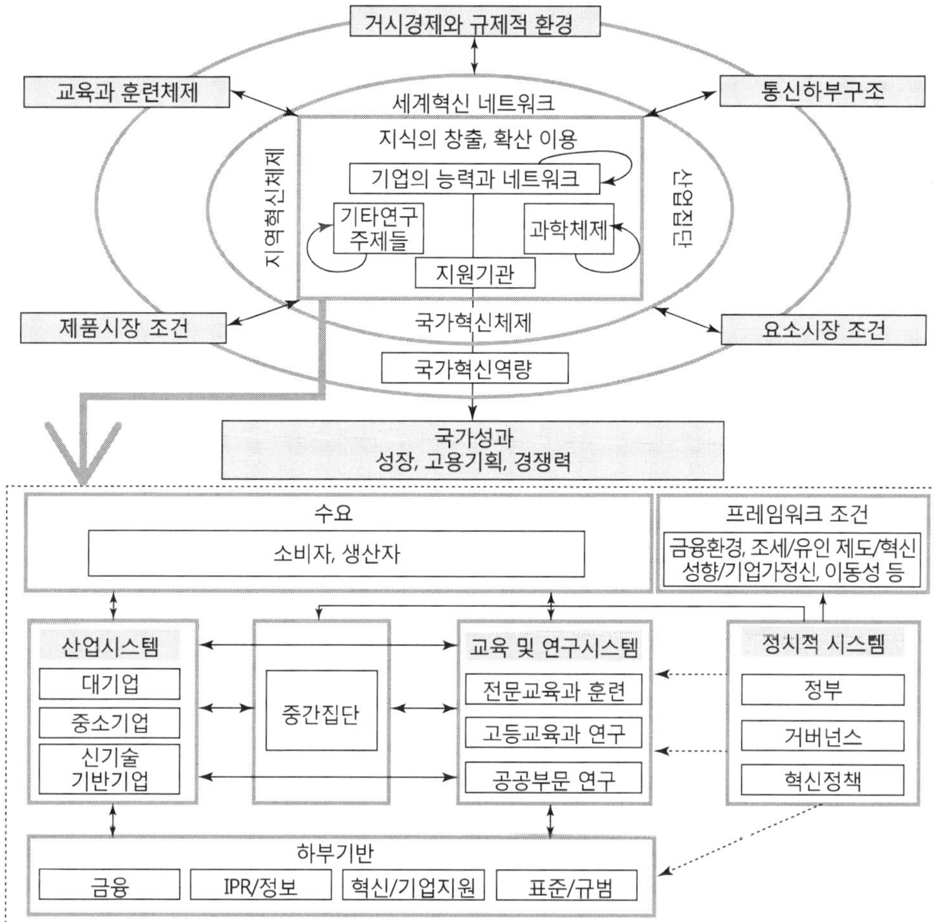

* 출처: OECD(1992). Arnold Erik. et al.(2003). Research and Innovation Governance in Eight Countries

|| 그림 3.7 국가혁신체제(NIS)

네트워킹은 기업 간 전략적 협력이나 산학연공동 연구개발 등의 형태로 강하게 이루어질 수도 있고, 학회나 단체 등을 통한 비교적 느슨한 형태의 네트워킹도 있을 수 있다. 특히 인적교류는 기술적 아이디어 교류의 중요한 경로로 간주한다. 국가 기술정책적 입장에서는 어느 부분에서 네트워킹의 병목현상이 발생하고 있는지를 분석하고 지원할 필요가 있는 것이다.

2. 지역혁신체제(RIS)

지역혁신체제(RIS; regional innovation system)는 국가혁신체제의 축소형 모형이라고 할 수 있다. 이 모형은 국가혁신체제 모형의 한계가 국가라는 시스템이 너무 크고 넓기 때문이라는 문제의식에서 출발한다. 이 문제에 대한 대안으로 지리적 범위를 제한하고, 동일 또는 유사한 기능을 갖는 지역이나 특정산업에 특화된 지역을 대상으로 기술혁신 구조나 양상을 분석하고, 비교하는 접근방법이다.

지역혁신체제 모형이 기술혁신 연구에서 큰 관심을 끌게 된 계기는 바로 실리콘밸리와 같은 대규모의 첨단산업 단지가 성공을 거두면서 이를 벤치마킹하는 노력이 활발하게 진행되면서부터이다. 이 모형의 내부요소는 국가와 지역이라는 지리적 범위의 차이는 있지만 본질적으로 국가혁신체제(NIS)와 유사하다고 할 수 있다.

지역혁신체제 접근방법은 지역단위에서이루어지는 혁신주체의 상호작용과 학습, 그리고 관련제도의 구축(institutional setting)을 대상으로 하고 있다. 여기서 지역이란 일반적으로 공유된 규범적 이해관계(문화), 경제적 특수성(단일-산업경제) 그리고 행정적 동질성(거버넌스)의 측면에서 정의될 수 있다(Cooke, 1998).

RIS와 유사한 모형으로 최근에 큰 관심을 끌고 있는 모형은 지역산업 클러스터를 들 수 있다. 클러스터(cluster), 즉 집적단지라는 개념은 지리적으로 제한된 범위 안에 산업 요소와 기술 요소가 함께 존재하면서, 그 단지의 특화산업을 육성하는 시스템을 의미한다.

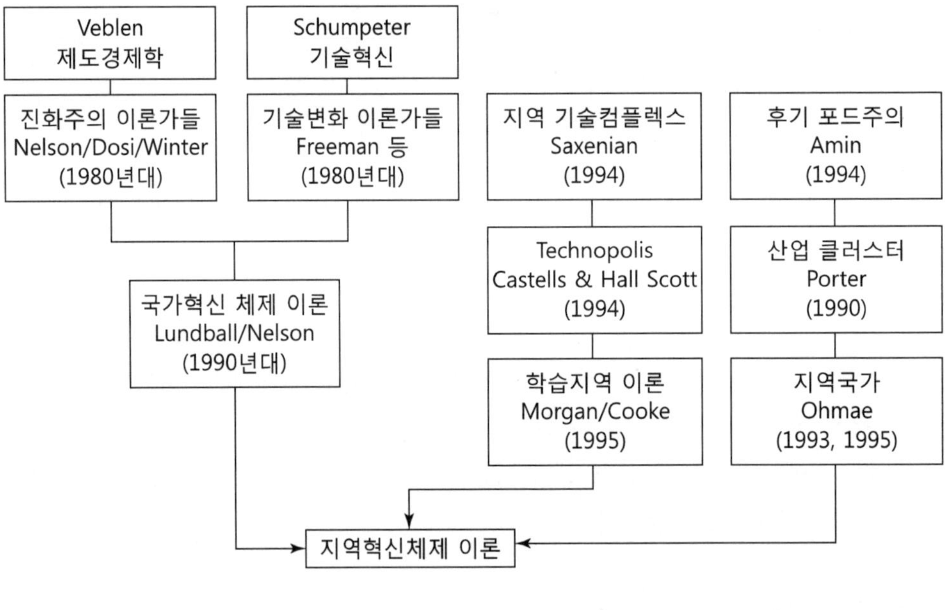

‖ **그림 3.8** 지역혁신체제 이론의 발전과정

* 출처: 이장재(과학기술정책론, 2011)

제 4 장

사업성분석

- 1절 사업성분석의 개요
- 2절 사업성분석 세부 내용
- 3절 사업성공의 critical factor 파악과 종합

1절 사업성분석의 개요

기업에서 이루어지는 중요한 활동 중의 하나가 미래의 성장과 수익이 보장되는 유망한 신규 사업을 발굴하는 것이다. 유망한 사업을 찾기 위해 끊임없이 신사업의 사업성분석(feasibility analysis)을 하여야 하며 사업성분석은 크게 시장성, 기술성, 경제성을 분석하고 신사업을 추진할 구성원의 능력을 평가하는 것으로 구성되어 있다. 여기에서는 각 항목에 대해 우선 설명하고, 경제성 분석은 세밀하게 설명할 필요가 있어 다음 절에서 추가하여 자세히 소개하기로 한다.

1. 사업성분석의 의의

사업성분석(feasibility analysis)이란 기업자원을 실제 투입하기에 앞서 검토 중인 사업 아이디어가 추진할만한 가치가 있는지를 걸러내는 예비 평가과정을 말한다. 사업성분석을 미리 실시하면 추진하고자 하는 신규 사업의 성공확률을 높여 줄 수 있기 때문에, 기업의 창업 시와 기업 내의 신사업을 모색할 때에 사업성분석이 선행되어 진다. 기업이 신규 사업에 진출하느냐 포기하느냐의 여부는 사업성분석 단계에서 결정된다.

2. 사업성분석 개요

사업성분석은 〈그림 4.1〉에서 보는 바와 같이 일반적으로 기술성분석, 시장성분석, 경제성분석, 추진주체 능력분석으로 구성된다. 이를 쉽게 설명하면 결국 사업성분석은 "만들 수 있는가?, 팔 수 있는가?, 이익이 나는가?, 할 수 있는가?"를 따져보는 절차라고 할 수 있다.

모든 사업성분석 항목을 전체 다 자세히 검토하는 것은 비능률적이므로, 특정사업의 성공에 크게 영향을 미치는 결정적 요소(critical factor to success)를 찾아내어 이를 집중적으로 검토하는 것이 효율적이다. 사업성공의 결정적 요소는 해당 프로젝트의 처한 상황에 따라 상이하다. 예를 들면 원천기술 확보, 투자자 유치, 손익분기매출액 달성, 원료확보 등이 될 수 있다.

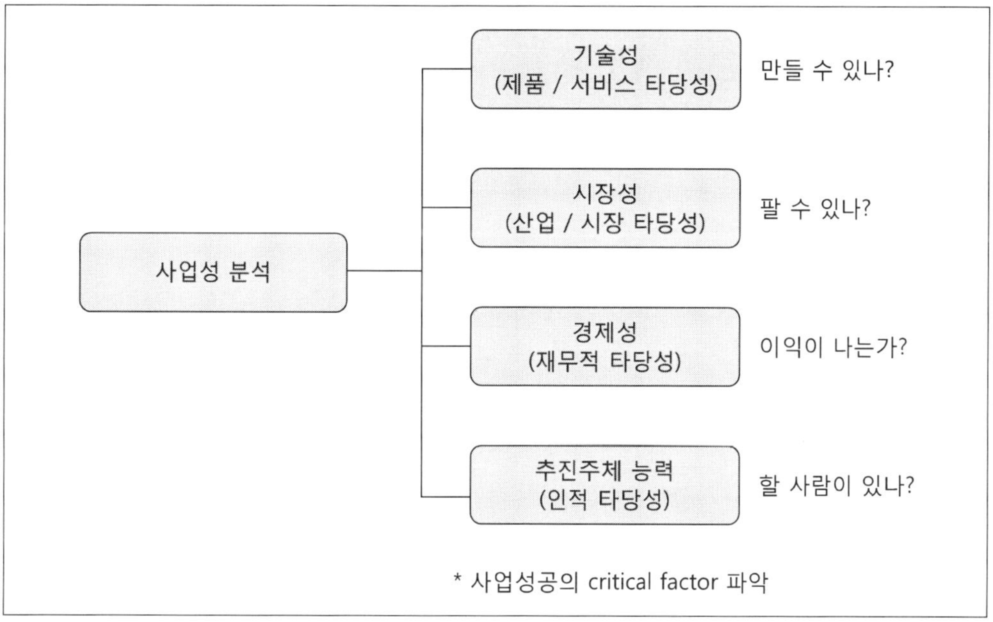

‖ **그림 4.1** 사업성분석(feasibility analysis) 체계

실제 사업성분석을 시행할 때는 분석 자료의 반복적인 수정이 필요하게 된다. 예로 시장조사 결과가 좋지 않을 때에는 그 사업계획을 포기하기 보다는 시장조사 목적을 재조징하여 조사를 다시 수행하는 등 분석 목적에 충실히게 반복할 수 있다.

사업타당성 분석을 위해 검토해야 할 항목은 사업타당성 검토 목적에 따라 차이가 있으며 어떤 목적으로 사업 타당성 분석을 하느냐에 따라 사업성 평가 요소 및 그 가중치가 달라질 수 있다. 고려 대상 사업이 공익과 관련되는 경우 공익성분석(social profitability analysis)을 추가할 수 있다.

2절 사업성분석 세부 내용

1. 기술성분석

기술성분석(product/service feasibility analysis)이란 구상하고 있는 제품이 만들어질 수 있는가, 즉 기술적으로 제조 및 실현가능성이 있는가를 점검하고 어떤 대안들이 있는가를 분석하는 것이다. 기술성분석은 사업계획의 기술적 타당성과 원가 추정을 위한 기초자료를 제공하고, 사업에 영향을 미치는 여러 가지 요인을 고려하여 기술적 대안을 비교·검토하는 단계이다. 기술성분석의 구체적 항목은 다음 〈표 4.1〉과 같다.

‖ 표 4.1 기술성분석 주요 항목

• 제품 특성 파악 • 생산 시스템, 공정 등 생산제품 제조에 대한 분석 • 공장입지의 결정, 생산설비의 확보 가능성 검토 • 초기 생산규모의 결정과 시설확장계획 수립 • 제품 1단위에 대한 원재료 소요량 산정 • 원재료 확보 가능성과 조달방법 결정 • 기술 및 기능 인력 확보 방안

기술성분석 과정에서는 제품이 원만하게 생산될 수 있는지를 분석하기 위해 제품 특성, 핵심기술에 대한 파악과 기술의 유용성, 기술의 위험요소 및 성공 가능성을 평가하는 것이 필요하다. 아울러 확보 가능한 기술진에 의해 제품을 생산이 가능한지와 불량률을 낮추고 경제성과 경쟁력을 확보할 수 있는지에 대해서도 집중적인 분석이 필요하기 때문에 기술성분석은 사업성분석 과정에서 가장 전문성이 요구되는 부분이라 할 수 있다.

기술성분석은 해당 기술이 제품화를 가능하게 할 수 있는지를 평가하기 위하여 기술적 생산 환경 요소 분석, 계획제품의 용도·품질 및 경쟁성 분석, 계획시설의 적정성 및 장래성 분석, 생산 및 재고 분석 등으로 이루어진다. 원재료 확보 가능성, 기술인력 확보 방안, 초기 생산규모 결정도 기술성분석 시 중요 결정사항이다. 기술성분석의 주요 체크리스트는 〈표 4.2〉와 같다.

R&D 결과를 활용한 제품개발(product development)의 경우 구체적 제품설계(product design)를 시행하기 전에 기획 제품이 고객들이 원하는 제품이며 제품 사양이 다수의 수

표 4.2 기술성분석 주요 체크리스트

구 분	주요 체크리스트
계획제품의 용도와 경쟁성분석	• 제품의 용도·주요 소비처, 물리·화학적 특성 • 계획제품의 품질 및 기술 수준, 기술보유 내용 • 제품 경쟁성: 원가·품질·공정·원료의 비교우위성, 가격경쟁성 • 대체기술 존재 여부 및 출현 가능성, 기술변화상의 단계
계획시설의 적정성 분석	• 계획 시설의 적정여부: 계획시설의 내용, 규모 분석 • 시설 배치의 합리성 • 시설 공사진행 계획 분석 • 기계 진부화에 따른 위험도, 경제성, 설비 대체성 및 호환성 • 과잉시설 여부 검토, 생산설비 선정에 있어서의 경제성 분석
생산 및 재고 분석	• 생산 방식과 생산 공정의 효율성 • 생산능력, 가동률 산정: 생산계획 수립, 계획생산량 산출 • 생산조직 및 인력 효율성 • 소요원재료 수급의 원활성 • 안전재고량 사정 및 적정재고량 분석, 재고자산 관리비용

요자의 욕구를 충족시키는 규격인지를 검토해야 한다. 수요자 반응을 사전에 파악하기 위해서는 개발제품의 개략적 특성을 잠재 고객들에게 설명하여 고객들의 관심도, 구매력 크기 등을 측정해보는 콘셉트 테스트(concept test)가 유용하다. 개발이 완료되어 시제품(prototypc)이 만들어지면 시제품으로 제품 사용 시의 용이성, 고객의 반응을 측정하는 사용자 테스트(user test)를 실시할 필요가 있다.

특허나 실용신안 등 지적재산권에 의한 창업의 경우에는 이론과 실제와의 격차가 어느 정도인지, 또 예상되는 불량률 및 하자 발생의 가능성은 없는지를 검토하여야 한다. 실험실 내에서의 검증만으로는 불충분하며 실제 산업 현장에 적용해 보지 않으면 예상 외로 사업실패 확률이 높은 분야가 특허 등 지적재산권에 의한 창업이다. 아무리 훌륭한 제품이라도 소비자를 위해 상품화되지 않으면 그 사업은 성공할 수 없는 것이다.

2. 시장성분석

가. 시장성분석의 의의

시장성분석(industry/market feasibility analysis)은 만들어진 제품이 제대로 팔릴 수 있느냐를 분석하는 것이다. 시장에 진출하여 경쟁상품과 겨루어 소비자로부터 인정을 받을 때 비로소 매출이 늘어나고 시장점유율(market share)도 확대되어 갈 것이다. 그러나 처음 생산되어 시장에 출시하였을 때 대부분의 제품은 소비자에게 생소한 것이 보통이며

‖ **표 4.3** 시장성분석 주요 항목

• 수요분석: 주요고객, 예상 소비량, 소비총액 등의 미래 일정 기간의 수요 추정 • 공급분석: 기존기업의 공급능력, 기존 제품의 가격, 품질, 판매전략 등 • 시장점유율 추정: 수요자·공급자·경쟁자 등의 분석을 통한 추정

품질이 확인되기 전까지는 판매가 결코 쉽지 않다.

시장성분석 요소는 현재의 국내외 수요공급 동향 및 중장기 수급전망, 시장 특성 및 구조(시장의 위치, 수송방법, 유통경로 및 조직, 거래조건 등), 동업자 또는 유사제품과의 경쟁상태 및 향후 경쟁제품의 출현 가능성, 국내외 가격구조 및 가격동향, 목표시장(target market) 선정 및 판매전략 등으로 구성되어있다. 시장성분석에는 특히 매출액 추정이 중요하며 이를 위해서는 〈표 4.3〉에 있는 항목들의 검토가 필요하다.

나. 시장성분석의 전략적 접근

시장성분석은 마케팅 믹스(marketing mix)로 언급되는 4P, 즉 제품(product), 가격(price), 유통(place), 판촉(promotion)의 4요소에 대한 전략을 구체적으로 수립해 봄으로

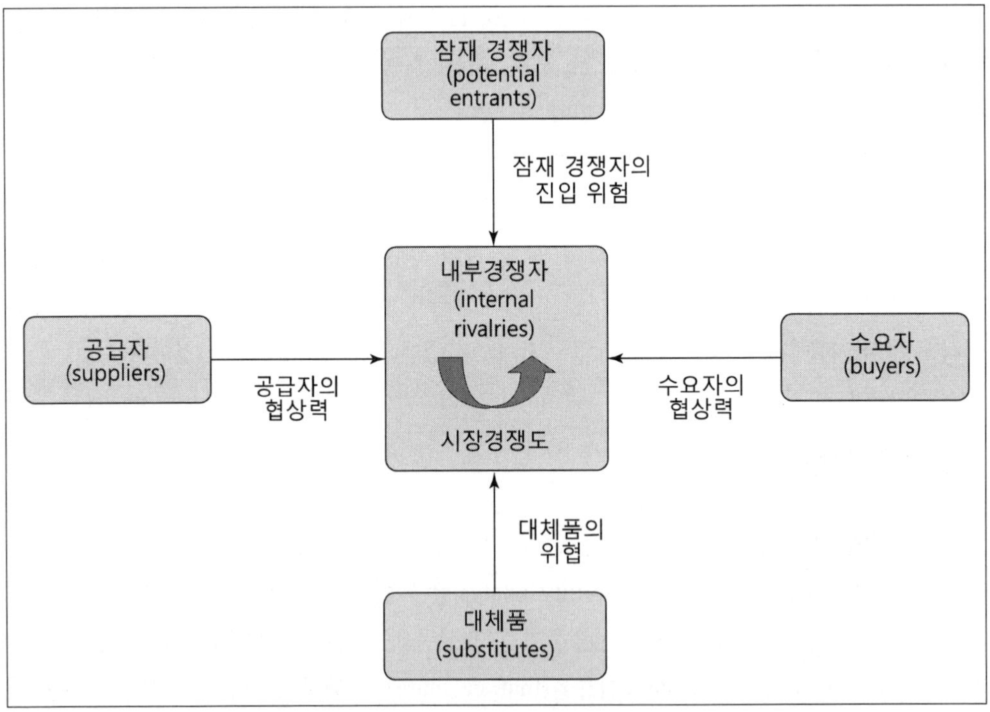

‖ **그림 4.2** 산업구조분석: Five-forces model

서, 사업수행시의 marketing 전략을 미리 점검해 보는 것이다. 문제가 예측되는 마케팅 변수에 대해서는 사전 대책(contingency plan)을 미리 확보하여야 한다.

시장분석 시 수요자·공급자·경쟁자·잠재적 대체품의 4가지 측면에서 특성을 분석하는 마이클 포터(Michael Porter)가 제안한 산업구조분석(industry structure analysis)적인 접근도 유용하다(그림 4.2 참고).

시장성분석에서 가장 중요한 요소는 산업의 매력도, 시장의 시기적정성, 틈새시장 분석이라 할 수 있으며 세부 내용은 다음과 같다.

(1) 산업의 매력도

시장성 분석에서 매력적인 시장은 다음과 같은 특징을 갖는다.

- 시장이 크고 성장하고 있는가? 이때 시장의 성장성이 보다 중요하다.
- 시장이 쇠퇴기, 성숙기에 진입했는가, 아니면 도입기 또는 성장기 초기의 시장인가?
- 영업이익은 높은가? 매출액에서 매출원가를 차감한 영업이익은 높은 것이 좋다.
- 시장 참여자가 많은가? 경쟁자가 많을수록 대개 가격경쟁이 심하며 이익률도 낮다.

(2) 시장의 시기적정성

새로운 사업자가 시장에 진출하는 시기가 적당한가를 검토하는 것이며, 이는 제품이 신제품인가 또는 단순히 기존 제품을 성능 개선한 것인가에 따라 달리 검토한다. 기존 제품인 경우 제품이 아직 도입기나 성장기 초기에 위치하고 있어 새로운 참여자가 진입할 수 있는, 기회의 창(window of opportunity)이 열려있는 시장인가를 검토한다.

시장이 최초 진입자 이점(first-mover advantage)이 있는지 판단하는 것도 중요하다. 최초 진입자의 경우 산업의 기술표준을 정할 수 있고, 브랜드 인지도와 시장을 선도해 나갈 수 있다는 점에서 유리하다. 제품에 따라서는 두 번째로 참여하는 사업자에 이점이 있는 경우도 있는데(second-mover advantage) 이는 최초 진입자의 시행착오와 실수를 인지하게 됨으로써 얻게 되는 이점이라 할 수 있다.

(3) 틈새시장의 확인

대부분의 새로운 시장 진입자의 경우 시장 전체를 목표시장(target market)으로 하지 않고 전체시장 중 자신에게 적당하고 떠오르고 있는, 그렇지만 소홀히 취급되는 틈새시장(niche market)을 목표로 하는 것이 바람직하다.

다. 시장성분석의 주요 항목

시장성분석은 대상 기술을 적용한 신제품이 속한 시장의 환경분석, 경쟁분석 결과에 근거하여 해당제품의 시장경쟁력을 평가하는 것이다. 이를 위해 대상기술이 속해 있는 산업의 특성 및 환경을 살펴보고, 시장구조, 제품 현황, 시장진입장벽, 관련 정책, 국내외 시장동향과 관련 업체 동향 등을 조사, 분석한 결과에 근거하여 해당 기술의 시장경쟁력을 평가하는 것이다.

이러한 시장경쟁력 분석 결과에 근거하여 해당제품의 시장규모와 매출(혹은 시장점유율) 예측에 사용할 정보를 제공한다. 시장성분석 내용은 크게 시장 환경 분석과 시장경쟁

‖ **표 4.4** 시장성분석 주요 항목

평가항목	세부항목	분석내용 및 방법	활용도	평가지표 연계
시장 개요	• 기술적용제품 범위 • 시장의 정의 및 특성	• 대상기술 적용제품(또는 공정)에 대한 정의 • 대상기술 적용시장 및 산업에 대한 정의, 범위 및 특징 • 산업발전 추이 및 전망	• 적용제품과 업종파악 • 표준재무정보 인식에 활용	
시장 환경 분석	• 국내외 시장규모 및 동향 • 중장기 성장률 • 시장수요 전망 • 시장진입 가능성	• 국내외 시장규모 및 동향 분석에 근거한 시장규모 추정(통계적 예측모형 사용 가능) • 시장 중장기 성장률 추이 분석 • 시장진입 장애요인과 촉진요인 분석 후 진입가능성 평가	• 목표시장 성장률 추정 및 시장규모예측 정보 제공 • 시장진입 용이성 평가	• 목표시장 전망 및 규모 예측 • 상용화 시점 결정
시장 경쟁 분석	• 적용시장의 경쟁구조 및 지배유형 • 경쟁업체 현황 및 시장점유율 • 경쟁제품과 비교분석 • 시장지위 확보 가능성	• 대상기술 적용시장의 구조, 지배자의 유형, 독과점 여부, 경쟁제품의 과다 여부 등에 대한 분석 • 경쟁업체별 시장점유율 및 그 변화 추이 • 시장 진입 후 시장점유율 확보 역량 수준 확보	시장동향 자료 및 분석보고서, 기업분석보고서와 전문가 의견을 종합하여 시장경쟁성 평가	• 기술의 경제적 수명, 할인율, 기술기여도 결정에 영향 • 매출액 추정에 유용한 정보 제공
종합 의견	시장성분석 결과를 종합하여 대상제품의 미래 시장 규모 예측과 해당제품의 비교분석에 근거한 시장침투(점유) 수준에 대한 의견을 제시			

* 출처: 기술가치평가 실무가이드(2011.12, 지식경제부)

분석으로 구분된다.

시장 환경분석은 시장규모 예측과 시장진입 가능성 분석으로 이루어지는데, 시장규모 예측은 시장조사나 계량분석 등 다양한 조사 결과를 종합하여 산업 전체 혹은 해당 제품의 목표시장 규모를 최근 자료와 미래 동향에 근거하여 추세를 예측하는 것이다. 시장경쟁 분석은 경쟁업체와 경쟁제품, 경쟁업체의 지위, 경쟁업체의 지배력 순으로 분석을 수행하는 것이다. 시장성분석 시 주요 항목은 〈표 4.4〉와 같다. 시장성분석시 SWOT분석법도 많이 이용되는데, 이는 기업이 보유하고 있는 강점(strength), 약점(weakness), 기회(opportunity), 위협(treat)에 대해 점검하여, 이를 통해 회사가 처한 상황을 인지하고 경영 전략을 세울 수 있는 방법으로 2장에서 설명한 바 있다.

3. 경제성분석

가. 경제성분석의 의의

경제성분석(profitability feasibility analysis)은 만들어져서 판매된 제품이 수익을 낼 수 있느냐와 필요자금이 조달될 수 있느냐를 분석하는 것이다. 즉 앞에서 언급된 사업계획에 따라서 인력이 충원되고 제품이 생산되어 판매되는 등 사업체가 운영되었을 때, 이익을 낼 수 있는가를 검토하고 사업 추진 시 소요되는 자금의 조달방법과 상환 계획에 대해 검도하는 것이다.

경제성분석은 향후 매출 및 수익 추정치를 현재 시점에서 분석하는 것이기 때문에 이의 근거자료가 되는 추정손익계산서, 추정재무상태표(과거의 대차대조표), 자금소요운용계획 등 추정재무제표 작성이 핵심 과제가 된다.

자금조달 및 운용 분석 시에는 먼저 사업에 필요한 총 소요자금의 연도별 규모를 추정하여야 한다. 자금소요 추정에는 특정 시설의 구입에 소요되는 시설구입자금 외에 흑자가 실현될 때까지 원료구입, 인건비 지급, 외상매출금 회수시점까지의 소요자금 등 운전자금(working capital) 소요액도 연도별로 추정해 보아야 한다. 기업 규모가 커짐에 따라 운전자금의 소요액도 증가하는데 이를 예측치 못해 전망 있는 사업에서도 실패하는 흑자도산(technical insolvency)의 위험성이 있으므로 운전자금의 추정도 반드시 필요하다.

추정재무제표가 작성되어야만 이를 근거로 투자수익 및 경제성 평가가 가능하다. 또한 예측된 매출액 및 당기순이익 금액을 토대로 손익분기점 분석을 할 수 있다. 대상사업이 제조업인 경우 매출원가 추정을 위해서 추정제조원가명세서도 작성한다.

경제성분석은 사업타당성 분석의 최종단계일 수 있으며, 동시에 경영전략을 수립하기 위한 사전준비 단계의 과제일 수도 있다. 정밀한 추정재무제표를 작성하기 위해서 많은 노력이 소요되므로 우선 개략적인 재무제표를 추정하고 추후 필요시 정교한 재무제표를 준비하는 것도 효율적인 사업성분석의 한 방법이다.

나. 경제성분석의 내용

(1) 경제성분석의 3항목

경제성분석을 세가지로 세분하면 첫째, 추정재무제표의 작성, 둘째, 소요자금 추정 및 조달능력 검토, 셋째, 투자수익성분석으로 나눌 수 있다.

첫째, 우선 사업개시 후 3년 내지 5년간의 추정 손익계산서와 추정 대차대조표 등을 작성하여야 한다. 제조업의 경우 제조원가명세서도 만들어진다.

둘째, 미래 재무제표를 추정하는 과정에서 자연스럽게 향후 연도별 소요자금이 파악되며, 소요자금의 조달방법을 강구하는 것도 경제성분석의 핵심이다. 소요자금은 자기자본, 즉 주주들의 증자에 의해 이루어질 수 있고, 타인자본, 즉 외부차입에 의해 이루어질 수도 있다. 기업이 흑자를 시현한 후 잉여여유자금이 발생할 경우, 이의 운용방법도 미리 수립한다.

셋째, 추정된 재무제표를 토대로 간략한 손익분기점분석과 투자수익률분석 등 수익성 분석을 해볼 수 있다. 손익분기점(BEP; break-even point) 분석은 손익분기 매출액, 즉 기업이 영업활동에서 발생하는 수익과 비용이 일치하는 매출액과 비용은 얼마이며, 어느 시점에 실현되는지를 분석한다. 투자수익률분석은 계획사업을 각종 수익률 산출 방식에 따라 수익성을 평가하는 것이다.

경제성분석의 주요 항목은 다음 〈표 4.5〉와 같다.

표 4.5 경제성분석의 주요 항목

- 사업의 총 소요자금의 구체적 내역, 초기 자본소요액 추정
- 소요자금을 추정하는 데 필요한 보조자료로서 판매대금의 회수기간, 재고수준, 구매제품 및 생산원가의 항목 및 비용, 판매 및 관리비 등
- 손익계산서, 대차대조표, 자금운용표에 기초를 둔 재무추정
- 수익 관련 재무분석을 위한 투자수익률, 손익분기점, 적정생산량 및 가격분석 등
- 소요자금 조달계획 수립. 이에는 차입계획 뿐만 아니라 초기 자본금 결정, 차입금 상환계획 검토도 포함됨

(2) 추정재무제표의 작성

추정재무제표(estimated financial statements)를 작성하기 위해서는 기업의 매출전망, 생산계획, 원료도입계획, 인력계획, 설비투자계획 등 모든 측면의 사업 전제사항의 확정이 필요하다. 실제로 정밀한 추정재무제표를 만들기 위해서는 엄청난 재무추정 작업과 가정

(assumptions)이 필요하다. 예를 들면 매출액 하나의 항목의 정밀한 추정을 위해서도 연도별 제품별 판매단가의 변화, 경쟁자, 대체품의 출현, 시장점유율 등을 고려한 판매량의 연도별 변화액의 추정이 필요하다. 모든 비용, 수익 항목의 추정이 끝나면 연도별 매출액, 매출총이익, 영업이익, 경상이익, 세전 순이익 등 손익계산서 항목이 계산된다.

(3) 소요자금 추정 및 조달능력 검토

소요자금 추정 및 조달능력 검토는 추진하려는 사업에 필요한 자금의 규모는 어느 정도이며, 이를 적기에 조달할 수 있는지, 조달된 자금은 상환 스케줄에 따라 원만히 상환될 수 있는지를 검토하는 것이다.

필요한 자금 조달·운용 계획을 수립하는 첫째 단계는 연도별 총 소요자금을 추정하는 것이다. 창업 단계에서 총 소요자금의 정확한 추정은 현실적으로 어려운 것이 사실이다. 공장 건설비 추정의 부정확, 초기 숙련도 차이에서 발생하는 원료소비량의 차이, 건설공기가 연장되는 경우, 매출액 증가에 따른 추가 운전자금 소요 등, 예측치 못한 사태 발생에 따라 추가로 비용이 소요되는 경우도 많다. 따라서 자금 조달 계획을 수립할 때는 총 소요자금을 최대한 정확히 산정하되, 소요자금의 불확실성 및 소요자금 산출상의 누락분 등을 감안하여 소요자금의 여유분을 계상해 놓는 것이 필요하다.

총 소요자금 추정이 끝나면 제2단계로 자금조달 능력을 검토하여야 한다. 자금조달방법은 자기자본과 타인자본으로 구분할 수 있는데 자금조달에 따른 위험 수준에 따라 창업자 또는 창업 멤버들의 실정에 맞춰 조달범위를 결정하여야 한다. 자금조달 능력이 계획액에 이르지 못하면 사업규모를 축소 또는 조정하여야 한다. 사업을 시행하다 보면 추가로 자금이 소요되는 경우가 반드시 발생하므로, 안정적 경영을 위해서는 추정된 소요자금보다 자금조달능력을 크게 가져가는 것이 필요하다.

자금조달·운용 계획표는 기간 및 자료 성격에 따라 단기 총괄자금계획, 시설자금 조달계획, 연도별 소요자금 및 조달계획(장기)으로 나눌 수 있다. 차입금은 장기적 측면에서 상환능력 범위 내에서 조달되어야 한다. 흔히 차입금의 상환 가능성을 염두에 두지 않거나, 벌어서 갚을 수 있으리라는 막연한 생각만 가지고 당장 급하다고 하여 차입을 늘리다 보면, 차입금 상환기간이 일시에 도래하여 기업이 큰 어려움에 처할 수 있다.

미래에 회수가 예상되는 현금이 많아도 현재 시점에 현금이 없어 우량회사가 도산하는 흑자도산(technical insolvency)도 발생할 수 있다. 이런 관점에서 차입금 상환능력 검토 시에는 연도별 매출액과 당기순이익의 규모 및 증가율을 감안하여 조달계획을 수립하지 않으면 안 된다.

(4) 투자수익성 분석기법

투자수익성분석은 추정 재무제표를 근거로 이루어진다. 추정 손익계산서가 작성되면 손익계산서상 연도별 매출액, 매출총이익, 영업이익, 경상이익, 세전순이익, 그리고 당기순이익을 분석한다. 매출액에 대한 매출원가는 동종 업계와 비교하여 많지 않은지, 판매비와 일반관리비는 매출액 또는 전체적인 영업규모에 비해 과다하지 않은지를 분석한다. 당기순이익 규모는 적정한지, 매출액에 대한 당기 순 이익률, 즉 매출이익률은 경쟁사와 대비하여 어떠한지도 검토한다.

수익성분석에서 검토해야 할 사항은 흑자실현 가능 시점의 분석이다. 사업 개시 후 장기간이 지나도록 이익이 발생치 않거나 이월결손금이 보전되지 않은 사업이라면 사업성이 없는 경우가 많으므로 재고의 여지가 있다. 수익성분석에 요긴한 방법들은 다음과 같다.

(가) 손익분기점(BEP) 분석

손익분기점(Break-Even Point; BEP)이란 기업경영에 있어서 수익총액과 비용총액이 일치하게 되어 이익도 손실도 없는 매출액 또는 조업도를 말한다. 손익분기점분석은 얼마의 매출을 달성하여야 이익도 손실도 아닌 분기점에 도달할 수 있는가와, 분기점 도달 시점은 영업개시 후 언제가 될 것이냐의 검토가 핵심과제이며 〈그림 4.3〉의 CVP도표

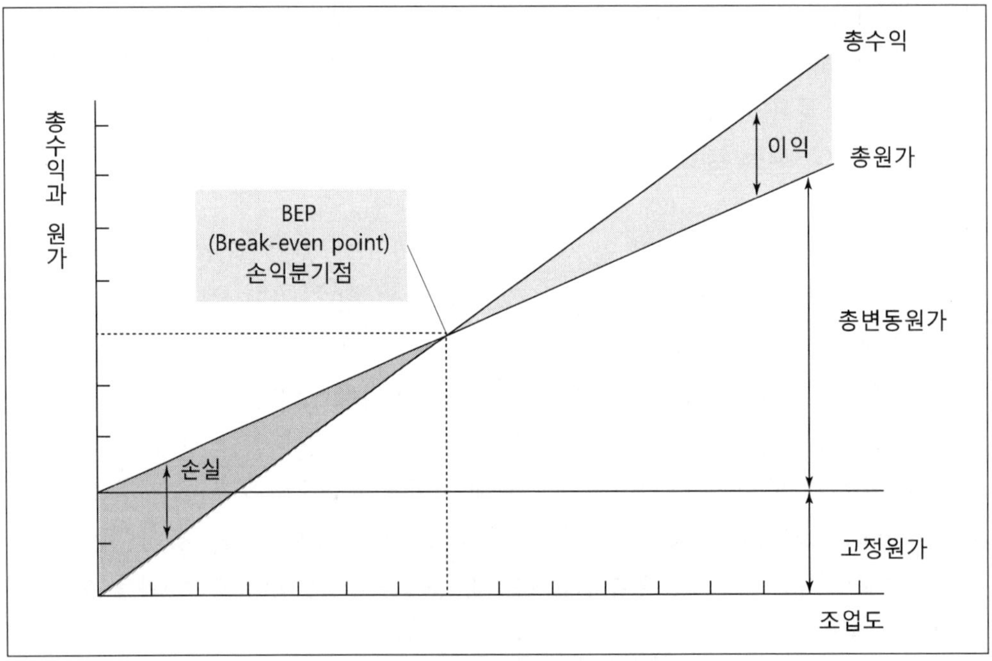

‖ **그림 4.3** CVP 도표(cost–volume–profit chart)

(cost-volume-profit chart)에서 간략히 시행할 수 있다.

또한 손익분기점 산출 후 손익분기점 달성시점을 재조정할 필요성이 있는 경우 판매수량, 금액, 고정비, 변동비 등의 타당성을 검토함은 물론, 이들 요소로부터 경비의 절약 방안 등을 강구할 수 있어서 손익분기점 자체를 재조정할 수도 있다.

(나) 내부수익률법(IRR)

내부수익률법(IRR; internal rate of return method)은 어떤 사업 검토 안에서 예상되는 투자액의 현재가치와 현금유입의 현재가치를 일치시켜주는 할인율(자본수익률)에 의해 사업안의 경제성을 평가하는 방법이다. 즉, 이 방법은 장기간에 걸친 사업의 현재가치를 0으로 하는 수익률이 얼마인가를 알아보는 방법으로, 이 때의 수익률(r)이 목표 수익률(r_0)보다 클 경우 채택하는 것이다.

현재가치로 할인한 투자수익과 자본투자액의 순액이 0이 되게 하는 r값을 산출하면, 이 값이 바로 구하고자 하는 내부수익률이며, 이를 수식으로 표시하면 다음과 같다. 다음의 산식에서 내부수익률(r)이 산출되면, 그 내부수익률에 따라 $r > r_0$이면 경제성이 있고, $r = r_0$이면 경제성은 0이며, $r < r_0$이면 경제성이 없는 것으로 평가한다.

$$\sum_{t=0}^{n} \frac{r}{(1+r)^{l}} - \sum_{t=0}^{n} \frac{t}{(1+r)^{t}} = 0$$

r: 내부수익률

(다) 회수기간법(PBP)

회수기간법(PBP; payback period method)은 투자한 자금을 회수하는 데 소요되는 기간으로 수익성을 평가하는 방법이다. 따라서 회수기간이 짧을수록 좋은 투자안이 될 수 있다. 투자수익성을 평가하는 방법 중에서 단순한 방법이다.

(라) 순현재가치법(NPV법 또는 DCF법)

순현재가치법(NPV; net present value method)이란 어떤 투자안에 대한 연도별 순현금흐름(net cash flow)을 적정자본비용, 즉, 할인율(discount rate)로 현가화하여 산출되는 순현재가치(NPV; net present value)로 투자안을 평가하는 방법이다. 우선, 연도별 추정 재무제표를 토대로 투자자가 새로운 사업을 개시하였을 때 예상되는 연도별 현금유출, 현금유입을 나타내는 순현금흐름을 측정한다. 다음 연도별 순현금흐름을 적정시장할인율로 할인한 현재가치를 합하여 산출되는 순현재가치로서 사업성을 평가한다.

순현재가치가 양(+)이면 투자안이 경제성이 있다고 평가하며, 음(−)이면 없다고 평가한다. 2개 이상의 예비사업 아이템에 대해 순현재가치법으로 경제성 평가를 하는 경우, 순현재가치의 크기가 큰 순으로 우선순위를 결정하게 되는 것이다. 이를 산식으로 표시하면 다음과 같다. 매년도의 현금흐름을 할인하여 현재가치를 추정하므로, DCF법(discounted cash flow method)이라고도 불린다(상세한 내용은 '참고 1'에 있음).

$$= \sum_{t=0}^{n} \frac{t}{(1+k)^t} - \sum_{t=0}^{n} \frac{t}{(1+k)^t}$$

여기서, t : 기간 t의 현금유입(cash inflow)

t : 기간 t의 현금유출(cash outflow; 투자)

k: 할인율(discount rate; 자본비용)

4. 추진주체의 수행능력

수행능력 분석(organizational feasibility analysis)은 사업 주체가 사업을 성공적으로 수행할 능력이 있는지와 사업에 필요한 관련 자원을 확보할 수 있는지를 검토해 보는 것이다. 추진주체의 수행능력 분석에는 다음 두 가지 측면에서 검토가 이루어진다.

(1) 추진주체의 경영능력

신생기업은 회사를 이끌어갈 구성원들의 능력과 경륜을 솔직하게 평가해 보아야 한다. 평가해 보아야 할 요소는 기업가 1인 또는 기업을 이끌어 갈 구성원들이 사업 아이디어에 대한 열정을 가지고 있느냐와 진출하려는 사업에 대해 잘 이해하고 있느냐이다. 이는 재무적분석보다 중요한 요소이다.

사업의 성패는 결국 추진 주체의 사업에 대한 전문성, 열정과 자질에 달려 있다. 개인이든 기업이든 계획된 일의 성공과 실패는 그 일을 추진하는 주체 내지는 참여인력의 인적요인에 의해 좌우된다고 해도 과언이 아니기 때문이다. 특히 신규 창업의 경우에는 창업자의 새로운 계획사업 수행능력과 앞으로 경영하고자 하는 업종에 대한 경험·지식 및 전문성이 필요불가결한 요소가 아닐 수 없다.

실제로 뛰어난 사업성분석 전문가들이 성공확률이 낮다고 평가된 사업도 성공하는 사례가 자주 있으며, 사업의 성공확률이 높다고 평가된 사업도 실패하는 경우를 접하게 된다. 이 경우 사업을 추진하는 추진주체, 특히 최고 책임자의 능력과 열정이 사업성패를 좌우한 경우가 많다.

(2) 관련 자원의 풍부함

수행 능력 분석의 두 번째 요소는 추진 주체가 신사업을 전개해 나아 갈 때에 필요한 관련 자원을 충분히 가지고 있는가 여부를 평가하는 것이다. 관련 자원에 대한 분석은 예로 특정 신제품 생산에 필요한 숙련된 노동력을 확보할 수 있는지, 신사업이 가지고 있는 지적재산권을 보호받을 수 있는지와 필요한 사무공간을 확보할 수 있는지 등을 들 수 있다.

3절 사업성공의 critical factor 파악과 종합

사업성분석은 앞에서 언급한 바와 같이 기술성, 시장성, 경제성 및 추진주체의 능력을 분석하는 것이 핵심을 이루며, 이를 종합하여 사업추진 여부를 결정해야 한다

사업성 분석 시 모든 요소를 자세히 검토하는 것은 시간적 제약도 있거니와 비효율적이므로 특정 사업의 성패에 결정적 영향을 주는 요인(critical factor to success)을 찾아내어 이들 요인에 대한 검토에 역량을 집중하는 것이 효율적이다. critical factor는 원료조달, 투자자 유치, 제조방법 개발, 기술제휴선 확보, 매출액 증대 등 사업에 따라 다를 것이며 2개 이상인 경우도 있다. 결정적 요소의 파악은 계획사업의 위험도를 분석하는 역할도 하게 되므로 각각의 critical factor가 어느 정도 계획사업에 영향을 미치는지를 분석하고 이에 대한 대응책과 해결책을 검토하여야 한다.

참고 1 DCF법에 의한 기업가치 평가방법

사업성을 분석할 때에는 추진하려는 사업의 가치를 평가하여야 한다. 이때 많이 이용되는 방법이 DCF법(discounted cash flow method)이다. DCF법은 많은 전제사항과 가정(assumption) 아래 추정되는 어려운 방법이다. 아래에 개략적 방법을 설명한다.

1. 기업가치의 구성

평가하고자 하는 기업의 가치(corporate value)는 영업가치(operating value)와 비영업용 자산가치(non operating asset value)의 합으로 표시된다(그림 4.4 참고).

영업가치는 추정기간 동안의 기업가치(Interim Value)와 추정기간 이후의 잔존가치(TV; terminal value)로 구분된다. 이를 수식으로 표현하면 다음과 같다.

• 기업가치 = 영업가치 + 비영업용 자산가치
  = (추정기간 동안의 기업가치 + 잔존가치) + 비영업용 자산가치

영업자산 가치는 미래의 현금흐름을 추정하고(projection) 이를 현재가치로 할인하는(discounting) 과정을 거치면서 산출되며, 비영업용 자산가치는 별도의 개별자산 평가과정을 거쳐 산출된다. 영업 가치는 미래에 발생되는 수익으로 인한 현금흐름을 추정하고 이를 현재의 가치로 환산하는 과정에서 할인율을 적용하는 단계를 거치게 된다.

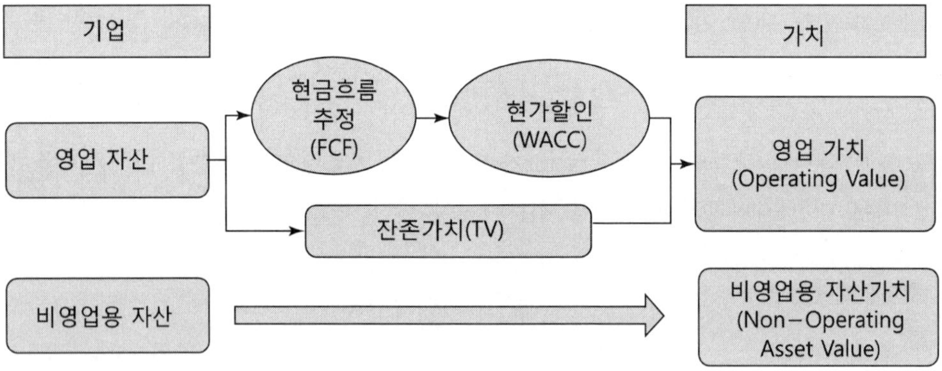

‖ 그림 4.4 DCF법을 이용한 가치평가방법

2. 기업가치 평가순서

DCF법에 의한 영업가치(operating value)는 다음의 수식에 의해 추정되며 세부 산

출 단계는 〈표 4.6〉과 같다.

$$\text{Operating Value} = \sum \frac{\text{Free Cash Flow}}{(1+\text{Weighted Average of Cost of Capital})^n}$$

‖ 표 4.6 DCF법을 이용한 가치평가 순서

구 분	내 용
1단계	(과거실적 분석) 과거의 실제 재무자료 분석과 원가요소인 단가, 수량 등을 검토
2단계	(미래 실적 추정을 통한 미래 현금흐름표(FCF) 작성) 수요예측, 경쟁 구조변화 분석을 통해 미래의 매출액, 원가, 비용을 추정함. 이를 토대로 연도별 현금유입, 유출액을 추정하여 현금흐름표를 완성함
3단계	(현가계산을 위한 할인율의 결정) 부채 및 자본 조달비용 분석을 통해 할인율인 가중평균자본비용(WACC)을 결정함
4단계	(추정기간 동안의 기업가치 추정) 할인율로 현재가치화한 추정 기업가치(NPV)의 계산
5단계	(추정기간 이후의 잔존가치 추정) 추정기간 이후의 수익력을 현재가치화한 잔존가치(terminal value)의 계산
6단계	(검증 및 결과 해석) 도출된 결과의 검증 및 의사결정을 위한 결과의 해석

3. FCF(Free Cash Flow)의 계산

FCF(free cash flow)란 현금흐름표상에서 계산되는 가치평가를 목적으로 재조정된 영업현금흐름과 같은 개념이다. FCF는 net operating profit or loss after tax(NOPLAT)를 〈표 4.7〉과 같이 조정하여 산정한다.

‖ 표 4.7 FCF의 계산 과정

FCF = NOPLAT ± 1. 현금유출이 없는 비용 등(depreciation)
2. 자본적 지출(CAPEX)
3. 순운전자본의 증감(changes in NWC)

현금흐름과 할인율은 추정하는 주체에 따라 달라진다. 예를 들어 추정 주체가 보통주주일 경우 추정 주체에게 귀속되는 현금흐름(주주잉여현금흐름; FCFE)은 다음 공식과 같이 FCFF에서 법인세효과를 고려한 이자비용, 원금상환액, 우선주 배당금을 제외한 금액에서 신규부채 발행액을 더한 금액으로 계산된다. 이때 적용되는 할인율은 자기자본비용이 된다(예; 보통주주의 현금흐름).

FCFE = FCFF − 이자비용(1 − 법인세비율) − 원금상환액 − 우선주배당금 + 신규 부채발행액

4. 자본비용의 추정

가. 자기자본비용의 추정

자기자본비용(cost of equity)이란 기업이 현시점까지 조달했던 자기자본의 누적평균조달비용을 지칭하는 것으로, 향후 자기자본 가치를 유지하기 위해 최소한 벌어들어야 하는 수익률을 의미한다. 따라서 새로운 투자안의 선택에 있어서도 예상투자수익률이 자기자본비용을 넘어야 하는 바, 새로운 투자안에 요구되는 최소한도의 수익률이라 할 수 있다. 이는 capital asset pricing model(CAPM)에서 제시된 개념과 상통하며, 자기자본비용을 산정하는 공식은 다음 〈표 4.8〉과 같이 표현될 수 있다.

‖ **표 4.8** 자기자본비용(Ke)의 산정 공식

$$Ke = Rf + \beta \times (MRP)$$

* Rf: risk-free rate of return(무위험자산의 수익률)
* MRP: equity market risk premium(시장 위험 프리미엄)
* β: beta factor of the investment or business operation(고유 위험계수)

산정 시 Rf(무위험자산의 수익률)는 주로 장기국채수익률을 이용한다. 일반적으로 한국은 5년 만기 국고채 수익률을 사용하며, 미국의 경우 10년 또는 20년의 Treasury bond의 수익률을 사용한다. MRP는 실무적으로는 Bloomberg 등 다양한 소스의 자료 들을 비교하여 이용할 수 있다. β(beta)는 비교대상 회사의 unlevered beta 평균치를 이용하여 회사의 목표자본구조로 re-levered하여 산출한다(기간: 1년, 2년, 3년 weekly). 시장의 beta는 1이고, risky stock의 beta는 1보다 크며, low risk stock의 beta는 1보다 작다.

나. 타인자본비용의 추정

타인자본비용(cost of debt)은 타인자본의 제공자, 즉, 채권자 입장에서 기대하는 최소한의 요구수익률을 말한다. 따라서 타인자본비용은 유효세율을 감안한 세후 개

념의 수익률이다. 이론적으로는 회사가 조달 가능한 타인자본의 미래 이자율을 적용해야 하나, 실무적으로는 회사가 향후 차입구조 및 채무불이행 위험이 일정하다는 전제 하에 현재 시점의 가중평균차입이자율을 적용한다. 타인자본비용을 계산하는 식은 다음과 같다(〈표 4.9 참조〉).

표 4.9 타인자본비용(Kd)의 산정

$$\text{Cost of Debt(Kd)} = \text{pre-tax cost of debt} \times (1 - \text{CT}^*)$$

* CT = marginal rate of corporation tax

다. 가중평균자본비용의 결정

가중평균자본비용(WACC; weighted average capital cost)은 기업의 다양한 자본조달 원천별 조달비용을 자본구성비율에 따라 가중 평균한 이자율을 지칭한다. 실무적으로는 대용 회사들의 자본구조(capital structure)를 목표 자본구조로 설정하여 계산한다. 기업의 현재 자본구조를 목표자본구조라고 간주하여 사용하는 경우에도 자본구조 계산 시 부채와 자본은 장부가로 계산하는 것이 아니라 시장가치로 계산하여야 한다. WACC을 산정하는 식은 다음 〈표 4.10〉과 같다.

표 4.10 가중평균자본비용(WACC)의 결정

$$\text{WACC} = \frac{\text{Ke} \times \text{MVe}}{(\text{MVe} + \text{MVd})} + \frac{\text{Kd}(1 - \text{CT}) \times \text{MVd}}{(\text{MVe} + \text{MVd})}$$

* Ke = cost of equity capital
Kd = cost of debt capital(before tax shield)
MVe = market value of the company's equity
MVd = market value of the company's debt
CT = marginal rate of corporation tax

5. 추정기간 이후의 잔존가치 추정

추정기간 이후의 기업의 잔존가치(TV; terminal value)는 다음 〈표 4.11〉과 같이 계산된다. 즉 추정한 기간의 마지막 년도 현금흐름(cash flow)에 (1 + 성장률)을 곱한 다음 이를 (할인율 − 성장률)로 나누어 계산한다.

‖ **표 4.11** 잔존가치(TV) 추정 방법

$$TV = \frac{\text{projected cash flows (a)} \times (1 + \text{growth rate})}{\text{discount rate} - \text{growth rate}}$$

* (a): adjusted cash flows in final year of explicit forecast period

6. 결과 산정 및 결과 해석

상기의 계산 과정과 같이 기업의 영업가치는 추정기간 동안의 기업가치와 추정기간 이후의 잔존가치의 추정을 통해 산정된다. 산정된 기업의 영업가치에 비영업용 자산 가치를 더하면 전체 기업가치가 계산된다.

DCF법에 의한 기업가치 추정은 현금흐름이 양의 값을 갖는 기업이나, 할인율을 추정하기 위해 위험의 대용치가 존재하는 기업에 적용하여 추정할 때 결과치의 신뢰도가 높다. 반면 재무적 어려움에 처한 기업이나 비활용자산이 매우 많은 기업에 적용할 때에는 신뢰도가 떨어질 수 있다. 순현금흐름을 이용한 기업가치 산정방법의 예는 〈표 4.12〉에서 볼 수 있다.

‖ **표 4.12** 순 현금흐름(DCF) 산정 사례

(단위 : 억 원)

	2011	2012	2013	2014	2015	잔존가치
매출액	25,504	53,844	71,332	73,644	75,782	75,782
매출원가	48,500	66,455	64,875	68,177	70,477	70,477
매출총이익	−22,996	−12,611	6,457	5,467	5,305	5,305
판매비 및 관리비	1,192	922	869	926	1,044	1,044
영업이익	−24,188	−13,533	5,588	4,541	4,261	4,261
법인세	0	0	1,397	1,135	1,065	1,065
세후영업이익	−24,188	−13,533	4,191	3,406	3,196	3,196
증가: 감가상각비	422	247	122	123	162	
감소: 운전자본변동	578	345	203	141	120	
감소: 자본적지출	151	244	106	108	278	
Debt-Free Cash Flow	−24,495	−13,875	4,004	3,280	2,960	3,196

한편 최종 단계인 매입하고자 하는 기업의 주식 지분가치(equity value)계산은 전체 기업가치(corporate value)에서 부채금액(interest bearing debt)을 차감한 금액으로 계산된다.

지분가치 = 기업가치 - 부채

참고 2 market multiple 방법(시장가치 평가방법)

시장가치 평가방법의 대표적 방법인 market multiple 방법은 주식시장에서 거래되는 동종업체에 대한 각종 수익지표 또는 순자산 지표 대비 기업가치에 대한 배수(multiples)를 적용하여 대상회사의 기업 가치를 평가하는 방법이다. market multiple 방법의 단계별 절차는 〈표 4.13〉과 같다.

표 4.13 market multiple 방법의 단계별 절차

구 분	내 용
1단계	비교기준회사(comparable company)의 선정: 목표회사에 대한 예비분석 및 기본사항에 대한 이해가 이루어진 이후에 비교기준회사를 선정한다. 비교기준회사 선정 시 사업의 유사성(동일 제품, 사업별/제품별 sale mix의 유사성), 자산, 매출액 규모 및 성장률 등을 고려한다.
2단계	각종 시가배수의 검토: 비교기준회사로 선정된 기업들에 대하여 지분가치 및 기업 가치를 계산하고 시가배수(market multiple)를 산정한다.
3단계	실제 적용할 시가배수의 선정(sales, PER, EBITDA, PBR 등): 여러 market multiple 중 평가 목적에 가장 적합한 market multiple을 최종적으로 선정하여 적용한다.
4단계	평가대상회사에 시가배수의 적용: 시가배수(market multiple)와 계산될 평가 대상회사의 수치는 비 경상적인 손익 등을 제거한 후 사용한다.

이러한 단계를 거쳐 기업의 시장가치가 산정된다. 산정된 가치는 operating value만을 고려한 가치로서, mon operating asset의 가치를 제외한 것이다.

창업 Worksheet 3 간략한 사업성분석 check list

Business Plan 작성에 앞서 다음 사항들을 기록하여 점검해 보라.

I. 기술성: 제품(또는 서비스) 및 생산가능성 분석

1-1. 당신의 제품(또는 서비스)은 어떤 문제를 해결하는가? 또는 어떤 니즈를 충족시키는가?

1-2. 당신제품의 기술적 특징은 무엇이며, 기존 제품과 무엇이 다른가?

1-3. 제품 생산에 필요한 원재료, 기술자, 생산설비 확보가 가능하며, 생산에 문제는 없는가?

1-4. 지적재산권으로 보호될 수 있으며, 경쟁자에 비해 원가 또는 품질 측면에서 우위가 있는가?

II. 시장성: 경쟁자, 목표시장과 판매가능성 분석

2-1. 당신의 직접 경쟁자는 누구인가? 고객은 어떤 이유로 당신의 제품(또는 서비스)을 구입하는가?

2-2. 경쟁사 대비 우위를 확보하기 위한 당신의 전략은 무엇인가? 가격경쟁력은 있는가?

2-3. 당신이 목표로 하고 있는 시장의 미래 성장잠재력의 크기는? 어떻게 시장에 진입할 것인가?

2-4. 당신의 제품(또는 서비스)을 누구에게 팔 것이며 고객의 수와 추정매출액은 얼마인가?

III. 경제성분석: 추정재무제표 작성 및 자금조달 검토

3-1. 연도별 간략한 매출액, 매출원가 및 손익 추정치는 얼마인가?

3-2. 당신의 사업이 손익분기점에 도달할 수 있는 시점은 언제로 추정되는가?

3-3. 향후 1년간 필요 사업비용은 얼마인가? 초기자금이 부족한 경우, 어떻게 조달할 것인가?

3-4. 투자유치를 계획하고 있다면 그 시기와 투자 금액을 어떻게 추정하고 있는가?

IV. 추진주체 능력: 창업팀 구성

4-1. 기업가로서 당신은 어떤 자질과 장점, 약점을 갖고 있는가?

4-2. 당신의 약점을 보완해 줄 팀원을 구성할 수 있으며, 팀원과 비전이 일치하는가?

4-3. 팀원에 대한 성과 보상책은 어떻게 제시하고 있는가?

4-4. 당신의 사업을 도와줄 외부 조력자는 누구인가?

제 5 장

비즈니스모델과 사업계획서

- 1절 비즈니스모델의 의의와 구성요소
- 2절 가치시슬
- 3절 사업계획서 작성

1절 비즈니스모델의 의의와 구성요소

1. 비즈니스모델의 의의

가. 비즈니스모델의 정의

비즈니스모델(business model)이란 경쟁자와 어떻게 경쟁할 것인지, 소유 자원을 어떻게 효율적으로 분배하고 활용할 것인지, 고객과 협력업체들과의 관계를 어떻게 유지하고 발전시킬지에 관한 포괄적인 기업의 계획이나 도표, 사업 아이디어를 의미한다. 즉 어떤 제품이나 서비스를 어떠한 방법으로 소비자에게 편리하게 제공할 것이며, 어떠한 마케팅 방법을 이용하여 얼마의 돈을 벌어들이겠다는 일련의 계획을 말한다.

다른 기업의 사업 아이디어 모방을 미리 차단하기 위한 목적으로, 사업 아이디어가 표현되는 비즈니스모델의 사전 특허출원에 관심을 갖는 기업도 있다.

나. 비즈니스모델의 중요성과 다양성

앞에서 말한 바와 같이 기업 외부의 비즈니스모델(business models)이 더 좋다고 평가되더라도 이를 전적으로 적용하는 것은 바람직하지 않다. 보다 신중하게 검토를 거친 후 해당 사업에 적합한 새로운 비즈니스모델로 전환하는 것이 중요하다. 비즈니스모델의 유용성과 사례는 〈표 5.1〉과 같다.

특정산업 내의 목표시장에 적합한 비즈니스 표준 모델은 없으며, 동업종의 기업이라 할지라도 수익창출을 위해 자신들이 고안한 다양한 모델이 있을 수 있다. 비즈니스모델은 기업의 핵심적인 부분을 보여주며, 발전되고 있다.

‖ **표 5.1** 비즈니스모델의 유용성

• 비즈니스모델은 끊임없이 사업타당성을 물어보게 됨 • 비즈니스의 모든 요소들이 모두 들어맞는 방법과 작업 전체를 구성하는 방법에 대한 초점을 맞춤 • 비즈니스 아이디어를 성공적으로 만드는 데 필요한 협력 네트워크가 왜 필요한지 설명함 • 회사의 직원을 포함한 모든 이해관계자에게 회사의 핵심 논리를 명료하게 말할 수 있음

사례 1

WebHouse사는 비즈니스모델의 결함으로 사업에 실패함. WebHouse는 사업을 지속하기 위해 공급업체 참여가 원활하지 못했을 뿐만 아니라 고객에게도 구매동기를 부여하지 못함. 또한 공급업체로 부터 자신의 이익을 요구하였으며, 서비스의 경우도 구매자가 작은 돈을 절약하기 위해 너무 많은 시간이 소요되었음. 결국 비즈니스모델의 충분하고도 현실적인 검토가 되지 않아 구매자와의 접점 부족 및 협력 네트워크 구축에 실패하여 성공하지 못했음.

다. 비즈니스모델의 잠재적인 결점

고객에 대한 완전한 잘못된 해석과 재무적으로 건전하지 못한 비즈니스모델은 사업의 시작 단계에서부터 경쟁에 뒤처지게 되고 결국 사업에 실패할 수밖에 없다.

따라서 제품이나 서비스는 고객의 관점에서 만족할 수 있도록 설계되어야 하고 건전한 기업의 재무상태가 유지되도록 해야 한다. 비즈니스모델의 결점으로 인한 실패 사례는 〈표 5.2〉와 같다.

표 5.2 실패 사례

(Pets.com) 애완동물 식품을 온라인을 통해 판매하는 사업을 시작하였으나, 소비자에게 직접 제품을 배송하는 서비스가 오래 걸려 실패함. 또한 무료배송 서비스를 제공했는데 주문당 매출액 평균이 \$30인데 비해, 주문당 배송비용이 \$32로 터무니 없는 사업모델이었다(소비자에게 빠른 배송이 필수임을 깨닫지 못함).
(eBay drop-off stores) 개인이나 기업체가 자신들의 물품을 eBay를 통해 판매할 수 있는 수단을 제공하였으나, 복잡한 과정으로 실패함(eBay 계좌 셋업, 물품 등록 등, 과정이 너무 복잡함)

2. 비즈니스모델의 구성요소

비즈니스모델(business model)의 구성요소(그림 5.2)는 사업의 특성과 보는 관점에 따라서 다양하게 정의될 수 있으나, 성공적인 비즈니스모델들은 공통된 요소들로 구성되어 있다는 것을 알 수 있다.

영국 런던 비즈니스 스쿨의 게리 하멜교수는 비즈니스모델을 핵심 전략(core strategy), 전략적 자원(strategic resources), 파트너십 네트워크(partnership network), 고객 관계(customer interface)의 네 가지 요소로 구성되어 있다고 정의하고 있어 이를 중심으로

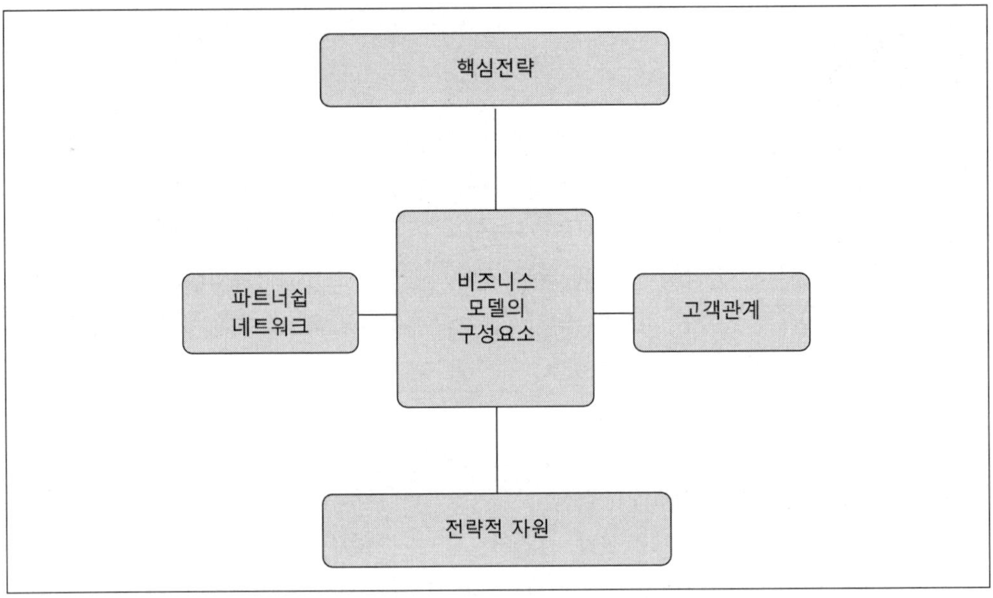

‖ **그림 5.2** 비즈니스모델의 구성요소

효과적인 비즈니스모델의 구성요소를 살펴보기로 한다.

게리 하멜교수가 정의한 비즈니스모델은 〈표 5.7〉과 같이 구성된다. 만일 사업 초창기에 비즈니스모델에 대한 아래 4가지 구성요소들 중 하나라도 제대로 된 모양을 가지지 못한다면, 전체 비즈니스모델은 실패할 가능성이 높다.

‖ **표 5.7** 비즈니스모델 구성 요소

구분	핵심전략	전략적 자원	파트너쉽 네트워크	고객 접점
의미	기업이 어떻게 경쟁하는가?	기업이 자신의 자원을 어떻게 획득하고 사용하는가?	기업이 자신의 파트너를 어떻게 구조화하고 성숙시키는가?	기업이 자신의 고객과 어떻게 접점을 유지하는가?
구성 요소	• 사업미션 • 제품/시장 범위 • 차별화 기반	• 핵심역량 • 전략적 자원	• 공급자 • 파트너 • 다른 핵심 관계자	• 목표 고객 • 실행과 지원 • 가격구조

가. 핵심 전략

비즈니스모델의 첫 번째 구성요소는 핵심전략(core strategy)으로 이는 경쟁자들과 어떻게 경쟁하는가에 대한 것을 보여 준다. 기업의 사명, 제품/시장 범위, 차별화 전략 등이 핵심 전략의 주요 구성 요소이다.

(1) 임무 기술서

임무 기술서(mission statement)는 기업의 존재 목적(미션; mission)과 기업이 성취하려고 하는 것을 기술한 것이다. 기업에 따라 정도는 다르더라도 대체적으로 기업이 우선적으로 추구하고자 하는 바를 임무기술서는 잘 나타내고 있다. 그러나 임무기술서가 좁게 규정되어 있거나 단편적인 것에 집중되어 있을 경우 변화에 능동적으로 대응하지 못하는 비즈니스모델이 될 수 있으므로 주의가 필요하다.

사례 3

제록스사는 자신을 "문서 기업(The Document Company)" 으로 규정하였고, 이는 복사기와 복사에 집중한다는 함축적인 의미를 가지고 있었으나, 이런 사명은 제록스의 비즈니스모델에 맞춘 기회를 보지 못하게 하는 비즈니스 컨셉 약점(business concept blind spot)을 불러일으키는 결과를 초래하였다. 제록스는 원래 존재하였던 문서들을 재생산하는 기업으로 인식되어 컴퓨터 프린터 시장에 후발로 들어가게 되었고 휴렛패커드에게 프린터 시장의 주도권을 넘겨주게 되었다.

(2) 제품/시장 범위

기업이 집중할 제품과 시장의 범위를 규정하는 부문이다. 기업의 비즈니스모델에 큰 영향을 주는 것은 제품 선택이라 할 수 있으며, 제품군(product portfolio)은 사업 개시 이후 지속적으로 변화한다.

아마존은 처음에는 인터넷을 통해 책을 판매하는 회사였으나, 이후에 책과 관련된 모든 제품을 판매하는 것으로 진화하였으며, 야후도 처음에는 인터넷 조사 서비스로 시작하였으나, 이를 차츰 웹 광고를 통한 많은 거래가 이루어졌고, 2000년 초 IT 거품이 사라진 뒤에도 계속 진화하여 현재에 이르게 되었다.

핵심 전략을 구성하는 또 하나의 중요 요소는 시장의 범위(market scope)라 할 수 있다. 시장의 범위를 어떻게 정의하느냐에 따라 비즈니스모델 전체에 중요한 영향을 미치게 되고 사업 성공 여부와도 연결된다.

(3) 차별화 전략

고객에게 비즈니스 가치를 전달하는 방식이 쉽게 타사에서 동일하게 사용되지 않도록 차별화하는 것이 중요하다. 일반적으로 기업들은 비용절감과 차별화전략을 추구한다.

비용절감 전략(cost leadership strategy)은 산업에서 경쟁사 대비 가장 낮은 비용을 갖도록 노력하며, 차별화전략(differentiation strategy)은 독창적이고 상이한 제품을 제공하는 것으로 경쟁하는 것이 일반적이다. 따라서 기업들은 고객들에게 중요한 요소들인 품질, 서비스, 납기 등에 기반을 두고 서로 차별화된 제품과 서비스를 제공하려고 경쟁을 하게 된다. 경험적으로 볼 때 신생 벤처기업이 개발에 시간이 요구되는 규모경제를 통해 얻을 수 있는 비용절감 전략을 사용하기에는 매우 어렵다.

사례 4

Ross사는 약간 철 지난 옷을 매우 낮은 가격으로 판매하는 비용 절감전략 활용

사례 5

Abercrombie/Fitch사는 고객들이 충분히 프리미엄 가격을 지불할 만큼의 다르면서 스타일한 옷을 제공

나. 전략적 자원

기업의 전략적 자원(strategic resources)은 기업의 비즈니스모델이 사용되는 방법에 영향을 미치게 되며, 기업은 전략적 자원이 없으면 차별화된 전략을 실행할 수 없다. 신생 벤처기업의 전략적 자원은 최초 설립자의 역량, 파악한 기회요인, 시장에 서비스하려고 기획한 독특한 방식 등이 될 수 있다.

(1) 핵심 역량

핵심 역량은 경쟁사 대비 경쟁우위의 원천으로 작용한다. 핵심역량은 제품과 시장에 내재되어 있는 독특한 기술 혹은 역량을 의미하는 것으로 이는 고객에게 편익을 인식하게 하는 데 지대한 영향을 미친다.

또한 핵심 역량은 쉽게 모방할 수 없고, 새로운 기회를 접할 경우 전이가 가능하다는

특징을 지니고 있다. 따라서 핵심 역량의 활용을 통해 단기적으로는 경쟁사 대비 차별화된 우위요소를 가질 수 있고, 독특한 가치를 창조할 수 있게 된다.

사례 6

델사의 핵심 역량은 공급 사슬 관리, 효율적 조립, 기업 고객에 대한 서비스였으며 이 역량을 통해 기업 고객들에게 저렴하고, 기술적 업데이트가 잘 되고, AS 서비스가 잘 되는 비즈니스모델을 구축할 수 있었다. 장기적으로 델은 상기 역량을 발전시켜 보완재 시장에서 성장할 수 있는 기회를 갖게 되었고 델의 조립 역량은 컴퓨터 서버 혹은 다른 전기 기기 분야로 확대되었다. 한편, 이렇게 자신의 역량을 통해 새로운 기회를 개발하는 프로세스를 자원 레버리지(resource leverage)라고 한다.

(2) 전략적 자원

전략적 자원은 기업이 보유하고 있는 자원 중 드물고 가치 있는 자원을 의미하며, 공장, 설비, 위치, 브랜드, 특허, 고객 자료, 수준 높은 스텝, 뛰어난 파트너십 등이 전략적 자원의 대표적인 예이다.

기업의 가장 가치 있는 전략적 자산은 기업 브랜드(brand)로서 이는 기업들이 궁극적으로 자신들의 핵심 역량과 전략적 자원을 혼합하여 지속가능한 경쟁우위(sustainable competitive advantage)를 창출해내는 수단이 되기도 한다.

특히 이러한 지속가능한 경쟁우위는 독특하여 쉽게 모방할 수 없는 가치를 창조하는 전략을 실행함으로써 달성될 수 있기 때문에 투자자는 기업가치 평가 시 중요시 한다. 아울러 이런 종류의 지속 가능한 경쟁우위는 목표고객 그룹을 위해 독특한 방식으로 자신들의 자원과 역량을 사용하여 가치를 창조할 때 획득할 수 있다.

다. 파트너십 네트워크

기업의 파트너십 네트워크(partnership network)는 비즈니스모델의 세 번째 구성요소이다. 신생 벤처기업들의 경우 대체로 모든 업무를 수행할 자원을 가지고 있지 못하므로 부족한 점을 대행해줄 수 있는 파트너십 네트워크가 중요한 비즈니스모델의 구성요소가 될 수 있다. 기업의 활동, 즉 제품을 제조하고 서비스를 전달하는 모든 과정에서 기업이 경쟁우위를 가질 수 없기 때문에 파트너 네트워크를 전략적으로 잘 활용할 필요가 있다.

사례 7

델사는 역사적으로 PC 조립 전문기업으로서 경쟁우위를 만들어 왔으며, 칩은 주로 인텔로부터 구매하였다. 델은 칩을 제조할 수 있었지만 이 분야에 핵심역량을 가지고 있지 않으므로 전략적으로 파트너를 잘 활용하여 왔다.

사례 8

보잉, 에어버스사는 복잡한 제품(항공기)을 제조하는 데 필요한 지적 자본을 공급하는데 외부 파트너에 의존하고 있다. 신생 벤처기업들은 다른 기업들에게 자신들이 파트너로서 적합한 기업이라는 믿음을 심어주고 자신들이 갖고 있는 비즈니스모델이 파트너들에게 도움을 준다는 인식을 갖게 하는 것이 필요하다.

(1) 공급자

공급자(supplier, vendor)는 또 다른 기업에 부품 혹은 서비스를 제공하는 기업을 의미한다. 공급 체인(supply chain)은 원자재 구매에서 마지막 단계까지인 제품 생산에 참여하는 모든 기업들의 네트워크로서, 대부분의 기업들은 자신들의 비즈니스모델을 실행하는 데 중요한 역할을 하는 공급자들을 가지고 있다.

과거와 달리 기업들은 그들의 공급자들과 상호이익을 향상시키는 목표를 달성하기 위해 파트너 관계를 구축하고 있다. 이러한 변화는 경영자들이 자신들의 가치사슬에서 비용 절감, 품질 향상, 신속한 시장 대응을 추구하는 데서 시작되었다고 할 수 있다. 앞으로도 더욱더 경영자들은 제품의 공급 사슬을 통해 움직이는 정보, 자금, 자재에 대한 흐름을 조정하는 공급 사슬 관리(supply chain management)에 집중하게 될 것으로 보여 효율적 공급 사슬 관리는 전체 비즈니스모델의 효율성 차원에서 더욱 중요한 역할을 할 것이다. 델사의 경우, 철저한 공급사슬관리를 통해 적정한 가격에 최신의 컴퓨터들을 제공하는 자신의 핵심 전략을 우수하게 달성하여 왔다.

(2) 기타 중요한 관계자들

비즈니스모델을 작동하게 하는 중요 관계자들로서 공급자 이외에도 다른 관계자들이 존재한다. 전략적 제휴(strategic alliance), 합작 투자(joint venture), 네트워크, 컨소시엄 구성 등을 통해 구축된 관계가 좋은 예이다. 특히, 상대적으로 새로운 접근 방법인 내부소싱은 서비스 공급자가 파트너의 공장 안에 올 때 더욱 효과적으로 발생한다. UPS가 파파존스피자의 여러 재료에 대한 공급 사슬을 디자인하고 관리해 주는 것은 내부소싱의 좋은 사례이다. 〈표 5.8〉은 비즈니스 파트너십의 가장 보편적인 형태를 나타낸다.

표 5.8 비즈니스 파트너십의 가장 보편적인 타입

파트너십 형태	내 용
합작 투자 (Joint Venture)	분리, 연합 조직을 만들기 위해 2개 이상의 기업들이 자신의 자원 일부를 끌어다 만든 조직
네트워크	중앙-바퀴 배열을 가진 조직 복잡한 기업 배열과 독립을 조직화한 것
컨소시엄	동일한 요구를 가진 그룹들이 함께 묶여져 같은 요구를 표현하기 위해 새롭게 조직화한 것
전략적 제휴	전혀 연합 소유가 없이 2개 이상 기업들이 교환 관계를 갖도록 계약한 것
무역 연합 (Trade associations)	전형적으로 이익집단이 아닌 조직에서 형성 흩어진 무역 정보 수집, 법적, 기술적 조언 제공 산업 관련 훈련 제공, 플랫폼 제공을 위해 같은 산업에 있는 기업들에 의해 형성된 조직

그러나 파트너십이 기업 비즈니스모델의 유일한 구성 요소라면 사업이 실패할 위험이 있다. 비즈니스 제휴는 실패할 확률도 상당히 높으며 실패의 원인은 잘못된 계획과 두 조직 간 문화가 잘 융화되지 않기 때문이라는 연구 결과도 있었다. 주요 실패 원인으로는 정보의 손실, 경영의 복잡함, 재무적, 조직적 위험 등을 제시한 바가 있다.

대부분의 초창기 벤처기업들은 파트너십을 키우고 효율적으로 관리하는 능력의 보유 여부가 성공에 대한 주요 요인이 된다는 점을 인식해야 한다. 지나치게 파트너십에 의존하는 것도 바람직하지는 않지만, 상황에 따라서는 파트너십을 잘 관리하고 유지하는 능력이 경쟁우위를 확보하고 성공을 위한 요소로서 작용할 수 있다.

라. 고객 관계

어떻게 기업이 자신의 고객들과 접점을 유지하느냐는 것이 비즈니스모델의 네 번째 구성요소이다. 고객과의 상호관계는 기업이 어떠한 경쟁전략을 선택하느냐에 달려 있다. 신생 벤처기업들이 그들의 고객들과 상호작용하는 방법은 그들이 어떤 경쟁 방법을 선택하느냐에 달려있다. 고객 관계(customer relations)와 관련된 세 가지 요소는 목표 시장, 실행과 지원, 가격전략이다.

(1) 목표시장

목표시장(target market)은 기업이 제품과 서비스를 제공하고자 하는 제한된 개인들 혹은 기업들을 의미한다. 기업이 선택하는 목표 시장은 전략적 자원에서부터 파트너십에 이르기까지 모든 것에 영향을 미치며 판촉 캠페인에도 영향을 미친다.

(2) 실행과 지원

실행과 지원(fulfillment and support)은 기업의 제품이 시장에서 작동하는 방식을 보여 주는 요소로서 기업이 사용하는 유통이 될 수 있고 기업이 제공하는 고객 지원 수준이 될 수도 있다. 이러한 이슈들은 비즈니스모델의 모양과 본질에 영향을 주는 요소이다.

사례 9

신생 벤처기업이 새로운 휴대폰 기술을 개발하고 특허를 취득하면 자신의 사업 계획을 수립할 때 그 기술을 어떻게 시장에 출시할지에 대해 다양하게 선택할 수 있다. 선택할 수 있는 방법은

- 그 기술을 현재 휴대폰 제조업체인 노키아, LG에 판매하거나,
- 자신이 휴대폰을 만들고 자신의 유통 채널로 판매할 수 있고,
- AT&T, Version 과 같은 통신 사업자와 함께 파트너쉽을 맺고 휴대폰 제조업자인 LG와 파트너 관계를 맺어 판매할 수 있다.

이렇듯 시장에 진출하는 방법과 그에 따른 여러 지원 사항들에 대한 결정이 기업 비즈니스모델을 완전히 달라지게 할 수 있다.

만일 기업이 휴대폰 기술을 판매하는 것으로 정하면 그 기업은 휴대폰 제조업체에게 최고의 기술을 제공하기 위해 끊임없이 연구개발에 매진하는 비즈니스모델을 채택할 것이며, 그 자신이 휴대폰을 제조하기로 결정한다면 제조와 디자인 분야에서 핵심역량을 키울 필요가 있고 AT&T, Sprint, Version와 같은 휴대폰 소매업체들과 파트너쉽을 형성할 필요가 있을 것이다.

아울러 기업이 기꺼이 제공하고자 하는 고객 지원 수준도 비즈니스모델에 영향을 줄 수 있다. 어떤 기업들은 경쟁사와는 다른 높은 수준의 서비스와 지원을 통해 그들의 고객들에게 추가 가치를 제공하여 차별화를 하기도 한다. 이러한 차별화에는 납기, 설치, 융자 설계, 고객 훈련, 보증과 개런티, 수선, layaway 계획, 운영의 편리한 시간, 편리한 주차, 무려 정보 이용, 웹 사이트 등이 있다.

(3) 가격 전략

기업의 고객 접점에 대한 세 번째 요소는 가격 구조(pricing structure)이다. 가격전략(price strategy)은 기업의 목표시장과 가격 철학에 따라 달라진다.

기업들은 보통의 방법과는 상이한 특이한 방법으로 가격 구조를 차별화하는 경향이 있다. 그러나 신생 벤처기업들의 경우 스스로 가격 차별화를 추구하는 것은 어렵다. 규모의 경제를 가진 대기업들에서 가격 차별화는 일반적인 영업 전략의 하나로 활용된다. 가격경쟁(price competition)이 발생하여 판매 가격이 인하될 경우, 일반적으로 기업은 수익감소로 손해를 보게 되며, 소비자는 가격인하로 이득을 보게 된다.

2절 가치사슬

1. 가치사슬의 의의

가치사슬(value chain)은 원료단계에서 제조 및 유통, 마케팅 및 판매를 통해 궁극적으로 최종 사용자에게 제품을 이동시키는 활동의 흐름을 의미한다. 제품 및 서비스의 가치사슬을 연구함으로써 조직은 부가가치를 창출하는 방법을 확인할 수 있고 그 방법을 수행하기 위한 수단의 획득 여부를 평가할 수 있다. 가치사슬의 특징을 나타내는 사례는 〈표 5.3〉과 같다.

‖ 표 5.3 가치사슬(value chain)의 특징

• 기업의 경쟁력을 분석하고 발전시키기 위한 도구로 활용 • 비즈니스모델이 어떻게 탄생했고 발전되었는지 설명 • raw material stage에서 최종 고객까지의 가치의 이동 • 최종 제품과 서비스는 value chain 각각의 단계에서 만들어지는 가치의 집합체 • 주 활동(primary activities)과 지원활동(support activities)으로 구성 • 기업 전략을 보다 경쟁력 있게 발전시키는 데 효과적이며, 기업인들은 가치사슬을 더욱 효율적으로 수행하기 위해 노력

사례 2

Dell사는 24시간 활용 가능한 기술지원 서비스를 원하는 고객을 확보할지, 혹은 이런 고객의 경우에 기꺼이 서비스에 대한 비용을 지불할지에 대한 사업의 연구를 진행함. Dell사의 경우 24hour/7days의 기술지원 서비스를 강화함으로써 컴퓨터 판매를 위한 가치사슬에 새로운 가치를 증대시킬 수 있음을 인지함.

이러한 유용성으로 인해 효과적인 비즈니스모델의 도출을 위해서는 기업 가치사슬을 참조하여야 한다. 가치사슬에 대해서는 많은 연구가 있었으며, 기업의 경쟁전략 강화를 위한 기회 확인에 유용하여 지속적으로 발전되고 있다.

효과적인 가치사슬 분석을 통한 비즈니스모델 수립을 위해서는 기업의 활동 중 어느 부분에서 어떤 방법으로 가치를 증대할지에 대해 항상 관심을 가져야 한다. 가치사슬 분석은 주 활동, 지원활동, 그리고 가치사슬의 단계와 단계의 연계 부분에 주안점을 두고 이루어져야 한다. 따라서 이러한 가치사슬 구성요소들은 독립된 활동들의 단순한 집합으로 인식하기 보다는 상호 관련성, 연계성을 가진 활동으로 인식하여야 한다. 이러한 가치사슬은 〈그림 5.1〉과 같이 구성되어 있다.

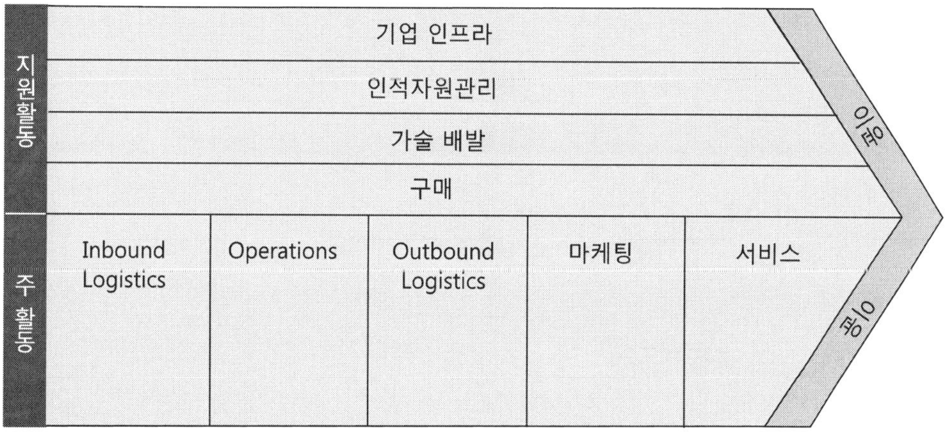

* 출처: Porter, 1985

‖ **그림 5.1** 가치사슬(value chain)의 구조

2. 가치사슬의 주 활동

주 활동(primary activities)은 제품/서비스의 물리적 가치 창출과 관련된 활동을 의미한다. 제품의 생산 · 운송 · 마케팅 · 판매 · 물류 · 서비스 등과 같은 현장업무 활동들로서, 직접적으로 고객들에게 전달되는 부가가치 창출에 기여하는 활동이다.

주 활동은 물류투입(inbound Logistics), 운영/생산(operations), 물류산출(outbound logistics), 마케팅/영업(marketing and sales), 서비스(services) 활동 등으로 이루어져 있으며 각 활동별 내용은 〈표 5.4〉에서 보는 바와 같다.

‖ **표 5.4** 가치사슬 주 활동(primary activities) 내용

주 활 동	활 동 내 용	핵심사항
물류투입 (inbound logistics)	제품 생산에 활용되는 투입물의 획득, 저장, 보급과 관련된 과정에서 발생하는 원재료의 취급, 창고저장, 재고관리, 운송 시간관리, 수송계획 등의 활동	원재료, 부품 품질
운영/생산 (operations)	투입물을 최종 제품으로 변환시키는 과정에서 발생하는 가공, 포장, 조립, 장비유지, 테스팅, 설비운영 검사 및 기타 모든 가치창출 활동	무결점 제품, 다양성
물류산출 (outbound logistics)	최종 제품을 고객에게 전달하는 과정에서 발생하는 창고저장관리, 주문처리, 배송, 유통관리 등의 활동	신속한 배송, 효율적 주문처리
마케팅/영업 (marketing and sales)	구매자들이 제품을 구매할 수 있는 수단 제공과 관련된 것으로 광고, 프로모션, 영업력 확보, 유통채널 선택, 가격정책 등의 활동	브랜드 평판 구축
서비스 (services)	제품의 가치를 향상 또는 유지 강화하는 것과 관련된 것으로 고객지원, 수리, 설치, 훈련, 예비 부품관리, 업그레이드 등의 활동	고객 기술지원, 신뢰

3. 가치사슬의 지원활동

지원활동(support activities)은 주활동이 발생하도록 하는 투입물 및 인프라를 제공하는 활동을 의미한다. 직접적인 부가가치를 창출하지는 않지만, 이를 창출할 수 있도록 지원하는 활동이다.

지원활동은 기업하부구조(firm infrastructure), 인적자원관리(human resource management), 기술개발(technology development), 구매조달(resource procurement) 등으로 이루어져

‖ **표 5.5** 가치사슬 지원활동(support activities) 내용

주 활 동	활 동 내 용	핵심사항
기업하부구조 (firm infrastructure)	일반관리, 기획관리, 법, 재무, 회계 등 기업의 전반적인 관리 활동	MIS
인적자원관리 (HRM)	직원 채용, 자기계발, 보수 및 보상 등 조직 구성원의 인적자원관리 활동	교육훈련
기술개발 (technology development)	연구개발, 프로세스 자동화, 재설계 등 조직의 경쟁을 유지하기 위한 상품과 서비스의 혁신 및 생산 향상을 위한 활동	차별화된 제품
구매조달 (resource procurement)	원료, 예비부품, 건물, 기계 등의 조달을 통하여 조직 운영에 필요한 자원을 공급하는 활동	적정 원료제공

있으며 각 활동별 내용은 〈표 5.5〉에서 보는 바와 같다.

4. 가치사슬 분석을 통한 경쟁우위 평가

가치사슬 분석은 최종 사용자에게 제공되는 제품/서비스를 형성하는 모든 활동에 대한 전략적 우위를 결정함으로써 경쟁우위를 평가하는 방법이다. 따라서 회사 내부 활동뿐만 아니라 회사 외부의 기업들(공급자, 유통업자 등)도 포함하여 평가해야 한다.

이러한 가치사슬 분석을 통한 경쟁우위 평가 방법은 내부 코스트 분석, 내부 차별화 분석, 수직적 연계 분석 3가지 방법이 있으며, 내용은 〈표 5.6〉에서 보는 바와 같다.

‖ 표 5.6 가치사슬 분석을 통한 경쟁우위 평가방법

구 분	평가 방법
내부 코스트 분석	창출하는 내부가치에 대한 수익성 원천 및 상대적 코스트 지위를 결정하는 것
내부 차별화 분석	프로세스를 창출하는 내부가치 내에서 차별화 원천을 이해하는 것
수직적 연계 분석	• 고객 가치를 최대화하고 코스트를 최소화하기 위해 외부 공급자와 고객의 관련성 및 연관된 코스트를 이해하는 것 • 목적은 활동들을 회사의 가치활동과 공급자/채널/사용자의 가치활동간의 연계를 통해 경쟁우위를 개발하는 데 있음

3절 사업계획서 작성

사업계획서(business plan)를 작성하는 일반적인 시점은 "성공적인 사업 아이디어를 개발"하는 기업의 전체 과정 중의 중간 지점에 해당된다. 너무 이른 시점에 사업계획서를 작성하는 것은 좋지 않다. 사업계획서는 새로운 기업체의 장점을 설명함으로써, 사업계획서를 읽는 사람으로 하여금 새로운 사업이 매우 흥미진진하여 후원할 수 있도록 확신을 심어주어야 한다.

1. 사업계획서의 필요성

사업계획서(business plan)는 창업자 스스로 새로운 벤처의 모든 측면에 대해 체계적으로 생각해 볼 기회를 제공하며 이는 매우 오랜 기간에 걸쳐 완성될 수 있다. 아울러 사업계획서는 회사의 사업에 대한 구상을 문서로 기록하는 것으로, 이는 초창기 회사를 잠재적 투자자, 공급자, 사업 파트너, 주요 구직자 등에게 소개하는 자료로 활용된다.

당신이 새로운 사업에 투자할 충분한 자금을 가지고 있다고 상상해 보자면, 당신은 컨퍼런스에서 만난 몇몇의 기업가들과 비공식적으로 대화를 나누고, 그 중 두개의 벤처를 결정했다면, 이제 좀 더 그 기업에 대해 알고자 할 것이다. 첫 번째 기업가에게 연락하여 사업계획서를 요청하게 된다. 그 기업가는 잠시 망설이며 공식적인 사업계획서가 준비되지 않았지만, 사업 아이디어에 대해 상의하고 싶다고 말한다. 두 번째 기업가에게 연락하여 같은 요청을 하게 된다. 이번에는 그 기업가는 매우 기뻐하면 30페이지로 구성된 사업계획서를 프리젠테이션 자료와 함께 제공하겠다고 하였다. 10분 이내에 당신의 메일 박스에는 프리젠테이션 자료가 도착해 있고, 거기에는 다음 날 아침 사업계획서를 보내겠다는 메모가 포함되어 있다. 당신은 파워포인트 발표 자료를 보면서 큰 감명을 받게 되고, 다음 날 아침 약속대로 도착한 사업계획서를 읽으면서 똑같은 감동을 받게 된다.

위 사례에서 어떤 기업가가 당신에게 새로운 사업에 투자할 확신을 심어 주었겠는가? 다른 모든 조건이 동일하다고 가정한다면, 결과는 자명하다. 바로 두 번째 기업가이다.

2. 누가 사업계획서를 읽는가 - 그들이 기대하는 것은?

사업계획서에는 두 종류의 관심 그룹이 있다. 〈표 5.9〉에서 보듯이 하나의 그룹은 기업 내부의 직원들이며, 또 하나는 기업 외부의 투자자 및 이해관계자 그룹이다.

‖ 표 5.9 사업계획서를 작성하는 두 가지 주요한 이유

내부 필요성	외부 필요성
창업멤버들에게 그들의 새로운 벤처의 모든 측면에 대해 조직적으로 고려하도록 함	투자자 및 은행들과 새로운 벤처의 장점에 대해 의사소통할 목적

가. 기업 내부의 직원

명확하게 작성된 사업계획서는 경영진 및 일반 직원 모두에게 매우 중요하다. 어떤 전문가들은 시장이 빠른 속도로 변화하여 어떤 계획이라도 금방 구식이 되기 때문에, 사업계획서를 작성하는 것은 시간낭비라고 생각한다. 비록 시장은 자주 그리고 매우 빠르게 변화할지라도, 사업계획을 작성하는 과정 자체 또한 매우 가치 있는 일이다.

사업계획을 작성하는 것은 경영진에게는 사업의 모든 측면을 꼼꼼하게 다시 생각해 볼 수 있게 하고 그들의 가장 중요한 우선순위 및 목적을 돌이켜 보게 한다. 또한 명확하게 작성된 사업계획서는 일반 직원들이 조화를 이루어서 일하고 명확한 목적을 인지하면서 일할 수 있도록 도와준다.

나. 외부 투자자 및 다른 외부의 이해관계자들

투자자와 잠재적 비즈니스 파트너는 사업계획서의 주요한 두 번째 청중이다. 이들에게 어필하기 위해서, 사업계획서는 현실적이어야 한다. 과도하게 낙관적인 입장 및 예측은 사업계획의 신뢰도를 떨어트리므로 바람직하지 않다. 그와 동시에 사업계획은 사업 아이디어가 현실적이고 낮은 위험으로 높은 잠재적 수익을 가져갈 수 있다는 사실을 투자자들에게 제시해야 한다.

사업계획서는 본 사업이 수익을 창출하기 이전에 직면하게 되는 모든 종류의 제약사항에 대해 설명해야 한다. 예를 들면, 기업은 그들이 판매하려는 제품의 보증을 위해 서비스 관련 인력들을 채용해야 하며 이들의 인건비가 사업계획에 고려되었음을 명시하여야 한다.

만나기 힘든 잠재투자자를 우연히 대면하였을 때를 대비하여 1~2분 내에 사업매력을

설명하여 정식 설명회 자리를 유도하는 짧은 메시지도 필요하다. 소위 'elevator speech'라고 하는 것으로, 인상적이고 흥미를 줄 수 있는 간단한 문장으로 구성되어야 한다.

3. 사업계획서 작성 가이드라인

가. 사업계획서의 구성

최고의 감동을 제공하기 위해, 사업계획서는 기본적 중요사항이 포함된 전통적인 구성을 따라야 한다. 일부 기업가들은 창의적으로 설명하고자 하겠지만, 전통적인 기본 구성을 따르지 않는 사업계획서 형식은 실수하기 마련이다.

일반적으로 투자자들은 매우 바쁘기 때문에 중요한 정보를 쉽게 얻을 수 있는 사업계획서를 원한다. 다수의 소프트웨어 패키지 등은 사업계획서를 작성하는 데 도움을 주지만, 기업가들은 각자 사업의 특성을 고려하여 구성을 조정할 필요가 있다. 〈표 5.10〉은 사업계획서 내에 포함될 수 있는 적신호 사항들을 나타낸다.

‖ **표 5.10** 사업계획서 내의 적신호

적 신 호	설 명
사업에 투입할 자신의 돈이 한푼도 없는 창업자	창업자조차도 사업에 자신의 자금을 기꺼이 투자하지 않는다면, 다른 어떤 누구는 왜 해야 하나?
빈약하게 인용된 계획	사업계획은 추측 및 기업가의 생각이 아닌, 탄탄한 증거와 자료로 작성되어야 함. 모든 주요한 자료의 근거는 제시되어야 함
시장 사이즈를 대략적으로 규정함	새로운 벤처가 대상 시장을 너무 대략적으로 규정한다는 것은 실제 목표시장이 명확하게 정의되지 못했다는 것을 의미함
과도하게 공격적인 재무계획	많은 투자자들이 이런 사업계획은 검토하지 않는다. 근거가 불충분하거나 비현실적으로 낙관적인 추정은 신뢰도만 떨어뜨린다.
일부분이라도 경시함	이런 종류의 실수는 세심한 면에서 부주의하기 때문이고, 기업가의 신뢰도를 훼손시킴

나. 사업계획서의 내용

사업계획서는 명확하고 간결한 정보를 제공해야 한다. 또한 충분한 정보를 제공하여야 하나, 읽는 사람의 관심이 떨어지지 않을 정도로 너무 길지는 않게 25~30페이지 정도가 적당하다. 사업계획서 작성이 완료되면 단어, 문법이 틀린 것은 없는지, 핵심 정보가 빠진 것은 없는지 꼼꼼하게 검토를 해야 한다.

다. 사업계획서의 스타일 및 포맷

사업계획서는 3가지 종류가 있는데, 목적에 따라 분량 및 상세함의 정도가 달라진다.

요약 사업계획서	표준형 사업계획서	운영 사업계획서
(1~2페이지) 아이디어에 대해 투자자들이 관심이 있는지 테스트해보고자 하는 초기 단계의 신생벤처에게 적합	(25~30페이지) 기업의 청사진을 제시하여, 자금 유치를 목적으로 하는 새로운 벤처에게 적합	(50~100페이지) 내부 직원을 대상으로 하는 것이 주목적. 신생벤처 운영에 대한 청사진을 제공하고 운영 가이드라인을 알림

(1) 요약 사업계획서와 사업개념제안서

요약 사업계획서(summary business plan)는 보통 1~2페이지 분량이고, 완전한 계획서를 작성할 준비가 덜 된 초기단계의 기업에게 적합하다. 요약 사업계획서는 주로 경험이 많고 숙련된 기업가들이 작성하기도 한다. 이는 새로운 사업에 대한 구상은 하였으나, 완전한 사업계획서를 작성하는 데 시간을 낭비하고 싶지 않은 경우에 사용하기 때문이다.

페이스북의 창업자이자 대표이사인 마크 저커버그의 경우, 새로운 사업의 시작을 생각해 낸 후, 요약 사업계획서를 작성하여 몇몇 투자자에게 보내 반응을 얻고자 하였으며 대부분의 투자자들이 그의 페이스북 사업이 성공할 것을 알았고, 구체적인 정보를 요청하지 않았다고 한다.

요약 사업계획서를 작성하기 전에 A4 용지로 간략한 사업개념제안서(BCP; business concept proposal)를 작성하는 것도 도움이 된다. BCP는 하나의 기회에 어떠한 장점들이 있는지를 검토한 것으로, 본격적으로 사업을 검토할 것인지를 결정하는 자료가 된다. BCP는 여러번 작성하는 것이 좋으며, 또한 간략해야 한다. BCP 포함 내용은 〈표 5.11〉과 같다.

표 5.11 사업개념제안서(BCP) 포함 내용

- 아이디어나 기회에 대한 설명 (최대 6줄이내)
- 고객에 대한 이득은 무엇인가? 최종 고객이 있다면, 그들의 이득은 무엇인가?
- 기회의 원천은 무엇인가? (Drucker의 기회의 원천 7가지 중에서)
- 시장 잠재성은? 즉, 시장규모와 가능한 시장점유율은?
- 현금흐름을 포함한 수입과 이윤의 예측(5년간)
- 벤처창업을 하지 못할 수 있는 중요한 상황이 있는가?

* 출처: 성태경(기술마케팅과 사업화, 2011)

(2) 표준형 사업계획서

표준형 사업계획서(full business plan)는 보통 25~30페이지 분량으로 요약 사업계획서 대비 자세하게 작성되어 있고, 일반적으로 투자자들에게 설명할 때 많이 이용되는 형태의 사업계획서이다.

(3) 운영 사업계획서

운영 사업계획서(operational business plan)는 일차적으로 내부 직원을 대상으로 하고 있는 사업계획서로, 회사 운영의 청사진을 제공한다. 일반적으로 50~100페이지 분량으로 작성되며, 매우 상세하다는 특징이 있다. 투자자들이 완전한 사업계획서 대신 요약본 또는 사업계획에 대한 발표자료 등을 요청하는 것은 매우 일반적인 일로서 적절하게 대응할 필요가 있다.

라. 사업계획서의 변경 가능성

사업계획서 작성에 대한 마지막 가이드라인은 사업계획서를 작성하는 동안에도 계획은 바뀔 수 있다는 것을 인지해야하는 것이다. 새로운 통찰력은 사업가가 사업계획서를 작성하거나 다른 이들로부터 피드백을 받을 때 얻을 수 있다. 이런 과정은 기업의 전과정에 걸쳐서 일어나는 것이고, 기업가에게 경각심 또는 새로운 아이디어와 통찰력 등을 줄 수 있다. 따라서 사업계획서는 바뀌지 않는 견고한 것이 아니라, 살아있고, 변경될 수 있는 문서라고 할 수 있다.

4. 사업계획서 전체 구성

사업계획서의 표지에는 회사의 이름, 주소, 전화번호, 일자, 담당자 연락처(유선전화, 이메일, 휴대폰 번호 기재) 및 회사 홈페이지 주소 등을 입력한다. 또한 Facebook이나 트위터가 있다면 이 역시도 포함하도록 한다. 목차에는 부분별 내용 및 부록의 페이지를 표시하여야 하며 사업계획서의 전체 구성은 〈표 5.12〉에 제시된 바와 같다.

가. 요약

요약(executive summary)은 전체 사업계획서의 개요를 기록한 부분으로서 신규 벤처 사업에 대해 시간이 없는 독자들을 위해 제공되는 자료로서 사업계획서의 소개는 아니다. 분량은 2장 이내로 작성되며 내용에는 사업계획서에서 제시된 순서와 동일하게 모든 섹션의 핵심 내용들이 포함되어야 한다.

‖ 표 5.12 사업계획서 전체 구성과 내용

항 목	주요 구성 내용
1. 요약	전체 사업계획에 대한 개요
2. 산업분석	산업 사이즈, 성장률 및 판매 예측, 산업구조, 참여자 분석 핵심 성공요인, 산업 트렌드, 장기 예측
3. 회사소개	회사 이력, 미션선언서, 제품과 서비스, 현황, 법적 상태 및 구조, 핵심 파트너십(가능 시)
4. 시장분석	시장세분화 및 타킷 시장 선택, 구매자 행동, 경쟁자 분석, 연간 수익 및 마켓쉐어 추정
5. 재무 추정	수익동인 및 수익 마진, 변동비 및 고정비, 운영 레버레지 및 시사점, 초기 투자비용, 비용 수익 차트 및 계산
6. 마케팅 계획	전체 마케팅 전략, 제품, 가격, 프로모션 및 유통, 판매 주기, 판매 전술
7. 제품개발계획	제품의 개발 상태 및 과제들, 챌린지 및 리스크, 예상 개발 비용, 자산화(특허, 트레이드마크, 상표권, 라이선스, 브랜드 이름)
8. 운영계획	비즈니스 운영에 대한 일반적인 접근, 비즈니스 위치, 시설 및 장비
9. 경영층 및 회사 구조	경영층(스킬 프로파일 포함), 이사회, 자문그룹, 회사 구조
10. 일정 계획	사업 전반에 대한 일정 계획
11. 추정 재무제표	자금표에 대한 원천 및 사용, 재무추정 가정, 추정 손익계산서, 추정 재무제표, 추정 현금흐름, 비율 분석, 부록

나. 산업분석

사업계획서 본문의 시작은 산업분석(industry analysis)으로부터 시작된다고 보아도 과언이 아니다. 산업분석에서는 시장규모, 성장률, 매출예측 등에 대한 자료를 제시하고, 산업 내에서 어디에 집중화를 하고 또는 분산화를 시킬 것인가에 대한 거시적 안목을 제시하여야 한다.

특히 산업구조분석을 통해서 사업계획서에서 다루고자 하는 기업의 비즈니스모델이 적합한지 제시하고, 만약 차질이 발생한다면 어떻게 빠르게 대체할 수 있는지에 대해 기술하여야 한다. 산업 트렌드는 환경(경제추세, 사회적 추세, 기술진보, 정치적/규제변화)과 비즈니스 트렌드(산업 내에서의 수익 마진, 투입되는 비용의 증감 등)를 포함하여 논의하여야 한다.

다. 회사 소개

회사 소개(company description) 부분은 사업의 추진 주체인 회사에 대해 전반적인 소개를 하는 부분으로서 회사의 역사, 회사의 임무, 생산 제품, 현재 상황, 법적 상황, 소유관계와 파트너쉽 관계에 대해 언급한다.

회사의 임무 기술서(mission statement)는 왜 회사가 존재하는지에 기술하고 또한 회사 성장을 위해 영감을 불어넣을 수 있도록 구성되어야 한다. 또한 tagline 이라고 하는 slogan을 통해서 회사의 임무를 함축적으로 제시할 수 있으며, 이를 통해 시장에서 회사 포지션을 강화하는 데 이용할 수 있다. 이와 함께 자사의 제품과 서비스에 대한 소개를 통해서 어떻게 라이벌 회사들과 경쟁을 전개할지에 대해서 언급한다. 이정표(milestone)를 통해 중요한 이벤트 혹은 주목할 만한 사항에 대해 소개한다. 이와 더불어 법적 상태(legal status) 및 소유권(ownership) 부분은 회사 형태와 소유구조에 대한 설명을 하며, 핵심 파트너쉽에 대해서도 언급한다.

라. 시장분석

시장분석(market analysis)을 위해서 시장세분화(market segmentation)와 경쟁자분석이 필요하다. 시장세분화는 지역적 변수(도시, 시, 국가), 인구통계학적 변수(나이, 성별, 수입), 개인별 변수(개성, 라이프스타일, 가치 등)에 따라 나눌 수 있다. 경쟁자 분석의 경우, 회사와 경쟁 상태에 있는 회사들에 대한 자세한 분석이 포함되어야 한다. 이 섹션의 마지막에는 시장분석을 통해서 회사의 연간 판매 및 시장점유(market share)율에 대한 추정 내용이 담겨 있어야 한다.

마. 재무 추정

이 섹션에서는 회사의 재무 분석을 통해 재무 추정(financial projection)을 할 수 있도록 구성되어야 한다. 특히, 주요 수익 동인들이 규명되어야 한다. 이를 위해서 우선 총 마진이 계산되어야 하며, 판매원가, 단위당 공헌이익, 변동비, 그리고 운영레버레지(operating leverage) 등도 포함될 수 있다.

초기 1회성 비용인 개업비용도 반영되어야 하며, 이 비용에는 법적 비용, 수수료, 웹사이트 디자인, 비즈니스 로고 디자인 등이 포함되며, 일반적인 운영비용은 반영되지 않는다. 이와 함께 이 섹션에서는 손익분기점(BEP; break-even point)분석과 '현가로 할인된 현금흐름(DCF; discounted cash flow)' 추정을 통한 수익성분석을 통해서 얼마만큼의 제품을 생산할 때, 이익을 얻을 수 있는지에 대해서도 나타내어야 한다.

바. 마케팅 계획

마케팅 계획은 어떻게 시장에서 제품과 서비스를 판매할 것인가에 대해 초점을 맞추어야 한다. 이를 위해 가격, 판촉계획, 유통망 구축 및 판매 전략에 대하여 마케팅전략, 포지셔닝(positioning), 차별화 포인트와 연계하여 세부적으로 다루어야 한다.

회사의 마케팅전략은 회사의 제품과 서비스들에 대한 마케팅을 위한 전체적인 접근방법을 제시한다. 마케팅전략이 구체화되는 과정을 통해서 시장에서의 자사 제품의 포지션을 어떻게 하며, 경쟁사와 대비한 차별화 포인트를 어떻게 가져갈 것인지에 대한 내용이 반영되어야 한다. 그리고 이를 달성하기 위하여 제품(product), 가격(price), 유통망(place) 판촉(promotion) 등 4P에 대한 구체적 전략에 대해서 기술하여야 한다. 마지막 부분에서는 회사의 세일즈 프로세스 혹은 구체적인 세일즈 전술들을 어떻게 펼칠지에 대해서 언급하여야 한다.

사. 제품(혹은 서비스) 개발계획

이 부분에서는 제품 및 서비스의 개발과 관련한 현재 시점에서의 이슈 등을 반영해야 한다. 특히 제품 프로토타입(product prototype), 서비스 프로토타입 그리고 가상 프로토타입 등에 대한 소개 내용이 포함되어야 한다. "챌린지 및 리스크" 섹션을 통해서 주요 예상 디자인 및 개발과 관련된 챌린지 및 리스크 포인트들을 기술한다. 마지막 섹션에서는 현재 개발중인 제품 및 서비스와 관련한 주요 특허, 상표권, 트레이드마크 혹은 영업기밀 등에 관해서 기술하고 확보방안도 제시해야 한다.

아. 운영 계획

운영 계획은 자사 비즈니스를 어떻게 운영하고 제품 및 서비스를 어떻게 생산하는지에 대해 설명한다. 이를 위해 〈표 5.13〉에 제시된 바와 같이 초기 단계와 후기 단계에 해야 할 일을 구분한 back stage와 front stage로 나누어 운영 플랜을 제시할 수도 있다.

표 5.13 back stage와 front stage의 수행할 업무

back stage	front stage
직원 선발	멤버 투어
운영 매뉴얼	운영시간
공급자의 관계	직원 보조
정부와의 관계	피트니스 교육 및 프로그램
마케팅 자료 개발	피트니스 기계들
임직원 오리엔테이션 및 교육	워크샵
비상 계획	뉴스레터(월별)

자. 경영층 및 회사 구조

많은 투자자들은 executive summary를 읽은 후, 경영층 및 회사구조로 바로 넘어가는 경향이 있다. 따라서 이에 대한 내용에도 관심을 기울여야 한다. 우선 경영층에 대해 기술하는 경우 설립자 혹은 설립자와 주요 경영층에 대한 프로필이 담겨야 할 것이다. 프로필의 내용에는 직위, 직위의 의무 및 책임, 경영층의 이전 산업경력 및 연계된 경험, 이전의 성공사례, 학력 등이 반영되어야 한다.

특히 경영층이 자격이 있고, 회사를 잘 이끌어 나갈 수 있음을 나타내어야 한다. 회사에 대한 구조화 및 역할/책임을 효과적으로 보여주기 위해서는 조직도를 보여주어야 한다. 조직도에는 회사 내에서의 책임과 권한을 어떻게 분배되는지를 알 수 있다.

차. 일정 계획

전반적인 일정(schedule)은 비즈니스 개시와 관련한 주요 일정들을 보여주도록 구성되어야 한다. 이 일정에는 벤처 등록, 프로토타입 완성, 시설대여, 주요 파이낸싱 획득 일정, 생산 시작 일시, 첫 판매 시현 등 비즈니스 성공에 필요한 주요한 일정들을 반영해야 한다.

카. 추정 재무제표

비즈니스 플랜의 마지막 부분은 회사의 재무추정(financial projection)을 하는 것이다. 여기에서는 자금조달의 방법 및 시기, 자금사용에 대한 내용이 반영되며, 재무 추정의 기반이 되는 전제사항도 기록이 되어야 한다. 그리고 추정재무제표는 재무상태표, 포괄손익계산서, 현금흐름표 등 제반 재무제표(financial statements)를 통해서 제시토록 한다. 아울러 사업수행을 통해 얻게 될 수익성과 관련된 사항이 언급되어야 한다.

타. 첨부자료

첨부자료 부분에는 경영층의 이력, 제품 혹은 제품의 다이어그램 혹은 제품 프로토타입, 재무데이터 그리고 시장 리서치 예측 등 보고받는 대상이 관심을 가질 사항에 대해서 자세히 기술한다.

5. 사업계획서 발표

일반적으로 투자자와 약 1시간 가량의 첫 미팅을 가지게 되는데, 20분 정도의 프리젠테이션이 진행되며 나머지 40분가량은 질문에 대한 응답으로 첫 미팅이 구성된다. 투자자가 이 미팅을 통해 사업이 매력적이라고 판단된다면, 다음의 추가 미팅이 성사될 것이므로 이에 대한 철저한 준비가 필요하다.

가. 사업계획서의 구두 발표

투자자들에게 직접 프리젠테이션(oral presentation)을 하는 경우, 투자자들이 요구하는 지시사항을 준수해야 할 것이며, 주어진 발표시간 내에 설명을 끝내야 한다.

나. 발표자료에 포함되어야 할 사항

투자자에 대한 프리젠테이션에 포함되어야 할 내용의 슬라이드 구성은 〈표 5.14〉와 같다.

표 5.14 투자자 설명 자료에 포함될 사항

주 제	설 명
1. 타이틀 슬라이드	회사명, 설립자 이름, 회사 로고 등
2. 문제	문제에 대한 간략한 설명
3. 솔루션	문제를 어떻게 해결할 것인지에 대한 설명
4. 기회 및 타겟 시장	구체적인 타겟시장에 대한 제시
5. 기술	제품과 기술에 대한 설명(이해하기 쉽도록)
6. 경쟁구조	시장에서의 경쟁자에 대한 구체적 설명
7. 마케팅 계획	전반적인 마케팅 전략 설명
8. 경영층	현재 경영층에 대한 설명
9. 재무추정	재무적인 부분에 대한 내용, 수익성, BEP 등 설명
10. 현황	현황 및 마일스톤에 대한 내용
11. 파이낸싱 목표액	목표 조달금액 및 exit 전략
12. 요약	간략한 요약 및 끝마무리

다. 예상 질문에 대한 답변 준비

프리젠테이션 발표에 앞서 투자자로부터 어떠한 질문들을 받을 것인지에 대해서 사전에 예상하여 보고, 이에 대한 준비를 충분히 하는 것이 투자자에게 좋은 인상을 심어줄 수 있다(questions and feedback).

창업 Worksheet 4 Business Model 도출과 사업계획서

비즈니스 컨셉 도출을 위해 다음 사항들을 생각해 보라.

1. 비즈니스 컨셉 도출

구분	질의서	답변
제품/서비스	상품의 기능과 목적은 무엇인가? (What) 해결하고자 하는 문제는?	
	다른 경쟁제품과의 차별은? (How) (고객들이 이 제품을 왜 찾을려고 하는가?)	
	기술적 특징은 무엇인가?	
시장성	누가 구매해줄 것인가? (유통단계 고객과 최종 사용자 포함) (Who). 고객은 충분히 있는가?	
	고객이 왜 구매하려고 할 것인가? (차별성이나 문제해결) (Why)	
	언제, 어디서 어떤 방식으로 판매할 것인가? (When, Where)	
	어떻게 잠재고객에게 홍보할 것인가? (How)	
	타겟 마켓은 어디인가? (What)	
	이익을 어디서 얻을 것인가? 판매 시 가격은?	
	얼마나 사줄 것인가?	
재무	팀조직은 확보되었는가?	
	기술개발에 얼마나 시간과 비용이 들것인가?	
	마케팅과 홍보, 영업 조직을 위한 비용이 얼마나 들것인가?	
가치	고객에게 무슨 혜택을 주는가? 창출된 가치는 무엇인가?	
	경쟁 우위 수단	
위험	성공에 이르기 까지 어떤 위험이 있는가?	

2. 비즈니스모델 캔버스

<table>
<tr><td rowspan="2">핵심파트너</td><td>핵심활동</td><td rowspan="2">가치제안</td><td>고객관계</td><td rowspan="2">고객</td></tr>
<tr><td>핵심자원</td><td>채널</td></tr>
<tr><td colspan="2">비용구조</td><td colspan="3">수익원</td></tr>
</table>

3. 교과서에서 배운 사항을 토대로 간략한 사업계획서를 구상해 보라.

제 3 부

기술의 사업화 단계

기술의 사업화 단계는 선정된 사업아이템으로 제품화를 추진하는 단계이다. 효율적인 연구개발을 통해 기술자산을 창출하고, 제품화를 시행해야 한다. 어떠한 형태의 기업 설립이 적당한지 검토하고, 추정재무제표를 작성해 보고 자금을 조달해야 한다. 또한 효율적 인사/조직관리에 대한 안목도 갖추어야 한다.

제 6 장

R&D 관리

1절 연구개발(R&D) 관리의 중요성

1. 연구개발 관리의 중요성

기업에서 연구개발 활동이 중요한 이유는 연구개발 활동을 거쳐 창출되는 기술자산이 기업의 경쟁우위 및 부 창출의 핵심이 되기 때문이다. 따라서 기업에서는 핵심기술을 어떻게 확보하는가의 문제와 제한된 자원을 어떻게 효율적으로 활용하여 기술자산을 확보하는가의 문제가 대두되게 된다.[1)]

기업의 R&D 투자는 지속적으로 증가하고 있지만, R&D 투자에 대한 생산성은 높지 않은 것으로 나타나고 있다. 과거 연구에 의하면 R&D 투자규모와 기업성과(매출액·순이익 증가) 간의 상관관계는 '비례한다', '반비례한다', '아무런 관련이 없다' 등 다양한 연구결과가 나왔다. 글로벌 컨설팅 회사인 Booz Allen Hamilton의 연구에 따르면,[2)] 2006년 세계 1,000대 R&D 투자기업을 분석한 결과, R&D 투자규모와 기업성과 간에 어떠한 상관관계가 없음이 검증되었다. 이후 추가연구가 이어졌으며, 최근의 일반적인 결론은 R&D 투자액 크기보다 R&D를 '어떻게 효율적으로 관리하는가(management of technology(MOT); 기술경영).'가 더 중요하다는 것이다.

국내 연구에서는 장성근·신영수·정해혁(2009)은 R&D 투자, 기술경영능력, 기업성과 간의 관계 연구를 통해 R&D 투자액을 기업성과로 효과적으로 연결하기 위해서는 기술경영능력(기술전략, 기술프로세스, 기술자산, 기술인력, 기술조직, 기술리더십 등)을 강화하는 것이 매우 중요하다는 것을 제시한 바 있다.

한편 기업의 입장에서는 투입된 비용을 회수하기까지 상당한 기간이 소요되고, 성공보다는 실패로 종결될 가능성이 높은 연구개발에 투자하는 것에 상당한 부담을 느낄 수밖에 없다. 따라서 기업 입장에서는 기술혁신에 필요한 연구개발 활동에 비용을 투자하기는 쉬운 일이 아니다.

연구개발 활동에 있어 내부의 제한된 인적, 기술적, 재무적 자원을 효율적으로 활용하는 방향으로 관리하는 방법에 관한 것이 바로 연구개발(R&D) 관리라 할 수 있다.

---

1) 제6장 R&D 관리는 조근태(R&D 관리, 2011)을 참고하여 작성함.
2) Booz Allen Hamilton 보고서(2006), "Money isn't everything".

2. 연구개발 관리의 구성

일반적으로, R&D 활동은 연속하는 다수의 단계로 이루어진 프로세스로 파악될 수 있다. 즉, 목표기술을 개발하기 위하여 여러 단계상에서 기술적 문제를 해결하는 활동들로서, 순차적으로 혹은 병행적으로 진행이 되지만, 기본적으로는 개념형성에서부터 개념선정, 설계 및 세부설계, 시제품제작, 개선 및 문제해결에 이르기까지 선행활동과 후행 활동을 갖는 선형적 모형이라 할 수 있다. 또 다른 시각으로 R&D 관리의 핵심내용을 정리하면 그림 〈그림 6.1〉과 같다.

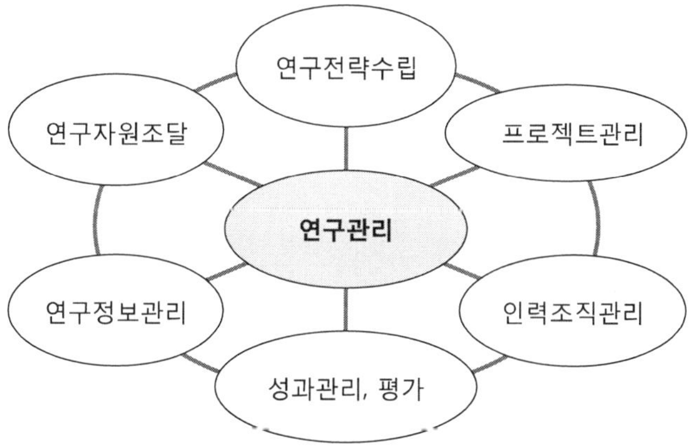

그림 6.1 R&D관리의 핵심 내용

R&D 프로세스는 기술전략, 기술기획 등의 상위 개념에서 사업관리, 제품생산 및 상업화 등의 하위 개념까지 단계별로 진행되지만, 프로세스 전체가 몇 단계로 구성되어야 하는가에 대한 명확한 기준이 없다. R&D 프로세스는 1) R&D 활동 이전 단계, 2) R&D 활동 단계, 3) R&D 활동 이후 단계 등 세부분으로 구분할 수 있다.

R&D 활동 이전 단계는 본격적인 R&D 실시 전에 수행해야 할 과제를 짚어보는 단계이다. R&D 전략수립 및 기획을 위한 현황 분석과 방향 수립 등을 중심으로 성공적인 R&D 수행을 위한 전략적 접근 방법에 대해 검토한다. 이어 R&D 활동 단계에서는 R&D 실행과정이라 할 수 있는 R&D 프로세스에서 이루어지는 프로젝트 일정관리를 중심으로 다룬다. R&D 활동 이후 단계에서는 R&D 실행 결과 산출되는 성과의 관리와 R&D 활동에 대한 평가방법에 대한 것을 다룬다.

3. 연구개발의 유형[3)]

연구개발의 유형은 구분 기준에 따라 다음과 같이 나눌 수 있다. 우선 연구개발 단계별로 구분하면, 새로운 과학적 지식이나 이해를 얻기 위해 수행되는 기초연구(basic research), 실무적 특정 목적을 달성하기 위한 응용연구(applied research), 생활에 유익한 제품, 시스템을 창조하기 위한 개발(development)로 구분할 수 있다.

또한 연구개발은 목표로 하는 대상에 따라 다음과 같이 구분된다. 우선 새로운 제품을 개발하기 위한 연구개발은 제품혁신(product innovation)이며, 새로운 공정개발이나 공정 개선하기 위한 것은 공정혁신(process innovation), 관련된 서비스의 개선을 목표로 하는 것은 서비스 혁신(service innovation) 연구개발이다.

2절 R&D 전략수립 및 기획

성공적인 R&D 전략수립을 위해서는 조직의 현황분석, 전략 방향수립을 위한 기술예측이 선행되어야 한다. 이와 관련된 내용을 살펴보면 다음과 같다.

1. 기술의 획득방법 결정

가. 기술의 내·외부 획득방법

기술획득과 관련하여 최고경영자는 다음과 같은 세 가지 의사결정을 하여야 한다. 이 결정은 기업이 특정기술에 있어서 선도자(leader)가 될 것인가 아니면 추종자(follower)가 될 것인가의 기술전략 문제와도 깊은 관련이 있다.

① 기업이 목표로 하는 기술들을 어디에서 획득할 것인가?

② 목표기술 중에서 어떤 기술들을 시급히 획득해야 하는가?

③ 새로운 기술들에 언제 진입할 것인가? 혹은 기존기술로부터 새로운 기술로 언제 전이할 것인가?

3) 이 부분은 정선양(전략적 기술경영 302P, 2016, 박영사)을 참조하여 작성함.

기업이 기술을 획득하는 방법은 내부적 획득방법과 외부적 획득방법의 두 가지가 있다. 내부적 기술획득(internal acquisition)은 기업이 자체적으로 연구개발 활동을 수행하여 기술을 확보하는 방법이고 외부적 기술획득(external acquisition)은 수탁연구, 협력연구, 라이선스, 기술 구입 등의 방법을 활용하는 것이다.

이와 같이 구체적인 R&D전략을 수립하기에 앞서 우선 필요로 하는 핵심기술을 외부 도입이 아닌, 내부 연구개발을 통하여 개발하여야 하는가를 최종 결정하여야 한다.

나. 기업의 내부 연구개발 활동

기술의 내부적 획득, 즉 내부 연구개발 활동(in-house R&D activities)의 수행은 기업이 필요로 하는 기술을 내부에서 개발하는 것을 의미한다. 내부 연구개발 활동은 기업이 연구개발 활동을 위한 충분한 기술 인력과 재무능력을 가지고 있음을 전제로 한다. 내부 연구개발 활동은 다음과 같은 기술영역에서 주로 이루어져야 할 것이다(Michel, 1987: 247-248; Wolfrum, 1991:297).

① 높은 기술능력을 보이는 영역
② 높은 차별화 및 원가 우위의 잠재력을 보이는 영역
③ 해당기술의 개발이 기업의 경쟁우위에 핵심적인 역할을 하는 영역
④ 연구개발 프로젝트 종료의 긴급성이 높지 않은 영역
⑤ 이미 활용하거나 활용하려는 기술들과 높은 시너지 잠재력이 있는 영역

기업의 자체적인 연구개발 활동은 위험을 내포하고 있다. 기술적 성공이 불확실하다는 기술적 위험(technological risk)과 더불어 기술적으로 성공을 하였어도 시장에서 충분한 수용이 이루어지지 않는다는 상업적 위험(commercial risk)이 있다. 아울러 연구개발 결과를 시장에 도입하는 데에 따른 적시성과 관련된 시간적 위험(timing risk)도 있다.

기업 연구개발 활동의 중요성은 연구개발 활동의 결과로 창출되는 기술능력이 기업의 경쟁우위 및 부의 창출의 핵심이 되기 때문이다. 또한 자체적인 연구개발 활동이 필요한 이유 중의 하나는 자체 연구개발능력을 확보하여야만 적절한 기술혁신능력을 확보할 수 있기 때문이다. 예를 들어, 기업이 기술을 외부에서 구입하여도 이를 기업 내에서 소화하고 상용화할 수 있는 기술흡수능력(technological absorption capabilities)이 부족하면 기술의 외부조달 효과가 충분히 창출되기 어렵기 때문이다. 자세한 내용은 이 장의 '참고 1'을 참조하기 바란다.

2. 조직 현황분석

조직의 현황분석은 외부환경 분석과 내부환경 분석으로 이루어진다. 현황분석의 최종 목적은 현황분석 자체에 있는 것이 아니라 현황분석을 통해 시사점을 도출하는 데 있다.

가. 외부환경 분석

외부환경은 기업 외부에서 직접적 혹은 간접적으로 영향을 미치는 모든 상황을 의미한다. 기업은 외부환경 요소 중 제약요소와 위험사항에 대한 파악과 미래에 창출할 수 있는 기회를 발견함으로써 기업의 경쟁우위를 가지고자 한다. 외부환경에는 포괄적인 거시 환경(정치, 경제, 사회, 문화, 기술 등)과 기업이 속한 산업 환경(시장, 이해관계자 등)으로 구분할 수 있다.

기업 환경 분석을 수행하게 되면 내부 환경 분석 결과에 상품이나 기술의 기회 선점, 산업매력도, 위협요소, 경쟁 강도 등의 분석 결과가 더해짐으로써 기업의 전략적 위치를 파악할 수 있다. R&D 전략수립 및 기획 단계에서 외부환경 분석을 통해 다른 회사와의 기술 격차 해소, 기술의 중복성, 경쟁우위 등을 판단함으로써 추후 R&D 전략 수립, 그리고 수행할 R&D 과제를 도출할 때 유용하게 사용될 수 있다.

외부환경 분석에서는 거시적 환경에서 미시적 환경으로 좁혀 들어오는 순서로 환경에 대한 분석을 수행한다. 다시 말하면 정치, 경제, 사회, 문화 등의 거시적 환경에서부터 동종 산업 내 이해관계자, 경쟁 환경, 산업의 진화 방향 등에 대한 분석을 실시하고, 이 결과로부터 시사점을 도출할 수 있다(표 6.1 참고).

‖ **표 6.1** 외부환경 분석의 목적 및 방법

	거시 환경 분석	산업 구조 분석	경쟁 환경 분석	산업 진화 분석	시사점 도출
목적	거시적 환경분석을 통한 큰 흐름 및 방향 파악	산업을 파악하여 자사의 상품, 기술 매력도 파악	경쟁관계의 경쟁력을 파악	산업진화에 대한 분석을 통해 미래 방향 예측	R&D 전략 수립을 위한 외부 환경에 대한 시사점 도출
도구	• STEEP 분석 • PEST 분석	• 5 Forces 분석 • CSFs 분석	• 경쟁자정보 • 경쟁자분석 • 경쟁그룹분석	산업/제품 수명주기	시사점 도출

거시환경 분석 방법 중 STEEP 분석은 산업 안에서 기업 경쟁력에 영향을 미칠 수 있는 거시적 환경 요인을 파악하기 위한 것으로, 사회/문화(social/culture), 기술/정보

(technological), 생태학적 환경(ecological), 경제(economic), 정책 및 법규(political/legal)의 5개 요소로 이루어진다.

STEEP 분석(표 6.2 참고)을 통해서 거시적 환경에 대한 전반적인 요소 및 주요 사항들이 파악되며, 의사결정자에게 거시적 환경의 동향에 대해서 정확하고 객관적으로 예측할 수 있도록 지원해준다. 또한 STEEP 분석을 통해서 현재의 업무와 연관된 환경 분석을 통해서 경쟁우위의 토대가 될 수 있다는 장점이 있다.

‖ 표 6.2 STEEP 분석 요소

요소	내용
사회/문화(Social/Culture)	• 인구통계학적 요소, 인구 분포도 • 교육 수준, 사회 문화 • 행동양식, 규범, 가치관
기술/정보(Techndogical)	• 정부의 기술 및 기술 인력을 위한 예산 • 통신, 생물공학, 에너지 등의 특허권 • 신기술 개빌 기간 • 학계의 R&D 예산
생태학적 환경(Ecological)	• 정부의 기술 및 기술 인력을 위한 예산 • 통신, 생물공학, 에너지 등의 특허권 • 신기술 개발 기간 • 학계의 R&D 예산
경제(Economic)	• 지구온난화, 이상기온 • 천연자원의 소진 • 소음/먼지 등의 공해
정책/법규(Political/Legal)	• 민영화, 구조조정 • 여론

* 출처: 조근태(R&D 관리, 2011)

PEST 분석은 STEEP 분석에서 생태학적 환경(ecological) 요소를 제외하고, 일반적으로 기업에 영향을 미치는 외부적 요소인 사회(social), 기술(technological), 경제(economic), 정책 및 법규(political/legal)만을 고려한 것이다(표 6.3 참고). PEST 분석도 STEEP 분석과 마찬가지로, 기업의 R&D 수행에 영향을 주는 거시적 환경에 대한 분석이 용이하지만 STEEP 분석의 단점을 극복하지 못하고 있다.

‖ 표 6.3 PEST 분석 요소

요소	내용
사회/문화(Social/Culture)	• 인구증가, 이동 • 수입 분포, 건강, 교육, 복지 • 일, 레저, 생활의 질, 삶의 모습 변화
기술/정보(Technological)	• 디지털 경제 • 기술이전, 대체기술 • 정보/커뮤니케이션 성공
경제(Ecoromic)	• 사업 사이클, 수익 비율 • GNP 경향, 환율, 무역 장애, 인플레이션, 미취업
정책/법규(Political/Legal)	• 정부 안정성 • 산업 규제/사회 법규, 자유화 • 근로고용법, 환경보호법

나. 내부환경 분석

내부환경 분석은 경영 현황을 진단하고 내부 역량을 분석하여 시사점을 도출하는 것이 목적이다. 경영 현황을 진단하는 것은 R&D 수행을 위한 투자가 가능한지 재무적인 내용을 살피고 예상 성과를 검토하기 위한 것이라고 할 수 있다. 아울러 현재 위치에서의 R&D 수행 여부도 확인하기 위한 것이라 할 수 있다(표 6.4 참고).

‖ 표 6.4 내부환경 분석의 목적 및 방법

	사업/재무성과 분석	제품/고객 분석	내부 역량 분석	시사점 도출
목적	R&D와 관련한 재무적 성과를 통한 수익성 파악	제품/서비스의 고객분석을 통한 시장 이해	자사의 활동별 내부역량 파악	기업의 성과와 역량에 대한 문제점을 파악하고 향상시키기 위함
도구	재무적 성과 분석 도구	평가 지표	• 가치사슬 • 핵심역량 매트릭스 • 맥킨지 7-S 모델	SWOT 분석

외부환경에서 경쟁 환경 분석의 결과와 내부환경 분석 결과를 비교하면서 기업이 가진 역량과 경쟁우위에 대해 더 정확히 판단할 수 있다. 내부 분석의 경우 외부 분석과 달리 정보를 쉽게 획득할 수 있다는 장점이 있지만, 자사의 내용이기 때문에 범위를 명확하게 하지 않으면 광범위한 범위의 분석 작업을 수행해야 하는 문제가 발생할 수 있다.

외부환경 분석과 내부환경 분석이 이루어지면 연구개발 전략적 대안을 도출하기 위해 주로 SWOT 분석 방법이 활용되는데, 방법과 절차 대해서는 제4장(산업분석)에서 설명한 바 있다. SWOT 분석 시 고려사항은 〈표 6.5〉를 참고하도록 한다.

‖ **표 6.5** SWOT 분석 시 체크리스트

강점	약점
• 우리는 고유의 경쟁우위를 보유하는가? • 우리는 적당한 재원을 보유하는가? • 우리는 경쟁자보다 잘 할 수 있는 것이 있는가? • 우리에 대해 소비자들이 좋게 생각하는가? • 우리는 시장의 주도자로 알려져 있는가? • 우리는 고유의 기술을 보유하고 있는가? • 생산, 마케팅의 원가우위를 보유하고 있는가? • 우리의 경영진은 그동안 일을 잘해왔는가?	• 우리는 명확한 전략 안목이 없지는 않는가? • 우리의 경쟁적 위치가 약화되고 있지는 않는가? • 우리의 시설은 낙후되어 있는가? • 우리의 수익성은 예상보다 나쁜가? • 경영진은 깊이와 전문성이 부족하지는 않는가? • 우리는 부족한 핵심역량이 있지는 않는가? • 우리는 운영상의 문제를 갖고 있는가? • 우리는 현재와 미래사업을 위한 현금을 보유하고 있는가? • 우리는 시장에서 약한 이미지를 갖고 있는가?
• 새로운 마케팅 세그먼트에 진입할 수 있는가? • 우리의 상품라인을 확장할 수 있는가? • 경쟁자는 약하거나 안이한 태도를 갖고 있는가? • 우리의 시장은 성장하고 있는가?	• 우리는 새로운 경쟁자를 맞이할 것인가? • 다른 상품으로부터 대체 위협을 받고 있는가? • 우리 시장의 성장은 둔화되고 있는가? • 정부의 새로운 규정으로부터 영향을 받는가? • 우리는 경기 침체에 대해 예민한가? • 우리 소비자의 요구와 취향은 바뀌고 있는가? • 우리 수비자의 인구통계 특징은 바뀌고 있는가?
기회	위협

* 출처: 조근태(R&D 관리, 2011)

3. 기술예측

합리적이고 과학적인 방법으로 자료를 분석하여 미래 상황을 전망하는 작업을 예측(forecasting)이라고 한다. 기술예측(technology forecasting)은 기업이 필요로 하는 특정 기술의 미래 발전에 대한 지식을 획득하기 위한 제반과정으로, 합리적이고 과학적인 방법과 이용 가능한 자료 분석의 결과이다. 따라서 기술예측은 미래사건, 조건 또는 상황을 전망하는 작업으로 기술적 사건과 기술적 속성에 적용되며, 기술전략은 기술예측과 기술기획이 결합된 개념이라고 할 수 있다. 기술예측의 목적과 기능 〈표 6.6〉은 다음과 같이 정의할 수 있다.

‖ **표 6.6** 기술예측의 목적과 기능

• 중장기 기술 전략수립의 근거 자료(reference) 제공 • 제품 개선 및 신제품개발의 영역 파악 • 기술 대안의 파악과 적절한 신기술 도입 시기의 결정 • 기술 진보에 따른 경제사회적 영향과 파급 효과의 파악과 인식 • 기술적 환경과 제약 조건에서의 기회 및 위험요소의 인식

가. 기술예측 요소

기술예측의 목적과 기능은 직관적 예견(prediction)이 아니라 과학적 예측으로 뒷받침되어야 한다. 따라서 예측 시기, 예측 대상, 기술의 특성, 기술의 실현 가능성, 경쟁자의 기술 수준 및 세부 기술 등이 포함될 수 있도록 해야 한다.

나. 기술예측의 어려움

기술예측은 과거 경향을 기본으로 정량화된 평가로, 제한된 환경에서 이루어지기 때문에 예측 결과의 정확성이 문제가 될 수 있다. 이로 인해서 다양한 기술예측 방법을 통해 예측의 객관성을 높일 수 있어야 한다.

지금까지의 단계적이면서 안정적으로 발전한 기술들에 대해서는 비교적 쉽게 자원 투입과 획득될 기술 수준에 대해서 예측할 수 있었으나, 첨단 기술의 경우에는 기술이 다양해지고 세분화되면서 기술 발전 유형이 다양해졌다. 정점에 도달하는 시간과 정점과 정체에 머무는 시간도 기술마다 다르다.

다. 기술예측 방법

기술예측 기법은 매우 다양하게 개발되어 사용되고 있으며 예측의 목적, 성격, 방법에 따라 다양하게 구분되고 있으나, 일반적으로 정량적 방법과 정성적 방법으로 구분할 수 있다.

정량적(quantitative) 기술예측 방법은 수학적·통계적 방법을 활용하여 과거의 기술 발전으로 부터 미래를 예측하려는 방법이다. 따라서 대부분의 정량적 기술예측 방법은 시간에 따른 기술의 발전 추이를 분석하고 있다.

정성적(qualitative) 기술예측 방법은 정량적 기술예측 방법과 달리 과거 정보를 통해서 기술예측을 하는 것이 아니라 전문가들의 가치 판단 등에 의해 기술을 예측한다. 이점에서 정성적 기술예측 방법의 객관성이 부족하다는 단점이 있지만, 새로운 발견이나 급진적 혁신에 대한 예측에는 정량적 기술예측 방법보다 더 적합하다.

그러나 실제적으로 기술을 예측함에 있어 하나의 예측 방법만으로는 정확한 예측을 하기에는 제약이 있다. 그래서 일반적으로 기업에서는 정량적 방법과 정성적 방법을 혼합하여 사용함으로써 더 나은 예측 결과를 가져오게 된다.

3절 R&D 프로젝트 관리

1. R&D 프로젝트의 특징

프로젝트(project)는 특정의 목적을 달성하기 위하여 착수하는 한시적인 활동을 의미하며, 사업의 목표가 명확해지는 단계부터 프로젝트라는 용어를 사용한다. 프로젝트는 잘 알려져 있는 사업을 수행하는 '시공형 프로젝트'와 새로운 것을 찾아내거나 만드는 '연구개발형 프로젝트'로 구분되는데 여기에서는 연구개발형 프로젝트에 대하여 설명한다.

연구개발형 프로젝트는 불확실성이 크며, 투자회수 기간이 길고, 프로젝트들 상호 간 의존적인 경우가 많으며, 프로젝트 성격이 다양하며 우연성(serendipity)이 존재하는 경우가 많다는 특징이 있어 다른 프로젝트와 구분하여 관리할 필요가 있는데, 연구개발형 프로젝트의 특성에 따른 관리 방향은 〈표 6.7〉과 같다.

‖ 표 6.7 R&D 프로젝트의 특징 및 관리 주안점

R&D 프로젝트 특징	관리 주안점
불확실성	과거의 동일한 경험이나 자료가 존재하지 않아 프로젝트 관리에 유연성과 어느 정도의 자유가 필요함
긴 투자회수기간	• 전략 및 투자에 대한 고유한 평가관리체제가 필요 • R&D 성과에 대해 장기적인 시각에서 평가 필요
상호 의존성	연구과제들의 기획 단계부터 과제 간의 관계를 체계적으로 고려해야 함
다양성	기초/개발, 단기/중기/장기, 제품/공정, 단일/복합제품 등 유형에 따라 다른 방식과 기준이 필요
우연성	• 자율성 보장을 통해 창의력 발휘 기회 부여 필요 • 실패를 수용할 수 있는 문화 조성 필요

2. 프로젝트 관리의 구성요소

프로젝트 관리란 이해당사자의 요구나 기대를 충족시키기 위해 프로젝트 관련지식, 기술, 도구 및 기법 등을 적용하여 수행하는 제반 관리활동을 의미한다. 미국의 PMI(project management institute)가 프로젝트 관리에 대해 정리한 지식체계인 PMBOK Guide에 의하면 프로젝트는 9개 영역으로 구성되며 세부 요소들은 〈그림 6.2〉와 같다.

▶ 프로젝트 관리 기능 체계

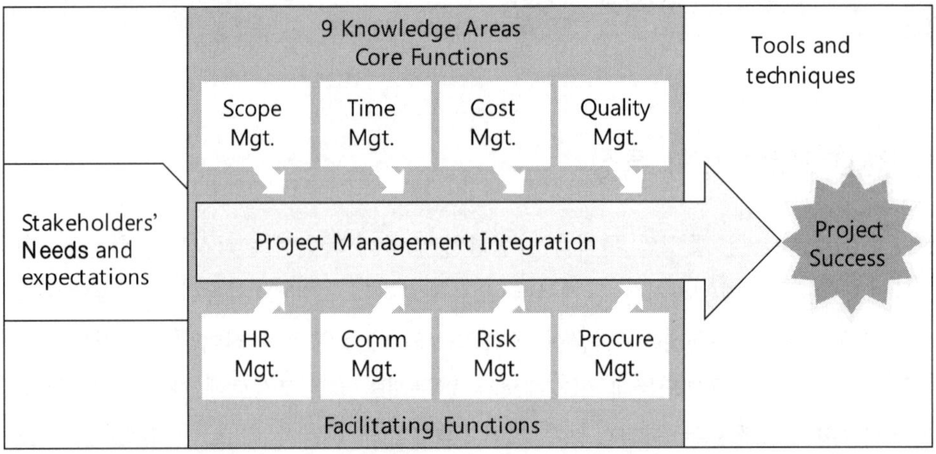

▶ 프로젝트 관리통합 구성요소

- 통합관리: 프로젝트 계획 개발, 프로젝트 계획 이행
- 범위관리: 범위관리 계획수립, 범위정의, WBS 작성
- 시간관리: 활동자원, 활동기간, 일정계획 추정
- 원가관리: 원가추정, 예산확정, 원가통제
- 품질관리: 품질관리계획 수립, 품질보증/통제활동 수행
- 인적자원관리: 프로젝트 팀 확보, 인원 획득, 관리
- 의사소통관리: 정보배포, 성과보고, 이해관계자 관리
- 리스크관리: 정성적/정량적 리스크 분석, 대응계획 수립
- 조달관리: 구매 및 제작계획, 업체선정계획, 계약관리

* 출처: PMBOK(Project Management Body of Knowledge)

‖ **그림 6.2** 프로젝트 관리의 범위

일반적으로 R&D 프로젝트에서는 위의 9개 영역 중 원가관리, 품질관리, 조달관리는 최소화하거나 거의 다루지 않으며 일정관리, R&D 평가관리, 자원관리(인력, 조직, 예산 등)를 중점적으로 위주로 다루는 경향이 있다.

‖ **표 6.8** R&D 프로젝트 중점 관리 범위

구 분	일정 및 진행관리	R&D 평가관리	자원관리
내용	• 일정개발 • 일정관리 기법 • 과제 진행 점검	• 평가시스템 구축 • 평가방법 • 평가문화의 구축	• 조직설계 및 운영 • 인력관리 • 예산편성 및 통제

3. 프로젝트 관리 단계 및 세부 활동

연구개발 프로젝트 관리 단계는 '프로젝트 창출 → 계획 → 수행 → 평가'의 4단계로 구성된다. 우선 '프로젝트 창출' 단계에서는 기술예측 및 산업정보 수집/분석, 연구개발 또는 외부획득에 대한 제안서 작성, 경제성평가에 의한 프로젝트 선정이 이루어진다. '프로젝트 계획' 단계에서는 프로젝트를 구성하는 세부 활동 파악, 세부 활동에 대한 일정관리 계획, 예산배분 계획, 자원배분 계획이 작성된다.

'프로젝트 수행' 단계에서는 프로젝트가 당초 예정대로 진도가 관리되고 있는지, 예산은 차질 없이 집행되는지에 대해 중간평가를 시행하고 문제가 있을 경우 수정한다. '프로젝트 평가' 단계에서는 프로젝트가 완료된 시점에서 최종적인 결과를 정리하여 종합평가를 실시하고, 사후관리 계획을 수립하게 된다. 이러한 연구관리 프로젝트관리 단계를 정리하면 〈그림 6.2〉와 같이 나타낼 수 있다.

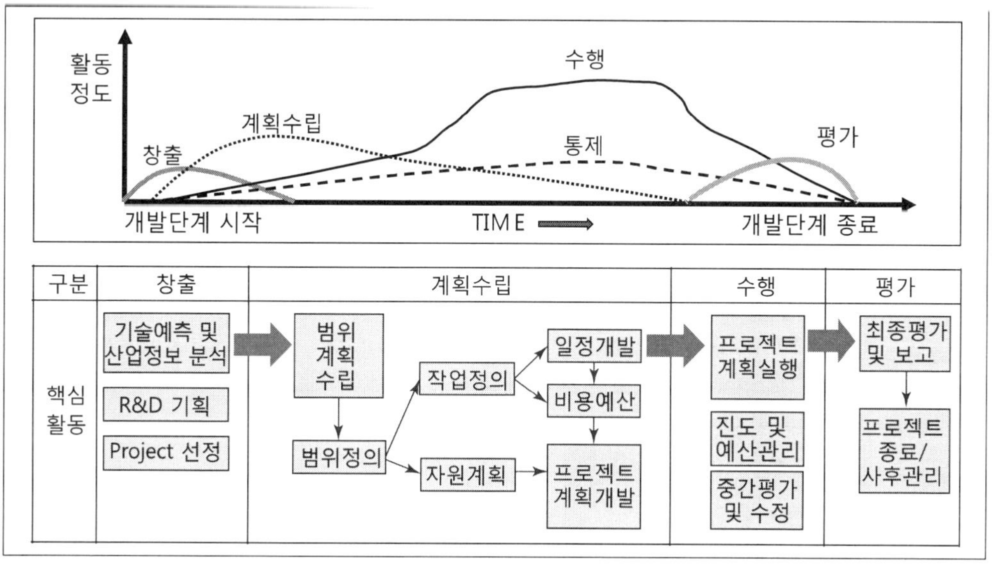

‖ **그림 6.2** 연구관리 프로젝트 관리 단계

4. 프로젝트 과정별 관리기법

앞에서 설명한 바와 같이 프로젝트 관리는 프로젝트의 창출에서 평가까지 일련의 단계를 거치면서 다양한 활동들을 포함한다. 그러나 이러한 활동들에서 공통적으로 중요하게 여겨지는 것은 일정관리와 평가(선정, 결과평가)관리에 관한 기법으로 이를 중점적으로 설명하기로 한다. 프로젝트의 일정관리를 위한 기법은 일반적으로 간트 차트(gantt chart), PERT/CPM, SGP 등이 있다.

가. 간트 차트

간트 차트(gantt chart)는 프로젝트의 일정관리를 위해 오래 전부터 사용되어 온 전통적 기법으로 작업관리 분야 선구자의 한 사람인 Gantt가 제시한 간단한 방법이다. 〈그림 6.3〉과 같이 간트 차트는 프로젝트의 주요 활동을 파악한 후, 각 활동의 일정을 막대모양으로 표시하여, 프로젝트의 전체적 내용과 흐름을 알 수 있게 만든 도표이다. 이해하고 사용하기 쉽다는 장점이 있으나, 프로젝트가 복잡할 경우 표현하기 어렵고 불확실하거나 가변적 상황에 신축적 대응이 어렵다는 단점이 있다.

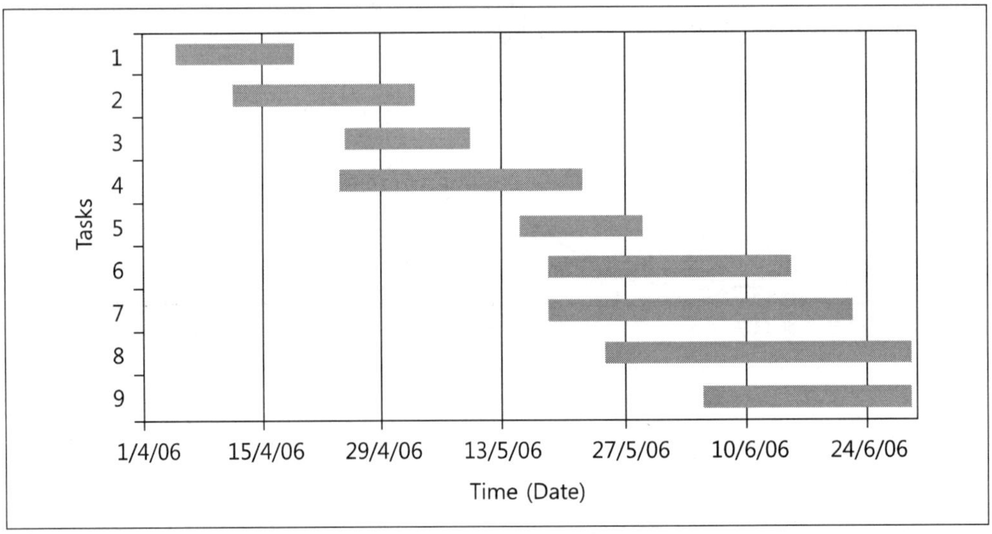

‖ **그림 6.3** 간트 차트(Gantt chart)

나. PERT/CPM 기법

간트 차트의 단점을 보완하기 위해 개발된 현대적 관리기법이 PERT/CPM 기법이다. PERT(program evaluation and review technique)는 미국 해군에 의해 개발된 것으로 프로젝트의 개별 활동들의 수행시간이 하나의 값으로 정해지지 않았다는 것이 CPM과 구분되는 가장 큰 특징이다. PERT 기법에서는 프로젝트 활동의 수행시간을 확률분포로 파악하여 그 분포에서의 최단추정치, 정상추정치, 최장추정치의 3가지를 통해 수행시간을 구하고 그것을 바탕으로 프로젝트의 공기를 단축하는 것을 목표로 한다. CPM(critical path method)는 DuPont사에 의해 PERT와 비슷한 시기에 개발된 기법으로 프로젝트의 개별 활동들의 수행시간을 하나의 값으로 예측하는 것으로 주 목적은 원가절감이다.

이 두 기법은 각각 따로 개발되었지만, 개별 활동들의 시간을 추정하는 방법이 PERT는 확률적인 반면 CPM은 확정적이라는 점 이외에는 큰 차이가 없어 서로의 장점을 수용하는 방법으로 발전해 왔다. 현재는 두 기법이 통합되어 PERT/CPM 또는 그냥 PERT라고 불린다.

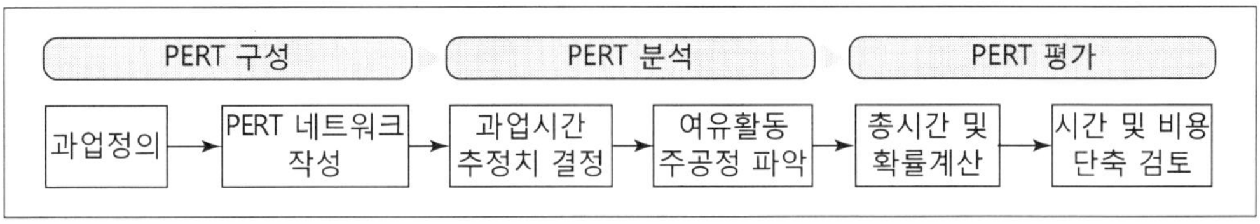

그림 6.4 PERT의 전체 흐름도

위의 〈그림 6.4〉에서 보는 바와 같이 PERT의 전체 흐름은 크게 3단계로 나눌 수 있다. 첫 단계는 'PERT의 구성단계'로 이 단계를 통해 프로젝트가 어떤 개별 과업으로 이루어지며 각 과업이 어떤 순서로 연결되어 있는지를 알 수 있다. 이 단계에서 개별 과업들의 전체적인 연계 구조를 파악하기 위해 자주 사용되는 도구가 과업구조도(WBS; work breakdown structure)이다. WBS는 일반적으로 계층구조로 되어 있어 계층구조의 상위 레벨에 중요한 과업들을 배치한 후, 그 다음 레벨에는 바로 상위 레벨의 과업을 구성하는 세부적 과업들을 배열하는 방법으로 작성된다. 〈그림 6.5〉는 WBS의 작성 사례이다.

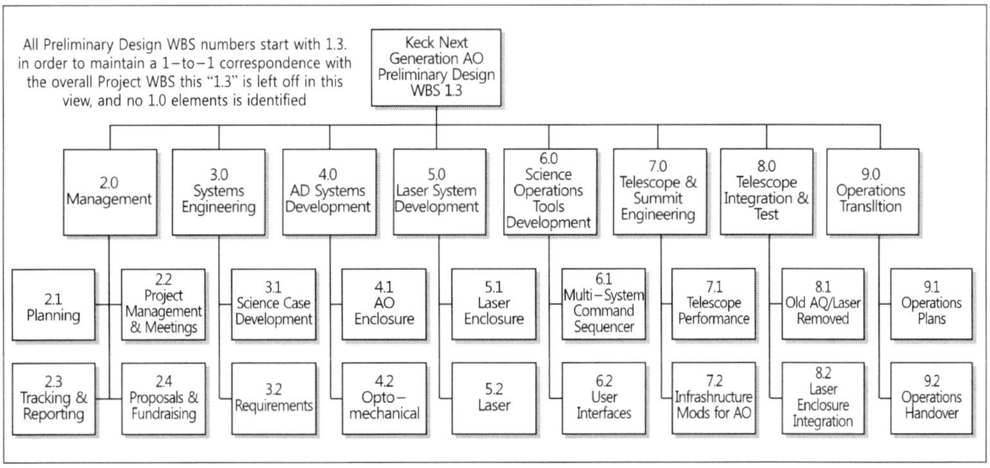

그림 6.5 WBS 작성 사례

두 번째 단계는 PERT 분석을 통해 가장 중요한 관리 대상이 되는 주경로(critical path)를 찾는 과정이다. 주경로를 찾는 방법은 크게 두 가지가 있다. 첫 번째는 직관적으로 모든 경로의 수행 시간을 계산하여 그 시간이 가장 긴 것을 주경로로 하는 방법인데, 이 방법의 경우 공정이 길어지고 프로세스가 복잡해지면 path마다 수행 시간을 모두 계산하는 것이 불가능해지기 때문에 복잡한 공정에서는 쓸 수 없다. 이를 보완하기 위한 방법이 slack time(여유 시간)을 계산하여 slack time이 0인 활동들을 연결하는 방법으로, 대부분의 복잡한 공정에서는 이 방법을 통해 주경로를 찾는다. 이 단계를 통해 각 세부 과업의 일정관리가 얼마나 중요한지를 알 수 있으며, 프로젝트를 끝내는 데 걸리는 시간이 어느 정도인지도 알 수 있다(그림 6.6 참고).

마지막 과정은 PERT 결과에 대한 평가를 토대로 전략적 의사결정을 내리는 과정으로 일정을 더 줄여야 하는지, 줄이면 어느 세부 과업부터 줄여야하는지를 결정한다. 대부분 어느 세부 과업을 줄여야 하는지는 과업의 수행시간을 줄일 때 드는 단위당 비용으로 파악하는데, 그 비용이 적은 과업부터 줄여나가는 것을 원칙으로 한다.

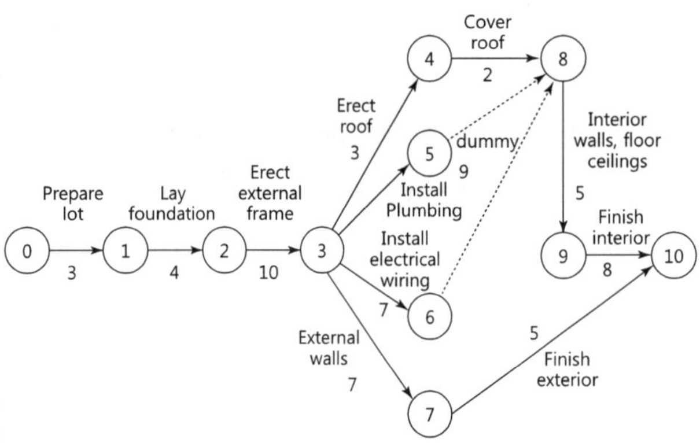

- 마디(○): 원모양으로 사건(event)을 나타내며 과업의 시작과 끝의 기준
- 가지(→): 하나의 화살표는 프로젝트를 구성하는 과업 중의 하나를 의미(화살표의 길이는 아무런 의미가 없음)
  점선으로 표시된 화살표는 가상과업으로 과업간 선후관계만을 의미하며 과업소요시간은 없음

‖ **그림 6.6** PERT 선행관계도(예시)

다. SGP(statge gate process)

좋은 R&D 성과를 위해서 연구 인력들은 고도의 창의력이 요구된다. 연구 인력들은 보통 통제를 거부하는 특성을 지니고 있어 앞에서 설명한 PERT/CPM 등의 일정관리 기법은 제한적으로 사용되는 경향이 있다.

PDMA(product development & management association)의 연구에 의하면, 미국과 유럽의 성과가 높은 기업들의 대부분(약 70%)이 연구개발 활동에 stage-gate process 기

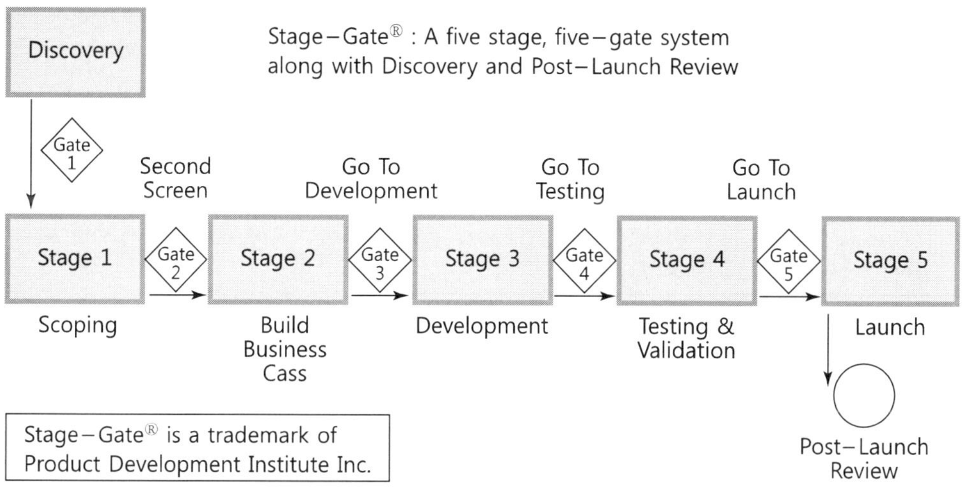

- Stage : Idea와 상품화를 연결하는 R&D 활동의 각각의 단계
- Gate : 각 단계에서 R&D 활동을 평가하여 계속 또는 중지, 우선순위 변경, 자원의 재배분 여부 등을 결정하는 관문

* 출처: Cooper(1993)

‖ **그림 6.7** stage–gate process

법 〈그림 6.7〉을 주로 사용하는 것으로 나타났다. stage-gate 기법은 성공적 제품개발을 목표로 아이디어 발의부터 상품 출시까지의 제품개발 전 과정을 관리하는 기법으로, 캐나다 McMaster 대학의 Dr. Robert G. Cooper 교수에 의해 창안되었다.

stage-gate process 기법은 project를 구성하는 과정(gate)과 각각의 과정을 평가하는 과정의 연속으로 나누어 관리하는 방법으로, 각 스테이지는 게이트에 의해 구분되며 이들 게이트는 프로세스를 통제하고 품질 통제와 진행/중단의 체크 포인트 역할을 한다. 이러한 스테이지와 게이트 형태에서 'stage-gate process'라는 명칭이 생기게 되었다.

stage-gate process는 생산, 마케팅, 고객을 연구개발과 연결시키는 구조를 제공한다고 할 수 있으며, 이를 위해 각 Gate에서는 〈표 6.9〉와 같은 '검증과정'을 거치며 이러한 검증사항이 충족될 때에 한하여 다음 Stage로 진행된다.

‖ **표 6.9** Stage-Gate Process 검증사항

단 계	검 증 사 항
stage 0 (아이디어 발견)	사업 기회를 발견하고 신제품 아이디어를 고안하는 사전 작업 단계
stage 1 (범위정의/사전조사)	예비조사를 거쳐 정보를 수집하고 프로젝트 범위가 명확해질 수 있도록 하는 단계
stage 2 (상업화 여부 검증)	아이디어로부터 상업화가능 제품 출시 여부 등에 대해 검토가 되며 프로젝트 계획이 작성됨
stage 3 (개발/실용성 검증)	신제품의 실제적이고 구체적인 디자인 및 개발이 완료되며 대량생산과 마케팅 관련 장애요인을 검토
stage 4 (시험 및 검증)	양산 가능성과 수익성 조사를 위해 제품의 마케팅 및 제조/생산을 공장에서 시험하고 시범 운영
Stage 5 (출시)	상품화 및 완전한 제조 또는 생산, 마케팅, 판매가 개시되는 단계로 출시 후 모니터링 계획이 실행됨

라. 기술계통도의 활용

기술계통도란 미래 요구에 부응하기 위해 기존기술과 잠재적 요구기술을 연결하고 이를 실현하는 R&D기획 및 기술개발 전개기법이라 할 수 있다. 기술계통도는 목표기술이 달성될 때까지 특정 기술의 구현 방식을 기능별로 세분화하고 각 기능을 실현할 수 있는 구체적인 방식을 전개한다(김명관 외, 2007).[4] 기술계통도를 통해 기술이 기업이익에 기여한 정도를 파악할 수 있는데, 이는 간접적 기술의 기대이익 산출방법에서 기업의 미래 이익이 예측된 후, 이 중 기술로 인해 발생한 이익을 산출함으로써 가능하다.

기술계통도는 기술의 상호관계를 보여줌으로써 미래의 시장수요에 부응하기 위한 기존기술과 잠재기술 사이의 연결고리를 형성하고 이를 실현할 수 있도록 도와주는 R&D기획기법이다. 기술계통도는 작성 과정에서 기술로드맵, TRIZ, 특허분석 등이 병행해서 실행될 때 효과가 극대화될 수 있다.

5. 연구개발과정의 관리

연구개발 과정들은 서로 독립적으로 존재하는 것이 아니기 때문에 각각의 단계를 하나의 순환과정으로 파악하여 '연구개발과정(R&D process)'으로 보고 관리해야 한다.

〈그림 6.8〉에서 보는 바와 같이 연구개발과정의 각 단계는 서로 긴밀하게 연계를 맺고

4) 김영준 외(2002), 전략통합형 R&D를 위한 과학적 연구방법론에 관한 연구

1단계 아이디어 창출	2단계 프로젝트 선정	3단계 자원배분	4단계 R&D활동 착수	5단계 R&D 모니터링	6단계 결과평가
· 연구개발부서, 생산부서, 마케팅 부서, 고객 모두가 아이디어의 원천 · 아이디어는 몇가지 단계를 거쳐 연구개발 프로젝트 후보로 선정됨 · 실현가능성이 가장 높은 아이디어만 수용됨	· 경제적, 기술적 측면에서 가장 성공가능성이 높은 과제를 신청 · 반드시 추진할 과제, 향후 추진할 과제, 추진하지 않을 과제로 구분 · 정성적 평가와 정량적 평가를 병행 · 대표적 지표 : 제품/서비스의 우수성 및 독특성, 경제성, 성장성	· 연구개발예산과 연구개발인력의 배분으로 구분 · 전년도 매출액 대비비율로 책정하는 경우가 많음 · 개별 프로젝트에 대한 자원 배분은 연구개발 포트폴리오를 감안 · 연구개발자원배분은 통상 연구개발 부서의 장이 CEO로부터 위임을 받아 결정	· R&D 프로젝트 팀이 구성되고, 프로젝트 리더가 선정됨 · 프로젝트 리더가 연구개발활동의 효과적 관리에서 중요한 역할을 담당 · 리더의 전문성 필요	· 중간평가가 매우 중요 : 기술적, 경제적 검토를 통해 계속/중단 여부를 결정 · 연구개발활동의 효과적인 일정관리도 중요한 과제 · 스코어링법, 체크리스트법, 일정관리 기법(Gantt chart, PERT)	· 프로젝트의 성공/실패 경험을 차기 연구개발활동의 효율성 제고에 활용하도록 조치 · 평가방법 : 투자수익률, 매출액 대비 연구개발 투자, 수익 대비 연구개발 투자, 판매량 대비 연구개발투자, 투자회수기간 방법 등

* 출처: 최영락

‖ 그림 6.8 연구개발과정(R&D process)

있으며 상호간 정보의 피드백이 활발하게 이루어지는 것으로 파악해야 하며, 이러한 단계들 간의 효율적인 연계 및 피드백은 연구개발 관리의 효율성을 향상시켜 준다.

연구개발 과정은 '아이디어 창출 → 프로젝트 선정 → 자원배분 → R&D 활동 착수 → R&D 모니터링 → 결과평가'의 6개의 단계로 구분할 수 있으며, 이를 각 단계별로 설명하면 다음과 같다.

가. 아이디어 창출

아이디어란 새로운 기술적 업무를 수행하기 위한 실질적 혹은 잠재적 제안을 의미한다. 아이디어는 연구개발 프로젝트를 거쳐서 시장에서 판매될 제품과 서비스의 씨앗 역할을 한다. 아이디어 창출(idea generation)은 연구개발 조직뿐만 아니라 모든 구성원 더 나아가 기업 외부의 이해관계자로부터 이루어진다. 연구원들은 연구개발 프로젝트로 변환될 아이디어의 주요 원천이기도 하지만, 생산담당 부서의 종업원, 판매담당 종업원, 소비자 등도 중요한 아이디어를 제공해 줄 수 있다.

실제로 한 조사에 의하면 새로운 아이디어 창출의 원천은 고객 45%, 제조부서의 필요성 30%, 설계부서의 아이디어 25%라고 조사된 바 있다(Technology Management, R. Szakonvi, 1993).

아이디어는 기본적으로 연구개발 프로젝트의 잠재적인 후보들이다. 아이디어가 프로젝트로 전환되기 위해서는 몇 가지 단계를 거치게 된다. 먼저 다양한 인력들에 의해 인지된 새로운 기획물들이 잠재적 아이디어로서 모아지게 된다. 두 번째 단계에서는 이들 잠재적 아이디어들이 조직 내의 구성원들에 의해 전달되면서 논의가 이루어지게 된다. 이 단계에는 기업의 주어진 여건을 감안하여 아이디어의 실현 가능성을 검토하게 된다. 마지막 단계는 이 같은 잠재적 아이디어들 중에서 가장 실현가능성이 높은 아이디어들이 조직에 의해 수용되어 연구개발 프로젝트 후보로 결정된다.

나. 프로젝트 선정

프로젝트 선정(project selection)은 추진하려는 여러 개의 연구개발 프로젝트 후보들을 경제적, 기술적 측면에서 평가하여 가장 성공가능성이 높은 프로젝트들을 선정하는 것이다. 이를 바탕으로 반드시 추진하여야 할 과제, 향후 추진할 과제, 추진하지 않을 과제로 나누게 된다.

프로젝트의 선정방법은 정량적 평가와 정성적 평가를 동시에 추진한다. 정확한 정량적 평가는 여러 프로젝트 후보들 간의 상호비교가 가능하며 필요한 경우 통계처리를 할 수 있다는 장점이 있다. 그러나 프로젝트의 선정에는 다양한 요소들이 필요하다는 점에서 정성적 평가 역시 중요하다. 프로젝트의 선정시 다양한 요소들을 고려하여야 하는데, 대표적인 요소들은 프로젝트 결과로 나타날 제품의 우수성 및 독특성, 투입 대비 산출의 경제성, 제품 및 서비스의 성장가능성 등을 들 수 있다.

다. 자원의 배분

연구개발 프로젝트가 선정되면 선정된 프로젝트에 대해 자원을 배분하여야 할 것이다. 여기에서의 자원은 연구개발 인력과 연구개발예산으로 나누어 볼 수 있다. 일반적으로 이와 같은 자원배분은 기업의 연구개발예산(R&D budget) 전체가 결정되어 있고 이들을 개별 연구개발 프로젝트에 배분하게 된다. 연구개발예산의 책정은 다양한 방법이 있을 수 있으나 전년도 매출액에 대비하여 책정하는 경우가 많다.

연구개발 자원의 배분은 기업연구소 등 연구개발부서의 장이 최고경영자의 위임을 받아 배분하게 된다. 이는 연구개발부서가 프로젝트의 필요성, 소요기간, 필요자원 등을 잘 알고 있기 때문이다. 그러나 프로젝트가 대단히 규모가 크고 위험성이 높으면 최고경영자가 자원배분을 결정하여야 할 것이다. 이와 같은 개별 프로젝트에 대한 자원의 배분은 기업 전체의 연구개발 포트폴리오 구성을 감안하여 배분하여야 한다.

라. 연구개발 활동의 착수

연구개발 프로젝트에 자원이 배분되면 실질적인 연구개발이 수행되게 된다. 이를 위해 연구개발 프로젝트 팀(project team)이 구성되고 연구개발 프로젝트의 리더가 선정된다. 프로젝트의 리더는 프로젝트와 관련된 연구개발 활동의 전반을 관리하고 책임을 지는 사람이다. 프로젝트 리더는 연구원들이 연구에 매진할 수 있도록 독려하고 연구팀 내의 협력이 활발하게 이루어지도록 프로젝트를 효과적으로 관리하여야 할 것이다.

마. 연구개발 활동의 모니터링

일반적으로 연구개발 활동은 여러 해에 걸쳐 추진이 되기 때문에 연구개발 활동의 모니터링, 즉 중간평가가 중요한 문제로 대두된다. 연구개발의 중간평가에서는 현재 추진 중인 프로젝트를 기술적, 경제적 측면에서 검토하고 프로젝트의 성공가능성을 심층적으로 파악한 후 계속 추진할 것인가 중단할 것인가를 결정하여야한다. 이와 같은 연구개발 프로젝트의 관리에는 스코어링법, 체크리스트법 등의 기법을 사용할 수 있다. 아울러 연구개발 활동의 일정관리도 필요하다. 이 같은 일정관리기법으로는 앞의 프로젝트 관리 부문에서 설명한 gantt chart 기법, PERT기법, SGP 등이 있다.

바. 연구개발 활동의 결과 평가

연구개발 활동이 종료되면 프로젝트의 결과에 대하여 평가하여야한다. 연구개발 활동이 종료되면 프로젝트를 둘러싼 위험도 해소되고, 자원도 모두 사용되었다는 점에서 체계적인 사후평가(ex-post evaluation)가 이루어져야 한다. 사후평가를 통해서 성공과 실패에 관한 학습을 하여 향후 연구개발의 효율성 제고에 기여를 하여야 할 것이다.

이와 같은 사후평가의 체계적인 수행은 연구개발 활동의 가치를 제고하고 연구개발 결과의 새로운 제품과 서비스로의 효과적인 이전을 가능하게 해준다. 이 같은 연구개발결과의 평가는 기술경영자뿐만 아니라 필요하다면 최고경영자에 의해 이루어져야 할 것이다. 연구개발의 결과평가는 다양한 방법이 활용될 수 있다. 가장 많이 사용되는 평가기법으로는 투자수익률(ROI)법, 매출액 대비 연구개발투자, 수익 대비 연구개발투자, 판매량 대비 연구개발투자, 투자회수기간법 등을 들 수 있다.

6. 연구개발 관리의 통합성

연구개발 활동은 기업 및 사업의 비선 및 선략을 바탕으로 수행되어져야 한다. 또한 연구개발 활동은 근본적으로 위험이 높고 많은 자원을 필요로 한다. 이러한 점에서 볼 때 성공적인 연구개발을 위해서는 기업 CEO의 전략적 판단 하에 전폭적인 인적, 물적 자원의 지원이 필요하다고 할 수 있다.

성능이 좋은 제품이라도 시장에서 판매되기 위해서는 다양한 형태의 마케팅 활동과 연구개발 과정에서 시장정보를 피드백 하여야 한다. 특히 고객 중에서도 핵심사용자, 즉 선행사용자(lead users)가 중요한데, 이들은 새로운 제품 및 공정을 대량 생산 및 판매하기에 앞서 추가적으로 발생할 수 있는 기술적인 문제를 보다 효과적으로 해결하여 시장에서 성공을 거두게 하는 중요한 정보를 제공하기 때문이다.

이상에서 설명한 내용을 종합하면, 성공적인 연구개발을 위해서는 연구개발부서, 사업부서, 마케팅부서 등이 참여하는 전사적 공동학습과 고객으로부터 많은 정보의 유입이 있어야 할 것이다(Brockoff, 1989). 따라서 연구개발 활동의 추진에 있어서 기업의 CEO들의 합리적 의사결정을 위한 경영능력(management capabilities)과 인적, 물적 자원의 조직능력(organizational capabilities)은 중요하다고 할 수 있다.

4절 R&D 성과관리 및 평가

1. R&D 성과관리

성과관리란 직간접적으로 지원한 연구개발사업에 대해 그 성과정보를 수집하고 분석하여 성과를 확산하기 위한 체계적인 관리활동을 총칭한다. 즉 성과정보의 유통, 거래, 이전 등 성과의 공급자로부터 성과의 수요자로의 연구개발성과의 확산을 촉진하기 위한 성과의 체계적 수집, 저장, 분석 및 확산 등 전 과정에 대한 관리활동을 말한다.

일반 기업에서 성과관리는 연구개발 결과 산출되는 기술문서들을 또 다른 연구 프로젝트에 재활용하는 측면, 기술이전 및 판매 등 기술상업화 측면, 연구개발 종료 후 생산, 제조 단계와의 정보교환 측면, 연구 인력의 경력관리 측면 등 전사적 관점에서의 활동을 의미한다. 또한 연구개발의 회사경쟁력에 대한 기여도를 측정하기 위하여 연구개발 투입자원의 효율성 평가와 산출물에 대한 효과성 평가를 위한 관리 활동도 포함한다.

2. R&D 성과관리 대상

연구개발 활동에 대한 성과관리의 대상은 연구개발 활동을 통한 투입(input), 연구개발

과정(R&D process) 및 산출(output), 결과(outcome) 각 단계에서 발생하는 모든 유·무형의 기록물, 성과물, 기술 및 통계정보를 모두 포함한다. 연구개발 활동 단계별 성과관리 대상은 〈표 6.10〉과 같다.

표 6.10 연구개발 활동 단계별 성과관리 대상

구 분	성과관리 대상
투입활동 단계	• 연구 필요성, 연구 목표, 투입된 연구개발 인력 • 투입된 연구개발비용, 투입된 연구개발 시설 및 설비
연구개발과정	• 착수보고서, 중간보고서 등의 저작물 및 저작권 • 실험·조사·분석 결과 등의 각종 자료 • 연구개발 활동 중 새로이 얻은 연구 아이디어 등의 무형적 지식 및 연구개발 노하우
산출 단계	• 학술논문, 인쇄물, 발표자료 등의 각종 문서자료 및 저작권 • 특허·실용신안 등의 지적재산권 • 시제품, 화합물, 생물자원, 설계도면, 장비·기자재 등 유형의 연구성과물

3. R&D 성과평가

연구개발 수행을 통해 도출되는 성과들을 다양한 측면에서 평가하려는 노력은 더 효과적이고 쉽게 이해할 수 있는 성과평가를 위해서 다양한 방법들을 고안해왔다. 기존에 제안된 성과평가 방법들을 정리하면 크게 정성적인 방법들과 정량적인 방법들로 구분할 수

표 6.11 연구개발 활동 단계별 성과관리 대상

정량적 방법(Quantitative Methods)	정성적 방법(Qualitative Methods)
• 재무분석법 – 비용/편익분석(Cost-benefit analysis) – 비율방법(Ration methods) – 위험 프로파일(Risk profiles) – 프로그램 모델(Program model) – 포트폴리오 모델(Portfolio model) • 평점법(Scoring methods) • 계량기술학적 방법(Technometrics) • 정량적 지표법 – 문헌분석법(Bibliometrics) – 과학기술지표(S&T indicators) – 특허자료(Patent) • 계량경제학적 방법(Econometrics) • 조건부가치평가법(Contingent Valuation Method)	• 설문조사(Survey) • 인터뷰(Interview) • 사례연구(Case Study) • 역사적 자료 추적 (Historical tracing of accomplishments) • 주요 과학적 사건 분석 (Critical scientific events)

* 출처: 조근태(R&D 관리, 2011)

있는데 각각에 해당하는 구체적인 방법들은 〈표 6.11〉과 같이 정리할 수 있다.

정성적인 방법들은 성과를 직접적으로 산출하기 곤란한 경우에 사용되며 주로 인문학·사회학 분야의 연구 성과를 평가하는 데 적합하다고 할 수 있다. 대표적인 방법으로는 인터뷰, 설문조사, 사례연구 등이 있다.

이와는 반대로 과학기술 분야에서의 연구개발 성과를 평가하는 데 있어서는 정량적인 방법들을 많이 활용하고 있다. 이와 관련된 많은 연구들에서 연구 결과에 대한 평가척도로 경제적 측면의 항목들을 활용하고 있다. 이것은 성과평가 결과를 정량적인 값으로, 특히 화폐단위로 환산하여 제시하기 때문에 정성적인 방법보다 설득력을 높여주고, 연구개발 사업 또는 프로젝트 간에 비교를 용이하게 해주기 때문이다. 이러한 정량적인 방법에서 많이 사용하는 방법은 재무분석법이며 부가적으로 정량적 지표법 등을 활용한다.

5절 R&D 자원 조달

일반적으로 기업의 연구개발 자원은 물적 자원과 인적 자원으로 구분된다. 여기에서는 연구개발자원 조달 문제를 R&D 예산과 R&D 인력의 조달 측면에서 설명하고자 한다.

1. R&D 예산

연구개발예산의 수립은 일정기간 동안 기업의 연구개발 활동에 필요한 자금의 총액을 결정하고, 이를 세부 프로젝트 및 비목(인건비, 기자재비 등)등에 배분하는 과정을 의미한다. 기업이 필요로 하는 연구개발예산의 총액의 결정과 예산수립 방법에는 하향식, 상향식, 상호작용적 예산수립 등 다음과 같은 세 가지 접근방법이 있다(Brockoff, 1994; Specht 등, 2002; Gerpott, 1999; 168-170)

가. 하향식 예산수립

하향식 예산수립(top-down budgeting)은 기업이 필요로 하는 연구개발예산의 총액을 최고경영층에 의해 전략적으로 결정하는 것을 말한다. 하향식 연구개발예산의 수립을 하는 데에는 다음 두 가지 방법이 있다.

(1) 일반적인 재무적 기준에 의한 예산수립

첫 번째 방법은 연구개발예산을 일반적인 재무적 기준(financial criteria)을 바탕으로 결정하는 방법이다. 여기에서 활용할 수 있는 예산기준으로는 해당 기업 혹은 경쟁기업의 매출액, 자금흐름, 순이익, 연구개발비용, 연구개발 인력 등을 들 수 있다. 이러한 기준들이 과거 일정기간의 실적들이라는 점에서 이들을 바탕으로 연구개발예산을 설정하는 것을 '과거 지향적 예산수립(backwards budgeting)'이라고 부른다.

(2) 전략적 기준에 의한 예산수립

두 번째는 기업의 미래 경쟁 전략적 측면을 반영하여 전략적 기준(strategic criteria)을 바탕으로 연구개발예산을 결정하는 방법이다. 이 방법에서는 기업의 경쟁우위 유지·확대를 위한 제품혁신과 공정혁신의 필요성을 감안하여 연구개발 예산의 크기를 결정한다. 이 방법은 기업의 미래 전략목표 달성을 추구한다는 점에서 '미래 지향적 예산수립(forwards budgeting)'이라고 부른다.

나. 상향적 예산수립

상향식 예산수립(bottom-up budgeting)은 기업이 필요로 하는 연구개발예산의 총액을 개별연구개발 프로젝트가 필요로 하는 예산의 총합에 의해 결정하는 방법이다. 여기에서 개별 연구개발 프로젝트는 이미 시작되어 있는 프로젝트와 새롭게 시작하는 프로젝트를 모두 포괄한다.

이에 따라 기업이 수행하고 있거나 앞으로 수행하여야 할 연구개발 프로젝트에 대해 다각적인 검토가 이루어진다는 점에서 연구개발예산을 효율적으로 사용할 수 있다는 장점이 있다. 그러나 이 예산수립방법은 관련부서들이 단기적인 연구개발과제를 선호하는 경향이 있다는 점에서 기업의 미래 경쟁력이 달려있는 중장기적인 연구개발 프로젝트의 수행이 어렵다는 문제점도 있다.

다. 상호작용적 예산수립

상호작용적 예산수립(interactive budgeting)은 연구개발예산의 수립에 있어서 최고경영층으로부터의 정보의 흐름과 개별연구 과제로부터의 정보 흐름을 모두 반영하여 예산을 결정하는 방법을 말한다. 이 방법에서는 최고경영층이 연구개발예산의 총액과 전체적인 구조를 제시하고, 이와 동시에 연구개발 부서에서는 기업이 필요로 하는 연구개발과제들에 의해 요구되는 예산의 소요량을 결정하여, 이들 두 유형의 정보를 바탕으로 기업이 필요로 하는 전체적인 예산을 협의하여 결정하게 된다. 이 방법은 앞에서 서술한 두 가지 방법의 장점을 활용할 수 있다는 점에서 바람직한 방법으로 평가된다.

2. R&D 인력 조달

기업의 연구개발 활동은 실질적으로 연구개발 인력에 의해 이루어진다. 따라서 기업 차원에서 볼 때 R&D 인력은 R&D 인력이 가지는 특징을 고려하여 모집, 관리, 동기부여, 육성, 평가 등의 제반 과정을 체계적으로 관리할 필요성이 있다. 연구개발 인력의 모집은 인력 수요조사, 인력 모집, 신규 인력의 조직 적응 등 세단계로 이루어지며, 단계별 고려할 사항은 다음과 같다.

가. 인력 수요조사

연구개발 분야에서 필요한 신규인력에 대한 조사는 연구개발 활동을 시간적, 지리적 측면에서 파악하여 기업의 연구개발 프로젝트의 수행에 필요한 인력의 수요를 양적인 측면과 질적인 측면에서 결정하는 것을 목표로 하고 있다.

아울러 인력과잉의 문제도 인력수요조사를 통하여 조기에 인식되어야 하는데, 이를 통하여 인력의 고용해지 수단을 적시에 활용할 수 있으며 해당인력에게도 충분한 대비의 시간을 제공해 줄 수 있다. 이와 같은 '연구개발 인력수요조사(R&D manpower demand survey)'의 정확성은 해당 일자리에 대한 세부적인 내용과 이에 따른 필요한 인력의 자격에 대한 구체적인 제시에 달려있다.

나. 인력 조달

연구개발 인력의 조달은 채용공고와 인력선발의 단계로 나누어 볼 수 있다. 인력에 대한 채용공고는 능력 있는 인력들이 해당업무에 대해 관심을 가지고 지원하도록 하는 데 목적을 두고 있다. 채용공고는 기업 외부와 내부에 모두 할 수 있다. 기업 외부에 대한 외부광고(external advertisement)는 해당 기업에 관심이 있는 외부의 인력이 지원할 수 있게 하는 것이다. 이와 같은 외부 인력의 모집에는 전통적인 언론매체에 대한 광고는 물론 인터넷, 대학과의 접촉, 외부 인력의 자문 등 다양한 방법을 활용할 수 있다. 이에 반하여 내부광고(internal advertisement)는 기업 내의 공지를 통하여 기업 내부에서 연구개발 업무에 관심을 가지고 열정을 가진 인력을 모집하는 것을 목표로 하고 있다. 이 방법은 단기적인 인력의 조달에는 적합하지만 일반적으로 많이 활용되지는 않는다.

한번 채용한 인력의 해고는 노동관련법상 매우 어렵다는 점에서 세심한 선발이 필요하다. 이에 따라 양질의 연구개발 인력의 선발을 위해서는 기업은 일정한 선발기준을 가져야 할 것이다. 일반적으로 연구개발 인력의 선발기준으로는 ① 전문지식, ② 일반적 지식과 창조성, ③ 가치관, ④ 관리능력, ⑤ 팀워크 등을 들 수 있다.

다. 신규 인력의 조직 적응

인력 채용에 이어서 중요한 사항은 새로운 인력을 연구개발부문에 세심하게 적응시키는 것이다. 왜냐하면 새로운 인력은 초기의 적응 여부가 이들의 향후 업무에 대단히 중요한 영향을 미치며, 나아가 이직률에도 중요한 영향을 미치기 때문이다.

새로운 인력을 조직에 통합하는 데 있어서의 전형적인 문제점은 조직에 대한 실망 및 방향성의 상실을 들 수 있다. 특히 조직에 대한 초기의 인상을 좋게 할 수 있는 다양한 정보의 제공과 초기 업무를 수행하는 과정에서 기존의 연구 인력을 통한 멘토링도 중요한 수단이 될 수 있을 것이다.

참고 1 기술획득 방법

기술을 획득하는 방법은 크게 두 가지로 나눌 수 있다. 첫째는 필요한 기술을 기업이 자체(내부)적으로 개발하는 것으로 내부획득(make 또는 In-house R&D)이라고 한다. 또 다른 방법은 외부에서 개발된 기술을 도입하는 것으로 외부획득(buy 또는 external acquisition)이라고 한다. 일반적으로 이 두 가지 방법은 서로 배타적인 관계에 있는 것이 아니며 실제 기업의 연구개발 활동에서는 이 두 가지 방법을 적절하게 혼합하여 다양하게 기술을 획득한다. 기술획득 방법의 유형과 각각의 장단점은 〈표 6.12〉에서 보는 바와 같다.

‖ 표 6.12 기술 획득 방법과 장단점 비교

원천	방법	장점	단점
내부	자체개발	• 독점적 기술지식 획득 • 생산 전에 전문가 양성 가능 • 기술개발/판매 이득 큼	• 대규모/장기간 개발비 지출 필요 • 위험부담 큼 • 상업적 성공의 불확실성 존재
	모방개발	• 낮은 기술개발 비용 • 자체 기술능력 배양 가능 • 기업여건에 맞는 기술개발 가능 • 기술 제공자의 횡포 및 예속 방지	• 기술 격차가 클 경우 실패 위험 큼 • 기술 구매보다 생산 개시에 시간 소요 • 어느 정도의 기술 능력이 요구됨 • 장치산업/고도 기술분야는 어려움
외부	기술도입	• 약간의 독점기술 획득 가능 • 투자 이전에 위험부담 예측 가능 • 개발비용이 적고 사전 교육 가능 • 새로운 시장에서의 수급조절 가능 • 원천기술의 소재 가치 하락	• 적합한 프로젝트의 탐색 필요 • 기술 도입비용 필요 • 자체 개발능력이 저하되는 경향
	기술구매	• R&D 노력이 거의 필요 없음 • 생산(운용) 빠름 • 기술적 위험 부담 적음 • 원천기술의 소유 가치 하락	• 독점기술의 획득 곤란 • 전문가 양성은 생산 개시 후 가능 • 경쟁적인 기술 이득 낮음 • 구매비용 매우 높음
합작개발		• 시너지 효과 큼 • 필요 자원에의 접근 용이 • 상대적으로 낮은 위험/비용 • 한 분야에의 집중도 높음	• 파트너에 대한 신뢰 및 정보 부족 • 문화/관리 방침의 차이에서 오는 비효율성 • 협조적인 분위기 조성 어려움

* 공학기술과 경영(정재용 외, 2006) 참조

한편 기업에서 얻고자 하는 목표 기술은 한 가지로 이루어진 기술인 경우는 드물고 다양한 기술로 이루어진 경우가 많아, 하부의 요소기술로 분해가 가능하여 요소기술별로 다른 기술획득 방법 적용이 가능하다.

특히 최근 들어 기업들은 기업 단독의 자체 연구개발 보다는 외부와의 협력 및 공동 연구개발을 통한 기술획득을 강화하고 있으며, 그 이유는 다음과 같다.

첫째, 세계적으로 광범위하고 접근 가능한 기술자원군(technology pool)이 형성되어 외부 획득의 용이성이 증가하였다. 둘째, 기술개발 범위와 비용의 증가, 기술수명주기의 단축 등으로 자체개발에 대한 부담이 증가하여 보다 다양한 기술획득의 방법을 모색하게 되었다. 셋째, 기술의 융복합화와 기초과학의 발전과 연계성 강화 등으로 인해 기업의 단독 기술개발이 비효율적이라는 인식이 대두되고 있다.

이러한 기술획득 방법의 결정에서 중요하게 고려할 사항은 해당 기술 분야에서 기업의 상대적인 기술력 수준, 기술 확보의 시급성, 기술획득에 소요되는 비용의 크기, 기술의 수명주기, 기술의 전략적 중요도 등이라 할 수 있다(D. Ford, 1988). 기술획득 방법에 따라 고려할 요인을 종합해 보면 〈표 6.13〉에서 보는 바와 같다.

표 6.13 기술획득방법 선택에 영향을 미치는 요인들

구분	자체 연구개발	합작 개발	위탁연구	라이선싱	완제품 구매
상대적 기술력	매우 높음	높음	낮음	낮음	매우 낮음
기술확보 시급성	매우 낮음	낮음	낮음	높음	매우 높음
투자비용	매우 많음	많음	적음	매우 적음	매우 적음
기술 수명주기	도입기	성장기	성장기	성숙기 포화기	모든 단계
기술의 유형	핵심기술	핵심 또는 기반기술	핵심 또는 기반기술	핵심 또는 기반기술	외부기술

참고 2 연구개발 포트폴리오 관리

유한한 자원의 효율적 배분과 R&D 성과의 질적 향상을 위해 기업의 기술전략과 R&D 활동 간의 연계가 유지되도록 하여 R&D의 투자수익(ROI; return on investment)을 극대화하려는 노력이 필요하다.

이러한 R&D의 ROI를 극대화하기 위한 여러 방안 중 가장 중요한 수단이라 할 수 있는 연구개발 포트폴리오 관리(portfolio management)는 기술만을 분석하는 것이 아니라, 기업의 목표 달성을 위한 비즈니스 계획을 먼저 확립하고, 그에 따른 시장, 제품에 적합한 포트폴리오를 만들어가는 것이다. 기술은 그 자체가 목표가 아니라, 사업목표 달성에 필요한 하나의 수단이며 최종적으로 가치를 창출해야 한다. 따라서 연구개발 포트폴리오 관리에는 기술 그 자체보다는 회사전략과 포지셔닝(positioning)의 중요성이 강조되어야 한다.

연구개발 포트폴리오 관리는 분석기법 및 관리지표의 선정, 건전성 분석, 재구성의 단계로 진행되며 세부적인 절차는 〈그림 6.9〉와 같다.

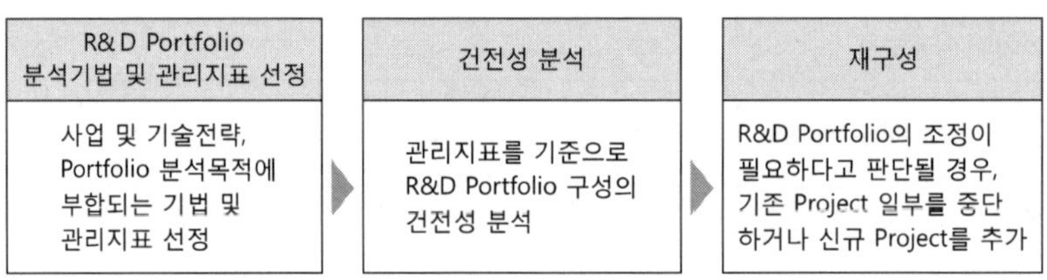

‖ **그림 6.9** R&D 포트폴리오 관리 프로세스

먼저 R&D 포트폴리오 분석기법 및 관리지표 선정 단계에서는 사업 및 기술전략, 포트폴리오 분석 목적에 부합되는 기법 및 관리지표를 선정하게 되며 통상적으로 2차원의 diagram 위에 R&D 과제의 속성들을 잘 반영할 수 있는 지표를 짝으로 mapping하여 나타낸다. 일반적으로 'R&D 경쟁력 vs 기술의 성숙도', 'risk vs reward', '개발기간 vs 자원투입규모', '과제매력도 vs 역량', 'cost vs benefit' 등의 기준들이 사용되며, 2차원의 bubble diagram으로 나타낸다.

건전성분석 단계에서는 관리지표를 기준으로 건전성을 분석하게 되는데, 2차원의 bubble diagram상에 나타난 자료를 〈그림 6.10〉과 같이 투자영역, 철수영역, 선택영역으로 나누어 분류한다. 특히 선택영역(Gray area)은 주관적 판단에 의해 전략적인 선택을 해야 하는 영역으로 기술을 둘러싼 기업의 경영환경, 패러다임 등을 종합적으로 분석하여 결정을 내리게 된다.

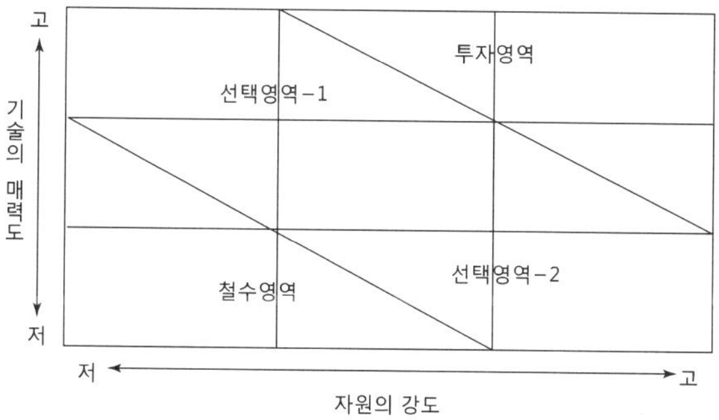

- 투자영역: 기술의 매력도와 자원의 강도가 모두 높은 영역
- 철수영역: 기술의 매력도가 낮고, 자원의 강도가 낮은 영역
- 선택영역: 기술의 매력도나 자원의 강점 어느 하나가 높고, 다른 하나가 낮거나 두가지 다 중간인 영역

‖ **그림 6.10** R&D 포트폴리오 건전성 분석

마지막으로 R&D 포트폴리오 재구성 단계에서는 R&D 포트폴리오의 조정이 필요하다고 판단될 경우, 기존 project의 일부를 중단하거나 신규 project를 추가한다. 〈그림 6.11〉은 R&D 포트폴리오 분석을 통한 연구개발 사업 운영 사례이다.

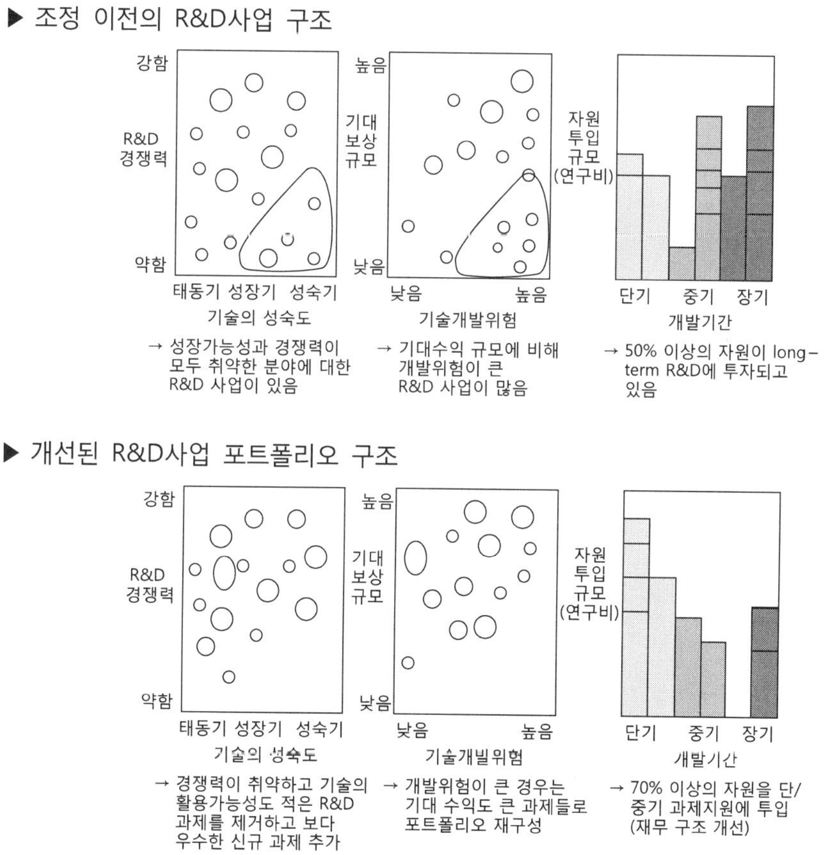

‖ **그림 6.11** R&D 포트폴리오 분석 사례

제 7 장

회사 설립과 벤처

- 1절 기업의 형태
- 2절 회사 설립 절차
- 3절 벤처기업 등록요건과 우대제도
- 4절 윤리문화와 법적인프라의 필요성

1절 기업의 형태

사업의 본격적 추진을 위해 추진주체인 기업을 설립하여야 한다. 기업의 형태는 여러 가지가 있는데, 주어진 목적을 효과적으로 달성하기 위해서는 내외부 여건에 가장 적합한 기업형태를 갖추는 것이 필요하다. 우리나라 기업의 형태는 〈그림 7.1〉와 같이 분류된다.

기업은 크게 사기업, 공기업, 공사합동기업으로 분류되며, 사기업은 개인기업과 법인기업으로 분류된다. 법인기업은 다시 사업의 목적과 구성원의 수에 따라 소수법인기업과 다수법인기업으로 분류된다. 소수법인기업의 경우 구성원의 책임 범위 등에 따라 합명회사, 합자회사, 유한회사로 분류되며, 다수법인기업은 협동조합과 주식회사로 분류된다.

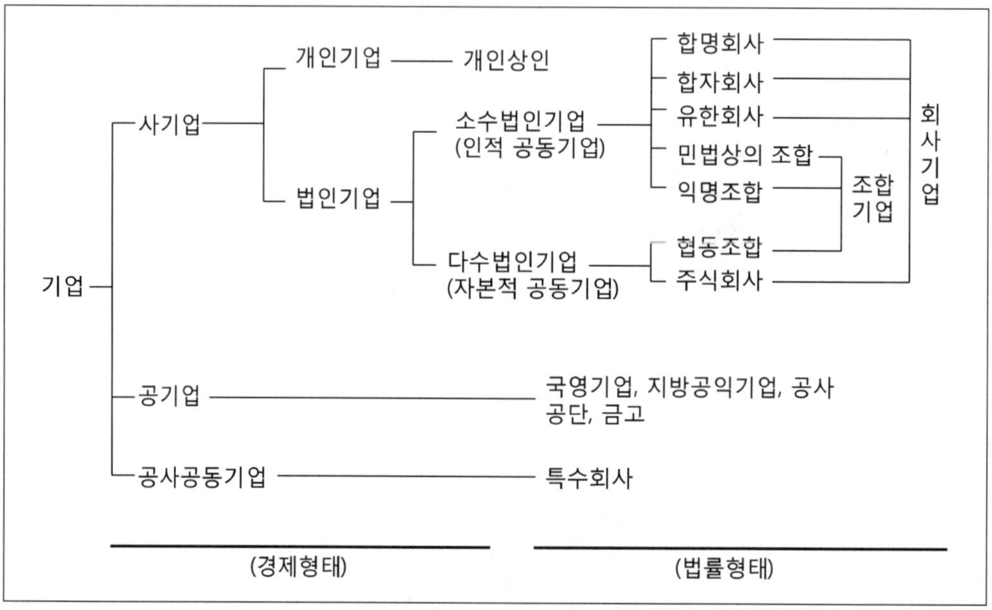

‖ **그림 7.1** 기업의 형태

1. 합명회사

무한책임 사원만으로 구성되는 회사로서, 사원은 회사의 채무를 회사채권자에 대하여 직접 연대하여 변제할 무한책임을 진다. 따라서 정관에 다른 규정이 없는 한, 사원은 회사의 업무를 집행하고 회사를 대표하는 권한을 가진다.

합명회사(general partnership company; 合名會社)는 각 사원이 회사의 채권자에 대하여 직접 책임을 지는 데에서 대외적으로 인적 신용이 중시되고, 사원의 책임강도는 내부적으로 사원 상호간의 신뢰관계를 필요로 한다. 동시에 사원의 기업경영에 대한 참가를 강화함으로써 회사는 마치 개인기업의 공동경영과 같은 인상을 주게 되며, 사단법인이면서도 조합적 성격을 띤다.

합명회사는 설립절차가 간단하며, 정관을 작성하여 설립등기를 하면 회사가 성립한다. 출자에 있어서는 재산출자에 한하지 아니하며, 노무출자·신용출자도 인정된다. 또 입사 및 사원의 지위의 양도(지분의 양도)는 다른 사원의 승낙을 필요로 하며, 반면에 퇴사의 자유가 인정되고 제명 제도가 있다. 원칙적으로 각 사원이 업무집행권 및 대표권한을 가지며, 경업피지의무를 진다. 청산에 있어서는 법정청산 외에 임의청산도 할 수 있다.

합명회사는 자본적 결합의 색채보다도 가족적·인적 결합의 색채가 짙은 전형적인 인적(人的) 회사이며 인적 신뢰관계가 있는 소수의 인원으로써 구성되는 법인기업에 적당한 회사이다.

2. 합자회사

합자회사(limited partnership company; 合資會社)는 무한책임사원과 유한책임사원으로 구성되는 복합적 조직의 회사이다. 사업의 경영은 무한책임사원이 하고, 유한책임사원은 자본을 제공하여 사업에서 생기는 이익의 분배에 참여한다. 무한책임사원이 있는 점은 합명회사와 같으나, 회사채권자에 대하여 출자액의 한도 내에서만 연대하여 책임을 지는 유한책임사원이 있는 점이 합명회사와 다르다. 유한책임사원은 유한의 책임을 지는 데 불과한 반면, 출자는 재산출자에만 한하고, 회사의 업무집행·대표로는 참여하지 않는다.

합자회사도 사단법인이지만 사원간의 개인적 신뢰를 기초로 하기 때문에, 실질적으로는 조합적 성격을 띠며 인적(人的) 회사에 속한다. 합자회사는 유한책임사원의 책임의 유한성에서 생기는 결과를 제외하고는, 원칙적으로 합명회사와 마찬가지로 취급할 수 있다. 따라서 상법도 별단의 규정이 있는 외에는 합명회사의 규정을 준용하여, 합명회사의 하나의 변형으로 하고 있다.

3. 유한회사

유한회사(LLC; limited liability company, 有限會社)는 사원이 회사에 대하여 출자금

액을 한도로 책임을 질 뿐, 회사채권자에 대하여 아무 책임도 지지 않는 유한책임사원으로 구성된 회사이다. 상법에 규정된 회사의 하나로, 주식회사·합명회사·합자회사와 함께 물적(物的) 회사와 인적(人的) 회사의 요소를 가미한 중간형태의 회사이다. 사원 전원의 책임이 간접이며 유한인 점, 분화된 기관을 가지는 점 등 많은 점에서 주식회사와 유사하나, 복잡하고 엄격한 규정이 완화되고 지분의 양도가 자유롭지 못한 점이 주식회사와 다르다.

그러므로 유한회사는 합명회사와 닮은 폐쇄적·비공개적인 특색을 가진다. 한국 상법상 유한회사는 다수의 균등액 출자(1좌 금액 5,000원 이상)로 구성되는 자본금(1,000만 원 이상)을 가지며, 사원 전원(50인 이내)이 자본에 대한 출자의무를 진다. 설립절차는 간단하고 발기설립에 해당하는 방법만이 인정되며, 모집설립에 해당하는 것이 없다. 또한 검사제도도 없으나 대신 사원의 전보책임(塡補責任)이 인정되어 있다. 1인 또는 다수의 이사를 두어야 하며, 이사회나 대표이사라는 기관의 분화도 없으며, 또한 감사도 임의기관이다.

사원총회의 소집절차도 간소화되어 있고, 서면결의 방법이 인정되어 있다. 사원수는 원칙적으로 50인을 초과하지 못하며, 사원에게 법정의 출자인수권을 인정한다. 지분양도 자유를 인정하지 않아, 사원 이외의 사람에 대한 지분양도를 제한하고, 지분의 유가증권화를 인정하지 않는다.

4. 주식회사

주식회사(corporation; 株式會社)는 주식의 발행으로 설립된 회사로서, 주주의 출자로 이루어지며 권리·의무의 단위로서의 주식으로 나누어진 일정한 자본을 가진다. 모든 주주는 그 주식의 인수가액을 한도로 하는 출자의무를 부담할 뿐, 회사 채무에 대하여 아무런 책임도 지지 않는다. 따라서 주식회사의 근본적 특색은 자본과 주식과 주주의 유한책임에 있다고 할 수 있으며, 많은 기업들이 주식회사 형태를 선호한다.

주식회사의 설립 시 필요한 사항은, 정관 작성과 설립등기 외에 설립 시 발행할 주식총수와 1주 금액, 주식인수인 확정, 이사·감사의 선임 등 회사 실체(實體)를 구성하는 제반 절차 들이다. 설립방법은 실체를 구성하는 절차에 따라서 발기인만이 설립 시에 발행하는 주식총수를 인수하는 발기설립, 발기인이 주식총수의 일부만을 인수하고 나머지의 주식은 발기인 이외에 주주를 모집하는 모집설립의 2가지로 나누어진다.

주식회사는 법률상 반드시 의사결정기관인 주주총회, 업무집행과 대표기관인 이사회·대표이사와 감독기관인 감사의 세 기관을 가져야 한다. 이 밖에 상법은 필요한 경우 검사인이라는 임시감사기관을 인정하고 있다. 또한 업무집행기관에 이사회제도를 채용하여 권한을 강화하고 감사의 권한을 회계감사만으로 한정하고 있다.

주식회사가 해산한 때에는 합병과 파산의 경우를 제외하고 청산 절차를 밟게 되므로, 회사는 청산의 목적 범위 내에서 존속한다. 이 경우 영업수행을 위한 기관인 이사회에 갈음하여 청산인회가 집행기관이 된다. 주식회사의 청산에는 합명회사에서와 같은 임의청산은 인정하지 않으므로, 반드시 법정청산의 엄격한 절차에 의하여야 한다. 법인기업의 형태별 개념, 설립행위, 기관 구성원 등을 정리하면 〈표 7.1〉와 같다.

표 7.1 법인기업의 형태

구분	개념	설립행위	기관구성
합명 회사	무한책임사원으로 구성되며 각 사원이 회사 채무에 대하여 연대하여 무한 책임을 짐	2명 이상의 사원이 공동으로 정관을 작성하고 설립등기를 함으로써 성립	무한책임사원은 업무집행권리와 회사를 대표할 권리를 가짐
합자 회사	무한·유한책임사원으로 구성되며 무한책임사원은 회사의 채무에 대하여 연대하여 무한의 책임을 지고, 유한책임사원은 출자금액의 한도 내에서 책임을 지는 회사	합자회사는 무한책임사원이 될 사람과 유한책임사원이 될 사람이 각각 1명 이상으로 하여 정관을 작성한 후 설립등기를 함으로써 성립	무한책임사원은 회사의 업무를 집행할 권리와 의무가 있으며, 유한책임사원은 업무감시권이 있음
유한 책임 회사	유한책임사원으로 구성되며, 각 사원이 출자금액의 한도에서 책임을 지는 회사	유한책임회사는 사원이 정관을 작성하고 설립등기를 함으로써 성립	정관으로 사원 또는 사원이 아닌 자를 업무집행자로 정해야 하며 정관 또는 총사원의 동의로 둘 이상의 업무집행자가 공동으로 회사를 대표할 수 있음
주식 회사	회사는 주식을 발행하며 주주는 인수한 주식의 인수가액을 한도로 책임을 지는 회사	발기인이 정관을 작성하여 공증인의 인증을 받은 후 주식인수가액 전액과 현물출자 이행을 완료한 후 설립등기를 함으로써 성립	주식회사는 의사결정기관으로 주주총회, 업무집행기관으로 이사회 및 대표이사, 감사기관으로 감사가 존재함
유한 회사	각 사원이 출자금액 한도 내에서 책임을 지는 회사	유한회사는 정관을 작성하고 출자금액의 납입 또는 현물출자의 이행이 있은 후 설립등기를 함으로써 성립	유한회사의 의사결정기관은 사원총회이며 사원총회는 회사의 업무집행을 포함한 모든 사항에 대하여 결정을 할 수 있음

* 출처: 찾기 쉬운 생활법령정보(법제처) 참조

2절 회사 설립 절차

기업은 다양한 형태로 설립될 수 있지만 우리나라에서는 일반적으로 법인기업 형태인 주식회사형 기업과 개인사업자 형태의 개인기업이 가장 많이 존재한다. 기업의 형태가 개인기업 또는 법인기업인지에 따라 회사의 설립 절차와 세제의 적용이 다르기 때문에 우선 기업 형태를 개인기업으로 할 것인지 또는 법인기업으로 할 것인지를 결정하여야 한다.

1. 회사의 설립 절차

가. 개인기업

개인기업의 설립 절차는 법인기업에 비해 간단하다. 개인기업을 설립하기 위해서는 규모, 업종에 관계없이 관할 세무서에 사업자 등록을 하여야 한다. 개별법에 따라 인·허가가 필요한 업종은 사업자 등록에 앞서 인·허가를 받은 후 사업자 등록 시 인·허가 자료를 제출해야 한다.

사업자 등록은 사업을 시작한 날로부터 20일 이내에 구비서류를 갖추어 관할 세무서 민원실에 사업자 등록을 신청하여야 하며, 창업자가 세무서에서 사업자등록증을 발급받으면 개인기업은 새로운 기업으로 성립된다. 사업자 등록 시 유의하여야 할 사항은 〈표 7.2〉과 같다.

‖ 표 7.2 사업자 등록 시 유의사항

구 분	유 의 사 항
사업장 단위로 사업자 등록	상시 주재하여 거래하는 장소를 기준으로 사업자 등록 (사업장이 여러 개 있을 경우 사업장마다 사업자 등록 필요)
다수 사업 겸업시	부가가치세 과세 업종과 면제되는 업종을 함께하는 경우 부가가치세법에 의한 사업자 등록(면제되는 사업만 하는 경우에는 소득세법 또는 법인세법에 의한 부가가치세 면세 사업자 등록)
공동사업자의 경우	2인 이상이 공동으로 사업을 하는 경우 공동사업자 중 1인을 대표자로 신청(공동사업을 증명할 수 있는 서류도 제출)
사업자 등록 미이행시 가산세 부과	사업자 등록을 하지 않고 사업을 하면 사업개시일로부터 등록한 날이 속하는 예정신고기간까지의 공급가액의 100분의 1(간이과세자 0.5%)을 가산세로 납부

나. 법인기업

법인기업은 사업의 목적과 구성원의 책임여부 등에 따라 다양하고 설립 절차가 상이하지만, 여기에서는 우리나라에서 가장 일반적인 법인기업 형태인 주식회사의 설립 절차를 기준으로 설명하고자 한다. 주식회사는 1인 이상의 발기인이 발기인조합을 구성하여 상법이 정하는 바에 따라 정관 작성, 주식인수 및 주금납입 등 일정한 절차를 거쳐 법원에 설립등기를 함으로써 설립된다.

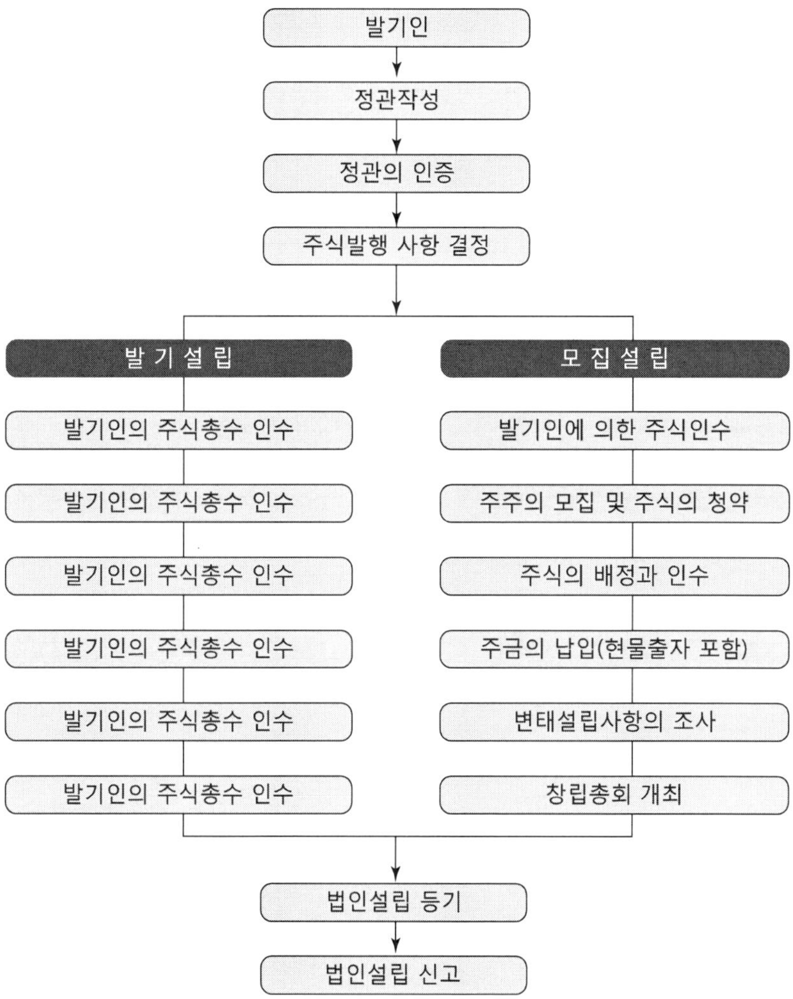

* 창업절차 매뉴얼(중소기업청) 참조

‖ **그림 7.2** 법인기업 설립 절차

2. 개인기업과 법인기업의 장단점

개인기업은 기업이 완전한 법인격이 없고 소유자인 개인에게 종속되는 기업이고, 법인기업은 완전한 법인격을 가지고 스스로의 권리와 의무의 주체가 되어 소유자로부터 분리되어 개인기업에 비해 영속성이 유지되는 기업을 의미한다.

따라서 기업의 영속성과 성장성을 추구하기 위해서는 개인기업의 형태보다는 법인기업 형태의 기업을 창업하는 것이 바람직하다. 법인기업은 개인기업보다 대외공신력과 신용도가 높기 때문에 자금조달과 영업 수행에 있어 유리한 점이 많기 때문이다. 특히, 벤처기업을 창업하는 경우에는 국가로부터 각종 우대 지원제도 수혜를 받기 위해서라도 개인기업보다는 법인기업의 형태로 하는 것이 더욱 유리하다고 할 수 있다. 개인기업과 법인기업의 장·단점과 세재상의 특징을 자세히 살펴보면 〈표 7.3〉, 〈표 7.4〉와 같다.

개인기업과 법인기업의 세제상의 특징을 살펴보면, 개인기업은 소득세법의 적용을 받으므로 과세기간은 매년 1월 1일부터 12월 31일까지이며, 과세소득은 총수입에서 필요

‖ **표 7.3** 개인기업과 법인기업의 설립 장·단점

구분	개 인 기 업	법 인 기 업
장점	• 설립등기가 필요 없고 사업자등록 만으로 사업개시가 가능하므로 기업설립이 용이 • 기업이윤 전부를 기업주가 독점할 수 있음 • 창업비용과 창업자금이 비교적 적게 소요되어 소자본을 가진 창업자도 창업가능 • 일정규모 이상으로는 성장하지 않는 중소규모의 사업에 안정적이고 적합 • 기업활동에 있어 자유롭고, 신속한 계획수립, 변경이 가능 • 개인기업은 인적조직체로서 제조방법, 자금운용상의 비밀유지가 가능	• 대표자는 회사운영에 대해 일정한 책임을 지며, 주주는 주금납입을 한도로 체무지에 대해 유한책임을 짐 • 사업양도시에는 주식을 양도하면 되므로 주식양도에 대하여 원칙적으로 낮은 세율의 양도소득세가 부과됨. 또한 주식을 상장 후에 양도하면 세금이 없음 • 일정규모 이상으로 성장 가능한 유망사업의 경우에 적합 • 대외공신력과 신용도가 높기 때문에 영업수행과 관공서, 금융기관등과의 거래에 있어서도 유리
단점	• 대표자는 채무자에 대하여 무한책임을 지고 대표자가 바뀌는 경우에는 폐업을 하고, 신규로 사업자등록을 해야 하므로 기업의 계속성이 단절됨 • 사업양도 시에는 양도된 영업권 또는 부동산에 대하여 높은 양도소득세가 부과됨	• 설립절차가 복잡하고 일정액 이상의 자본금이 있어야 설립가능 • 주식회사인 벤처기업의 설립 자본은 2천만원 이상임 • 대표자가 기업자금을 개인용도로 사용하면 회사는 대표자로부터 이자를 받아 야 하는 등 세제상의 불이익이 있음

* 창업절차 매뉴얼(중소기업청) 참조

경비를 공제한 금액이 되며, 대차대조표 공고 의무가 없다.

이에 반해, 법인기업은 법인세법의 적용을 받고, 그 과세기간은 정관과 규칙에서 정하는 회계기간에 따라 달라지며 과세소득은 익금총액에서 손금총액을 공제한 금액이다. 법인기업은 재무제표의 공고 의무가 있다. 개인기업과 법인기업의 세제상의 특징은 〈표 7.4〉와 같다. 일반적으로 세율 측면에서는 개인기업의 세율(6%~38%)이 법인기업의 세율(10%~22%)보다 대체적으로 높아 개인기업이 불리하다고 볼 수 있다. 그러나 개인기업은 소유자 개인이 사적으로 사용한 비용 중 일부를 기업원가에 포함시킬 수도 있으므로, 개인기업의 순이익을 줄여 세금부담액도 줄일 수 있는 여지가 있다.

표 7.4 개인기업과 법인기업의 세제상의 특징

내 용	개 인 기 업	법 인 기 업
과세근거법	소득세법	법인세법
과세기간	매년 1월1일~12월 31일	정관에 정하는 회계기간
과세소득	총수입금액-필요경비	익금의 총액-손금의 총액
과세범위	특정소득에 대해서는 종합과세를 하지 않고 원천징수만으로 분리과세	분리과세가 인정되지 않음
이중과세 여부	하나의 원천소득에 대해 이중과세가 되지 않음	법인에게 법인세 과세 후, 주주의 배당에 대해 소득세 과세
세율구소	세 율: 6%~38%로 누진적용 주민세: 소득세의 10%	세 율: 10%~22% 주민세: 법인세의 10%
납세지	개인기업의 주소지	법인등기부등본상의 본점/주사무소
기장의 의무	수입금액에 따라 일기장 의무자, 간이장부 의무자, 복식부기 의무자로 구분	수입금액에 관계없이 복식부기의무자
외부감사제도	적용되지 않음	자산총액이 60억 원 이상인 경우, 공인회계사의 감사를 받음
대차대조표 공고	대차대조표 공고의무가 없음	법인세 신고기간 내에 일간신문에 공고 의무가 있음

* 창업절차 매뉴얼(중소기업청) 참조

동일한 액수의 소득과 비용을 집행하는 개인사업자와 봉급생활자를 가정하여 비교하면, 개인사업자가 상대적으로 적은 세금을 부담한다. 왜냐하면 개인사업자는 소득에서 비용을 집행한 후의 잔액(비교적 작은 액수)에서 세율을 곱하여 세금이 결정된다. 반면에 봉급생활자는 소득(급여)에서 우선 세금(소득세)을 납부한 후의 잔액에서 비용을 집행해야 하기 때문이다.

3절 벤처기업 등록요건과 우대제도

1. 벤처기업의 정의

벤처기업의 의미에 대해서는 다양하게 정의할 수 있으나, 용어에 내포된 의미를 살펴보면, 벤처(venture)와 기업(company)의 합성어로서 모험적인 사업 또는 금전상의 위험을 무릅쓰고 영리를 목적으로 생산요소를 종합하여 계속적으로 경영하는 기업이라고 할 수 있다.

또한, 일부에서는 벤처기업을 '고위험-고수익'을 추구하는 기업 혹은 코스닥(KOSDAQ) 시장에 상장된 기업들을 지칭하기도 하지만, 학술적으로 명확하게 정리된 개념은 없으며, 국가에 따라 정책 대상으로 다양하게 사용되고 있다.

현재 우리나라도 벤처기업에 대해서는 다양하게 정의되어 있으며, 법적으로는 '벤처기업 육성에 관한 특별조치법'에서 정한 요건을 충족한 기업으로 정의된다. 동 법에 의하면 벤처기업은 '중소기본법' 제2조에 따른 중소기업이어야 하며, 〈표 7.5〉 중 하나에 해당하면 된다.

‖ 표 7.5 벤처기업의 요건(출처: 벤처기업육성에 관한 특별조치법 제2조의 2)

- 벤처투자기관으로부터 투자받은 금액이 자본금의 10% 이상으로, 투자금액이 5천만 원 이상인 기업
- 기업부설연구소를 보유한 기업으로서, 연간 연 구개발비가 5천만 원 이상이고, 연간 총 매출액 대비 연구개발비 비율이 5% 이상으로 사업성이 우수한 것으로 평가받은 기업
- 기술보증기금(기보) 또는 중소기업진흥공단(중진공)으로부터 기술성이 우수한 것으로 평가받고, 기보의 보증 또는 중진공의 대출을 순수 신용으로 받되, 보증 또는 대출금액이 8천만 원 이상이고, 당해기업의 총자산에 대한 보증 또는 대출금액 비율이 5% 이상인 기업
- 창업기업의 경우는 기보 또는 중진공으로부터 기술성이 우수한 것으로 평가받은 기업

위의 법에서 정한 벤처기업의 요건을 살펴보면 벤처기업의 유형은 벤처투자기업, 연구개발 기업, 기술평가 보증/대출 기업, 예비벤처기업 등으로 구분할 수 있다. 여기서 공통되는 점은 기술성 혹은 사업성이 우수한 기업이어야 벤처기업으로 인정된다는 것이다. 즉 특허 등 신기술을 기반으로 사업화에 착수하거나 연구개발기업의 경우처럼 특허 등 신기술을 공급할 능력이 있는 기업이여야 한다.

2. 벤처기업 등록

벤처기업 등록을 위해서는 벤처기업 확인신청서를 작성하여, 벤처인 홈페이지(www.venturein.or.kr)를 통해 중소기업진흥공단, 기술신용보증기금 등 일정한 확인 기관의 장에게 제출한 후 관련 기관의 기술성, 사업성 심사 등을 통해 최종적으로 벤처기업에 부합하다고 인정받는 절차가 필요하다. 벤처기업 등록을 위한 신청절차와 벤처기업 확인 기관은 〈그림 7.3〉 및 〈표 7.6〉과 같다.

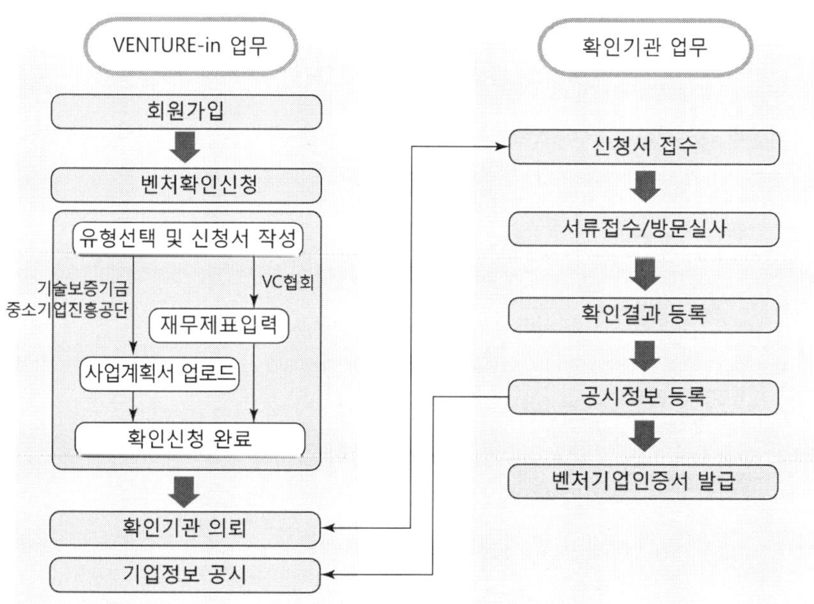

* 출처: 벤처인 홈페이지(www.venturein.or.kr)

‖ 그림 7.3 벤처기업 등록신청 및 관련 절차

‖ 표 7.6 벤처기업 확인기관

확인신청기업	벤처기업 확인기관
벤처투자기업	한국벤처캐피탈협회(http://www.kvca.or.kr)
연구개발기업	중소기업진흥공단(http://www.sbc.or.kr) 기술신용부증기금(http://www.kibo.or.kr)
기술평가보증기업	기술신용보증기금(http://www.kibo.or.kr)
기술평가대출기업	중소기업진흥공단(http://www.sbc.or.kr)
예비벤처기업	중소기업진흥공단(http://www.sbc.or.kr) 기술신용보증기금(http://www.kibo.or.kr)

3. 벤처기업 우대제도와 창업 지원기관

법에서 정한 바를 충족하고 벤처기업으로 지정되면 창업, 세제, 금융, 인력, 입지, 특허, 마케팅 등에서 다양한 우대제도의 혜택을 받을 수 있으며 정리하면 〈표 7.7〉과 같다.

‖ 표 7.7 벤처기업 우대 지원 제도

구분		주요지원내용
창업	교수·연구원 창업	• 벤처기업을 창업하거나 근무하기 위해 휴직 가능 • 벤처기업의 대표 또는 임직원 겸임·겸직 가능
	산업재산권 출자 허용	현물출자 대상에 특허권, 실용신안권 등의 권리 포함
세제	법인세, 소득세 50% 감면	벤처확인 이후 최초로 소득 발생 과세연도와 그 다음 과세연도부터 4년간 50% 세액 감면
	취득세 면제	창업벤처 중소기업의 벤처확인일로부터 4년 이내에 취득하는 사업용 재산에 대해 취득세 면제
	재산세 50% 감면	창업벤처 중소기업이 당해사업에 직접 사용하는 사업용 재산에 대해 벤처확인일로부터 5년간 재산세의 50% 감면
금융	코스닥 상장	상장심사 시 우대
	정책자금	중소기업정책자금 한도 우대
	보증지원	신용보증심사 시 우대, 연대보증기준 완화
	투자지원	창업투자회사의 투자대상에 업력제한 없음
인력	스톡옵션 (주식매수선택권)	부여대상 확대(외부전문 인력과 외부기관)
	병역특례	• 병역특례 연구기관 지정신청기회를 연 2회 부여 • 산업기능요원 추천심사시 가점 부여
특허	우선 심사	특허 등 출원 시 우선 심사 대상
마케팅	방송광고	TV 및 라디오 광고비 70% 감면
기타	유한회사	유한회사의 경우 사원 총 수를 300인까지 가능(일반기업은 50인 이하)
	주식교환	벤처기업의 경우 주식교환 가능
	전기요금할인	일반용 전력요금에 대하여 일부 할인

* 참고: 벤처인 홈페이지(http://www.venturein.or.kr) 자료

회사 설립이나 벤처기업 지정과 관련하여 문의사항이 있는 경우, 다양한 기관의 도움을 받을 수 있다. 중소벤처기업부, 고용노동부 및 각종 지방자치단체 산하에 다양한 지원 조직이 있으며, 벤처기업협회(www.venture.or.kr)와 대학 산하 창업지원센터도 있다.

4절 윤리문화와 법적인프라의 필요성1)

갈수록 윤리 및 법적인 문제가 엄격하게 다루어지는 기업환경하에서, 사업 초기에 기업이 윤리적, 법적 문제에 대한 대비를 철저히 하지 않으면 추후 신생 기업에는 치명타가 될 수 있는 문제가 발생할 수 있다. 따라서 기업 설립 초기부터 강력한 윤리문화 체계와 법적 인프라 구축이 필요하다.

1. 강력한 윤리문화 구축

벤처 기업가가 해야 하는 중요한 조치들 중 하나가 기업 내에 강력한 윤리 문화를 구축하는 것이다. 범법행위, 사회적 책임, 고객존중, 성희롱 문제 등에 대한 윤리문화 구축을 통해 소식은 비윤리석 행위로 인한 사고를 경감시키고, 사고 발생 시 손실을 줄일 수 있다. 강력한 윤리문화는 기업에서 윤리적 문제의 우선순위, 조직정책, 윤리적 행위를 권장하는 기업가 조치 등에 의해 좌우된다. 다음에 설명하는 내용들은 강력한 윤리적 조직문화를 구축한 기업들의 특징이다.

가. 사례를 통한 윤리적 조직문화 구축

윤리적 조직문화 구축에 있어 모범적인 조직의 사례들은 조직에 강력한 윤리문화를 구축할 수 있는 계기가 된다. 이와 같은 사례들을 통해서 투명성과 책임 등에 대해 많은 것을 배울 수 있게 된다. 회사의 강력한 윤리문화 구축에 중요한 것은 '의식적으로 일상대화와 의사결정을 윤리적으로 행하는 지도자', '업무 시 직접보고를 강조하는 감독자', '서로 윤리적 행동을 권장하는 동료' 등이며 이러한 특징들이 존재하는 회사에서 강력한 윤리적 문화가 존재할 수 있다.

나. 행동강령의 제정

행동강령(code of conduct)은 특정 윤리와 사회적 문제에 대한 조직 가치의 공식적인 표현이다. 행동강령 존재의 장점은 윤리적 행동의 관점에서 그들의 기대에 관한 관리자와 종업원들이 지켜야 할 지침을 제공하는 것이다. 행동강령에는 제품 품질, 고객, 직원

1) 이 부분은 Bruce R. Barringer & R. Duane Ireland, Entrepreneurship, Pearson 2012를 참조.

에 대한 존중, 사회적 책임 등의 문제에 대한 조직의 의지에 대해 일반적인 원칙이 포함되는 것이 필요하다.

다. 윤리교육 프로그램의 실시

회사는 윤리적 행동을 장려하기 위해 윤리교육 프로그램을 실시할 필요가 있다. 윤리교육 프로그램은 외부 업체에 의해 제공되거나 사내에서 개발할 수 있다. 대부분의 직원들은 자신의 업무수행 중에 크고 작은 윤리적 딜레마를 만나게 된다. 전문 교육기관은 현장 워크숍, 연설문, 트레이너 교과 과정, 비디오, 컨설팅 서비스 등을 통해 다양한 윤리교육 프로그램을 제공한다. 워크숍에서 참가자들은 윤리적 딜레마를 경험한 후에, 그 이유에 대해 이야기하고 문제와 윤리적 문제 발생 시 유혹을 적절하게 처리하는 방법에 대해 유용한 내용을 알게 된다. 이러한 훈련이 직원의 위법 행위 및 불법 행위에 줄이고 사기를 높일 수 있다.

2. 회사의 변호사 선임

기업을 창업할 때 가능한 한 조기에 변호사를 선택하는 것이 중요하다. 변호사의 선택은 회사의 법적 기초를 마련하는 데 중요하기 때문이다. 변호사를 선택 시 고려 사항은 변호사가 창업에 대한 문제를 잘 알고 있고, 성공적으로 초기 프로세스를 구축한 경험이 있어야 한다는 것이다.

지적재산권(IP; intellectual property) 보호를 위해 특허 등록신청서 제출 시에는 특허 전문 변호사나 변리사를 고용하는 등 관련 분야의 전문 변호사를 선임하는 것이 필요하다. 기업은 법적 인프라의 핵심인 변호사를 선택할 때 다음 사항을 고려하여야 한다.

가. 다양한 법률문제를 함께 상담함

일반적으로 몇 가지를 별도로 다루기보다는 한 번에 여러 문제에 대해 변호사와 동시에 상담하는 것이 효율적이다. 예를 들면 하나의 회의에서 신생 기업 직원과 변호사들은 설립자와 계약서 초안을 만들고, 비즈니스 조직의 형태를 결정하고, 비공개 및 신규직원 채용계약을 동시에 논의한다.

나. 변호사를 지원하기 위한 자료 제공

신생기업의 경우 변호사가 설립 시 해야 하는 계약 또는 계약서 초안을 작성하거나 또는 법적 문제를 해결하는 데 필요한 문서를 기업이 대신 수집함으로써 소요되는 시간을 절약할 수 있다.

다. 변호사에게 회사의 자문위원회에 참여토록 권유

기업이 좋은 출발을 할 수 있도록 도와줄 수 있는 자문위원회의 멤버 중에 변호사를 선임할 경우, 자문위원회의 변호사는 여러 자문뿐만 아니라 법률 서비스도 함께 제공할 수 있어 효과적이다.

라. 비법률 전문가 활용

각 분야의 전문가는 변호사보다 적은 비용으로 작업을 수행 할 수 있다는 것도 염두해 두어야 한다. 예를 들면 사업계획 관리 컨설턴트, 세금 업무에 대한 세금준비 서비스 및 보험 계획에 대한 조언에 대한 보험 에이전트, 단순한 법무행정 수행시 법무사를 활용하는 것 등이 좋은 사례이다(표 7.8 참고).

표 7.8 좋은 변호사를 선택하는 방법

- 여러 변호사와 인터뷰를 하여 창업 프로세스를 행했던 경력에 대해 문의한다. 만일 변호사가 당신에게 과거 또는 현재의 고객 이름을 제공하기를 꺼려하는 경우, 다른 변호사를 선택한다.
- 창업 프로세스에 익숙한 변호사를 선택한다. 변호사가 단지 법적인 전문가 이상인지를 확인할 필요가 있다. 변호사 협회에 문의하여 해당 지역의 창업 전문 변호사 리스트를 요청한다.
- 당신 투자를 위해 자금 모집에 도움을 줄 수 있는 변호사를 선택한다.
- 수수료에 대해 미리 이야기하고 변호사가 당신에게 창업 프로세스에 대해 좋은 아이디어를 제공하지 않을 경우 다른 변호사를 물색한다.
- 당신의 직감을 믿고, 당신이 생각하는 변호사를 선택하고 귀하의 비즈니스와 당신의 기업이 가지고 있는 꿈에 대해 이해하도록 한다.

- 변호사와 법무사의 활용 문제(회계사와 세무사와의 관계)

  실무상 법적인 문제의 도움이 필요한 경우, 단순한 법률 문제는 법무사를 활용하고, 복잡한 경우에만 변호사를 활용하는 것이 비용,시간 측면에서 효율적일 때가 많다.

  이런 원리로 회계, 세무상의 문제에 있어서 소규모 회사일 때와 세금 문제는 세무사를 활용하고, 큰 회사나 복잡한 회계 문제에는 회계사를 활용하는 것이 비용, 시간 측면에서 유리하다.

3. 법적분쟁 피하기

대부분의 법적 분쟁은 오해, 법률 지식이 부족하여 발생하는 경우가 많다. 법적 분쟁을 방지하기 위한 시스템을 구축하는 것이 초기 새로운 비즈니스에서 중요하다. 기업가가 법적 분쟁과 이로 인한 후유증을 방지하기 위해 취할 수 있는 몇 가지 사항에 대하여 설명하고자 한다.

가. 모든 계약의무를 미리 충족시킴

정해진 시간에 모든 계약의무를 충족하는 것이 중요하다. 합의와 약속을 체결한대로 제품 또는 서비스를 업체 및 직원에게 제공하는 것을 원칙으로 하되, 시간을 충족할 수 없는 경우 가능한 한 빨리 당사자들에게 알려주어야 한다. 의무를 충족할 수 없는 경우 업체 또는 채권자와 솔직하게 사전에 협의함으로써 추후에 발생할 수 있는 분쟁을 줄일 수 있다(표 7.9 참고).

‖ 표 7.9 창립자(주주)와의 계약에 포함되어야 할 항목들

• 사업 소유권의 법적 형태 • 주식 apportionment(또는 소유권의 분할) • 설립자 각각의 주식 또는 소유권 점유율을 지불 고려 • 지적 재산의 확인은 설립자의 업체에로 서명 • 초기 운영 자금에 대한 설명 • 창업자 사후 환매 방법에 대한 설명

나. 과소출자 회피

자금이 부족한 상태에서 새로운 사업을 시작할 경우, 유동성(liquidity), 즉 현금 부족 사태가 발생할 수 있다. 이를 방지하기 위해 경영자는 증자나 차입을 통하여 사전에 현금을 확보해야 한다. 반면에 대주주는 안정적인 지분율 유지를 통한 경영권 확보를 위해 자본금 증자를 망설이는 경우도 있다. 지나친 과대 출자와 과소 출자는 모두 다 적정 투자자금을 확보하지 못한 경우이므로 추후 법적분쟁이 발생할 수 있다.

다. 계약의 서면화와 기록화

많은 경우 서면계약의 부족 때문에 비즈니스 분쟁이 발생한다. 분쟁이 발생하는 것을 원하지 않고, 서면으로 계약을 하는 것이 매우 번거롭다고 생각하기 때문에 당사자들은 서면계약의 필요성을 경시하는 경우가 많지만, 잘못된 일이다. 분쟁 당사자의 권리와 의무를 서면으로 처리해 두는 경우(documentation), 나중에 분쟁이 발생하였을 때 해결하기가 용이하다. 큰 비즈니스일수록 수요, 공급업체와의 계약 및 회의 내용을 기록해두는 것이 좋다. 신생기업은 자신의 제휴 파트너를 선택할 때 자신의 협력적 관계에 있는 기업에 너무 의지하지 않도록 경계해야 한다.

법적 분쟁이 발생할 때, 기업들은 종종 협상이나 중재보다 더 많은 비용과 위험성이 존재하는 소송을 통해 해결하는 경우가 있다. 그러나 중재는 공정한 제3자(일반적으로 전문적인 중재자)가 분쟁에 연루된 사람들 합의에 도달하는 데 도움이 주는 존재로서, 때때로 법적 분쟁도 간단한 중재를 통해 해결할 수도 있다.

라. 규범 설정과 non-disclosure agreement

기업은 규범을 통해 발생할 수 있는 직원들의 행동규제 기준을 설정해야 한다. 조직에서 발생하는 일반적인 도덕적인 문제들의 발생 범주는 직원의 윤리적 문제, 고객과의 신뢰 충돌, 기업자원의 부적절한 사용 등이다. 따라서 기업은 이러한 문제를 해결하기 위해 관련 기준을 설정해 두어야 한다.

기업들이 많이 채택하고 있는 직원, 거래처와의 서면 체결계약은 두 가지가 있다. non-disclosure agreement는 채용 직원과 거래처와 체결하는 약정으로, 근무 또는 계약 이행을 통해 알게 된 회사기밀을 밝히지 않겠다는 약정서이다. non-compete agreement는 종업원이 퇴직 후 일정기간 동안 동종 업종에서 회사와 경쟁하지 않겠다는 약정서이다.

참고 1 기업 설립 절차(제조업, 서비스업)

‖ **그림 7.4** 제조업 설립 절차

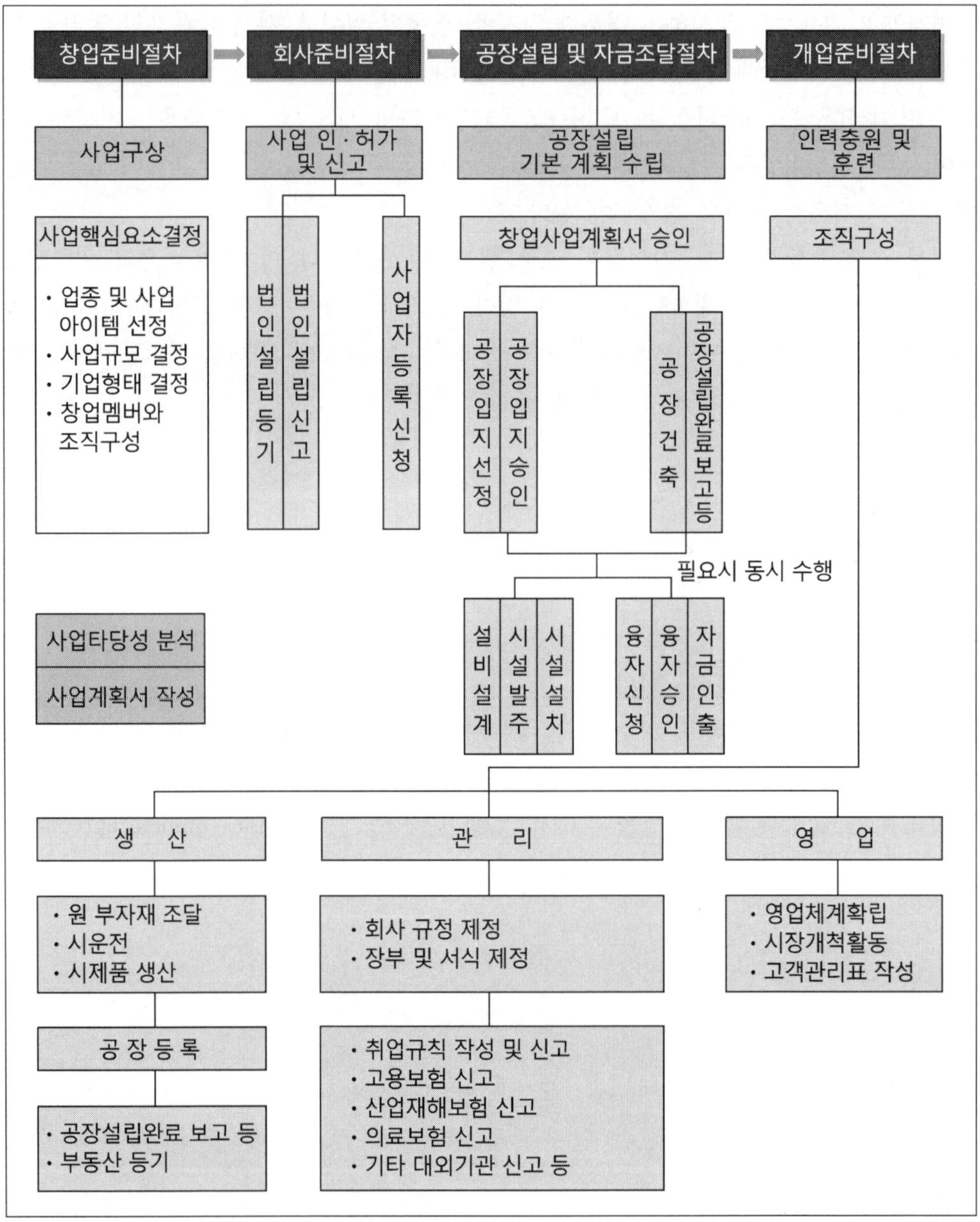

* 창업절차 매뉴얼(중소기업청) 참조

그림 7.5 서비스업 설립 절차

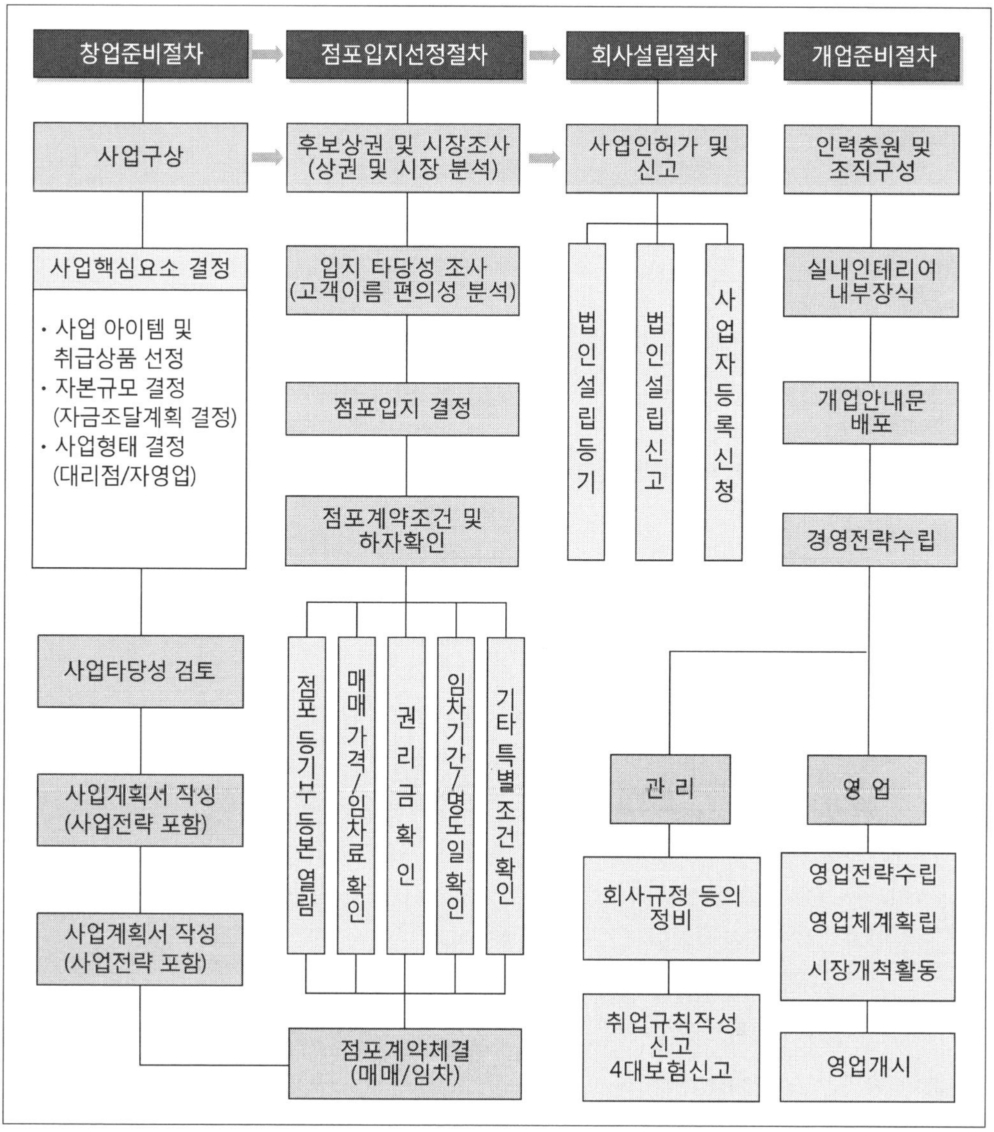

* 창업절차 매뉴얼(중소기업청) 참조

참고 2 벤처기업의 진화와 벤처 붐

벤처기업의 진화 과정은 다음의 표 7.10과 같이 나눌 수 있다. 20세기초 주식회사의 설립과 함께 태동된 벤처기업은 1950년대 미국 보스톤 지역의 창업 러시, 1970년대 실리콘밸리 중심의 벤처붐, 그리고 최근 IT, BT 등을 기반으로 기술창업이 활성화되는 단계를 거쳐 진화되었다고 할 수 있다.

‖ **표 7.10** 벤처기업의 진화와 벤처 붐

시 기	주 요 특 징
20세기 초	• 전통적 수공업에서 자동화 생산으로 전환되면서 산업자본주의 정착과 주식회사 설립 시작 • Ford, Carnegie 등과 같은 창업자 탄생 시작
1950년대	• 미국 Boston 중심으로 벤처 붐 발생 • 2차 세계대전 이후 실직한 연구자들의 창업 러시
1970년대	• Silicon Valley 중심의 벤처 붐 형성 • Stanford 대학 중심으로 대학, 기업, 금융기업이 함께 입주하면서 실질적 기술기반 벤처기업 탄생 시작
현재	• 현재 세계적으로 IT, BT, NT 등의 최첨단 신기술 등장과 함께 벤처기업 창업 활발해짐 • 공학적 배경을 가진 entrepreneur의 증가

특히, 최근에는 경제난을 해결하기 위한 세계 각국의 경제정책에 따라 세계적으로 기술창업과 벤처기업 설립이 급증하는 추세이다.

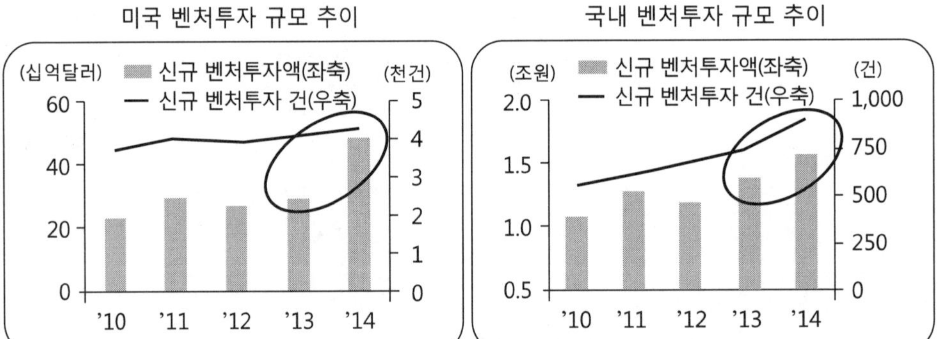

* 자료: 산업활력 제고를 위한 제2벤처붐의 활용방안(조윤정) 참조

‖ **그림 7.6** 벤처투자규모 추이

제 8 장

기술 인사 및 조직관리

1절 인적자원관리와 조직설계

1. 인적자원관리의 개념

가. 인적자원관리의 의의

인적자원관리(human resource mangement)란 조직과 인력의 목표를 동시에 만족시키기 위해서 인적자원을 효과적으로 관리하기 위한 기능으로 정의될 수 있다. 즉, 조직목표를 달성하는 데 기여할 수 있는 구성원의 잠재적 능력을 조직의 전략적 자산이 될 수 있도록 육성, 개발함과 동시에 그러한 전략적 자산이 조직의 전략적 목표를 달성하는데 기여하도록 체계적으로 운영하기 위한 과학적 관리활동을 의미한다.

인적자원관리는 크게 조달활동, 개발활동, 유지활동으로 구분할 수 있다. 조달활동은 인력의 모집, 면접, 선발 등의 채용 기능을 의미하며, 개발활동이란 인력의 교육, 훈련, 승진, 배치 등을 통한 인적자원의 능력과 지식향상을 도모하는 기능을 뜻한다. 유지활동이란 인력의 급여 관리, 복리후생, 안전위생, 커뮤니케이션, 제안제도 등을 통해 그들이 일할 수 있는 양호한 환경이나 분위기를 유지하는 기능을 의미한다.

기업은 성과를 지향하는 이익집단으로 성과창출을 위해 돈으로 대표되는 물적 자원과 사람을 지칭하는 인적자원을 활용하게 되는데, 이 두 가지 자원을 효율적으로 활용해야 우수한 조직성과를 창출하는 목표를 달성하게 된다. 인적자원은 물적 자원과 다르게 동기부여 시스템을 가지고 있고, 또한 계량화나 평가가 상대적으로 쉽지 않다는 특징을 가지고 있다. 따라서 인적자원은 물적 자원과 같은 단기관점의 생산요소가 아닌 장기적 관점의 투자가 필요하다는 견해가 지배적이다.

나. 인적자원관리의 개념의 발전과정

인적자원관리가 발전해 온 과정은 관점에 따라 크게 4가지 유형으로 나누어 볼 수 있다. 첫째 유형은 각 인사관리의 기능이 제대로 갖추어지지 않은 상태에서 독립적 인사부서도 없고 인사관리규정도 정리하지 못한 초보적 인사관리(primitive personnel management) 유형이다. 둘째는 인사관리의 각 기능이 나름대로 갖춰져 있어서 각 기능 내에서는 일관성 있는 업무추진이 가능하나 한 시스템으로 조정, 통합되지 못하는 단계인 인사관리(personnel management)유형이다. 셋째는 인사관리의 각 기능들이 체계를 제대로 갖추고 인사 기능 간의 통합도 잘되어 있으나 조직 전략이나 목표와의 연계가 미흡한 상태인

표 8.1 인사관리 형태별 특성 비교

구분	전통적 인사관리	인적자원관리	전략적 인적자원관리
배경	• 과학적 관리론에서 시작 • 생산, 작업의 기술 측면 중시	• 전통적 인사관리 한계 인식 • 인적자원을 통한 경쟁력 향상의 필요성 인식	• 노동생산성 및 산업의 정체기 직면 • 전략적 관리에 관심 갖게 됨
주요 논점	• 생산요소로서의 인력의 효율적인 관리와 활용 중시 • 경영자와 인력의 종속 관계 • 인적자원을 비용으로 봄	• 인적자원에 대한 통합적 제도 적용 • 경영자는 인력에게 기회를 부여하면서도 리더십을 통하여 철학을 반영코자 함 • 인적자원을 자산으로 봄 • 소통, 훈련, 동기부여 강조	• 전략과 인적자원의 통합 • 인적자원을 조직의 유효성 증진에 공헌해야 하는 대상으로 봄 • 구성원의 자율과 몰입을 통해 인적자원의 잠재력 확대 강조 패러다임

* 자료: Guest(1987), Beaumont(1993), Wright & McMahan(1992) 등 정리

인적자원관리(human resource management) 유형이다. 마지막 넷째는 최근 인적자원을 조직의 전략과 연계성을 강조하며 부각되고 있는 전략적 인적자원관리(strategic human resource management) 유형이다(표 8.1 참고).

인적자원관리에 대한 전략적 접근방식은 전통적인 기능적 접근방식간과 여러 측면에서 차이가 있는데, Dyer와 Holder는 다음과 같이 차이점을 제시하고 있다.

첫째, 최고경영층은 기능별 부서의 전략을 수립할 때 적극적으로 개입한다. 둘째, 전략적 관심의 초점을 개인적 결과가 아닌 전체 조직의 결과에 둔다. 셋째, 전략적 인적자원관리의 모든 활동을 독자적인 영역으로 취급하지 않고, 통합적인 관점에서 조망한다. 넷째, 지휘라인 관리자는 지원 역할을 담당하는 인적자원부서 관리자와 함께 의사결정 결과에 책임을 진다.

2. 인적자원관리의 기초

효율적인 인적자원관리를 위해서는 직무에 대한 분석과 조직과 직무가 요구하는 핵심 역량에 초점을 두고 이를 선발, 평가, 보상, 육성의 기준으로 활용하는 것이 필요하다. 따라서 인적자원관리에서 가장 기본적인 것은 직무분석과 핵심역량관리라고 할 수 있다.

가. 직무분석

직무분석(job analysis)이란 직무에 관한 정보를 수집하고 분석하여 직무의 내용을 파

악한 후 각 직무의 수행에 필요한 지식, 능력, 숙련, 책임 등의 요건을 명확히 하는 일련의 과정을 의미한다. 각 직무마다 필요한 인재를 구하고 무엇을 교육할 것이냐를 확립하기 위해서는 그 직무에 어떤 자질이 필요한가를 선행적으로 분석하는 것은 필수적이다.

직무분석이 성공적으로 이루어지기 위해서는 분석목적을 명확하게 결정하고 사내 유관부서와의 협력체제를 구축하는 것이 중요하다. 직무분석은 직무분석표의 작성, 직무정보의 수집 및 분석 등의 절차를 거치며 이 결과로 직무기술서(job description)와 직무명세서(job specification)가 작성된다. 직무기술서 및 직무명세서는 한 직위에 정식으로 해당된 직무와 책임의 내용 및 자격요건을 관리수준에 적합하도록 명확하고 체계적으로 기술한 것이다. 직무기술서는 직무의 내용과 요건 모두를 전반적으로 다루는 반면, 직무명세서는 직무기술서를 토대로 목적에 따라 자료를 추출하여 작성하는 것으로 인적 요건을 중점적으로 다룬다.

나. 핵심역량관리

핵심역량 관리는 조직과 직무가 요구하는 핵심 역량에 초점을 두고, 직무별로 요구되는 역량을 확인하고 개발하여 이를 선발, 평가, 보상, 육성의 기준으로 활용하는 것을 말한다. 이러한 핵심역량 관리를 위해서는 기업이 요구하는 역량사전(competency dictionary)을 작성하고, 역량에 기반한 프로그램을 실행하는 것이 필요하다.

역량사전에는 필요한 역량의 정의와 요구수준, 그리고 각 역량을 대표할 수 있는 구체적인 행동 등이 포함되어야 한다. 핵심역량관리를 통해 구성원들이 높은 수준의 역량을 학습하고 획득한 역량을 업무에 적용하도록 유도함으로써 높은 성과를 기대할 수 있다.

3. 조직설계

새로운 조직 설계 시 일반적인 과정은 다음과 같다. 우선 조직이 추구하는 가치관과 전략방향이 함축된 조직이념(corporate mission)을 짚어 본다. 다음은 이를 토대로 보다 구체적인 정량적, 정성적 조직목표(corporate objective)를 설정하여야 한다. 이후에 비로소 조직구조(corporate structure)가 설계되어야 한다.

구체적인 조직설계를 위해서는 조직설계의 기본변수와 상황변수를 점검하면서 진행해야 한다. 기본변수는 필수적 변수로서 과업의 분화, 권한 배분, 조직활동의 통합을 말한다. 상황변수는 기본변수 결정에 영향을 미치는 것으로서 조직 규모, 조직 연령, 외부환경을 들 수 있다.

조직설계 시 고려할 수 있는 조직의 유형은 다음과 같다. 첫째는 경영자를 정점으로 기능에 따라 세분화된 전통적인 라인 조직(line organization)이다. 둘째는 라인 조직에 조정 역할을 담당할 스텝 조직을 추가한 형태로 라인-스텝 조직이다. 셋째, 기존의 기능별 조직에 사업부 조직을 결합한 사업부제 조직이다. 넷째, 프로젝트 조직으로서 기존 조직으로부터 파견 형식으로 인력을 모은 후 독립적인 프로젝트 팀을 구성하는 것을 말하며, 테스크 포스(task force) 조직이라고도 불린다. 마지막 다섯째는 매트릭스 조직(matrix organization) 인데(그림 8.1 참조), 라인 조직의 효율성과 프로젝트 조직의 유연성을 동시에 만족시키려 제시된 조직이다.

〈라인–스텝 조직〉

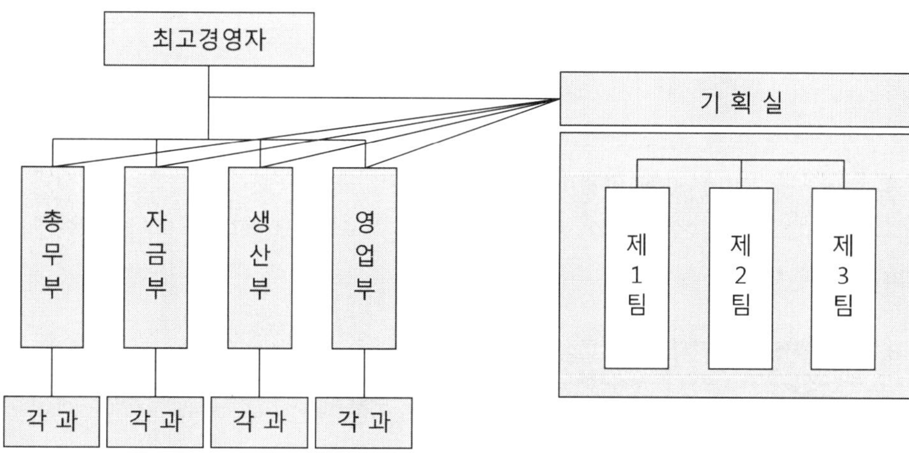

〈매트릭스 조직〉

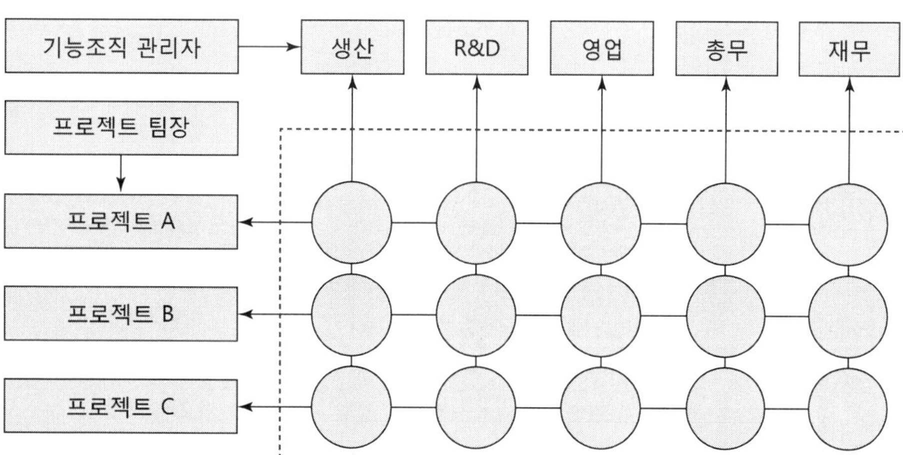

‖ **그림 8.1** 라인–스텝 조직과 매트릭스 조직

2절 벤처기업의 인사관리

1. 벤처기업의 인적자원관리

가. 벤처기업 인적자원관리의 일반 특성

벤처기업은 일반 기업이 가지는 특성들을 보유한 반면, 직원들이나 창업자는 일반 기업과는 다른 특성을 보이기도 하는데, 특히 창업자가 다른 특성을 나타낸다.

벤처기업의 경영자나 창업자가 가지는 특성을 보면, 첫째, 기업가로서 사회 변화에 도전하고 모험을 적극적으로 받아들이면서 변화에 대해서 예견력과 창조력을 지닌다. 둘째, 일반적으로 높은 학력을 지니고 있으며 대기업으로부터 독립해 나온(spin off) 사람이 많다. 마지막으로 비교적 젊은 층이 많고 새로운 기업관과 산업사회관을 지닌다.

벤처기업은 대기업에 비해 상대적으로 인적자원이 부족하기 때문에 인적 잠재력을 최대한 활용해 나가는 것이 성공의 필수조건이다(표 8.2 참고). 그래서 핵심 인력에 대한 확보와 유지에 대한 노력이 요구된다. 핵심 인력을 확보 및 유지하는 방안 중 하나는 경

‖ 표 8.2 벤처기업의 인적자원관리 특성

구분	벤처기업
인적자원 관리계획	• 비체계적인 인적자원계획 • 장기적인 관점에서 필요하나 인력부족 및 자금부족으로 미수립
모집	• 외부노동 의존, 지역적인 연고 및 추천활용 • 사외모집, 경력사원 선호
선발	• 임의적 선발기법 적용 • 협력과 인화강조(팀워크중시), 수시채용
훈련 및 개발	• 인적자원의 채용, 유지개선, 업적향상 • 자기개발, 사내 OJT 강조, 제한적 사외교육
인사고과	인사전담부서 미비로 공정한 고과 미실시
보상	• 연봉제와 스톡옵션(stock option)으로 대표되는 성과위주형 제도 • 제한적인 성과배분제도
노사관리	무노조기업, 집단적 노사관계의 부재
작업시스템	수평적 조직구조로서의 다양한 직무수행
의사소통	• 상하 간 수평적 의사소통(직무를 통한 경영참가) 필요 • 높은 의사결정권한과 자율적 분위기
고용안정	타이트한 인력운용, 제한적인 고용 조정

제적 인센티브 제공을 통한 유인책이고, 다른 하나는 인력 개개인의 역량을 간섭받지 않고 마음껏 발휘할 수 있는 직무와 자율성을 제공하는 것이다.

2. 벤처기업의 조직 구축

벤처기업은 초기에는 작은 규모이어서 구성의 필요성은 적지만 조직 확대에 따라 추후 필연적으로 만들어야 하는 구성 요소들이 있다. 필요한 조직요소는 핵심 종업원, 이사회, 자문단, 투자자 집단 등을 들 수 있다.

가. 핵심 종업원

핵심 종업원(key employees)은 창업자를 위시하여 창업기업에 초기부터 참여하는 소수의 정예 인원을 말한다. 상호 간의 강점, 약점이 보완되게 멤버가 구성되어야 하는데, 즉 창업 CEO가 기술개발에 강한 엔지니어이면 다른 핵심인력은 판매나 관리능력을 갖춘 사람이 보완되면 좋을 것이다. CEO가 추진력이 강한 스타일이면 핵심 참모는 꼼꼼히 챙기는 스타일이면 시너지효과가 클 것이다.

나. 이사회

이사회(board of directors)는 주주총회 권한사항을 제외한 중요 입무집행사항을 결의하는 기구이다. 대표이사 선임, 신주발행, 주주총회 소집 등 주요사항이 결정되며, 과반수로 승인 여부가 결정되며, 주식회사인 경우 초기부터 갖추어야 할 조직이다. 만일 이사회 안건이 자주 부결되면 업무 차질이 발생할 수 있으므로 이를 고려한 이사회 구성원이 결정되어야 한다. 종업원 중에서 선정한 사내이사와 회사 외부에서 선정한 사외이사(outside director)로 구성된다.

다. 자문단

자문단(advisory group)을 효율적으로 구성해 놓으면 높은 수준의 자문을 효율적으로 적은 비용으로 받을 수 있다. 회사에서 특정 분야 전문가를 풀타임으로 채용하는 경우, 많은 인건비가 소요된다. 장시간 근무 필요성이 없는 전문가들이 주로 자문단에 포함된다. 즉, 법률, 회계, 투자, 기술 분야의 전문가인 변호사, 회계사, 기술 전공 박사가 자문단에 많이 선정되며, 주주 중에서 자문단이 선정되면 더욱 충실하고 진지한 자문을 기대할 수 있다.

라. 투자자 집단

투자자 집단의 예로, 자기자본인 주식에 출자한 주주들의 모임이나 타인자본인 회사채에 자금을 제공한 채권자 모임을 들 수 있다. 투자자 집단의 특성에 따라 필요한 회의를 소집하여 회사 상황을 설명한다. 평소에 지속적으로 투자자집단을 관리하여 두면 증자나 추가 차입 시에 용이하게 목적을 달성할 수 있다.

3. 신생 벤처기업의 실패 위험성

신생 벤처기업의 인적자원 구성은 기업의 성공적 안착을 위해 중요하다. 인적자원은 신생 기업이 창업 아이디어에서 완전한 기능조직의 기업으로 이동하는 데 필요한 창업자와 핵심 인력, 자문 인력이다. 일반적으로 신생 벤처기업의 인적자원은 한 번에 구성되지 않는다. 대신에 신생 벤처기업은 추가적인 인원을 고용하는 방식으로 구성된다.

신생 벤처기업은 실패할 가능성이 높은데, 이는 기업을 시작하는 사람들이 충분히 그리고 신속히 각자의 역할을 조정 통제할 수 없고, 외부 구매자들과 공급자들에 대한 거래 실적 데이터가 부족하기 때문이다. 이것은 신생 벤처기업의 '신생조직의 위험(liability of newness)'과 관련이 있다(표 8.3 참고). 이러한 한계를 극복하는 것은 역량 있고 핵심 인력으로 신생 벤처기업의 인적자원을 구성하는 것이다.

‖ **표 8.3** 신생조직의 위험(liability of newness)

'신생 기업의 위험(불리)'란 기업의 일생 주기에 있어서 생존의 위험의 차이를 설명하는 것으로, 조직이 설립되었을 시점이 위험이 가장 높고, 기업 연령이 높아짐에 따라 위험성이 점점 줄어든다는 것을 의미한다. 이러한 현상이 일어나는 이유는 근본적으로 3가지 이유가 있는데 그 내용은 다음과 같다. • 새로운 분야에서 활동하는 새로운 조직은 조직 구성원들이 새로운 역할을 수행할 것을 요구함 • 이러한 새로운 역할의 학습이 시간을 소모하고 결국에는 비효율을 초래하게 됨 • 조직 설립 시 대부분 새로운 직원들이므로 서로를 알 수 없기 때문에 상호 믿음이 약함 • 새로운 조직들은 아직 고객의 안정적인 포트폴리오를 구축하지 못함

4. 신생 벤처기업의 창업팀 구성

창업자의 중요한 역할 중 신생 벤처팀을 구성하는 방법은 잠재적 투자자, 파트너, 그리고 관련 인력들에게 중요한 신호를 보낸다. 투자자와 관련자들은 경험 있는 내부 인적자원과 양질의 충고를 얻을 수 있는 자문위원회를 구성하는 것이 신생 벤처기업의 성공에 기여한다고 여긴다.

신생 벤처기업의 인력배치는 신중하게 생각하는 것은 중요하다. 팀 멤버들이 공존할 수 있는지, 팀 구성원의 전문 영역에서 적절하게 균형을 유지할 수 있는지 등을 포함한다. 팀원 구성 시 〈표 8.4〉와 같이 흔히 저지르는 실수가 있다. 이러한 실수들은 잠재적 투자자, 직원, 비즈니스 파트너의 신생기업 평가 시 위험 신호가 된다(표 8.4 참고).

표 8.4 신생 벤처기업의 인적자원 구성 시 공통적인 실수

- 자격이 없는 친구, 가족을 관리직에 앉힌다.
- 과거의 다른 사업군에서의 성공 경험이 신생 벤처기업으로 자동적으로 전환될 것이라는 가정
- "one man team" 팀원 증원 및 강화 계획없이 한 사람 또는 소수가 일인다역을 하도록 구성
- 기업에 대한 오너쉽의 분리없이 고위 관리자 고용
- 기술과 구성원의 자격 요건과의 차이를 줄이기 위한 막연하거나 명확하지 않은 계획

창업자는 신생 벤처기업의 창업팀을 구성하는 데 크게 두 가지 이슈가 있다. 창업팀의 규모와 창업자의 질적 수준에 관한 것이다. 일반적으로 4명을 상회하는 신생팀은 너무 커서 실용적이지 못한 경우가 흔히 있다. 또한 세 가지의 잠재적 위험이 있다고 알려져 있는데, 팀 구성원 간의 인간적 유대감이 크지 않을 수 있으며, 동업자로 시작하는 경우, 단 한 명의 CEO를 내세우는 경우, 충돌을 일으킬 수 있다.

창업 구성원 자체가 유사한 영역의 전문지식을 가지고 있는 경우 편중된 판단을 하게 될 확률이 높다. 창업팀의 질적 수준의 중요성은 기업의 창업초기에는 그들의 지식과 기술, 그리고 경험들이 기업이 가지고 있는 가장 가치 있는 자원이며, 현재의 성과보다는 '잠재력'에 의해 판단받기 때문이다. 질적 수준 〈표 8.5〉에 대한 우선시 되는 속성들은 다음과 같다.

표 8.5 창업팀의 질적 수준 평가 시 우선시 되는 속성

- 팀으로 시작된 기업: 팀으로 시작된 신생기업은 1인으로 시작한 벤처기업보다 더 많은 자원, 더 넓은 다양성 등 긍정적 요소를 조합할 수 있다
- 더 높은 교육 수준: 기업가적 스킬은 상위수준의 교육을 통해 강화
- 과거의 기업창업 경험: 기업 창업의 프로세스에 대한 사전 지식과 경험
- 유관 사업 경험: 동종 사업의 경험은 전문적 네트워크와 마케팅 수단 확보 가능성이 높음
- 폭넓은 사회적 직업적 네트워크

5. 핵심 인력의 확보

창업을 결심하면, 핵심 인력을 확보, 고용하고 관리팀을 구성하는 것을 시작해야 한다. 신생 벤처기업은 신속하게 필요로 하는 인력을 합류시키느냐에 따라 성패가 좌우되기도 한다. 핵심 인력을 확보하기 위해 창업자들은 개인적 네트워크를 활용하거나, 기 고용된 인력으로부터 추천을 받기도 하고, 인턴제도 및 구직사이트를 활용하기도 한다. 최근에는 인터넷의 발달로 인해 페이스북, LinkedIn, Twitter 등의 SNS를 적극 활용하기도 한다.

국내에서 많이 이용하는 취업사이트를 통해 효율적이고 저렴하게 채용을 추진할 수 있다. 고용노동부에서 운영하는 구직사이트인 워크넷(www.worknet.co.kr)을 이용하면 소요비용 없이 채용을 추진할 수 있다. 그 외 잡코리아, 사람인, 인크루트 등이 유명하다. 고급 기술인력의 스카우트는 전문 채용기업인 헤드헌터(head hunter)를 통해서도 가능하며, 이때 고액의 비용이 소요된다.

3절 R&D 조직관리[1)]

1. R&D 조직관리 개념

R&D 조직관리는 조직의 경쟁력 강화를 위해 사업조정 및 조직구조 설계, 구성원과 집단 그리고 조직수준의 상호시너지와 상호연계를 강화하고 조직문화의 변화와 조직 효과성 및 효율성 증대를 강화하기 위한 활동이다. R&D 조직구조는 환경의 변화를 포함하는 상황 변수들과의 적합관계를 달성할 때 조직의 유효성과 목표달성을 기대할 수 있으므로 최선의 조직구조나 조직 관리 방법이 존재하기보다는 기술이나 상황적 변수를 고려하여 선택·설계 되어야 한다.

가. R&D 조직의 유형

R&D 조직의 유형은 크게 계층적 조직(hierarchical organization)과 매트릭스 조직

1) R&D 인력 및 조직관리는 조근태(R&D 관리, 2011)을 참고하여 작성함.

(matrix organization)으로 대별되며 각 조직은 다음과 같은 유형으로 분류될 수 있다.

계층적 조직은 하향식 접근으로 연구개발부서장을 중심으로 기능/제품/프로젝트 등의 특정한 한 가지 기준에 따라 하위부서가 편성되며 기능적 조직, 제품별 조직, 프로젝트별 조직으로 분류된다. 계층적 조직은 수직적 형태의 조직이기 때문에 관리가 용이한 반면, 하위부서 간 의사소통을 위해서는 단계를 거쳐야 한다. 따라서 문제에 대한 신속한 대응이 어렵다는 단점이 있다.

매트릭스 조직은 연구과제와 결부되어 각 연구부서가 공동으로 유기적인 R&D 활동을 수행하는 조직형태이다. 최근 연구소내의 R&D 조직은 기능조직 → 프로젝트 조직 → 매트릭스 조직의 변화 과정을 밟고 있다. 그러나 장단점 파악과 내부사정 등을 감안해야 할

‖ 표 8.6 R&D 조직의 유형별 장단점

조직유형 / 특성	기능적 R&D 조직	프로젝트 R&D 조직	매트릭스 R&D 조직
목표	기능(기술분야)목표 강조	특정프로젝트(제품) 강조	제품/시장 강조
영향력	기능부서 책임자	프로젝트(제품) 책임자	매트릭스 책임자와 기능부서 책임자
승진	특수기능에 의함	프로젝트 관리능력에 의함	기능부서 또는 매트릭스 책임자에 의함
예산	부서별	프로젝트, 제품, 프로그램별	매트릭스 조직과제에 의함
보상	특별능력에 의함	통합능력에 보상	전문기술 수준과 매트릭스 성과
장점	• 안정적 환경에 적합 • 기술전문가 집단 본거지 • 깊이있는 기술개발 지원 • 관리조정의 부담에서 해방 • 소규모집단에서 우수한 의사소통 네트워크 구축	• 급변상황에 적합(즉응체제) • 프로젝트(제품) 가시성 큼 • 목표기준(비용, 시간, 성과) 명확 • 고객에 대한 업무책임 명확 • 범부서별 다중업무의 병행처리 가능	• 매트릭스 과제에 전심 • 집중화로 정보요구 감소 • 전문분야, 제품분야에 다수의 전문가 육성 • 급속한 지식변화에 대처 가능
단점	• 반응시간 더딤 • 연속적 업무로 애로 발생 • 의사결정이 상부에 집중 • 다종제품 생산의 경우 우선순위 문제 • 부서간 협조 취약 • 혁신촉진상 지나친 안정도 • 전체시각의 결여	• 기술개발의 프로젝트(제품) 분야에 한정 • 자원의 공동활용이 어려움 • 협력/조정이 어려움 • 깊이있는 기술개발 어려움 • 과업설정/우선순위 설정 곤란 • 고차원의 협력체제 어려움	• 매트릭스 조직에서의 자원공유 어려움 • 복종/위계질서의 혼란 • 전문부서 활동이 매트릭스 조직 내로 제한됨 • 매트릭스 조직 참여자의 고도의 인간관계 요구

* 출처: 정원일 외, 연구기획평가실무자를 위한 R&D 프로젝트 관리, 한국산업기술진흥협회, 2007.

것이다. 매트릭스 조직은 유연한 조직운영과 자원 활용을 극대화하는 장점을 가지고 있는 반면 소속감의 혼란과 성과평가가 어렵다는 단점을 내포하고 있다.

계층적 조직 및 매트릭스 조직은 연구 전담부서를 기준으로 한 분류이다. 효과적인 연구 수행을 위한 연구관리 부서와 현장기술 지원 및 사업화 지원을 위한 부서를 R&D 조직 내에 별도로 설치 운영하는 경우가 많다. R&D 조직의 유형별 장단점을 비교한다면 〈표 8.6〉과 같다.

나. R&D 조직의 운영

R&D 조직의 운영은 결국 그 조직이 연구업무를 수행하는 데 얼마나 운영활성화를 도모하는가에 달려 있다. R&D 조직활성화를 위한 구체적인 방안은 다음과 같다.

첫째, 조직구성원이 자유스럽고 스스로 통제하고 있다고 느끼도록 조직의 내부환경이 조성되어야 한다. 둘째, 연구조직운영의 조직단위인 팀 관리의 효과를 극대화하기 위해 자격을 갖춘 팀 관리자가 선임되어야 한다. 팀 관리자는 팀원을 적재적소에 배치하여 능력을 발휘하도록 해야 하며, 분명한 목표를 설정해 주고 팀원과의 커뮤니케이션을 원활히 해야 한다. 셋째, 조직운영에 필요한 연구시설, 연구정보, 예산, 연구인력 등 충분한 연구자원이 제공되어져야 한다.

넷째, 조직 구성원들의 아이디어에 관심을 가지고 꾸준히 격려해야 하며, 연구에 실패하였다 하더라도 추궁하는 분위기로 몰아넣어서는 안 된다. 다섯째, 조직간 협조적 분위기를 조성하고 원활한 커뮤니케이션이 이루어지도록 분위기를 형성해 주어야 한다. 여섯째, 조직구성원들이 창의적인 연구결과에 대해 적절한 인센티브를 받을 수 있는 보상시스템을 구축하고 있어야 한다. 일곱째, 연구개발 활동은 단기적인 성과물이 나타나지 않기 때문에 충분한 시간을 가지고 연구에 매진하게 해야 한다. 여덟째, 조직 분위기가 와해되지 않도록 창의성에 지장을 초래하지 않는 선에서 적절한 수준의 관리와 압력이 이루어져야 한다.

반면 보상시스템이 잘못되었거나, 연구 조직 내 타 분야에서의 후원이나 협조가 결여되어지는 NIH(not invented here) 신드롬 현상의 발생, 새로운 아이디어를 촉진시키고 개발하는 시스템을 저해하는 정치적인 이슈들, 열악한 물리적 환경, 공정하지 못한 연구평가시스템 등은 조직 활성화를 저해할 것이다.

2. R&D 조직의 창의성 제고 방안

조직의 창의성이란 조직 내 개인들이 창의성과 개인들이 교류하고 접촉하는 방식에 영향을 미치는 다양한 사회적 프로세스와 환경요소의 복합작용이다. 그러므로 한 조직의 전반적인 창의성의 수준은 그 조직이 고용한 개인의 창의성의 단순 합은 아니며, 조직의 구조, 일처리 패턴, 그리고 보상 시스템 등은 개인의 창의성 발휘에 영향을 미친다.

조직 창의성에 영향을 미치는 요인들은 조직의 동기화, 자원, 보상시스템, 창의경영 관행 등이 있으며 세부 내용은 다음과 같다.

가. 조직의 동기화(organizational motivatim)

조직의 동기화란 조직 내에서 창의성과 혁신을 이루도록 조직에 혁신문화를 갖추게 하는 것을 말한다. 여기서 혁신문화란 조직 내 구성원들의 공유된 가치관으로서 외부환경 변화에 대한 정보를 자율적이고 적극적으로 입수, 분석하며, 그에 따라 적절한 행동을 즉각적으로 실행하며, 위험을 추구하고, 실패를 허용하며, 혁신적인 비전을 제시하는 것에 대한 개인의 지각으로 정의한다(최종인, 1995). 이러한 조직은 개인 창의성이 충분히 발휘될 가능성이 높아져 집단 및 조직창의성도 높게 나타날 것이다(Woodman etal., 1993).

나. 자원의 적절한 제공

조직의 자원(resources)은 구성원들이 업무나 과제에 필요한 자원 등에 대한 활용을 풍부하고 유연하게 할 수 있는 정도로 제공되어야 한다. Amabile(1996)은 조직의 창의성을 촉진하는 환경적 요인으로 충분한 정보, 시설, 기자재, 자료, 기금, 사람 등에 대한 접근정도와 문제에 대해 충분히 생각할 시간 등의 자원이 창의성 수준과 관련이 있다고 말한다.

다. 보상시스템 확립

조직의 보상 시스템이란 조직의 창의적인 아이디어나 과업수행, 결과에 대한 경제적, 비경제적 보상의 정도를 말한다. 창의적인 성과창출에 기여하는 개인 또는 팀에게 충분한 사회적, 경제적 보상이 이루어질 수 있는 제도적 기반을 갖추어야 개인이나 팀을 지속적으로 동기 부여할 수 있다. 업적위주의 보상은 아이디어 제시나 과업수행 결과에 따라 공정한 보상이 이루어지는 것으로, 업적을 기준으로 적용하는 보상 제도를 말한다.

아울러, 개인 또는 집단에 대한 보상으로서 경제적 보상 외에 창의적인 인재들이 중요하게 생각하는 명예, 권위, 존중, 승진 등의 사회적 시스템을 개발하여야 한다(Amabile, 1996).

라. 창의경영 관행

조직의 창의경영 관행은 개인이나 집단창의성을 구현하기 위한 다양한 제도와 시스템을 말한다. 창의적인 연구 환경을 조성하기 위해서는 개인과 연구팀 이들을 둘러싼 조직특성, 환경특성, 그리고 제도적 특성간의 상호일관성 유지가 창의적 성과창출의 핵심요소가 된다.

3. 연구개발 인력의 관리

가. 연구개발 인력의 중요성

기업의 연구개발 활동은 실질적으로 연구개발 인력에 의해 이루어진다. 연구개발 인력관리는 연구개발 인력의 특수성을 감안한 수단들이 도출되어야 한다.

창의성과 독창성을 기반으로 하는 '하이컨셉' 시대'로 진화하는 시대의 변화 속에서 기업 간, 산업 간 경쟁이 치열해지고 있는 요즈음 '하이터치'의 중요성이 강조되고 기술력에 의한 시장지배력이 경쟁력의 원천이 되기 때문에, 기술혁신 역량 구축의 주체로서 R&D인력의 중요성이 더욱 강조되고 있다(조근태, 2011).

나. 연구개발 인력관리의 목표

연구개발 활동의 성공을 위해서는 적절한 프로젝트 책임자 및 구성원의 선발, 이들의 연구능력을 유지하기 위한 교육훈련, 그리고 연구개발 인력에 대한 동기부여가 중요하다.

인력확보의 목표는 기업이 경쟁기업과 비교하여 보다 우수한 연구개발 인력을 확보하려는 것이다. 인력 효과성 목표는 이미 확보된 연구개발 인력을 효과적으로 관리하여 이들로 하여금 성공적인 연구개발을 수행하게 하여 기업의 경쟁우위에 공헌하게 하려는 것이다.

기업의 경쟁우위 확보에 있어서 기술이 중요해짐에 따라 세계적 기업의 경영층은 기술적인 배경을 가지고 있는 경향이 많다. 과거에는 기업의 최고경영자가 되기 위해서는 재무부서나 마케팅부서의 교육과 경험을 가진 인력이 선호되었지만 갈수록 기술적 배경을 가진 인력이 경영학적 이론을 겸비하여 기업을 경영하는 추세로 전환되고 있으며 이들이 효과적인 기술전략과 경쟁전략을 수립하는 데에 보다 성공적인 역할을 하는 사례가 증가하고 있다.

다. 연구개발 인력의 경력 유형

R&D 인력이라도 개인의 관심과 적성, 삶의 목표나 가치관, 조직 내의 위치와 기대 역

할, 소속, 연구소의 성격 등에 따라 지향하는 경력의 유형이 다를 수 있다. 일반적으로 R&D 인력이 추구할 수 있는 경력 유형은 다음과 같이 다섯 가지로 나눌 수 있다(조근태, 2011).

(1) 기술개발 전문가

CTO(chief technology officer)와 같이 담당 분야의 국내 및 세계 최고의 기술자를 목표로 새로운 지식 창출이나 신기술 개발을 위해 자신이 담당하고 있는 분야에만 몰입하기를 원하는 유형이다. 이들이 선호하는 보상은 연구 자율성이나 도전적인 업무 부여, 학회 발표 등 자신의 전문성을 높일 수 있는 것들이다.

(2) 제품개발 전문가

관리직이나 전문직으로의 승진보다는 도전적이고 흥미 있는 제품개발 프로젝트를 지속적으로 수행하고 싶어 하는 프로젝트 전문가 유형이다. 자신에게 흥미 있는 프로젝트 수행 기회나 자율성을 주로 추구한다. 또한 기술개발 전문가와는 달리 현상경험이나 실무능력을 중요시 한다. 일부 연구소나 설계실 등에서 명장 혹은 명인 등의 호칭을 부여 받고 있으며, 한 분야에서 최고의 실무 전문가로 인정받고 있다.

(3) 연구 관리자

연구소장과 같은 관리자를 목표로 인사권 및 예산권을 갖고 연구소나 연구기획 등 담당부서를 책임지고 운영하는 관리자가 되는 것을 선호하는 유형이다. 관리능력과 리더십이 우수한 연구원 중에서 선발하는 것이 좋다.

(4) 기술사업가

CEO(chief executive officer), CMO(chief marketing officer), COO(chief operating officer), CFO(chief financial officer) 사업본부장 등 경영자를 목표로 자신이 개발한 결과를 사업부까지 직접 이관하는 것을 선호하는 유형이다. 이들은 제품의 성공적인 출시에 기여하기 위해 프로젝트 수행 초기부터 최종 제품 완성까지 참여한다. 이 유형은 조직 측면에서 R&D와 생산부서 등 기능 간 연계를 촉진하고 개인에게는 다양한 기회를 제공한다는 효과가 있다.

(5) 창업가

자신의 R&D 경험을 바탕으로 독자적인 창업의 길을 모색하거나, 그러한 기회가 주어질 경우 조직 내외의 벤처기업에 참여하는 것을 선호하는 유형이다. 이 유형은 조직에 대한 만족도가 낮아 조직 내에서의 성공보다는 자신의 기업을 창업하거나 사내 벤처 등을 통해 경제적 보상과 자율성을 확보하고자 하는 니즈가 강한 연구원에게서 많이 나타난다.

R&D 인력 양성을 국내 환경에 맞춰 검토해보면 대다수의 기업에서는 제품개발 전문가, 기술사업가, 창업가 유형을 선호해 나가고 있다. 이는 순수 연구개발에 의한 시장 진입 관점 보다는 시장 중심형 R&D 관점에서 경쟁사 대비 스피드 경쟁력 때문이다.

라. 연구개발 인력의 관리

연구개발 인력이 채용되어 업무를 시작하면 이들을 효과적으로 관리하여야 한다. 이와 같은 업무관리에 있어서 중요한 과제는 연구개발 인력의 관리, 동기부여 및 보상을 들 수 있는데, 이를 통하여 연구개발 인력의 업무와 성과에 긍정적인 영향을 미쳐야 할 것이다. 연구개발 인력 인사관리의 세부적인 수단은 다음과 같다.

(1) 연구개발 인력 관리방법

R&D 인력에 대한 관리는 적절한 시기에 적절한 능력과 기술을 보유하고 있는 R&D 인력을 조직에 제공하여야 하며, R&D 인력을 통해 기업에 내재하는 문제점을 해결하여 높은 성과를 달성하도록 동기를 부여하고 이들을 만족시킬 수 있어야 한다. 여기서는 R&D 인력관리를 위한 도구로서 기술·인적자원맵과 이중경력제도를 소개한다.

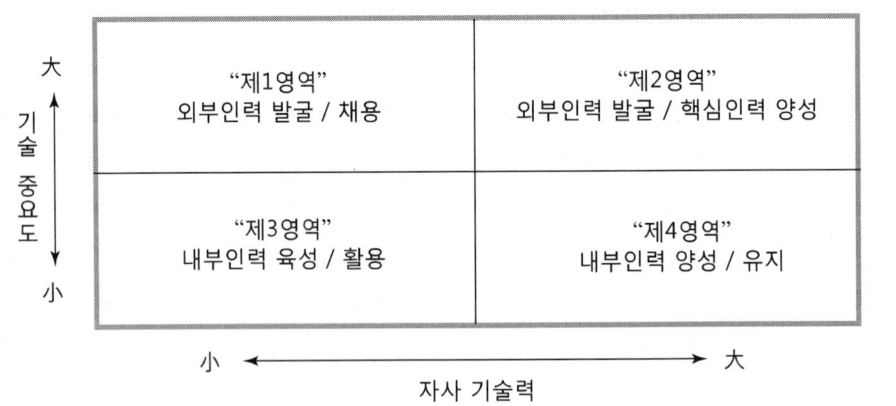

* 출처: 정원일 외, 연구기획평가실무자를 위한 R&D 프로젝트 관리, 한국산업기술진흥협회, 2007.

║ **그림 8.2** 기술 중요도-자사 기술력 매트릭스

기술·인적자원맵은 기술전략 설정, 상품개발, 기술자 육성, 기술자의 최적 배치와 경력경로 개발에 활용할 수 있는 도구(Map)로서, 기술자의 채용이나 능력개발, 이동이나 전직과 같은 관리에도 사용이 가능하다.

이 방법은 자사가 속한 사업 분야의 해당기술을 전개하고(기술트리) 회사에서 필요한 기술이 무엇인지를 도출하게 된다. 이때 〈그림 8.2〉에서 보는 바와 같이 자사의 기술수준과 기술의 중요도를 매트릭스화하여 분석하게 된다. 기술의 중요도는 기술의 기여도와 기술의 난이도로 나누어 파악해 볼 수 있다.

자사기술력이 떨어지나 기술 중요도가 큰 제 1영역의 경우, 기술력 향상이 시급한 영역으로 외부 우수연구 인력을 발굴채용하게 된다. 기술 중요도는 낮지만 자사 기술력이 높은 제4영역의 경우는 내부인력을 양성하거나 유지하는 R&D인력 관리 전략을 추진한다.

이중경력제도는 연구직 전문가 경로와 관리자의 두 경로가 수평이동이 가능하고 유연한 경력 경로를 설계함으로써 이들이 원하는 분야에서 근무하며 조직에 기여하고 다양한 경험을 쌓을 수 있는 기회를 부여 하는 제도라고 할 수 있다.

이 제도하에서는 경영을 통해 회사에 대한 권한과 영향력을 발휘하기를 원하는 구성원

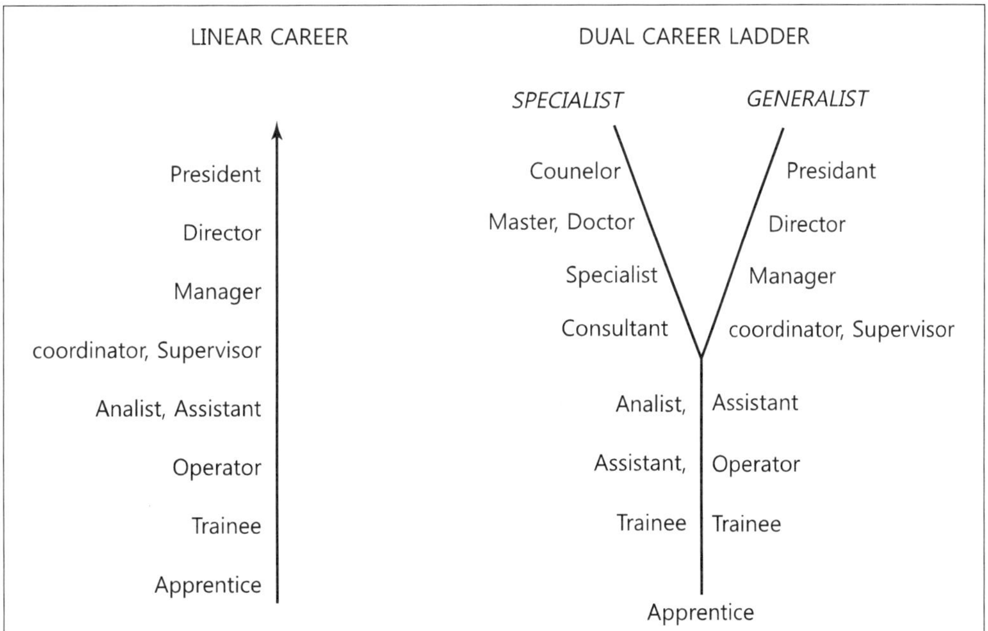

* 출처: 조근태, R&D 관리(2011)

‖ 그림 8.3 IBM의 이중 경력 경로

이 관리자로서의 경력 경로를 선택 할 경우에는 조직 관리 능력이나 리더십을 키우고 향후 뛰어난 관리직으로 성장할 수 있도록 차별화된 업무 배치나 교육 훈련 등의 기회를 얻게 된다. 구성원이 전문가로서 연구직의 경력 경로를 선택 할 경우 특정 영역의 전문가로서 연구에 대한 자율권과 전문성을 확보하게 된다.

〈그림 8.3〉은 IBM의 이중경력제도를 나타낸 것으로 IBM은 구성원들이 전문가적 업무와 관리적 업무를 병행하여 다양한 업무를 경험할 수 있는 이중 경력 제도를 활용하고 있다. 이를 통해 구성원들은 회사에 대한 전사적인 시각과 다양한 지식을 갖출 수 있다.

(2) 동기부여와 보상

기업은 연구개발 인력에 대한 합리적인 보상 시스템(incentive system)을 운용하여야 한다. 보상은 프로젝트 자체로부터 유발되는 내생적 보상(intrinsic incentive)과 특정한 행동에 대한 물질적, 비물질적 지원인 외생적 보상(extrinsic incentive)으로 나눌 수 있다. 기업은 보상시스템을 구축하여 연구개발 인력이 높은 성과를 창출할 수 있도록 유도하여야 할 것이며 그 구체적인 방법은 다음과 같다.

첫째, 연구개발 프로젝트는 연구개발요원들에게 그 자체로서 매우 중요한 동기유발 요인(motivator)이다. 이에 따라, 흥미롭고 도전적인 과제를 수행할 수 있는 기회는 연구개발 인력에게는 대단히 중요한 보상이 된다.

둘째, 물질적인 보상으로는 연구개발 인력에 대한 임금인상 및 성과배분 등을 들 수 있다. 이와 같은 물질적인 보상은 연구개발 인력을 포함한 모든 인력들에게 중요한 인센티브가 된다.

셋째, 비물질적 보상으로는 승진, 교육훈련, 연구의 자율성 등을 들 수 있다. 연구개발 인력은 일반 인력들과 달리 교육훈련, 연구 자율성, 독자적인 연구팀의 구성 등이 중요한 인센티브로 작용할 수 있다.

벤처기업의 경우 강력한 동기부여 수단으로 스톡옵션(stock option; 주식매수선택권) 제도를 채택할 수 있다. 스톡옵션은 자기 회사의 주식을 특정 가격에 일정 물량을 특정 기간 동안 매입할 수 있는 권리를 주는 것이다. 주식옵션을 부여받은 자는 주가를 높이기 위해 노력할 것이다. 회사 입장에서는 당장 자금 부담이 없다는 점에서 유리하나 주식 물량이 늘어날 수 있어 미래 주가를 하락시키는 효과가 있다.

4. R&D 조직의 성과 측정

가. R&D 성과 측정방법

조직의 성과에 대한 전통적인 측정방법은 재무적 성과를 이용하는 것인데 조직의 궁극적인 목적인 이익, 매출액 등의 현금흐름을 측정한다. 하지만 재무적 성과는 근시안적이고 단기적인 경향이 있으며, 전체 시스템 성과의 일부에 지나지 않는다. 이와 더불어 지식과 같은 비재무적이면서도 비가시적인 무형자산이 더욱 중요시되면서 다차원적인 조직성과 측정기법이 활용되고 있다.

다양한 성과평가의 방법론 중에서 최근 주목받고 있는 기법 중 하나가 Kaplan과 Norton에 의해 제시된 전략적 성과지표관리(BSC; balanced score card) 경영기법이다. BSC는 재무적 관점, 고객 관점, 내부 프로세스 관점, 혁신 및 학습 관점에서 조직의 경영성과를 통합적으로 평가하고, 이에 근거하여 조직의 지속적인 성장을 도모하는 방법이다. 그리고 각 관점에 따라 2~4가지의 핵심성과지표(KPI; key performance indicator)들로 구성하여 평가한다(Rouse & Boff, 2001).

재무적 관점은 수익성에 관한 내용들을 측정하는 것으로서, '조직이 재무적으로 성공하기 위해서는 주주들에게 어떻게 보여야 하는가?'라는 물음에 대한 대답이다. 일반적으로 R&D 조직의 최종산출물은 직접적인 재무성과를 내지 못하는 기술이다. 따라서 R&D 조직의 재무적 성과를 측정하기 위해서는 직접적인 현금흐름보다는 R&D의 재무적 성과에 대한 기여도를 평가하는 것이 타당하다고 할 수 있다.

나. 고객 관점의 R&D 성과 측정

고객 관점은 '조직의 비전을 달성하기 위해 고객들에게 어떻게 보여야 하는가?' 에 대한 설명으로서 목표시장에서의 고객만족도, 단골고객 유지율, 시장점유율 등을 측정하는 것이다. 따라서 고객 관점에서는 R&D 성과에 대한 내부고객 만족도와 외부고객 만족도, R&D 시장점유율 증대에 대한 기여도를 활용하는 것이 필요하다.

내부 프로세스 관점은 '주주와 고객을 만족시키기 위해 조직이 어느 프로세스에서 탁월성을 갖추어야 하는가?'라는 물음에 대한 대답으로서, 이 관점은 고객만족도와 재무적 목표를 달성하는 데 가장 큰 영향력을 미치는 내부 프로세스에 초점을 둔다. R&D 조직의 가장 핵심적인 내부 프로세스는 R&D 프로세스로서 이에 대한 효율적이고 효과적인 운영이 요구된다. 이는 높은 기술수준의 달성과 완료기간의 단축으로 나누어 생각할 수 있다. 따라서 내부 프로세스 관점에서는 프로젝트 성과의 기술수준과 프로젝트 완료기간의 단축을 R&D 조직의 내부 프로세스 핵심성과지표로 이용하는 것이 바람직하다.

다. 혁신과 학습 관점의 R&D 성과 측정

혁신 및 학습 관점은 '조직의 비전을 성취하기 위해 변화 능력과 개선능력을 어떻게 유지할 것인가?'라는 질문에 대해 설명으로서 조직이 장기적인 성장을 지속하기 위해 구축하고 관리해야 하는 기반 구조를 의미한다.

과학기술활동의 대표적인 1차 성과인 특허, 논문, 기술보고서는 R&D 활동의 자기 학습을 통한 기술획득 능력으로서 장기적인 관점에서의 기술리더십을 달성하기 위한 지표들이다. 특허, 논문, 기술보고서는 R&D 조직에 직접적인 이익을 가져다주지는 못한다. 하지만 이러한 성과들은 장기적인 관점에서 볼 때 미래의 재무성과로 나타날 수 있는 잠재성을 반영한 지표로서, R&D 조직의 장기적인 성장과 개선을 위한 기반이 된다. 따라서 혁신 및 학습관점의 핵심성과지표로 특허 수, 논문 수, 기술보고서 수를 고려하는 것이 좋다. 선행연구에서 활용된 R&D 조직의 BSC 성과를 측정하는 지표를 종합하면 〈표 8.7〉과 같다.

‖ **표 8.7** R&D 조직의 핵심성과지표에 관한 선행연구

	KERSSENS-van Drongelen과 Cook (1997)	Bremser와 Barsky (2004)
재무적 관점	• R&D 투자 대비 R&D 성과의 현재가치 • 신제품 매출 비율 • R&D로 얻게 된 시장점유율	• 혁신에 의한 R&D 가치 창출 • 상업화에 의한 R&D 가치 창출
고객 관점	• 고객만족도 • 고객의 제안으로 시작한 프로젝트의 비율 • 양산 이전에 중단된 프로젝트의 비율	• 신제품의 판매액 비율 • 제품수명주기 • 신제품에 대한 고객만족도
내부 프로세스 관점	• 총 R&D 시간 대비 프로젝트 투입시간 • 목표 출시속도 대비 현재의 출시속도 • 표준설계 및 증명된 기술의 재활용 비율 • 계획된 프로젝트 기간의 합 대비 • 수정된 프로젝트 기간의 합 • 재작업 횟수 대비 재작업 시간	• 신제품 수 • 평균개발주기 • 제품당 평균개발 비용 • 가격책정과 이익 기획의 정확성 • 신제품 채택률 • 안전사고
혁신 및 학습 관점	• R&D 지출액 대비 특허의 수 • 기초 또는 응용 연구에 대한 R&D • 내외부의 예산액 비중 • 외부의 제3자와 공동으로 추진 중인 프로젝트의 비중 • 신 프로젝트에 적용된 아이디어의 비율	• 특허 수 • 경쟁력 분류 대비 전략적 스킬의 범위 • 경쟁사 대비 R&D 경쟁력 • 종업원 설문 지수 • 종업원 훈련 시간
한계	R&D 관리 측면의 핵심지표로 구성되어 기술경영의 전체적 관점에서의 성과측정 불가	

* 출처: 조근태, R&D 관리(2011)

창업 Worksheet 5 창업팀 조직구축

1. 당신이 잘하는 일과 분야는 무엇이며, 업무 추진 시의 장점은 무엇인가? 당신이 부족하다고 느끼는 분야와 업무 추진 시의 단점은 무엇인가?

2. 창업자로서 필요한 능력은 무엇이며, 창업조직이 갖추어야 할 의사결정 방식은 무엇이라고 생각하는가?

3. 창업된 회사가 잘 성장하고, 당신의 단점을 보완하려면 어떤 전공과 기질을 갖춘 구성원이 보완되어야 하는가?

4. 당신이 필요로 하는 사람을 어떻게 뽑을 것인가? 다음 사항에 대해 브레인 스토밍 방식으로 토의해보라.

   (1) 구성원 채용과 screening 방법

   (2) 구성원의 보상 방안

   (3) 구성원들과의 소통 방법

5. 당신이 뽑은 구성원이 회사 결정과 다른 의견을 제시하면 어떤 행동을 해야 하는가? 구성원들 간 합의에 많은 시간이 소모되고 잘 합의되지 않는다면 어떻게 할 것인가?

제 9 장

재무능력 평가 및 자금조달

1절 회계정보의 필요성과 회계등식

1. 회계의 필요성

회계정보의 주된 목적은 기업 활동을 계량화하여 이해관계자에게 유용한 정보를 제공하는 것이다. 좀 더 구체적으로, 이러한 회계정보를 일정한 규칙에 의해 작성하여 공시하는 보고서를 재무제표라 한다. 재무제표에는 특정시점의 기업의 재무상태 즉 자산과 부채 그리고 자본이 어떻게 구성되어 있는지를 나타내는 재무상태표, 특정기간 동안 기업의 영업성과를 나타내는 손익계산서, 현금의 흐름을 나타내는 현금흐름표(statement of cash flow), 그리고 자본의 변동을 보여주는 자본변동표(statement of change in equity) 등이 있다.

2. 재무제표

재무제표(financial statements)란 기업의 여러 활동을 정보이용자 측면에서 일정한 규칙에 의거하여 특정 목적에 따라 기록하고 재분류하고 요약하는 보고서이다. 다만 유의할 점은 위에서 설명한 네 가지 재무제표, 즉 재무상태표, 포괄손익계산서, 자본변동표, 그리고 현금흐름표는 비록 특정의 목적에 의해 각각 작성되고 있으나 서로가 연계(articulation)되어 있다는 사실이다. 즉 한 재무제표가 잘못 작성되면 다른 재무제표에도 영향을 미칠 수 있음을 유의할 필요가 있다.

가. 재무상태표

재무상태표(statement of financial position)는 특정시점을 기준으로 한 기업의 자산, 부채, 자본 상태를 나타내는 재무제표이다. 2012년 한국이 국제회계기준(IFRS; international financial reporting standards)를 도입하기 이전에는 대차대조표라 불리었다. 재무상태표를 구성하는 항목별로 설명하면 다음과 같다(표 9.1 참고).

(1) 자산

자산이란 기업이 보유하고 있는 자원을 이용하여 미래에 현금 유입이 가능케 하는 수단이다. 구체적으로 자산이 되기 위해서는 과거에 거래가 발생했으며, 기업이 통제할 수 있어야 하고, 미래에 경제적 효익이 기업에 유입될 것으로 기대되는 자원으로 유동자산과 비유동자산으로 나뉜다.

(2) 부채

부채란 기업이 안고 있는 채무다. 즉 언젠가 기업이 갚아야 할 빚이다. 구체적으로 부채란, 과거에 거래가 발생했으며 앞으로 기업으로부터 유출될 것이 예상되는 현재 의무로 이 역시 유동부채와 비유동부채로 나뉜다.

(3) 자본

자본은 기업이 영업을 하기 위한 필요한 자원으로 주주들이 현금으로 납입한 자본금, 그리고 영업을 한 결과 기업에 유입된 이익잉여금으로 크게 구분된다. 하지만 회계에서 기업의 자산에서 부채를 차감한 잔여지분으로 정의하며, 이를 소유주지분이라고도 부른다. 이에는 자본금, 자본잉여금, 자본조정, 기타포괄손익누계액 등이 있다.

표 9.1 재무상태표

재무상태표				
(주)테크컨설팅		201×년 12월 31일 현재		(단위: 원)
자산			부채	
현금		4,000	매입채무	2,500
매출채권		6,000	미지급인건비	400
소모품		800	부채총계	2,900
선급보험료		4,400	자본	
사무용비품	3,000		자본금	10,000
감가상각누계액	(600)	2,400	이익잉여금	4,700
			자본총계	14,700
자산총계		17,600	부채와 자본 총계	17,600

나. 포괄손익계산서(손익계산서)

포괄손익계산서(statement of comprehensive income)는 일정기간 기업의 영업성과를 나타내는 재무제표이며 손익계산서라고도 불린다(표 9.2 참고). 통상적으로 손익계산서는 1년 단위로 작성되지만 분기별, 월별로도 작성된다.

재무상태표가 일정 시점의 기업의 재무상태를 표시하는 재무제표라면, 손익계산서는 특정기간 동안 영업성과를 나타내는 표이다. 결국 손익계산서는 영업성과를 정보이용자가 이해하고 필요한 정보를 습득하도록 재분류하고 보고하는 기능을 한다. 손익계산서는 일정기간 동안 얼마의 수익이 발생했으며 이를 위해 얼마만큼의 자원을 소비(즉 비용)했는가를 보여준다. 예외는 있을 수 있으나 일반적으로 수익은 실현주의를, 비용은 발생주의를 채택하며, 또한 수익·비용대응원칙을 근간으로 한다.

‖ **표 9.2** 손익계산서

손익계산서 (주)테크컨설팅	201×년 1월 1일부터 201×년 12월 31일부터	(단위: 원)
수익:		
자문료수익		13,300
비용:		
인건비	3,400	
임차료	1,500	
수도광열비	1,000	
잡비	500	
소모품비	1,200	
보험료	400	
감가상각비	600	8,600
당기순이익		4,700

다. 자본변동표

자본변동표(statement of change in equity)는 자본 계정 즉 소유주지분의 일정기간 동안 변동을 표시한 것으로 구성항목으로는 자본금, 자본잉여금, 자본조정, 기타포괄손익누계액, 이익잉여금으로 나눈 후 기초금액, 당기의 증가와 감소, 기말 잔액을 일목요연하게 정리한 표이다.

라. 현금흐름표

재무상태표는 일정시점 기업의 재무상태를 나타내며, 손익계산서는 기업의 경영성과와 이익잉여금의 증감 원인이 되는 당기순손익의 발생내역을 나타낸다. 그러나 손익계산서는 발생주의에 입각해서 만들어지기 때문에 현금 유출, 유입에 대한 정보를 상세히 제공하지 못한다. 이익은 발생하나 당장 지급할 현금이 없어 부도가 발생하는, 즉 흑자도산(technical insolvency)을 예방할 수 있는 현금흐름에 대한 정보는 현금흐름표(statement of cash flows)를 통해서 자세히 알 수 있다.

마. 일반적으로 인정된 회계원칙(GAAP)과 IFRS회계

이처럼 기업 대내외적으로 여러 이해관계자들은 서로 다른 회계정보를 필요로 하지만 무엇보다도 가장 기본이 되는 전제는 제공되는 정보를 신뢰할 수 있어야 한다는 점이다. 즉 신뢰할 수 있는 정보에 의해 의사결정을 내릴 때에야 비로소 올바른 결정을 내릴 수 있을 것이다. 이를 위해 기업은 자의적으로 재무제표를 작성하는 대신 일정한 기준에 의해 재무제표를 작성해야 할 것이며, 이러한 기준을 '일반적으로 인정된 회계원칙(GAAP; generally accepted accounting principles)'이라 한다.

한편 현대에 들어오면서 기존 재무상태표와 더불어 손익계산서의 중요성이 부각되었다. 이러한 이유로는 투자자들의 요구하는 정보가 어떤 형태로든지 재무제표에 반영되어야 하기 때문이다. 투자자들은 자산과 부채 그리고 자본에 대한 정보도 필요로 하지만, 특정기간의 영업성과 정보를 추가적으로 필요로 한다. 즉 투자여부를 결정하기 위해서 기업의 수익성 등 손익계산서의 정보를 필요로 한다. 또한 IMF 금융위기를 즈음하여 현금흐름표의 중요성이 대두되었는데 이는 발생주의에 의한 회계 이외에 현금주의에 의한 회계정보가 필요함에 따라 제기된 것이다.

세계경제가 하나로 통합되는 최근 추세에 부응하기 위하여 국제회계기준위원회(IASC)는 국제 회계원칙(IFRS)을 제정한 바가 있으며 국내에서도 이를 수용하기 위해 한국회계기준위원회(KASB) 주관 K-IFRS를 제정하였고, 2012년도부터 상장기업에 국제회계기준을 전면 도입하였다.

2절 회계순환과정

회계의 전 과정은 시스템으로 이루어진다. 즉 회계거래의 기록이라는 입력(input)이 있고, 이를 분류하고 요약하는 등 정보 처리(process)를 거친 후, 재무보고서를 작성(output)한다. 이런 일련의 과정을 회계의 순환과정(accounting cycle)이라 한다. 회계의 순환이라 불리는 이유는 매 회계거래마다 동일한 절차, 즉 '기록-분류-요약-보고'라는 과정이 되풀이되기 때문이다. 이를 회계 용어로 바꾸어 보면 '분개장에 분개-원장에 전기-시산표 작성-재무제표의 작성'으로 설명할 수 있다.

1. 거래의 분석과 계정

매 거래마다 정확한 이름(계정)을 찾아 그 이름으로 거래를 기록하는 행위를 분개(journal entry)한다고 한다. 또한 분개를 하는 장부를 분개장(journal)이라고 한다. 분개에 앞서 해당 거래의 계정(account) 과목을 정하는 것이 필요하다. 모든 회계거래는 자산, 부채, 자본, 수익 및 비용 등 다섯 항목 중의 하나로 나누어진다.

회계거래를 확인하고 대상의 분류를 마쳤으면 계정의 왼쪽과 오른쪽에 적절히 기록해야 한다. 자산을 차변(왼쪽, debit)에 그리고 부채와 자본을 대변(오른쪽, credit)에 분류하는 것은 회계 관행상 이렇게 약속한 것이며 특별한 의미가 없다. 그렇지만 오랫동안의 관행이기 때문에 이를 반드시 지켜야 하며 임의로 그 방향을 바꾸어서는 안 된다. 수익이 오른쪽에, 비용이 왼쪽에 기록하는 이유는 수익은 자본계정의 이익잉여금의 증가를 초래하므로 자본과 같은 오른쪽에 기입하며, 비용은 이익잉여금의 감소를 초래하므로 자본과 반대방향인 왼쪽에 기입하는 것이다.

2. 분개와 분개장

다섯 항목의 방향을 익힌 후, 각 계정(account)의 증가와 감소를 어떻게 기록하는지를 이해해야 분개를 정확하게 실행할 수 있다. 계정별 분개방법은 〈표 9.3〉과 같다.

‖ 표 9.3 계정별 분개방법

자 산		비 용		부 채		자 본		수 익	
증가	감소	증가	감소	감소	증가	감소	증가	감소	증가

앞에서 실시한 분개는 분개장에 기록한다. 분개장이란 일자, 거래 순서별로 회계거래를 정리하여 기록하는 장부다. 분개장은 모든 거래를 한 곳에 기록한 곳으로, 거래에 대한 간단한 설명과 더불어 차대변의 금액을 표시한다. 차변과 대변의 합계액은 항상 일치를 해야 하는데 만약 차이가 발생하면 그 원인을 찾는 데 도움이 된다. 특히 전산화된 회계 시스템에서는 초기 입력단계에서 오류를 방지하는 것이 매우 중요하다. 만약 이 과정에서 오류를 방지하지 못하면 이 후 오류를 발견하기가 더욱 어려워진다. 최근에는 전산시스템이 발달하여 입력은 바코드 등으로 직접 이루어지는 경우가 많아 분개장 자체에 대한 실익이 그리 크지 않다.

3. 전기(posting)

분개장에는 모든 거래를 한눈에 볼 수 있는 장점이 있으나 여러 계정이 섞여 있기 때문에 계정별루 분석하기가 매우 번거롭다. 이런 문제점을 보완하기 위한 절차가 바로 전기(posting)다. 전기는 마치 우체국 직원이 아파트의 동 호수별로 우편함에 우편을 분류하는 것과 유사하다. 즉 103동 201호의 우편물은 모두 같은 우편함에 집어넣어 다른 집의 우편물과 섞이지 않도록 한다. 회계에서의 전기란 분개장에 기록된 각 분개를 계정에 따라 재분류하여 정리하는 것을 의미한다. 이때 각 계정을 원장(ledger)이라 하고(현금, 예금, 재고자산 등) 이러한 원장의 총 집합체가 총계정원장(general ledger)이다. 앞에서 T-계정 형식으로 분개를 분류하여 기입하였는데 이것이 일종의 전기에 해당한다.

분개장에서 원장으로 전기할 때 주의할 점은 분개장의 차변은 원장에서도 차변에, 분개장의 대변 금액은 원장의 대변 란에 기록해야 한다는 점이다. 전산화가 된 시스템에서는 분개와 전기가 동시에 이루어질 수 있으나, 매일 재무제표를 작성할 필요가 없는 경우에는 주기적으로(주 혹은 월 단위 등) 전기하면 될 것이다.

4. 시산표의 작성

지금까지 회계순환과정을 살펴보면, 회계거래의 발생-분개-전기의 과정을 거쳤다. 전기가 이루어지면 다음 단계는 시산표(trial balance)를 작성한다. 시산표란 각 원장의 차변 잔액과 대변 잔액을 한 표에 모아서 표시한 것이다. 이런 점에서 시산표는 다음 단계를 위한 보조적인 수단이다. 즉 시산표는 모든 원장이 제대로 기록되었는지 대차변을 비교하여 확인하는 수단이며, 차후 재무제표 작성을 용이하게 한다. 시산표의 차변(왼쪽)에는 자산과 비용, 그리고 대변(오른쪽)에는 부채, 자본 그리고 수익의 금액을 적는다. 왼쪽과 오른쪽 합계가 일치하지 않으면 분개가 잘못되었거나 원장으로의 전기가 잘못된 것이다.

5. 수정분개와 수정후시산표 작성

회계기간 중에 회계기록을 하였다 하여도 결산 시점에서는 조정할 항목들이 발생한다. 이에는 발생기준에 따른 조정을 포함하여 회계기간 중에는 분개를 하지 않았다가 결산 시점에 정확한 영업성과를 계산하기 위해서 종합하여 분개를 실시하는 경우가 있다. 이런 분개를 수정분개라 하며, 수정분개를 마친 후에는 보다 더 정확한 경영성적이 반영된 수정후시산표가 완성된다.

6. 재무제표 작성과 장부의 마감

만들어진 수정후시산표를 토대로 및 재무제표를 작성하여 회계순환과정을 완료하게 된다. 시산표의 검토를 거친 후 자산, 부채 그리고 자본은 재무상태표를 작성하는 데 이용되며, 수익과 비용은 손익계산서를 작성하는 데 이용된다. 단, 배당금을 지급한 경우는 이익잉여금의 감소효과가 있는 왼쪽에 기록한다. 1년에 걸친 회계순환과정이 마치게 되었으므로 장부마감도 해야 한다. 이러한 일련의 회계순환과정(accounting cycle)을 그림으로 나타내면 〈그림 9.1〉과 같다.

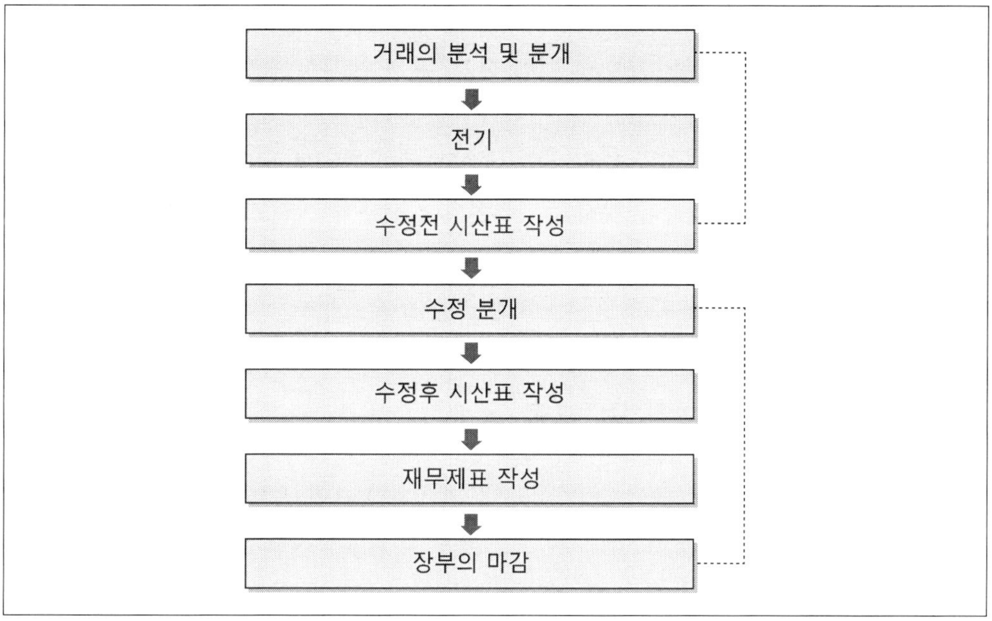

‖ 그림 9.1 회계순환과정(accounting cycle)

3절 재무제표분석

회계의 목적은 다양한 이해관계자들의 경제적 의사결정에 유용한 정보를 제공하는 것을 기본 목적으로 하고 있다. 이를 위해 앞에서는 회계정보의 핵심인 재무제표의 내용을 이해하고, 거래의 분석방법을 재무제표를 통해 설명하였다.

재무제표분석(financial statement analysis)이란 경제적 의사결정에 유용하도록 재무제표(재무상태표, 자본변동표, 현금흐름표 등)를 여러 기법을 활용하여 분석하는 절차이다. 재무제표분석의 목적은 정보이용자에 따라 달라진다. 경영자들은 기업의 경영환경이 복잡해짐에 따라 보다 적절한 경영관리 의사결정을 위하여 재무제표를 분석할 필요가 있다. 또한 투자자와 채권자는 투자의사결정과 신용의사결정을 위하여 재무제표를 이용하는데, 이것은 재무제표가 기업 활동의 결과로 나타나는 재무상태와 재무상태의 변화 그리고 경영성과를 요약한 정보이기 때문이다.

재무제표분석을 위해 가장 일반적으로 사용되는 방법이 비율 또는 백분율로 표시하는 재무비율분석이다. 이와 같은 비율분석 위주의 분석방법은 적은 노력과 저렴한 비용으로 기업 전반에 대한 이해, 각종 추세 및 원인 파악 등 매우 유용한 내용을 전달할 수 있어 실무적으로 매우 유용한 방법이다.

재무비율분석은 재무자료를 구성하는 두 개 항목간의 관계를 비율로 산정하고 그 경제적 의미나 상관관계를 파악하여 기업의 경영실태나 재무적 건전도를 분석·평가하며, 단순한 수치를 비교하는 것 외에 회계정책 등을 포함한 주석사항 그리고 부속명세서 등도 함께 분석하는 것이 필요하다.

1. 재무비율분석의 의의 및 분류

재무비율분석이란 재무제표에 나타난 두 개 이상 항목간의 상관관계를 분석하여 유용한 정보를 얻는 절차이다. 예를 들어 특정 기업의 수익성은 어떤지, 유동성은 확보가 되어 있는지, 기업은 안전한지, 장래에 성장할 가능성은 있는지 등이 주요 분석 대상이다.

특히 재무제표 자체의 내용이 복잡하기 때문에 재무제표 항목 하나 하나를 독립적으로 분석하여 의사결정에 필요한 정보를 얻는 것은 결코 쉬운 일이 아니다. 이러한 어려움을 보완해주는 장치가 바로 재무비율분석이다. 즉 항목 하나를 선택하여 분석하는 대신, 특정 항목 및 이와 관련된 몇 개의 항목을 동시에 선택한 후 양자 사이의 상관관계를 분석하여 의미를 부여하는 것이다.

재무비율은 다양하게 분류된다(표 9.4 참조). 특히 발생주의 회계원칙에 의하여 작성

‖ **표 9.4** 재무비율의 분류

기본비율	세부비율	의미
유동성비율	유동비율, 당좌비율, 순운전자본구성비율 등	기업의 단기지급 능력을 측정하는 비율
안정성비율	부채비율, 자기자본비율, 고정비율, 이자보상비율 등	부채의존도를 나타내는 것으로 장기채무지급 능력을 측정
활동성비율	매출채권회전율, 재고자산회전율, 유형자산회전율, 매출채권평균회수기간, 재고자산평균보유기간 등	보유자산의 운용 효율성 측정하는 비율
수익성비율	매출액이익률, 총자산순이익률, 자기자본이익률, 주당순이익 등	경영성과를 매출액 또는 투자자본에 대한 수익으로 나타낸 비율
성장성비율	매출액증가율, 총자산증가율, 순이익증가율 등	기업의 자산규모나 수익성이 얼마나 성장하고 있는가를 측정하는 비율
시장가치비율	주가수익비율, 주가순자산비율, 토빈의 q비율 등	주식시장에서의 주가와 기업의 위험, 수익성을 종합적으로 측정하는 비율

된 재무상태표와 손익계산서를 바탕으로 하는 전통적 재무비율에 더하여, 최근 현금주의에 근거한 현금흐름표를 활용하여 현금창출능력에 대한 분석이 강조되고 있다. 본장에서는 ① 유동성(liquidity), ② 안정성(safety), ③ 활동성(activity), ④ 수익성(profitability), ⑤ 성장성(growth), ⑥ 시장가치(market value) 비율을 설명하고자 한다.

2. 표준비율

특정 기업의 재무상태나 경영성과를 평가하기 위해서는 다른 기업과의 비교가 필요하다. 이때 비교분석의 기준이 되는 비율을 표준비율이라고 하며, 일반적으로 동종 산업의 평균비율, 당해기업의 과거비율, 이상적인 표준비율 등이 표준으로 사용된다.

가. 동종 산업의 평균비율(산업평균)

동종 산업의 평균비율(산업평균)은 가장 널리 사용되는 표준비율로 동종 산업의 평균(mean)이나 중앙값(median)을 가지고 특정기업의 재무비율을 비교 분석하는 것이다. 이때 동종 산업에 속한 전체 기업의 평균을 사용할 수도 있고, 그중의 일부 기업, 즉 기업의 규모 등이 당해기업과 유사하거나 경쟁상대가 되는 기업을 선정하여 비교할 수도 있다.

산업평균을 표준비율로 사용할 때 주의할 점은 동종 산업에 속하는 기업들의 회계처리 방법에서 큰 차이가 없어야 한다는 것이다. 일반적으로 동종 산업에 속하는 기업들은 유사한 회계처리 방법을 사용할 수 있으나, 산업분류에 따라서는 달라질 수 있으므로 이점을 유의할 필요가 있다.

나. 당해기업의 과거비율

당해기업의 과거 평균비율을 비교기준으로 이용할 수도 있다. 이 비율은 경영자가 기업의 성과가 개선되고 있는지 혹은 악화되고 있는지를 평가하는 데 도움이 된다. 과거 평균비율을 표준비율로 사용할 때에는 당해기업의 회계변경을 고려하여야 한다. 만약 과거 동 기간 동안 회계변경이 있었다면 이를 감안하여 평균비율을 계산한다.

다. 이상적인 표준비율

업종이나 과거 추세와는 관계없이 해당기업의 경영자가 이상적인 표준(benchmark)을 설정하여 경영관리의 목표로 이용할 수 있다. 이때 설정되는 이상적인 표준비율은 과거의 경험이나 혹은 동종 산업에서 우량기업 또는 경쟁기업의 비율, 경영환경의 변화 등을 고려하여 설정할 수 있다.

3. 주요 재무비율

가. 유동성비율

유동성이란 단기간에 자산을 현금화시킬 수 있는 능력을 의미하며 단기채무지급능력비율(short-term solvency ratios)이라고 한다. 여기서 단기란 기업의 정상적인 영업주기(operating cycle), 즉 원재료 구입, 생산, 판매, 대금회수가 이루어지는 기간으로 통상 1년이다(표 9.5 참고).

‖ **표 9.5** 유동성비율에 속하는 세부비율

세부비율	계산방식	의미
유동비율 (current ratio)	(유동자산/유동부채)×100	단기채무지급능력지표로 유동비율이 높을수록 단기채무에 대한 대응력이 상승하며, 일반적인 기준으로 유동비율이 200% 이상이면 바람직한 것으로 판단된다. 그러나 유동비율의 적정수준에 대한 판단은 상황에 따라 상이할 수 있다.
당좌비율 (quick ratio)	(유동자산-재고자산*)/ 유동부채×100 * 선급비용의 금액이 중요할 경우 포함	단기부채에 대한 현금화 가능자산(유동자산 중 재고자산, 선급비용 등을 제외) 비율, 경기민감업종 또는 재고진부화가 큰 업종에 유용하다. 재고자산은 판매과정을 통해서 현금으로 전환되는 속도가 비교적 늦을 수 있고 청산 시 손실의 발생위험이 가장 큰 자산이다. 유동비율의 보조비율로서 유동성 측면을 더 강조하는 비율이라 할 수 있다.
순운전자본구성비율 (net working capital ratio)	(순운전자본/총자산)×100	순운전자본은 유동자산에서 유동부채를 차감하여 측정되는데, 순운전자본이 양(+)의 값을 갖는다면 유동자산으로 유동부채를 상환한 후 여유가 있다는 것을 의미한다. 기업규모에 따라 필요한 순운전자본이 달라질 수 있기 때문에 총 자산에서 순운전자본이 차지하는 비율인 순운전자본구성비율로 단기유동성을 측정할 수 있다.

나. 안정성비율

안정성비율은 장기지급능력비율(long-term solvency ratios)라고도 하며 기업의 장기채무불이행위험을 평가하는 비율이다. 가장 대표적인 안정성비율로는 부채비율이며 이는 총부채를 자기자본으로 나눈 값이다(표 9.6 참고).

표 9.6 재무비율의 분류

세부비율	계산방식	의미
부채비율 (dept ratio)	(총부채/자기자본×100)	부채비율은 총부채를 자기자본으로 나누어 계산한 비율이다. 채권자가 제공한 자금은 자기자본과는 달리 일정기간마다 이자를 지급해야 하며, 또한 만기일에는 원금을 상환해야 할 의무가 있기 때문에 자기자본에 대한 부채의 상대적인 크기는 기업의 재무위험을 나타내며 장기지급능력을 측정하는데 이용된다.
자기자본비율 (stockholders'equity to total assets)	(자기자본/총자산×100)	자기자본비율은 기업의 총자산 중에서 소유주의 몫이 얼마인가를 나타내는 비율이다. 자기자본비율이 높을수록 기업의 안정성이 높아진다고 볼 수 있다. 금융기관에서는 제조업과는 달리 자기자본과 보완자본을 더한 값을 위험가중자산으로 나누는 국제결제은행기준 자기자본비율(BIS)을 이용한다.
이자보상비율 (interest coverage ratio)	영업이익 (or EBIT)/이자비용 EBIT(eaming before interest and taxes): 이자 및 법인세비용차감전순이익	이자보상비율은 영업이익으로 이자비용의 몇 배까지 지급할 수 있는가를 측정하는 비율이기 때문에 적정수준의 이자보상비율을 유지해야만 이자비용의 지급능력이 양호한 것으로 평가받게 된다. 즉 채권자에게 지급해야 할 고정비용인 이자비용을 영업이익을 통해서 지급할 수 있는가를 나타낸다.
고정비율 (fixed ratio)	(고정자산/자기자본×100)	고정비율은 고정자산을 자기자본으로 나눈 비율로 기업이 보유하고 있는 고정적 자산은 장기자본의 조달로 충당하는 것이 기업의 장기적 안정성면에서 바람직하다는 관점에서 자본의 고정화 정도를 측정하는 비율이다.

다. 활동성비율

활동성비율은 기업이 보유하고 있는 자산을 얼마나 효율적으로 활용하고 있는가를 측정하는 비율로서 효율성(efficiency)비율이라고도 하며, 회전율에 의하여 계산된다. 수익발생의 원천이 매출이기 때문에, 매출액을 기준으로 특정자산 혹은 전체자산의 상대적 비중을 계산한다. 즉 특정자산이 매출을 창출하는 데 어느 정도 공헌하는지를 봄으로써 자산의 효율성 혹은 활동성을 측정하는 것이다(표 9.7 참고).

‖ **표 9.7** 활동성비율에 속하는 세부비율

세부비율	계산방식	의미
매출채권회전율 (receivable turnover)	매출액/연평균 매출채권	매출채권의 잔액이 얼마나 신속하게 회수되는가는 매출채권회수효율성을 나타낸다고 볼 수 있다. 매출채권회전율은 매출액을 연평균매출채권으로 나눈 비율로 매출채권의 현금화 속도를 측정하는 지표이다.
매출채권평균회수기간 (average collection period of account receivable)	365일/매출채권회전율	매출채권평균회수기간은 365일을 매출채권회전율로 나누어 구하며 매출채권이 현금으로 회수되는 데 걸리는 평균일수를 뜻한다. 매출채권회전율은 높을수록 매출채권평균회수기간은 작을수록 매출채권의 효율성이 높다고 볼 수 있다.
재고자산회전율 (inventory turnover)	매출액/재고자산연평균잔액	재고자산 효율성은 회전율과 평균보유기간으로 효율성을 측정한다. 재고자산회전율은 매출액을 재고자산의 연평균잔액으로 나누어 구하고, 재고자산의 평균보유기간은 365일을 재고자산회전율로 나누어 계산한다.
재고자산평균보유기간 (days to sell inventory)	365일/재고자산회전율	재고자산 회전율은 기업의 수익성과 밀접한 관계를 가지고 있다. 즉, 같은 금액을 재고자산에 투자하고, 한번 회전할 때 얻을 수 있는 수익이 동일하다면 회전율이 높은 기업과 낮은 기업은 수익성에 있어 차이가 발생할 수 있다. 일반적으로 재고자산 회전율은 높을수록, 재고자산평균보유기간은 작을수록 효율성이 높다고 볼 수 있다.
총자산회전율 (total assets turnover)	매출액/총자산	총(유형)자산회전율은 매출액을 총(유형)자산으로 나누어 구하는 비율로 자산의 효율적이용도를 측정한다. 자산이라는 경제적 지원 한 단위에 의해 창출되는 수익이 얼마인가를 측정하는 것은 경영자나 투자자와, 채권자들에게 중요한 정보가 될 수 있다. 총(유형)자산회전율이 높다는 것은 보유하고 있는 자산이 효율적으로 이용되고 있음을 나타내나 해당기업이 속한 산업의 특성을 분석해야 한다.
유형자산회전율 (tangible asset turnover)	매출액/유형자산	

라. 수익성비율

기업정보 이용자는 해당기업의 수익성에 특히 관심이 많다. 이런 목적을 위해 수익성비율을 분석한다. 수익성비율은 기업의 이익창출능력을 나타내는 지표로 기업 활동의 성과를 집약한 비율이다. 수익성 지표는 통상 투하된 자본에 대한 수익성을 측정하는 자본

수익성과 영업활동으로부터의 이익창출능력을 평가하는 영업수익성으로 나눌 수 있다. 수익성 정보는 기업이 목표로 하는 대로 순조롭게 경영이 되고 있는지를 보여 주며, 기업의 미래가치 변화에 대한 정보를 제공한다(표 9.8 참고).

표 9.8 수익성비율에 속하는 세부비율

세부비율	계산방식	의미
매출액순이익률 (net margin on sales)	(순이익/매출액) × 100	매출액순이익률은 순이익과 매출액의 관계를 측정한 것으로 경영성과를 총괄적으로 나타내는 지표로 이 비율이 높을수록 양호하다. 기업의 가장 중요한 활동인 영업활동을 통하여 달성된 매출액 단위당 얼마의 마진을 얻고 있는가를 의미한다. 이 비율은 사용목적에 따라 분자에 어떤 형태의 이익을 사용하느냐에 따라 매출액총이익률, 매출액영업이익률, 매출액경상이익률 등이 있다.
자기자본순이익률 (return on euity)	(순이익/자기자본) × 100	자기자본순이익률은 자기자본의 성과를 나타내는 비율로 순이익을 자기 자본으로 나누어 계산한다. 자기자본순이익률은 주주들이 요구하는 투자수익율을 의미하며, 자기자본순이익률이 높다는 것은 자기자본이 매우 효율적으로 운용되고 있음을 의미한다.
총자산순이익률 (return on assets)	(순이익/총자산) × 100	총자산순이익률은 총자산을 수익창출에 얼마나 효율적으로 이용하는가를 측정하는 비율로 순이익을 총자산으로 나누어 구한다. 총자산순이익률은 투자수익율(ROI)이라고도 하며, 매출액순이익률과 총자산회전률의 곱으로 구성된다.
주당순이익 (earnings per share; EPS)	당기순이익/보통주 유통주식수	주당순이익은 보통주 1주당 순이익을 표시한 것으로 당기순이익과 함께 경영성과를 측정하는 중요한 지표이다. 이 지표의 계산시 분자는 당기순이익에서 우선주 배당금을 차감한 금액이며, 분모는 보통주 연간 가중평균유통주식수이다. 규모가 다른 기업의 수익성을 비교할 때 이익의 절대적 규모만으로 불가능하기 때문에 주당순이익을 이용하여 수익성을 비교할 수 있다.

마. 성장성비율

기업의 수익성과 더불어 기업의 장래 발전 잠재력을 보기 위해서는 성장성을 검토할 필요가 있다. 성장성비율은 기업의 경영규모와 경영성과가 전년도(혹은 비교년도)에 비해서 얼마나 증대되었는가를 나타내는 비율이다(표 9.9 참고).

‖ **표 9.9** 성장성비율에 속하는 세부비율

세부비율	계산방식	의미
총자산증가율 (growth rate of total assets)	(기말총자산 − 기초총자산)/기초총자산 × 100	총자산증가율은 일정기간 동안 총자산이 얼마나 증가하였는가를 나타내며 전체적 성장규모를 측정하는 지표이다. 총자산증가율이 높다는 것은 투자활동이 적극적으로 이루어져 기업규모가 빠른 속도로 증가하고 있다는 것을 의미한다. 자산재평가가 이루어진 경우에는 새로운 자산의 취득없이도 자산규모가 증가됨을 유의하여야 한다.
매출액증가율 (growth rate of sales)	(당기매출액 − 전기매출액)/전기매출액 × 100	매출액증가율은 일정기간 동안 매출액이 얼마나 증가하였는가를 나타내며 기업의 외형적인 신장세를 나타내는 대표적인 지표이다. 판매단가의 인상(물가변동)이나 판매수량의 증가에 따라 매출액이 증가하기 때문에 증가원인에 대한 분석이 필요하며, 매출액이 증가하여도 순이익이 감소할 수 있으므로 순이익증가율에 대한 분석이 병행되어야 한다.
순이익증가율 (growth rate of net income)	(당기순이익 − 전기순이익)/전기순이익 × 100	순이익증가율은 일정기간 동안 순이익이 얼마나 증가하였는가를 나타내며 성장의 지표가 된다. 그러나 일정기간 동안 자본금의 변화가 있는 경우에는 순이익증가율이 왜곡될 수 있으며 이와 같은 경우 주주에게 귀속되는 주당순이익의 증가율이 바람직한 성장지표라 할 수 있다. 순이익증가율을 계산할 때 전년도에 당기순손실이 발생한 경우나 금액이 아주 작은 경우 값을 구할 수 없거나 비정상적인 값이 될 수 있다는 것에 유의하도록 하자.

바. 시장가치비율

지금까지 살펴보았던 재무비율분석은 특정 기업의 자체 데이터를 활용하여 분석을 한 반면, 시장가치비율분석은 시장가치 측면을 추가로 분석에 포함한다. 즉 기업의 재무상태와 경영성과에 대하여 증권시장이 어떻게 평가하고 있는가를 분석하는 것이다. 기업의 가치는 주식시장에서 주식가격으로 대표될 수 있기 때문에 기업의 유동성, 안정성, 효율성, 수익성, 성장성 등이 양호하면 시장가치비율도 높아지게 된다(표 9.10 참고).

‖ 표 9.10 시장가치비율에 속하는 세부비율

세부비율	계산방식	의미
주가수익비율 (price earning ratio)	주가/주당순이익	주가수익비율은 주가를 주당순이익(EPS)으로 나눈 것으로 P/E비율이라고 한다. 주가수익비율은 주가가 주당 순이익의 몇 배인가를 나타내는 것으로 기업의 주당순이익 1원에 대한 시장에서 평가를 의미한다. 일반적으로 주당수익비율은 성장성이 높거나 위험이 낮을수록 높아진다. 주가수익비율이 높다면 주당순이익은 평균 수준인데 주가가 높아서인 경우와 주가는 평균수준인데 주당순이익이 낮은 두 가지로 볼 수 있다.
주당순자산비율 (pricebook-value ratio)	주가/주당장부가치	주당순자산비율은 보통주 1주당 시장가격과 순자산의 장부가치의 비율이다. 보통주 1주당 장부가치는 주당장부가치(book-value per share)라고 하며, 보통주에 대한 순자산의 장부가치를 보통주의 가중평균유통주식수로 나누어 계산한다. 주당순자산비율은 주당 순자산의 장부가치가 증권시장에서 얼마의 가치로 평가되고 있는가를 나타낸다. 이 비율이 높다는 것은 장부가치와 시장가치의 차이가 크다는 것을 의미하고 자본시장이 효율적이라고 가정할 때 이 주식의 성장가능성이 시장가치에 높게 반영되어 있다는 의미이다.
토빈의 q비율 (Tobin's q ratio)	자산의 시장가치/자산의 대체원가	토빈의 q비율은 기업이 보유하고 있는 자산의 시장가치를 그 자산에 대한 대체원가(replacemert cost)로 나눈 비율이다. q비율이 1보다 큰 경우에는 기업들이 투자하려는 동기를 갖게 되며, 투자 수익성이 좋고 경영이 효율적이라고 할 수 있겠지만 q비율이 1보다 적으면 투자유인이 없다고 할 수 있다.

4. 비율분석의 구분

위에서 설명한 비율분석의 공통점은 특정 기업의 재무제표 자료를 이용하여 항목 간 혹은 시장과의 비교를 통해 수익성, 유동성 등을 분석한 것이다. 이 외에도 추세를 보는 방법, 구성의 내용을 분석하는 방법 등도 있다.

첫째, 수평분석(horizontal analysis)은 추세분석(trend analysis)이라고도 하며 시간의 경과에 따라 재무제표의 각 항목이 시계열적으로 변화하는 추세를 파악하기 위한 방법이다. 기준연도를 설정하여 해당 년도의 금액을 100%로 설정하고, 이후 기간의 금액을 백분비율로 나타낸다. 이러한 분석을 장기간 동안 수행하면 재무비율의 방향을 검토할 수 있으며 기업의 미래가치 예측뿐만 아니라 경영관리와 관련하여 유용한 정보도 획득할 수 있다.

둘째, 수직분석(vertical analysis)은 구성비율분석이라고도 하며 재무제표를 구성하고 있는 각 항목을 기준항목과 대비하여 상대적 비율을 구한다. 예컨대 재무상태표의 총자산을 기준으로 하여 각 구성항목의 비율을 구하게 되면 각 항목의 상대적인 중요도와 시간의 흐름에 따라 어떻게 변동하는가를 비교할 수 있다. 수직분석에서는 일반적으로 손익계산서는 순매출액, 재무상태표는 총자산이 기준금액이 된다.

5. 비율분석의 한계점

비율분석은 재무제표를 이용하여 합리적 의사결정을 내리는 데 유용한 정보를 제공하기 때문에 도산예측, 신용평가, 여신심사, 주식평가, 경영전략 수립 등에 널리 이용된다. 특히 재무제표 수집이 비교적 용이할 뿐만 아니라 이해하기가 쉽다는 장점이 있으나 다음과 같은 한계점이 있으므로 분석과 해석에 주의를 기울여야 한다.

첫째, 비율분석은 과거 일정기간 경영성과와 재무상태가 미래에도 계속될 것이라는 가정 하에서 분석된다. 그러나 과거 상황이 미래에도 지속된다는 보장이 없을 것이므로 항상 이 점을 염두에 두어야 한다.

둘째, 분석결과 판단을 위해 표준비율이 필요한데, 현실적으로 표준비율을 합리적으로 산정하기가 쉽지 않다. 표준비율 자체도 일정한 조건 아래 계산된 점을 고려해야 하며 결과의 해석에 유의할 필요가 있다.

셋째, 재무제표분석는 재무제표에 기초하고 있기 때문에 재무제표의 한계점이 재무제표분석에도 그대로 적용된다. 즉 기업마다 다양한 회계처리 방법을 사용하기 때문에 기업 간의 재무제표분석의 결과를 비교하는 데 제약이 있다. 또한 일부 재무제표 항목은 역사적 원가자료에 근거하여 작성된 점도 분석 상에서의 한계점이다. 마지막으로 재무제표에 반영되지 않은 인적자원, 기술개발 능력, 노사관계, 경영노하우 등을 고려하여 판단하여야 할 것이다.

▎기업의 재무정보는 어디에서 얻는가?

우리는 실제 사회 활동을 하면서 주식투자, 기업분석 등의 목적으로 특정기업의 재무정보를 필요로 하는 경우가 종종 발생한다. 이러한 경우 기업의 재무정보는 다음과 같은 소스에서 얻을 수 있다.

- 인터넷, 일간신문 자료
- 금융감독원(http://dart.fss.or.kr): 상세한 기업 재무자료
- 증권거래소(http://www.krx.co.kr/index.jsp), 한국공인회계사회 홈페이지
- 한국은행 기업경영분석(http://ecos.bok.or.kr)
- 증권회사의 상장회사 투자분석자료, 상장회사협의회 자료
- 한국신용평가㈜의 주가 및 재무제표 데이터(KIS-value)
- 개별 기업의 홍보자료, 해당 산업의 국책연구원 홈페이지

〈금융감독원 홈페이지에서 기업 재무제표 찾기〉

풍부한 기업재무자료를 얻을 수 있는 금융감독원의 기업공시자료 찾는 법을 소개한다.

① 금융감독원 홈페이지(http://dart.fss.or.kr) 접속 후 상단 검색창의 회사명 입력

② 원하는 기간 설정 후 아래의 정기공시 클릭

③ 이후 알고 싶은 내용을 클릭하여 찾을 수 있다.

4절 기술사업화와 자금조달

1. 초기 자금조달의 중요성과 조달방법

기업들이 설립 초기에 가장 심각하게 당면하는 문제들이 대부분 자금조달과 관련되어 있다. 초기에 기업의 자금조달이 필요한 이유는 〈표 9.11〉과 같다.

‖ **표 9.11** 초기에 기업의 자금조달이 필요한 이유

구 분	자금조달 필요 이유
현금흐름 부족	• 기업이 커질수록 고객에게 상품 및 서비스를 제공하기 위해 많은 양의 현금 흐름이 필요함 • 장비 및 재고품 등이 준비되어야 함 • 판매를 통한 현금이 발생하기 전 광고를 위한 비용이 지불되어야 함
자본투자	• 토지, 빌딩, 시설, 장비 등을 위한 비용은 초기 기업의 자본 능력을 초과함 • 사무실 임대 등으로 이러한 지출을 피할 수는 있지만, 기업의 성장에 있어서 자산을 구매하는 것이 필요함
긴 제품개발 주기	어떠한 제품은 그것이 수입을 내기 전까지 수년간 개발과정에 있고, 이것을 up-front costs로 초기 기업이 감당하기는 어려움

위에서 보는 바와 같이 설립초기에 기업들은 많은 자금이 필요하지만, 자금 조달의 어려움으로 개발한 기술을 활용하여 사업화하는 단계까지 이르지 못하고 도산하는 현상이 발생하게 된다.

혁신적인 기술을 실제 제품이나 서비스로 연결하여 사업화하는 것은 기술 개발 이상의 노력이 수반되어야 하는데, 이처럼 혁신적 기술이 실제 사업화에 성공하기까지의 어려움을 의미하는 '죽음의 계곡(valley of death)' 현상은 초창기 기업들이 극복하기 가장 어려운 문제로서 대두되고 있다. 또한 확보한 자금을 매월 자금소요액으로 나눈 'burning rate'라는 개념으로 초기 자금조달의 긴박함을 나타내기도 한다.

일반적으로 창업의 초기단계에는 회사의 신용도가 낮기 때문에 본인이나 가족, 친지, 주변의 지인들로부터 투자재원을 유치하게 되며, 사업이 진행됨에 따라 제품 개발 자금 및 제품 양산을 위한 설비 투자 등 더 큰 자금 수요가 생기게 된다. 기업의 성장단계별 자금조달 방법에는 〈표 9.12〉에서 보는 바와 같다.

표 9.12 성장단계별 자금조달 방법

구분	성장단계	소요자금	자금조달방법
예비 창업 단계	아이디어 단계	아이디어개발자금	자기자금, 가족.동료 자금 정부창업보육자금 기술개발 출연자금 창업자금, 지자체 창업자금 특허등록자금
	연구개발 단계	연구개발비 시제품 제조비용 특허 등 자금	
본 창업 단계	사업화 초기단계	시제품개발, 제품 양산자금 시설자금 또는 운전자금 기계설비 보완 투자자금	창업자 보유자금, 엔젤 투자금, 친지. 지인의 투자 또는 융자 금융기관 담 보 대출 장기 저리 정책자금 창업투자 등 벤처캐피탈 투자 신용보증기관의 신용 보증
	성장단계	설비투자 및 회전운전자금 마케팅 채널 구축 자금 판매시장개척자금 해외시장개척자금	
창업 수성 단계	확장단계	매출증대에 따른 운전자금 시설확장 투자자금 차세대 제품개발자금 경영권확보자금	회사채 및 전환사채 다양한 벤처캐피탈 투자 연·기금, 투자기관 투자 유치, 코스닥 시장 등록
	성숙단계	사업다각화 전략자금 미래기술개발자금	기업공개(IPO)에 의한 조달, 기업가치 증대전략

* 출처: 벤처창업경영[창업/경영/금융/투자전략], 홍성도, 무역경영사

기업이 자금을 조달하는 방법은 크게 재무상태표 상의 자본을 늘리는 방식인 자기자본 조달 방법과 부채를 늘리는 방식인 타인자본 조달방법으로 나눌 수 있다.

일반적으로 벤처기업이 외부로부터 자금을 조달하는 방법은 자기자본 조달방법이 바람직하다고 할 수 있는데, 이는 대출이 아닌 투자의 개념으로 기업의 안정성이 확보될 수 있다는 장점이 있다. 반면에 대주주의 지분율이 낮아지면 경영권을 위협받을 수도 있는 단점이 있다. 다음 〈그림 9.2〉는 국내 중소기업의 자금조달 방법을 나타낸다.

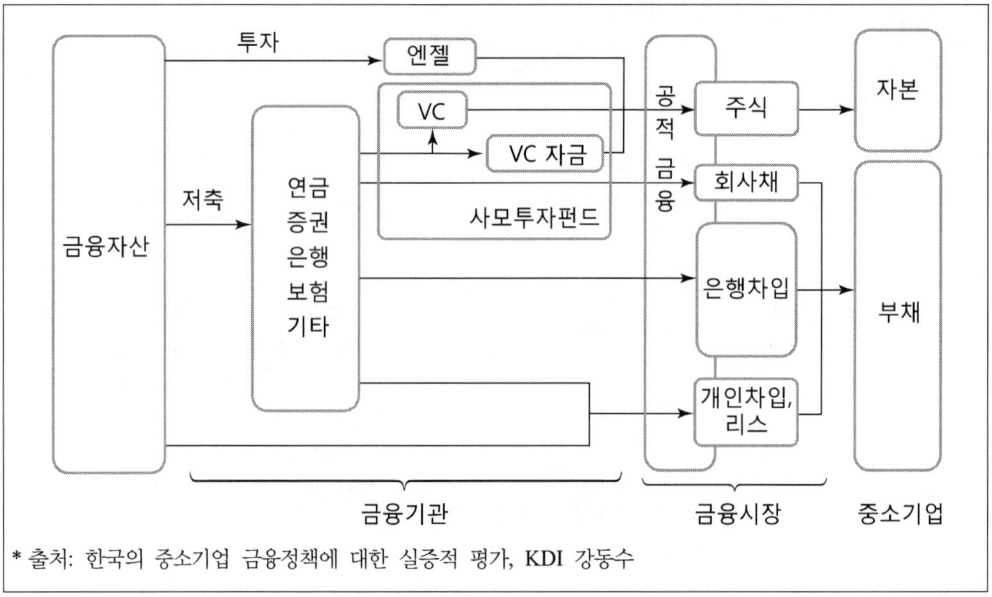

‖ **그림 9.2** 국내 중소기업의 자금조달 방법

2. 자기자본 조달[1)]

자기자본 조달 방법(equity financing)은 차입을 하지 않고 자본금의 증가를 통해 자금을 조달하는 방법이다. 이를 통해 조달된 자금은 변제 의무가 없는 장점은 있으나, 경영권에 대한 리스크를 수반한다.

자기자본 조달 방법으로는 일반적으로 엔젤 투자, 크라우드 펀딩, 벤처캐피탈, 모태펀드, 기업공개(IPO), 지식금융재산(IP 금융) 등이 있으며, 세부적인 내용은 다음과 같다.

가. 종잣돈

종잣돈(seed money)은 회사 설립 시 초기의 소요자금을 창업자와 가족, 지인들을 중심으로 갹출한 자금을 말한다. 설립 초기에는 자금이 부족한 경우가 많으므로 bootstrapping 같은 절약정신이 필요하다.

나. 엔젤 투자

초기단계에 천사처럼 나타나 필요한 자금을 공급하는 개인투자가를 지칭하는 용어로 사용되고 있다. 엔젤 투자자(angel investor)는 기술과 아이디어는 있지만 자본이나 경영

1) 기업의 자금조달 방법은 성태경(기술마케팅과 사업화, 2011)을 참고하여 작성함.

수완이 부족한 기업에 경영 노하우와 지분 투자 형태의 자금을 지원하며 벤처기업의 창업 자금난을 해결해 주는 의미에서 엔젤이라는 단어가 사용되었다.

엔젤 투자자는 자기 자신의 펀드(fund)를 개별적으로 투자한다는 점에서 다른 사람(또는 기관)들의 펀드를 전문적으로 관리하는 잘 조직화된 벤처캐피탈과 다르다.

엔젤 투자자들은 막대한 부를 가진 개인으로서, 주로 전직 기업가나 혹은 경영자들이 많다. 이들은 단지 수익만 얻으려고 투자한다기보다는 특정한 사업 분야의 발전을 원하거나, 차세대 기업가를 돕는다거나, 또는 자신의 경험이나 네트워크를 활용하기 위한 이유로 투자한다. 그래서 엔젤 투자가들은 투자 이외에도 경영자문의 역할도 수행한다. 이러한 엔젤 투자의 특징은 〈표 9.13〉에 정리한 바와 같다.

표 9.13 엔젤 투자의 특징

- 투자목적과 범위, 규모, 투자기간을 명확히 하고 있다
- 투자할 기업의 선택을 신중하고 충분히 파악한다
- 사업성에 대한 철저한 확인과 분석을 한다
- 투자조건의 세밀한 검토와 협상을 한다
- 엔젤투자의 과정에서 나타나는 문제점을 점검한다
- 엔젤투자의 포트폴리오를 전략적으로 구성한다

나. 크라우드 펀딩

크라우드 펀딩(crowd funding)은 인터넷 등을 통해서 일반 대중으로부터 자금을 모으는 자금조달방식이다. 좀 더 엄격하게 정의하자면, 크라우드 펀딩은 “일반적으로 온라인 커뮤니티를 활용하여 다수의 개인들로부터 소규모의 후원이나 투자자금을 모으는 것”이라고 할 수 있다. 특히 트위터, 페이스 북, 카카오톡 같은 SNS를 통해서 투자홍보가 이루어지기 때문에 ‘소셜 펀딩(social funding)’이라고도 불린다.

엔젤 투자 역시 전문투자자들의 영역으로서 소자본 창업자들은 접근하기 어렵지만 크라우드 펀딩은 소액으로라도 일반 사람들이 투자할 수 있으므로 소자본 창업자들이 쉽게 사업화 할 수 있는 자금조달 방법이다.

또한 크라우드 펀딩 과정에서 투자자들의 반응을 통해서 자사 제품에 대한 수요예측도 가능하다. 아이팟 나노용 시계줄 사례에서 순식간에 목표액의 60배에 달하는 투자자금을 모집한 것은 아이디어에 대한 마켓테스트가 성공한 것으로 볼 수도 있다. 아울러 크라우드 펀딩이 성공하면, 이를 발판으로 전문투자자로부터 본격적으로 투자를 유치할 수 있다.

라. 벤처캐피탈(VC)

벤처캐피탈(VC; venture capital)이란 고도의 기술력과 장래성은 있으나, 아직 역사가 짧고 경영기반이 약하여 일반금융기관에서 융자하기에 위험부담이 큰 벤처기업과 성장이 기대되는 발전단계 초기의 기업 등에 대하여 자금을 공급하고 투자된 기업의 성장을 지원하고자 하는 기업 또는 투자자 그룹을 의미한다.

벤처캐피탈은 주식 취득 등의 형식을 빌려 투자를 실시하고 벤처기업이 성공하면 주식 매각을 통해 투자 회수하는 방식으로 지원하는 형태를 취하고 있어, 기존 금융기관이 일정한 담보를 조건으로 융자형태의 자금을 지원하는 것과 다르다. 벤처캐피탈과 일반 금융기관을 비교한 내용은 〈표 9.14〉에 정리해 두었다.

‖ **표 9.14** 벤처캐피탈과 일반 금융기관의 비교

구 분	벤처캐피탈	금융기관
지원대상	사업성이 있고 미래 성장 유망기업	신용이 있거나 담보력이 있는 기업
지원형태	주식인수, 전환사채 인수 등 투자	대출(채권, 채무)
담보	원칙적으로 요구하지 않음	신용평가, 담보, 신용보증서 등
회수방법	기업공개, 환매, M&A, 주식매각	원리금 상환
리스크	높음(투자자금 전체)	낮음(담보가치 부족분)
기대수익	기업가치 증가에 따른 자본 이익	일정률의 이자수입
지원결정	전문적인 투자 심사	융자심사, 담보여력 등
지원효과	장기적 안정된 자금 확보, 재무구조 개선, 기업가치 제고	단기, 중기 자금 확보, 부채비율 증대, 재무구조 약화
원금의 책임	투자자의 유한 책임 (돈을 공급한 사람 책임)	기업의 무한 책임 (돈을 사용한 사람 책임)

* 출처: 벤처창업경영[창업/경영/금융/투자전략], 홍성도, 무역경영사

벤처캐피탈은 벤처기업의 성장단계별로 특성에 맞게 자금을 지원해 줄 수 있는 프로그램을 운영하고 있으며 신생기업의 성장단계별 벤처캐피탈 지원자금 내용은 〈표 8.15〉와 같다.

엔젤 투자가와 벤처캐피탈은 모두 장래성과 기술력이 있는 벤처기업에 투자하며 고수익이 가능한 반면 위험이 크다는 점에서 비슷하나, 벤처캐피탈의 대부분은 제품출시가 확실한 단계에 투자하는 반면, 엔젤투자의 경우는 R&D단계에 자금조달이 곤란한 시기에 투자하여 high risk-high return의 투자 방식을 취하고 있다.

주로 창업 이후 주식공개 과정에서 투자하는 벤처캐피탈과는 달리, 기업의 형태와 조직이 갖추어지지도 않은 초기에 개인적, 비공식적으로 비교적 소액을 투자한다는 점에서

‖ **표 9.15** 신생기업 성장단계별 벤처캐피탈 지원 자금

단 계	내 역
창업준비 자금지원(seed funding)	제품개발, 시장조사, 사업계획자금
창업 자금지원(start-up funding)	창업 중이거나 창업 후 1년 이내의 기업으로 제품을 시판하지 않는 기업의 지원자금
시작단계 자금지원(first-stage funding)	초기단계의 제조 및 판매활동에 필요한 자금
2단계 자금지원(second-stage funding)	제품을 생산/출하하고 있으며, 재고가 증가하고 있는 기업의 초기화장을 위한 운전 자금
3단계 혹은 '메자닌'단계 자금지원 (mezzanine financing)	매출액 및 이익이 증가하는 기업의 시장 확대, 마케팅, 운전자금
기업인수 자금지원 (buyout funding)	고용된 전문 경영인이 미공개기업 또는 가족소유형태의 기업을 인수하거나 기존기업의 사업의 일부를 인수받아 사업의 활성화를 추진하는 경우

* 출처: 벤처기업 창업과 자금조달의 모든 것, 허창문, 청림출판)

business angel은 차이점을 보인다.

마. 모태펀드

모태펀드(fund of funds)는 현재 우리나라 벤처캐피탈의 신규재원 조성에 큰 역할을 수행하고 있다. 모태펀드는 〈그림 9.3〉에서 보는 바와 같이 벤처기업에 직접 투자하기보

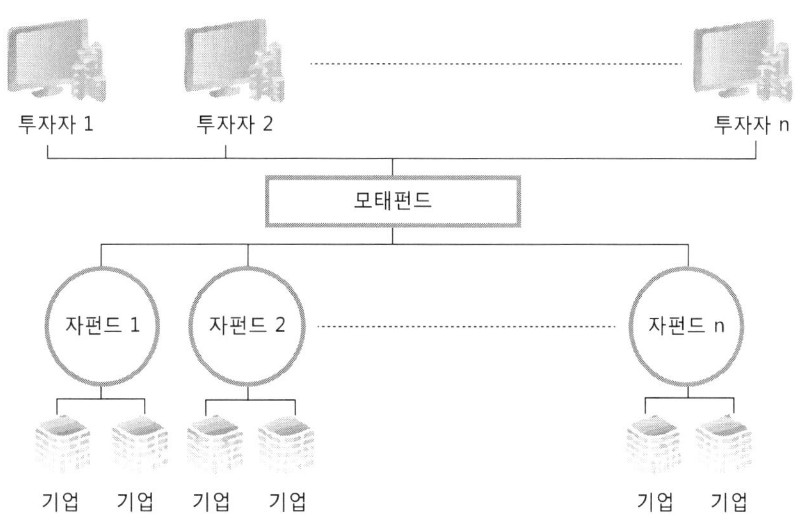

* 출처: 성태경(기술마케팅과 사업화, 2011)

‖ **그림 9.3** 모태펀드의 개념

다는 개별펀드(벤처캐피탈 펀드)에 출자하여 직접적인 투자위험을 감소시키면서 수익을 목적으로 운영하는 펀드로서 전체 출자자금을 하나의 펀드(母펀드)로 결성하고, 母펀드를 통해 펀드운용사가 결성하는 투자펀드(子펀드)에 출자하는 펀드를 의미한다.

투자규모가 큰 출자자의 입장에서 모태펀드에 출자한다면 대규모 기관투자가는 PE(private equity)에 대한 자산배정 규모가 크므로 규모가 작은 개별 펀드에 투자총액을 나누어 투자할 수 있게 된다. 또한 대규모 기관투자가들이 개별 벤처펀드에 대한 정보가 부족할 경우 모태펀드 펀드매니저의 펀드관리능력을 활용할 수 있다. 이 경우 투자된 개별 벤처펀드의 입장에서도 자신들의 권리와 의무에 대해 잘 아는 모태펀드 매니저와 업무를 원활하게 수행할 수 있다. 투자규모가 작은 출자자의 입장에서 모태펀드에 출자한다면 소규모 기관투자가도 대형펀드에 투자할 수 있으며 분산투자의 효과도 기대할 수 있다. 모태펀드의 특성을 살펴보면 〈표 9.16〉과 같다.

‖ **표 9.16** 모태펀드의 특성

특성	설명
통합된 자본	개별 투자자의 자본을 전문적인 투자풀을 통해 운영 가능
전문적인 운영	펀드매니저에 의한 투자심사 및 실사서비스 제공
중앙집권적 의사결정	집중된 투자 의사 결정 가능
다각화	다양한 종류의 펀드에 대한 투자를 통해 포트폴리오 위험분산 가능

* 출처. 성태경(기술마케팅과 사업화, 2011)

바. 기업공개

기업공개(IPO; initial public offering)은 넓은 의미로는 기업의 전반적 경영 내용의 공개, 즉 기업공시(disclosure)까지도 포함하지만, 좁은 의미로는 주식 공개를 의미하는 것이다. 기업이 주식을 발행하여 기업을 공개한 후 공개거래시장(증권거래소, 코스닥)에 상장 또는 등록함으로써 자금을 회수하는 방법이다. 즉 증권시장에 기업의 주식을 상장하고 최초공모주(IPO)를 발행하면서 투자한 주식을 매각하는 방법이다.

창업자가 자본이득을 실현하기 위한 목적보다는 새로운 투자자금의 조달이 필요할 때나, 주식의 시장가격 형성을 위해 기업을 공개하는 과정에 투자자금을 회수할 수 있는 기회가 된다. 발행회사는 주식 발행가격이 높을수록 IPO가격이 높아지므로 유리하지만 투자가의 투자수익은 줄어 추가공모 등을 통한 자본 조달 여건에 불리하다.

따라서 적정 가격에 기업을 공개하는 것이 중요하며 관련 과정에서 투자자들의 관심을 끄는 것이 필요하다.

사. 지식재산금융

지식재산금융(intellectual property-based financing)은 기업의 기술적 잠재력과 전반적인 기술사업화 역량을 활용하여 자금을 조달하는 방식이다. 기술평가를 통하여 이루어지는 기업금융수단의 일종으로 특허 등 지식재산의 창출, 사업화, 활용과정에 따라 지식재산을 기반으로 투자, 융자, 보증 등의 자금을 공급하는 기업금융활동이다.

3. 타인자본 조달

타인자본 조달(debt financing)은 필요자금을 자본이 아닌 부채(liability)로써 조달하는 방법이다. 타인자본으로 필요자금을 조달할 경우, 자본금이 증가하는 것은 아니므로 창업자의 지분율이 줄어들지 않아 지배권 약화를 걱정할 필요는 없다. 그러나 대부분의 자금차입 시 확실한 담보를 요구하므로 부동산 등의 담보가 없는 경우에는 자금차입이 어려울 수 있다. 우수한 기술을 보유한 경우에는 이를 담보로 금융기관에서 차입할 수도 있다. 초기에는 사채로 발행하나 일정기간 경과 후, 주식으로 전환할 수 있는 권한이 부여된 전환사채(convertible bond)를 발행하여 자금조달을 할 수도 있다. 부채 종류별 자금조달방법은 다음과 같다.

가. 회사채 발행: 기업 신용도가 높은 경우 회사가 직접 회사채 발행을 통해 타인자금을 유치할 수 있다. 이 경우 원금상환일, 지급이자율도 결정되어야 한다.

나. 은행, 금융권 차입: 은행이나 기타 금융기관으로부터 이자를 지급하는 조건으로 금전을 차입하는 것을 말하며 일반적으로 확실한 담보제공이 필요하다.

다. 기술담보 차입: 기술 벤처기업의 경우 개발된 기술을 담보로 차입을 받을 수 있다. 기술가치를 인정받아야 이를 대가로 차입이 이루어지나 성사가 쉽지 않다. 정부의 지원금을 제공하는 정책금융 형태를 띄는 경우가 많다.

라. 개인 차입: 지인이나 거래처로부터의 금전차입을 말한다. 차입 이후 약속어음을 발행하는 경우도 있으며, 이자지급 여부는 쌍방간 합의에 따른다.

마. 장비 리스: 회사에서 필요한 장비를 구매하는 것이 아니라 임대하는 방식으로 사용할 수 있다. 이 때 회사는 이자를 대신하여 리스(lease)료를 지불한다.

참고 1 신생기업의 자금소요 cycle

논문 〈New Product Investment Curve, 박원구, 이광숙, 윤성수〉에서 발췌[2)]

창업된 기업(Start-up)의 시간 경과에 따른 자금소요는 일반적으로 다음과 같으며, 이를 그래프 형태로 새로이 제시하여 본다. t_1 시점이 매출에 의한 자금유입액이 자금유출액을 초과하는, 손익분기점(BEP; break-even point)에 해당한다. t_2 시점은 신사업에 의해 투입된 모든 자금이 회수되는 투자비회수 시점(pay-back period)이다. 창업자는 1 만큼의 소요자금을 조달하여야 한다.

〈시간 경과에 따른 신생기업의 자금소요 싸이클〉

- 사업 개시 시점에 R&D비용, 장비 매입 등으로 자금소요 발생
- 자금소요 최대점인 죽음의 계곡(valley of death)을 이겨내야 함.
- 생산이 개시되고 매출이 발생하면 자금유입이 시작됨. 이후 매출증대에 따른 운전자금(working capital)도 증가하며, 자금소요액도 증가함.
- 매출이 계속 증가하여 마침내 손익분기매출액(BEP)에 도달함. 나아가 자금유입액이 유출액을 추월, 여유자금이 발생하고 총부채액도 감소함.
- 여유자금은 계속 증가하여, 다른 사업을 추진할 자금여력을 가지게 됨.

(단, 자금소요곡선: $f(x)$, 누적자금소요곡선: $\int_0^1 f(x)dx$)

Start-up 기업의 Financing Cycle (SFC)

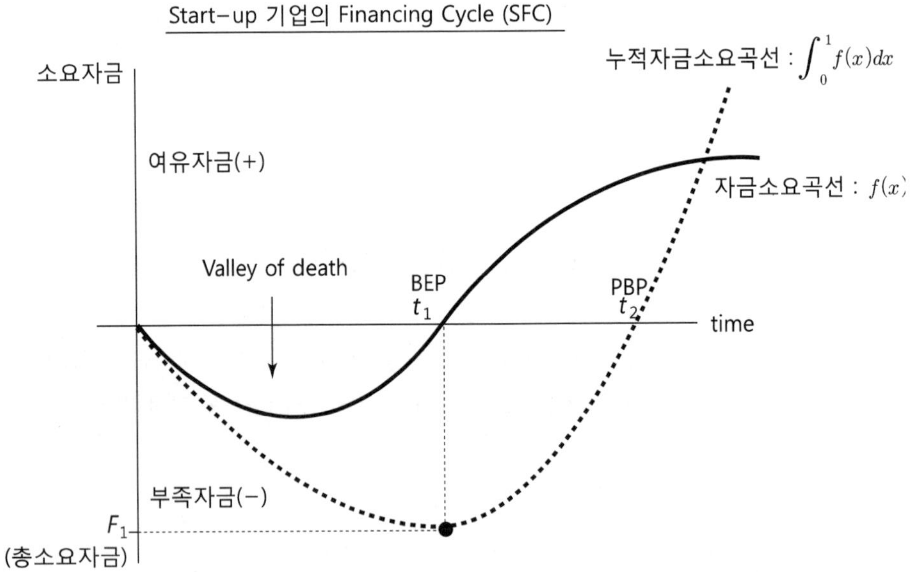

2) Investment for new product development(2016), Engineering management journal(SSCI)에 게재된 내용임.

창업 Worksheet 6 재무계획 작성

1. 연간 자금계획 수립

다음 항목들에 대해 자금소요액을 추정하여 보라.

(단위 : 천원)

구분	세부 활동 내역	1Q	2Q	3Q	4Q	합계
법인 신규 설립	법인 등록비, 교육세					
	사무실 임차 보증금					
	사무실 중개 수수료					
	인테리어 공사비용					
	책상, 서랍, 의자, 회의실 탁자					
	전화, 인터넷, 보안 설치비					
	사무집기 초기 세팅비					
일반 관리비	월 인건비					
	회의비					
	회식비					
	교통비					
	4대 보험료					
	회계 기장료					
	월 임대비					
	월 전화료					
	인터넷 사용료					
	일반 사무용품비					
마케팅(1)	로고 제작비					
	명함 제작					
	도메인 신청					
	웹사이트 구축					
	회사 카달로그 제작					
	회사 봉투 제작					
	다이어리 제작					
개발비	외주 개발비					
	특허 출원료					
	디자인비					
	PC 구입비					
	SW 구입비					
	자문비					
	기술서적 구입비					
	세미나 참가비					
마케팅(2)	홍보물 제작비					
	대외 홍보비					
	시장 조사비					
	시작품 제작비					
	업무 추진비					
	접대비					

2. 매출액 추정

- 판매가격
- 판매 수량 예측
- 매출 예측

구분	세부 내역	1차년도	2차년도	3차년도	4차년도	합계
매출 예측	판매 수량					
	판매 가격					
	매출 예측					
	원가 추정					
	매출 총이익					

3. 매출원가 및 일반관리비 추정

- 인건비 추정

구분	직급	평균 월급	1차년도	2차년도	3차년도	4차년도	합계
인력 운용	대표						
	임원						
	부장						
	차장						
	과장						
	대피						
	사원						

- 시설투자비 또는 개발비 추정
- 연도별 매출원가 및 일반관리비 추정

구분	세부 내역	1차년도	2차년도	3차년도	4차년도	합계
매출원가 추정	매출원가					
	일반관리비					

4. 필요자금 규모 및 조달방안

5. 추정 손익계산서

6. 손익분기점(BEP) 예상 시기? 순현재가치(NPV) 추정

제 10 장

기술자산전략

1절 지식재산권 개요

1. 지식재산권의 개념과 분류

지식재산권(IP; intellectual property right)이란 발명, 디자인, 문학, 예술, 연출, 공연, 음반, 방송 등 지식 활동에서 발생하는 모든 권리를 뜻한다. 지적재산권 혹은 지적소유권이라고도 불렸으나 최근 지식재산권으로 법률 명칭이 확정됐다. 일반적으로 지식재산권은 창작보호 여부, 법 목적, 규제형식 등의 기준에 의해 다양하게 분류된다. 〈그림 10.1〉과 같이 지식재산권은 산업재산권, 저작권과 신지적재산권으로 구분된다.

산업재산권은 특허권, 실용신안권, 디자인권, 상표권을 말하며, 산업경제와 관계가 깊은 지식재산권을 의미한다. 이 네 가지의 산업재산권은 그 보호대상이 '발명', '고안', '디자인', '브랜드'로서 권리마다 보호대상이 다르며, 특허법, 실용신안법, 디자인보호법 및 상표법 등 서로 다른 법률에 의하여 각각의 권리를 규율한다.

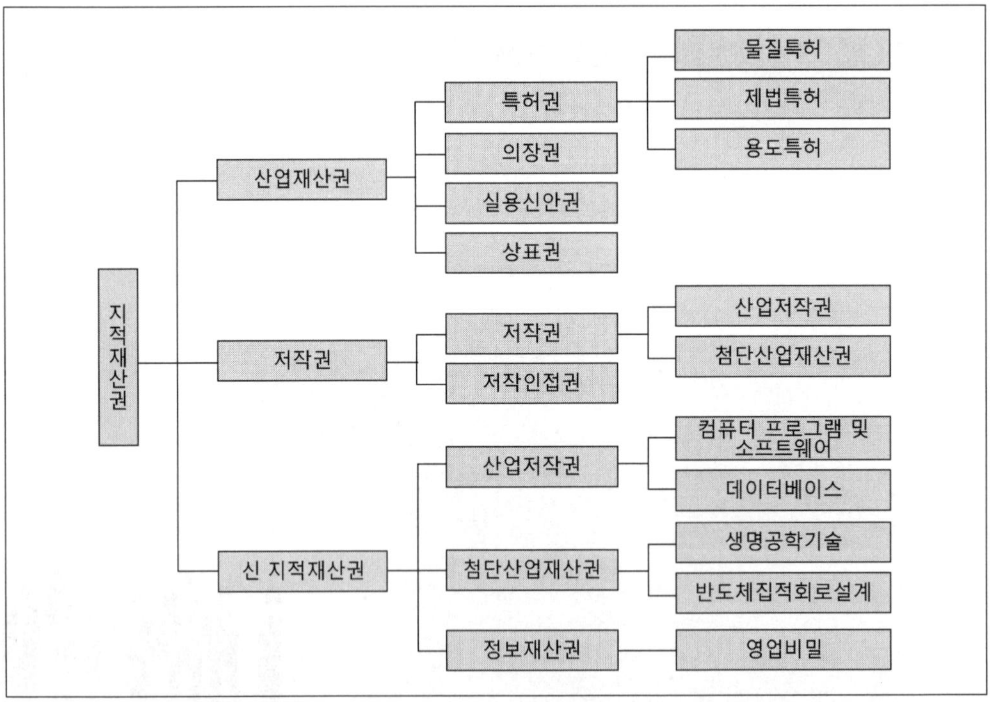

‖ 그림 10.1 지식재산권 체계

2. 지식재산권의 출원 및 등록 절차

지식재산권을 소유하기까지에는 출원과 등록절차를 거쳐야 되며, 지식재산권의 종류와 등록 과정에서의 거절 여부 등에 따라 그 절차도 매우 다양하게 나타나고 있다. 여기에서는 지식재산권의 대표적인 사례인 특허를 중심으로 과정을 도식화하면 〈그림 10.2〉와 같다.

가. 특허출원 및 심사절차 흐름도

지식재산권의 출원은 발명의 내용을 서면으로 제출하는 것을 의미하는데, 출원 서류는 기본정보를 기입한 출원서, 발명의 개요를 요약한 요약서, 그리고 구체적 내용을 설명한 명세서로 구분된다. 출원서류는 일반적으로 발명자가 직접 작성하지 않고 변리사가 작성하여 특허청에 제출한다. 세부 내용은 〈그림 10.2〉에서 보는 바와 같다.

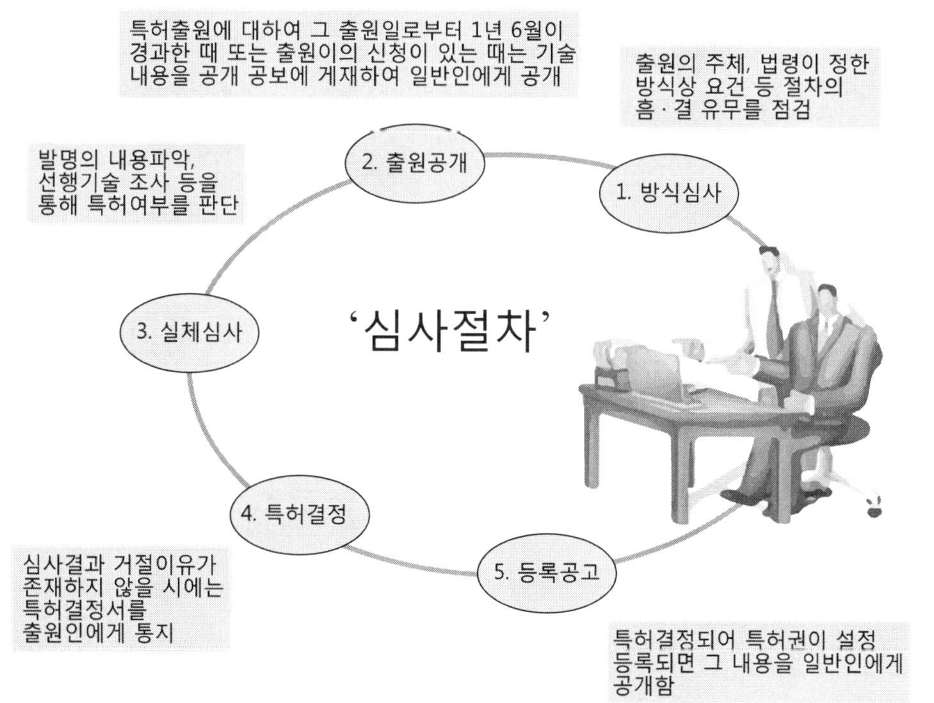

* 출처: 특허청 홈페이지

‖ **그림 10.2** 특허출원 및 심사절차 흐름도

나. 특허 등록 과정

특허 심사는 출원된 특허에 대하여 서류상에 문제가 없는지와 특허가 갖추어야 될 요건을 만족시키는지를 평가하여 등록이나 거절을 하는 과정을 의미한다. 등록 과정에서 거절 판정이 내려지면 거절이유에 대해 보완하여 다시 재심사를 청구할 수 있으며 이러한 과정을 거쳐 최종적으로 특허심사를 통과한 기술에 대해 공식적인 권리를 부여하는 것을 등록이라고 한다. 세부적인 특허 등록절차는 〈그림 10.3〉과 같다.

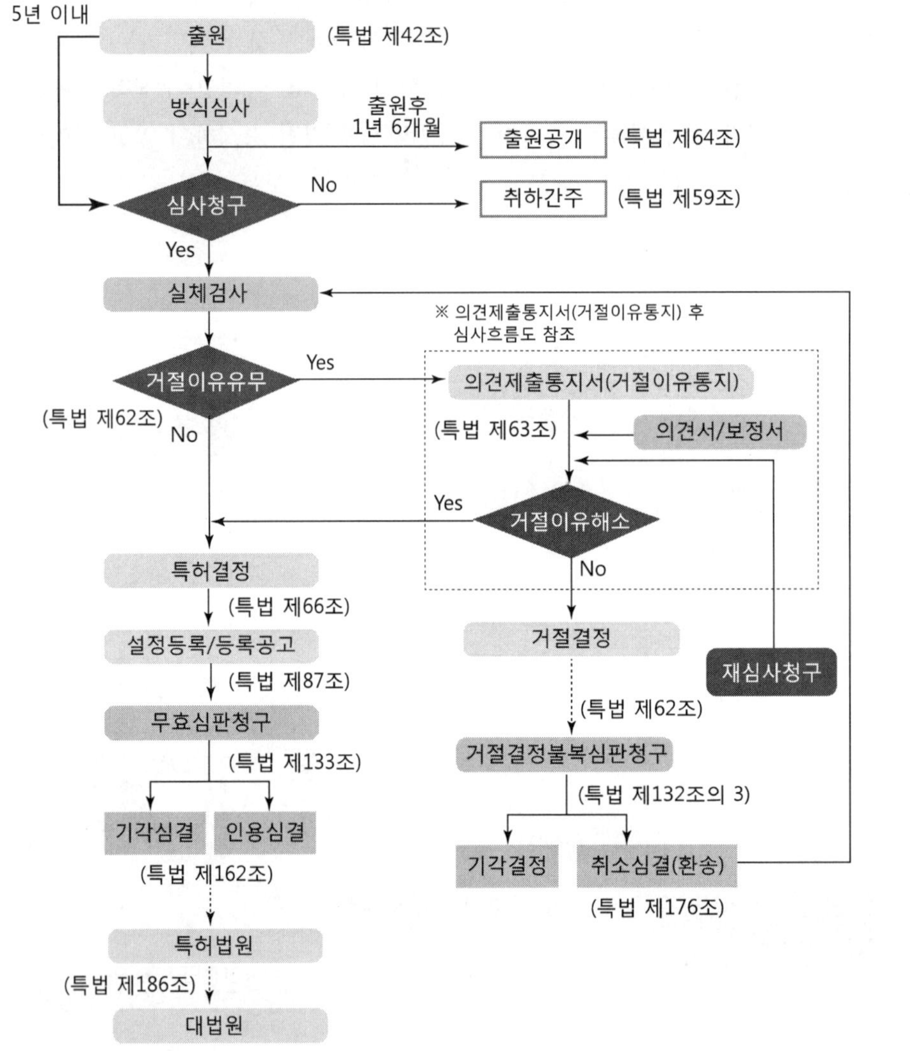

* 출처: 특허청 홈페이지

‖ **그림 10.3 특허출원 후 심사 흐름도**

2절 지식재산권의 종류와 대책

1. 특허

가. 특허 제도

특허(patent)제도는 발명을 보호·장려함으로써 국가산업의 발전을 도모하기 위한 제도이며, 이를 달성하기 위하여 '기술공개의 대가로 특허권을 부여'하는 것을 구체적인 수단으로 사용하는 것이라고 할 수 있다. 즉, 발명된 기술을 공개하는 대가로 발명자에게는 특허권이라는 독점권을 부여함으로써, 공개된 기술의 활용과 발명의욕을 고취를 통해 산업 발전을 이루는 데 그 목적이 있다.

특허권은 자연법칙을 이용한 기술적 사상의 창작으로서 발명수준이 고도한 발명에 대하여 부여되는 권리이다. 특허권의 권리는 등록일로부터 발생하며 권리존속기간은 출원일로부터 20년이다. 특허권은 권리를 획득한 국가 내에서만 효력을 발생(속지주의)한다.

이러한 특허권을 얻기 위해서는 출원된 발명이 갖추어야 될 일정 요건이 있는데, 이는 출원발명은 산업에 이용할 수 있어야 하며(산업상 이용가능성), 출원하기 전에 이미 알려진 기술이 아니어야 하고(신규성), 선행기술과 다른 것이라 하더라도 그 선행기술로부터 쉽게 생각해 낼 수 없는 것(진보성)이어야 한다. 특허의 요건을 세부적으로 정리하면 아래 〈표 10.1〉과 같다.

표 10.1 특허가 갖추어야 할 요건

구 분	내 용
산업상 이용가능성	이 요건의 목적은 아이디어나 개념에 불가하거나 단순히 장래의 연구를 위한 기반으로서의 발명이 아니라 어느 정도의 현실적 가치를 갖는 발명들로 특허권 보호를 제한하기 위한 것
신규성	특허 출원한 발명이 그 출원일 이전에 공지되거나 실시된 적이 없는 새로운 발명이어야 한다는 것으로, 새로운 발명을 공개하여 산업발전에 이바지하기 위한 특허제도의 목적을 달성하기 위하여 발명자에게 기술을 공개한 대가로 특허권이라는 독점권을 줌
진보성	출원한 발명이 출원일 전에 공지되거나 간행물에 기재된 발명으로부터 용이하게 창작할 수 없을 정도의 개선이 있어야 등록을 받을 수 있다는 것을 의미

‖ 표 10.2 선출원주의와 선발명주의

구분	내용
선출원주의	발명이 이루어진 시기와 관계없이 특허청에 먼저 출원한 발명에 권리를 부여하는 것으로, 신속한 발명의 공개를 유도할 수 있으며 발명의 조속한 공개로 산업발전을 도모하려는 특허제도의 취지에 부합(대부분 국가, 한국 채택)
선발명주의	출원의 순서와 관계없이 먼저 발명한 출원인에게 권리를 부여하는 것으로, 발명가는 발명에 관련된 일지를 작성하고 증인을 확보해야 하며 특허청으로서는 발명의 시기를 확인하여야 하는 불편이 있음

특허출원과 관련하여, 동일한 발명이 둘 이상 출원되었을 때 어느 출원인에게 권리를 부여할 것인가를 결정하는 기준으로서 '선출원주의'와 '선발명주의'가 있다(표 10.2 참고). 우리나라를 비롯한 대부분의 나라가 선출원주의를 채택하고 있으며, 미국도 2013년 3월부터 선발명주의에서 선출원주의로 변경하였다.

나. 해외 특허출원

(1) 해외 특허출원의 의의

해외 특허출원의 경우 출원 비용과 출원 시간이 각 나라마다 다르기 때문에 사업전략에 따라 특허를 취득하고자 하는 나라와 취득 경로를 우선 정하는 것이 효율적인 특허출원을 가능하게 한다. 일반적으로 해외 특허출원의 경우가 국내에 비해서 비용이나 시간을 많이 필요로 한다.

해외 특허출원을 함에 있어 직접적으로는 제조국가와 시장을 판단하는 것이 가장 중요하다. 현존하는 시장은 물론 잠재적인 시장까지 내다보고 특허제품을 판매한 국가를 선택하는 것이 바람직하며 경쟁제품을 생산할 제조국가 또한 생각해야 한다. 간접적으로는 비용과 시간을 고려해야 한다. 특허출원과 특허등록까지의 비용과 특허로 인한 이득, 특허를 취득하는 데 걸리는 시간과 상품의 라이프 사이클을 고려하여 해외 특허출원의 여부를 결정하는 것이 바람직하다.

해외 특허출원에 있어 권리적인 요소로는 권리 구제의 실효성과 권리의 유효성이 있다. 권리구제의 실효성은 등록된 특허권이 제대로 보호될 수 있는 국가인지를 고려하는 것이다. 그리고 권리의 유효성은 국가별로 특허성을 판단하는 기준이 다르기 때문에 어느 국가에서 자신의 기술에 대해 특허를 내줄지 판단하여 출원국가를 정하는 것이다.

해외 특허출원은 해당 특허에 대한 특성에 따라 출원방법이 구분된다. 개별국가에 대해서 출원을 할 것인지 특허협력조약에 기초한 국가에 일괄적으로 출원을 할 것인지에 따라 출원방법이 달라진다. PCT(특허협력조약; patent cooperation treaty) 출원의 경우 여러 국가에 동시적인 출원이 가능한 장점을 가지고 있는 반면, 각 국가마다 번역문을 제출해야 하고 출원에 따른 소요 기간이 오래 걸리는 단점을 가지고 있다. 일반적으로 3개국 미만에 특허를 출원할 경우에는 PCT보다는 파리조약에 기초해 우선권 제도를 이용하여 각 국가마다 출원을 하게 된다. PCT 출원과 파리조약에 기초한 출원방법에 대해 아래에 좀 더 상세하게 설명한다.

(2) 파리협약에 기초한 개별국 출원

파리조약에 기초한 개별국 출원이란 우선권 제도를 이용하여 국내 출원 후 1년 이내에 원하는 국가에 각각 출원하는 방식이다.

우선권 제도란 파리조약의 동맹국의 제1국에서 특허권을 먼저 출원한 자나 그 승계인이 우선권 주장기간인 1년 안에 다른 동맹국에 같은 발명에 대해 출원하여 우선권을 주장하는 경우 제1국의 출원일을 기준으로 특허요건 등을 판단하는 제도이다. 제1국의 출원일을 실체적 특허요건의 판단시점으로 고려한다는 것이지 제1국의 출원일을 제2국에서의 출원일과 동일하게 적용해주는 것은 아니다. 출원방식이나 설자 같은 제도의 적용기준은 제2국의 출원일을 기준으로 적용한다.

(3) PCT에 기초한 출원

국제협력조약에 기초한 PCT는 하나의 발명에 대하여 여러 나라에 동시 출원할 때 PCT에서 규정한 서류에서 원하는 나라를 지정하여 특허청에 제출하면 되기 때문에 비용과 노력을 줄여주고 각 나라마다 심사에 따른 부담을 줄여주는 조약이다. PCT 출원은 통일화, 간소화, 경비절감 효과 등 장점을 가지고 있다. 하지만 PCT 출원 자체가 국제적으로 특허의 효력을 발생시키는 것은 아니다. 국제특허를 받기 위해서는 정해진 기간 내에 각 국가에 진입해야 하며, 국제출원 관련기관이 너무 많아 절차상 복잡하고 고정비용이 발생하는 단점도 있기 때문에 출원 시에 주의해야 한다.

2. 실용신안권

실용신안권은 물품의 형상, 구조, 조합에 관한 고안[1](소발명)에 대하여 부여되는 권리이다. 실용신안권의 권리는 등록일로부터 발생하며, 권리존속기간은 설정등록일로부터 출원일 후 10년이다.

---

1) 실용신안법상 고안은 "자연법칙을 이용한 기술적 사상의 창작"으로 정의되며, 창작의 고도성 정도에 비추어 고안을 "소발명"이라고 일컫기도 한다(실용신안법 제2조 제1호).

‖ 표 10.3 특허권과 실용신안권의 주요 차이점

구분	특허권	실용신안권
보호대상	자연법칙을 이용한 기술적 사상의 창작으로서 고도한 것	물품의 형상·구조 또는 조합에 관한 자연법칙을 이용한 기술적 사상의 창작
진보성 판단기준	용이하게 발명가능한지 여부	극히 용이하게 고안 가능한지 여부
존속기간	출원일로부터 20년	출원일로부터 10년

* 출처: 특허청 홈페이지

실용신안권은 특허권과 마찬가지로 기술에 관한 아이디어를 보호하는 권리이지만, 특허와는 달리 기술과 관련된 아이디어 중에서도 물품의 형상, 구조 및 조합에 관한 고안만을 보호 대상으로 한다. 따라서 방법이나 소프트웨어, 물질 등과 관련된 기술은 실용신안권으로 보호 받을 수 없으며, 특허권을 통해서만 보호를 받을 수 있다.

이러한 이유로 스마트폰 앱에 관련한 아이디어는 실용신안의 보호대상이 되지 못하지만, 스마트폰용 악세사리, 스마트폰 보조 디바이스 등에 관한 아이디어 등은 실용신안으로 보호받을 수 있다. 실용신안은 등록요건이 특허권과 거의 비슷하나, 특허요건 중 진보성의 요건은 특허에 비해 진보정도가 낮은 차이점 〈표 10.3〉이 있다.

대 발명(major invention)이라고 불리는 특허에 비해 소 발명(minor invention)이라고 불리는 실용신안은 특허만큼의 경제적 가치나 기술적 진보는 없으나 실제 생산 및 사용 과정에서 기능 및 용도의 부분적이고 실용적인 개선이 이루어진 경우라고 생각하면 된다.

3. 상표권

상표권(trademark)은 식별력 있는 상표 또는 서비스표에 부여되는 권리이다. 상표란 타인의 상품과 식별되도록 유형의 상품에 사용하는 표장으로 기호·문자·도형·입체적 형상·색채·홀로그램·동작 또는 이들의 결합을 말하며, 서비스표는 무형의 서비스에 사용하는 표장을 말한다.

그러나 상표법상 상표란 여전히 시각을 통하여 인식될 수 있는 것으로 국한되며 시각을 통하여 인식할 수 없는 소리, 냄새, 맛 등과 같이 청각, 후각, 미각으로 지각할 수 있는 표장은 현실의 거래사회에서 자타상품의 식별표지로서 사용되고 있다하더라도 상표법상의 상표로는 보호받을 수 없다.

또한 자기의 상품과 타인의 상품을 식별하기 위하여 사용되지 않는 표장은 상표가 아

‖ 표 10.4 상표권의 종류

구분	내용
상표	다른 회사와 차별화되는 단어, 이름, 심벌 또는 장치
서비스표	서비스업(광고업, 통신업, 은행업, 운송업, 요식업 등 용역의 제공업무)을 영위하는 자가 자기의 서비스업을 타인의 서비스업과 식별되도록 하기 위하여 사용하는 표장
단체표장	상품을 공동으로 생산·판매 등을 하는 업자 등이 설립한 법인이 직접 사용하거나 그 감독하에 있는 단체원으로 하여금 자기의 영업에 관한 상품 또는 서비스업에 사용하게 하기 위한 표장
업무표장	YMCA, 보이스카웃 등과 같이 영리를 목적으로 하지 아니하는 업무를 영위하는 자가 그 업무를 나타내기 위하여 사용하는 표장

니므로 상품에 사용된 것이라 하여도 그것이 단순히 상품의 심미감을 불러일으키게 하기 위하여 사용된 디자인이거나 자타상품식별의사와 무관한 가격표시 등은 상표법상 상표가 아니다. 광의의 상표개념으로서는 상표 외에 서비스표, 단체표장, 업무표장을 포함하며, 세부적인 설명은 위 〈표 10.4〉와 같다.

상표권의 존속기간은 등록일로부터 10년이나 다른 산업재산권과 달리 갱신 절차를 거쳐 10년씩 존속기간을 계속적으로 연장할 수 있다. 스마트폰 앱의 이름을 상표로 등록받지 않은 앱 개발사는 차후에 비슷한 이름의 스마트폰 앱이 등장했을 때, 어떠한 조치도 취하지 못할 가능성이 크다. 반면, 스마트폰 앱 이름을 상표로 출원하여 등록받게 될 경우, 상표권에 기하여 후발 '유사상표' 앱의 사용을 법적으로 금지시킬 수 있다.

한편, 유의해야 할 사항은 상표라는 것은 출원만 한다고 전부 등록되는 것은 아니라는 사실이다. 상표는 '나의 제품'과 '남의 제품'을 구별하기 위해 탄생한 제도이기 때문에 '식별력(구별하는 힘)'이 없는 브랜드는 상표로 등록될 수 없다. 따라서 '카카오톡', '마이피플', '에버노트' 등과 같은 식별력 있는 스마트폰 앱 이름을 만들어서 출시 전에 반드시 상표출원을 하여야 한다. 상표등록에는 1년 정도가 소요되며, 특허청 심사관이 심사를 진행하는데, '식별력'이 없는 상표는 등록될 수 없다.[2] 따라서 '전국 무료주차장', '배달맛집' 등과 같은 식별력 없는 상표는 등록되기 어려우며, 결국 그와 유사한 이름을 사용하는 후발주자들을 견제할 수 없다. 자신만의 독특한 스마트폰 앱 이름을 만들고, 신속히 상표출원을 하여 권리화하는 것이 바람직한 권리보호방법이다.

또 한 가지는 상표권을 획득함에 있어서는 '먼저 사용'했는지 여부가 전혀 중요하지 않다는 점이다. 매우 유명해진 경우는 일부 예외를 인정받을 수 있으나, 그런 경우가 아니라면, 동일한 브랜드를 '먼저 출원'했는지 여부가 등록을 결정한다. 따라서 수 년

2) 상표법 제6조 참조.

전부터 해당 브랜드를 사용한 십만 다운로드 수를 기록한 인기 스마트폰 앱이라고 하더라도, 후발주자가 그 브랜드를 상표출원 해버릴 경우, 억울한 상황에 처한다.

최근에는 상표를 사냥하는 브로커(브랜드 사냥꾼)들에 의해 이러한 인기 스마트폰 앱 브랜드네임 사냥이 급격히 증가하고 있다. 피해자들(상표를 사용하고자 하는 사람, 즉 앱 개발사)은 천만 원 이상의 배상금을 브로커들에게 지급하고 상표를 이전받는 사례들이 늘고 있는 것이다. 지식재산권에 대한 정확한 이해를 하고, 상표법을 통한 보호를 받아야 한다.

4. 디자인권

디자인권은 물품의 외관인 디자인에 대한 아이디어를 보호하는 권리로서 독특한 형상, 모양, 색채가 있는 물품의 외관에 부여되는 권리로서[3] 권리의 존속기간은 설정등록일로부터 15년이다. 디자인은 영어의 'design'에서 비롯된 외래어로서 제품에 관한 제품디자인, 광고포스터·그래픽디자인·디지털디자인 등과 같은 시각디자인, 생활공간이나 환경에 관한 환경디자인 등을 포괄하는 광의의 개념을 포함하는 용어이다.

디자인보호법 제2조 제1호에는 '디자인이라 함은 물품의 형상, 모양이나 색채 또는 이들을 결합한 것으로서 시각을 통하여 미감을 일으키게 하는 것을 말한다.'고 규정하고 있어 디자인보호법상 디자인은 독립거래의 대상이 되는 유체 동산인 물품의 외관(형상·모양·색채)에 관한 디자인으로 특정될 수 있다.

최근 삼성이 애플로부터 국제적인 소송을 당한 이유에 대하여 구체적인 내용을 들여다보면 '특허권'보다는 '디자인권'이 애플의 주요 공격수단이었다. 애플에서 창조적으로 만들어낸 스마트폰 앱의 유저인터페이스 및 독특한 디자인은 '디자인권'으로 보호받을 수 있었고, 창의적인 디자인을 보유한 애플이 소송을 유리하게 전개할 수 있었던 원동력이 되었다. 이러한 관점에서 디자인권은 그 중요성이 증대되고 있다. 한편, IT분야 디자인과 관련해서 최근 소송이 급증하고 있는 추세이므로, 자신의 디자인이 다른 스마트앱 또는 스마트폰 장치의 디자인을 침해하고 있는 것인지 반드시 검토할 필요가 있다(그림 10.4 참고).

---

3) 디자인보호법 제2조 참조.

그림 10.4 국제적 이슈가 되고있는 iPad vs 갤럭시탭

5. 저작권

저작권(copyright)은 인간의 지적 능력을 발휘하여 달성한 미술, 음악 등의 예술 분야와 시, 소설 등과 같은 문학 분야의 창작물에 대하여 창작자의 사후 50년까지(미국은 70년) 그 창작물에 대한 독점권이 인정되는 권리이다. 저작자의 권리는 산업재산권과 달리, 별도의 출원 및 등록에 의하여 권리가 발생하는 것이 아니라, 저작권 등록과 무관하게 저작물을 창작한 시점에 발생한다. 저작권은 저작자가 자신의 저작물에 대해 가지는 인격적 권리인 저작인격권과 저작물을 일정한 방식으로 이용하는 것으로부터 발생하는 경제적인 이익을 보호하기 위한 권리인 저작재산권을 포함한다.

저작권을 침해한 자는 5년 이하의 징역 또는 5천만원 이하의 벌금에 처해질 수 있기 때문에 함부로 저작권을 침해해서는 안 된다. 하지만 실제 저작권을 둘러싼 여러 법적인 문제는 매우 복잡하기 그지없고 불투명하기까지 하다. 그 까닭은 저작권은 저작물의 창작과 동시에 발생하고, 산업재산권과 같이 '특허청의 심사'를 필요로 않는 권리이기 때문에 그 권리의 발생 자체에 국가가 어떤 관여도 하지 않기 때문이다.

따라서 스마트폰 앱의 경우 완성과 동시에 발생한다고 볼 수 있고, 스마트폰 앱 개발자는 자신의 스마트폰 앱을 개발함과 동시에 저작권을 행사할 수 있으며, 보다 명확한 권리발생을 입증하고 행사하기 위해서 저작권 등록을 하는 것이 바람직하다.

6. 영업비밀

기업이 자기기술을 보호하는 방법으로는 3가지가 있다. 첫째, 특허로 보호 받는 것, 둘째, 영업비밀(노하우)로 관리하는 것, 셋째, 계약에 의해 보호를 받는 경우다.

이들 방법에는 각각의 장단점이 있다. 첫 번째 방법인 특허는 명실공히 대단한 권리(배타권)를 주장할 수는 있으나 그 기술에 대한 가치판단(특허성 여부)을 받아야 하고 기술내용을 공개해야 한다. 두 번째 방법인 영업비밀로 관리하는 것은 기술내용을 감출 수는 있으나 내부 직원의 이직 등에 따른 관리에 매우 큰 어려움이 따르고, 세 번째 방법인 계약은 미래의 적을 현재의 협력자로 묶어둘 수 있는 장점이 있으나 계약의 당사자만 구속하는 한계가 있다.

특히, 기술을 보호하고자 특허권을 받았으나, 특허는 영원히 주어지는 것이 아니고 20년이라는 기간은 의약, 화학분야 등에서는 너무 짧은 기간이며 특허의 범위를 너무 제한적으로 등록하였을 경우에는 그 권리가 너무 협소하여 특허 등록과 유지를 위한 비용만 많이 들고 오히려 보유하고 있는 기술의 공개만 되었을 뿐, 이에 대한 보상인 배타적 권리는 너무 하찮은 것으로 여겨질 수 있다.

앞에서 언급한 여러 가지 사항을 고려할 때, 기업의 관점에서 보면, 굳이 비용 드는 특허출원을 하지 않더라도 그 기술내용이 공개되지 않도록 노하우로 잘 관리할 수만 있다면 그 것이 오히려 효율적이고 남는 장사로 여겨질 수 있다. 그러나 이러한 노하우를 가지고 있는 기업의 경우 비즈니스에서 가장 강력한 적은 내부의 적이다. 내부의 적으로 인해 많은 기업들이 소중한 기술을 외부에 유출되고 있는 상황이다.

그러나 부정경쟁방지법은 이러한 영업비밀을 함부로 누설한 자를 처벌할 수 있도록 하고 매우 강력하게 다스리도록 하고 있는데, 5년 이하의 징역 또는 그 재산상의 이득액의 2배 이상 10배 이하에 상당하는 벌금에 처하도록 하고 있다.

하지만 이직으로 인한 비밀유출을 판단하는 데에는 직업선택의 자유를 제한하는 만큼 엄격한 전제 조건이 따르는데, 첫째, 그 정보가 비밀성이 있어야한다. 이미 오래 전부터 알려진 것이라면 보호 받을 수 없다. 둘째, 경제적 가치가 있어야 한다. 셋째, 상당한 노력에 의해 관리되어야 한다. 이 중에서 세 번째 요건은 매우 중요한 것으로, 영업비밀을 법에 의해 보호받기 위해서는 상당한 노력이 전제되어야 하는 것이다. 노력하지도 않으면서 영업비밀의 보호를 원해서는 안 된다.

비밀의 부여 및 관리, 영업비밀의 중요성에 관한 직원 교육, 임직원과의 비밀 준수 계약 등의 조치를 취하지 않으면 영업비밀을 보호할 수 없다. 성장에만 급급해 내부 관리를 잘하지 못하는 경우가 있는데, 반드시 조치를 해둘 필요가 있다. 〈표 10.5〉는 영업비밀로 보호될 수 있는 요건과 영업비밀 보호방법을 요약한 내용이다.

표 10.5 영업비밀 보호 요건 및 영업비밀 보호 방법

구분	내용
영업비밀 보호 요건	• 대외에 알려지지 않은 내용(대외비) • 사내에서만 필요한 경우 공개를 원칙 • 비밀정보로 엄중히 보호조치 • 가치가 있고 회사에 높은 경쟁우위를 제공 • 많은 비용, 시간 및 노력에 의해 개발 • 쉽게 복제되고 역설계(reverse engineering) 되거나, 발견되지 않음
영업비밀 보호 방법	• 접근제한 조치 (비밀자료에 대해서 업무상 필요한 인원에게만 접근 허용) • 문서의 라벨링 (중요 문서들은 '기밀', '소유권', '제한' 등의 표기가 없을 경우 별도 보관) • 기밀 전자파일의 암호화 • 방문객 등록일지 관리 • 기밀자료 열람일지 관리 • 전반적인 보안유지의 관리

3절 기술자산의 전략 및 보호4)

1. 기술자산 전략

기업에 있어서 지적재산권은 기업의 가치와 경쟁력의 원천으로, 지적재산이라는 무형의 자산은 기업을 성장시키고 경쟁우위를 차지하는 데 중요한 결정요인이라 할 수 있다. 따라서 기업의 지적재산은 단순하게 제도적으로 보호되는 지적재산이라는 인식에서 벗어나 기업이 보유한 지식과 정보, 기술 등을 총칭하는 것으로 인식하여 기업의 이익을 극대화 할 수 있는 차원에서 활용되어야 한다.

가. 특허 전략

특허 전략이란 특허를 어떻게 획득하고 활용하며 소송이나 분쟁에 어떤 식으로 대응할

4) 지적재산 전략 및 보호는 조근태(R&D 관리, 2011)을 참고하여 작성함.

것인지에 대한 전략이라고 할 수 있다. 특허를 획득하는 방법은 자사의 R&D를 통해서 가능하거나 M&A 및 구매, 전략적 제휴(크로스라이선싱) 등이 있다. 일반적인 M&A는 기업 간 인수합병을 의미하지만, 오늘날에는 특허만을 M&A 할 수 있다.

기업은 전략적 제휴를 통해서도 특허를 획득할 수 있는데, 전략적 제휴란 예를 들어 기업이 다른 회사의 특허를 활용하면서 동시에 자사의 다른 특허를 해당 기업이 사용할 수 있도록 허용하는 것이다. 전략적 제휴가 이뤄지기 위해서는 특허의 양적 규모의 고려가 필요하며, 주로 동종 업계의 기업 간에서 많이 이뤄진다. 특허의 소송 및 분쟁을 방지하기 위해서는 사전 예방이 필요하다. 소송 발생 이후에는 침해에 대한 경고, 분석, 대응 전략수립, 협상 및 소송 등 기업 대책을 체계적으로 준비해야 한다.

나. 사업전략과 R&D 전략과의 연계

기업이 지속적으로 이익을 증가시키고 경쟁우위를 유지하기 위해서는 지적재산전략을 기업의 사업전략과 R&D 전략과 연동해서 추진해야 한다. 지적재산전략에는 선행 기술 조사와 타사 동향 조사를 수행하는 사전 조사 부분과 특허 출원이나 영업 기밀로 관리하는 권리 취득 부분이 있다. 또한 지적재산의 권리를 보호하고 활용하는 방안도 포함되어 있다. 이러한 지적재산전략은 기업이 새로운 사업에 참여하거나, 다른 회사와의 제휴 등을 통한 사업적 전략 부분에서 중요한 판단 및 방향을 결정하도록 지원해줄 수 있다. 또한 자사의 기술력 파악과 R&D 주제를 설정할 수 있는 정보를 제공하여 R&D 전략수립에 도움이 된다.

2. 지식재산 분석

가. 특허지도

특허지도(PM; patent map)란 특정한 기술, 제품의 특허정보를 목적에 따라 가공하여 결과를 시각적인 형태로 정리한 도표이다. 특허지도는 1960년대 후반 일본 특허청에서 특허정보를 도표화한 것에서 출발하며, 1980년대 초에 국내에 도입되었다. 특허지도는 작성 목적에 따라 3가지로 구분된다. 첫째, 경쟁기업 동향 등이 포함된 경영정보 지도이다. 둘째는 신제품개발 동향, 기술분포가 표시된 기술정보 지도이며, 셋째는 권리 기간, 전유권이 표시된 권리정보 지도이다. 특정 기술이나 기업을 대상으로 해당 기술이나 기업이 속한 분야의 전체적인 구도를 파악할 수 있으며 자사의 기술적 위치와 경쟁사의 기술적 위치를 파악함으로써 전략수립에 도움이 된다. 특허지도 작성 단계는 〈표 10.6〉과 같다.

‖ **표 10.6** 특허지도 작성 단계

단계	활동계획	세부 활동 내용	결과물
Step 1 (Define)	목표점검 추진계획 업무분장	• 고객 니즈 파악 – 관련기술/제품/시장 – 개발수준/목표 – 특허출원/보유수준 – 기술정보 수집/정리(인터넷, 학술지, 정기간행물, 각종 협회 등) – 기술/시장 동향 등	• PM 실행계획서 – 개발목적/과제의 명확화 – 기술조사범위 결정 – 특허조사범위 결정 – PM 작성, 추진 일정
Step 2 (Measure)	기술개요/분류	• 기술분류체계 및 검색 시 확정 • 특허검색 및 유효 데이터 추출 – Raw-data 입수, 관련 특허 Filtering – 기술 분류	• 기술분류체계 • 유효특허 Filtering
	정량분석	• 다각적인 통계 분석(기술/출원인/국가별) • 미국특허 중심의 특허지표 분석 등	정량분석, 지수분석
	정성분석 1	• 심층분석 기술범위 확정 및 선별 • 기술분류별 특허 명세서의 기술분석 • 특허요지 리스트 작성 • 기술전개도, 특허권리망 분석 등	• 기술전개도 • 특허요지 리스트 • 특허권리망 시트 등
Step 3 (Analyze)	정성분석 2	• 문제 특허 도출 – 연구개발목표 또는 개발예상 기술 비교 – 문제특허 등록 여부 및 Family 조사 – 문제특허 권리 분석/침해가능성 검토 • 제3자 특허에 대비한 대응 방안 검토 – 연구개발 사양 대비 회피 가능성 검토 – 문제특허의 무효가능성 검토(회피 불가시) – 특허출원 대비 선행기술 조사 등	문제특허 권리분석 (세부 Claim Chart)
Step 4 (Improve)	결론도출	• 문제 특허별 분석 내용 정리 – 권리분석 내용, 법적 등록 상태, 대응책 등 • 대응방안 검증 및 특허 전략수립 – 특허출원 계획 및 연구개발 방향 설정 – 중점과제, 개선방안, 현황, 향후 계획 등	연구개발방향, 특허전략 수립
Step 5 (Control)	보고서 작성	• PM 보고서 작성 • 실행 및 사후관리	PM 보고서

* 출처: 박종화, 2009

나. 특허 포트폴리오

기업의 지적재산전략을 성공적으로 수행하기 위해서 특허 포트폴리오(portfolio) 구축이 필요하다. 특허 포트폴리오 구축의 초기 단계는 어떤 특허 포트폴리오를 구축할 것인가 하는 질문에서 출발한다.

지적재산전략은 사업전략과 R&D전략과 연계되어 수행되기 때문에, 두 전략으로부터 선정된 R&D 과제가 특허 포트폴리오 구축 대상이 된다. 또한 선정된 R&D 과제 결과의 사업화 부분을 고려하여 초기 특허분석 결과에서 시작하여 최종 특허 출원에 이르기까지 지속적인 특허 출원을 고려하여 특허 포트폴리오를 작성해야 한다.

특허 포트폴리오는 R&D 부서와 지적재산 관련 부서가 공동으로 구축하게 되며, 사업전략이나 R&D전략의 변화에 따라 지적재산 전략도 변화되고, 결과적으로 특허 포트폴리오도 변경된다. 특허 포트폴리오는 R&D 과제 전체 단계에서 활용할 수 있다. R&D 전략 및 기획 수립을 위한 특허 포트폴리오는 여러 기준 정보를 기반으로 작성할 수 있다. 〈그림 10.5〉의 특허 포트폴리오는 기술 포트폴리오 매트릭스로, 기업이 가지고 있는 기술매력성과 자원강도를 근거로 하여 기술혁신평가, 기술의 위치를 파악하여 R&D 전략 및 기획 수립을 위한 정보를 보여준다.

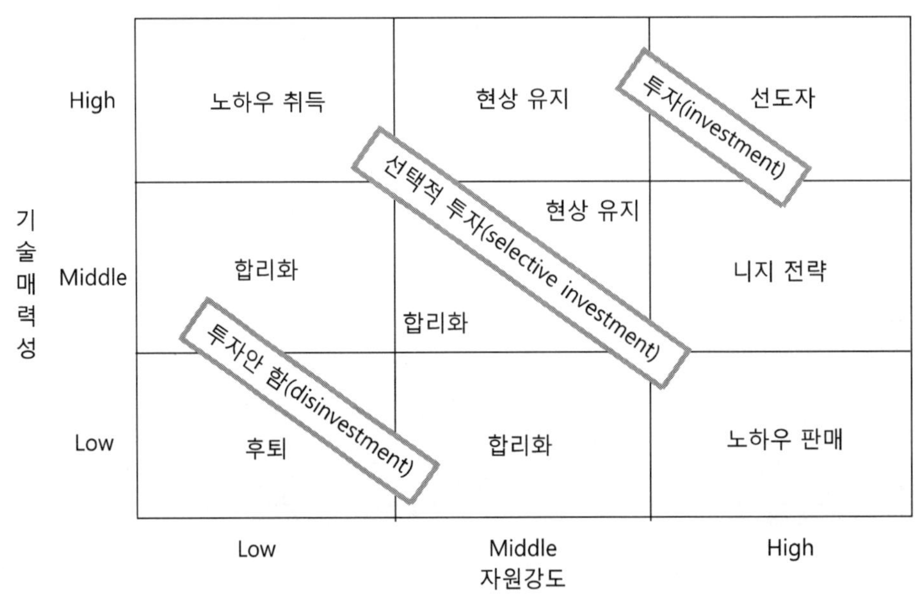

* 기술매력성: 기술이 내재하고 있는 전략적 요소, 자원강도: 역량
* 출처: 한국산업기술재단, 2007

‖ **그림 10.5** 기술 포트폴리오 매트릭스

3. 지적재산 창출

지적재산(특허)의 전략적 창출은 자사의 연구개발 전략과 연계된 지적재산 전략에 따라 내부 핵심역량이 될 수 있는 특허 또는 경쟁사가 반드시 사용할 수밖에 없는 특허를 만들어내는 것이다(한국산업기술재단, 2007).

그러나 지적재산권을 창출하기 위해서는 좋은 특허를 만들어야 한다. 기업의 입장에서 좋은 특허란 경쟁사보다 앞서 있으며 자사의 사업 목적 및 방향과 부합해야 한다. 특허를 만들기 위해서는 지속적으로 특허 정보를 분석하여 특허출원 동향을 파악해야 하며, 경쟁사들을 벤치마킹하여 R&D전략에 반영되도록 해야 한다.

경쟁사보다 앞선 특허를 내기 위해서는 선행 연구를 지속적으로 추진해야 한다. 선행 연구의 경우 미래의 불확실성을 가지고 있기 때문에 미래 방향에 대한 예측을 최대한 정확히 함으로써 불확실성을 극복하려고 노력해야 한다.

4. 기술자산 활용

기업이 활용할 수 있는 기술자산 중의 대표적인 예가 특허이다. 기업 내에서 특허 정보를 활용하기 위해서는 특허가 포함하고 있는 내용에 대해서 정확히 인식해야 한다.

특허 문서에는 다양한 정보가 포함되어 있는데, 예를 들면 특허 출원일, 산업, 출원인 정보, 신규 특허와 선행 특허의 목적과 내용 등이 있다. 따라서 특허 정보를 통해서 다양한 분석을 수행할 수 있으며, 다음과 같이 활용할 수 있다(표 11.7 참고).

가. 새로운 R&D 주제 창출

특허를 통해서 새로운 R&D 주제를 창출할 수 있으며 다른 선진 기술의 동향을 파악하여 신기술을 창출할 수 있다.

나. R&D 전략 지원

경쟁사의 특허를 분석함으로써 자사와 비교할 수 있고, 현재 자사의 위치를 파악하여 R&D 전략을 수립할 수 있다. 또한 국가 레벨에서의 기술적 강점과 약점 파악, 혁신 주체 간 공동연구 현황과 기술적 연계성 등에 의해 국가 과학기술정책을 수립할 수 있다.

다. 기술예측

특허 정보를 통해서 신기술을 가지고 있는 새로운 사업기회를 모색할 수 있다. 또한

R&D전략, 마케팅전략 등을 수행할 수 있으며, 이를 경영 기획에도 반영할 수 있다. 이는 특허 정보를 통한 기술진화 방향성을 유추해서 기술예측이 가능하기 때문이다. 또한 특허 정보를 통해서 특정 기술 분야의 기술변화 속도와 발전의 경로, 혁신활동 변화도 파악할 수 있다.

라. 기술협력회사/기술판매회사 선정

각 특허별로 특허 출원인이나 기관을 살펴봄으로써 이후 동종 기업의 연구인력 구성파악도 가능하며, 외부 연구인력(기술자) 영입 등의 문제에 활용할 수 있다. 또한 자사와의 전략적 제휴를 수행할 수 있는 기업을 찾거나 특허를 판매할 수 있는 기술 판매 회사선정에도 활용될 수 있다. 또한 경쟁사가 활용하고 있는 특허 대리인을 파악하여 특허 대리인을 선정하기도 한다.

마. 해외출원 국가 선정

국내뿐만 아니라 국가별 특허 현황분석을 통해 해외출원 국가 선정에 참조한다. 다수의 인접한 국가에 동시에 출연할 경우, 출연비용을 절약할 수 있고 사후관리가 용이할 수 있다.

바. 특허평가

최종적으로 지적재산 전략과 사업 및 R&D 전략의 연계를 위해 자사가 가지고 있는 특허에 대해서 주기적인 평가를 수행하여 폐기 여부 등을 결정할 수 있다.

5. 특허의 경제적 활용

특허는 발명자에게 일시적인 독점권을 부여해 준다. 이러한 독점의 경제적 이득은 발명이 과연 신제품 또는 신공정으로 전환될 수 있는지, 그리고 이러한 기술혁신에 대한 수요가 있는지에 의존한다. 특허의 경제적 활용 방법은 특허기반 창업, 특허의 판매, 특허의 라이선싱, 특허의 미사용 등으로 살펴 볼 수 있다.

가. 특허기반 창업

특허의 독점적 이득을 실현하는 첫 번째 방법은 발명자가 직접 창업자가 되는 것이다. 즉, 발명가가 특허를 기반으로 직접 자금을 조달하여 제품개발, 생산, 판매활동을 수행하는 것이다. 발명의 역사를 돌이켜 보면, 19세기에는 대부분의 발명가들은 직접 경영자가

‖ 표 10.7 특허정보를 활용한 경영기획과 사용자 이익

지표	경영 기획	사용자 이익
기술경쟁분석	• 비교 기업의 포지션과 전략 • 경쟁자를 고려한 고성장 기술/저성장 기술의 특성	• 생산관리 전략과 결정을 향상시킴 • 장기간 시장수익에 더 초점이 맞춰짐
새로운 벤처 평가	• 잠재적 기술 취득 평가 • 조인트 벤처의 기회 분석	• 더 나은 기술 취득 • 투자 위험의 감소 • 기획 불확실성의 감소
특허 포트폴리오 관리	가치 있는 특허, 생산영역, 스핀오프 판정	• 특허로부터 향상된 수익(라이선스, 판매, 개발) • 잠재적 비즈니스에 대한 초기 자각
R&D 관리	• 생산/과정 기획 평가 • 기술 주기를 정의	• R&D 성과 배분(승자, 패자 취사 선택) • 더 나은 발명의 인식
생산영역 감시	새로운 특허 콘텐츠나 오너십을 고함	• 잠재적 성공, 연구의 변화, 새로운 시장 진입의 초기 경고 • 지적 자산의 더 나은 보호

* 출처: Ashton 외, 1989

되어 특허의 경제적 이득을 실현시켰으며, 대기업에 의해서 발명이 수행되는 오늘날에도 이는 가장 일반적인 방법이다. 특히 전자기기, 컴퓨터 소프트웨어 등과 같이 새로운 제품에 대한 잠재성이 매우 크고, 개발 및 진입비용이 상대적으로 낮은 분야에서 많이 이루어진다. 기존산업에서도 새로운 기술적 아이디어를 가진 벤처기업이 중요한 역할을 수행하고 있다.

나. 특허의 판매

발명가가 특허를 자신이 직접 사업화할 수 없을 경우에는 특정한 가격을 받고 특허를 판매하기도 한다. 발명가가 위험 기피자이거나 사업화를 위한 자금을 조달할 수 없는 경우에 이 방법이 사용된다. 특히 독립적인 발명가가 제품 개발을 위한 인력 및 설비를 갖추고 있는 대기업에 기술을 파는 경우가 일반적이다. 그러나 대기업도 자신의 기업전략이나 사업에 적합하지 않은 기술을 판매하기도 한다.

다. 특허의 라이선싱

특허활용의 가장 일반적인 형태가 바로 라이선싱이다. 즉 한 번만 대가를 받고 기술을 판매하는 것이 아니라, 특허를 대여해주고 상업화의 정도에 따라서 정기적으로 로열티를

받는다. 이 경우에 특허의 대여자가 받는 금액은 구매자의 경제적 및 기술적 능력에 의존하기 때문에 특허의 판매보다는 위험도가 높다.

특허의 판매자가 독립적인 발명가일 경우에 가장 우선적으로 생각해 볼 수 있는 방법이나, 실제적으로는 기업에 의해서도 많이 채택되고 있다. 즉, 기업 간에 라이선싱을 통하여 서로 특허를 허용하는 크로스 라이선싱(cross-licencing) 형태가 대표적이라 할 수 있다. 이는 발명된 기술의 다양한 측면들을 서로 보완시키며, 발명 과정에서의 낭비적인 중복을 피하게 한다. 반면에 이는 산업을 카르텔화 하는 강력한 수단으로도 활용된다. 예를 들어 그들은 경쟁자의 발목을 묶으며 판매쿼터, 판매지역할당, 가격설정 등 기업행동의 여러 측면에 대하여 제약을 준다. 우리나라에서는 이것이 법적으로 가능하지만, 미국에서는 법으로 금지하고 있다.

라. 특허의 미사용

획득한 발명특허를 사용하지 않는 것도 하나의 대안이 될 수 있다. 기업은 사용하지 않을 특허를 획득하여 축적시킴으로써 이를 보호 장벽으로 삼아, 현재 사용하고 있는 기술을 보호하기도 한다. 이는 경쟁기업들로 하여금 해당 특허와 관련된 발명을 더 어렵게 함으로써 경쟁우위를 지킬 수 있다. 이를 방어적 목적의 특허라고도 한다.

물론 이와 같이 특허를 선반 위에 올려놓고 의도적으로 사용하지 않는 행위(patent shelving)는 법적으로 논란이 되고 있다. 즉 반경쟁적인 의도로 특허를 사용하지 않는 행위는 불법이라는 것이다. 미국의 반트러스트법에 의하면 특허의 축적은 그것이 기업 자체의 R&D 활동에 의한 것이면, 아무런 문제가 없다. 그러나 다른 기업의 특허를 구입하여 사용하지 않으면, 법에 저촉된다. 우리나라는 '독점규제 및 공정거래에 관한 법률'로 이의 규제가 어느 정도 가능하다. 특허출원 후 특허를 계속 보유할 경우, 매년 특허유지비가 발생하며, 금액도 적지 않다. 특허청은 특허 개발자가 아닌 일반인의 특허 무료 사용이 가능하게 하기 위해 특허공개를 유도하고 있다.

6. 기술자산 보호

가. 기술유출 대응 방안

기업 간 경쟁이 치열해지면서 기술에 대한 관심이 높아지고 있다. 그러나 기술을 개발하기 위해서는 많은 시간과 노력이 투자되어야 하며, 기술의 불확실성으로 인해서 기술이 반드시 성공한다는 보장을 얻을 수 없기 때문에 위험성이 높다. 따라서 일부 기업들은 다른 경쟁사의 핵심기술을 빼내어 단기간에 경쟁력을 확보하려는 기업들로 인해서 기술

‖ 표 10.8 기술 유출 유형별 대응 방안

유형	대응 방안	유의사항
인력 이동	• 비밀 유지 서약서 작성 • 핵심인력 관리 및 보상 강화	이직 자유와의 조화
부품/장비	• 기밀 유지 관련 조항을 계약서에 삽입 • 협력업체와 상생의 파트너십 형성	해외 진출한 협력업체 감독
기술 거래	• 국가별 지적재산 보호수준에 따라 전략 차별화 • 기술이전 과정에 대한 관리 감독 강화	계약 이외의 기술유출 차단
인수합병	• 구각 핵심 기술을 지정하여 체계적으로 관리	해당 산업에의 영향 고려
스파이	• 보안체계를 상시적으로 점검하고 보완 • 전체 직원에게 정기적인 보안 교육 실시	불법행위 감시

* 출처: 박창규, 2010

유출에 따른 피해가 증가하고 있다.

기술 유출에 따른 피해는 기업의 기술개발 의욕을 저하시키므로 기술개발 결과가 경쟁기업의 수중에 흘러들어 가지 않도록 이를 방지하고 관리해야 한다. 기술을 보유한 기업은 경쟁기업으로 자신의 기술이 유출될 경우 기업의 존립자체까지 위협받을 수 있다. 또한 기술 관련 기업비밀에 대한 침해로 제소를 당한 기업은 소송을 통해 자신의 책임이 입증될 경우 상당한 손해배상액의 지불 이외에 기업 이미지의 실추라는 무형의 손실을 받을 수 있다.

최근에는 제품은 생산하지 않고 특허소송만으로 수익을 내는 특허전문 기업인 특허괴물(patent troll)과 생산에 꼭 필요한 길목특허를 사들여 특허소송을 유도하는 지식재산관리회사(NPE; non-practicing entities)의 등장으로 더욱더 특허관리에 신경을 써야 한다.

기술이 유출되는 경로는 인력이동, 부품/장비, 기술거래, 인수합병, 스파이 등 다섯 가지 유형으로 구분할 수 있다. 이러한 기술 유출의 유형을 살펴보면 기술 유출이 단지 한 기업만의 문제가 아니라 국가경쟁력을 위협하는 요소로도 작용할 수 있기 때문에 국가적 차원에서 기술 유출에 대한 새로운 인식을 가지고 대응책을 강구해야 한다(표 10.8 참고). 핵심기술의 불법 유출을 차단하는 법적 장치 마련과 기업의 보안 역량 강화가 절실히 요구되고 있다.

나. 기술보호

기술의 중요성이 강조되면서 기업마다 자사의 핵심기술을 보호하고, 새로운 기술을 획득하기 위해 노력하고 있다. 대표적인 유형으로는 폐쇄적 기술보호전략과 개방적 기술보호전략이 있다(박창규, 2010).

(1) 폐쇄적 기술보호전략

폐쇄적 기술보호전략에는 특허 전략, 블랙박스 전략 등을 활용할 수 있다. 일반적으로 기업의 핵심기술을 보호하기 위해서 특허 전략을 많이 활용한다. 특허 전략은 자사 기술과 관련된 특허 출원을 통해 무단 도용을 방지하고 로열티 수입을 획득하기 위한 전략이다. 또한 최근에 문제가 되는 특허 관련 소송에 대한 방어적인 목적으로도 활용된다.

그러나 반대로 특허를 출원하는 과정에서 오히려 경쟁사에게 노출되는 경우가 있다. 이는 특허 정보가 공통적이고 공식적으로 공개되기 때문이다.

또 다른 전략으로 활용될 수 있는 것은 블랙박스 전략이다. 블랙박스 전략은 영업 기밀과 유사한 성격을 보이는데, 외부 공개를 막기 위해 신기술과 관련된 특허를 등록하지 않는 것이다. 그러나 만약 핵심기술은 유출이 되었을 경우 보상 받기가 어렵다. 이외에도 보안 인프라를 구축하여 정보 유출을 방지할 수 있고, R&D 과제를 세분화하여 과제 참여원들이 전체적인 내용을 알 수 없도록 하는 방법이 있다.

(2) 개방적 기술보호전략

기술이나 제품의 융복합으로 인해서 독립적인 기술과 제품만을 개발하는 것이 어렵다. 또한 경쟁자 수가 증가하면서 다양한 경합기술이 등장하기 때문에 자신에게 유리한 기술을 업계 표준으로 정착시키기 위해 같은 입장의 기업들과 지적재산권을 공유하는 전략을 수립하기도 한다. 이와 같은 산업표준 선점을 위한 다양한 기술개방 및 제휴 활동은 이미 전자업계에 보편화되어 있다.

위에서 살펴본 바와 같이 기술보호전략은 양극화 현상이 두드러지게 나타나고 있다. 이와 같은 현상이 나타나게 된 배경에는 기술수명주기, 기술의 시장 불확실성, 제품의 네트워크성 및 컨버전스 정도 등을 원인으로 들 수 있다.

제 11 장

제품개발

1절 제품개발 개요

1. 제품개발의 개요 및 정의

빠르고 효과적이면서 효율적으로 신제품을 개발하는 능력은 기업을 성공으로 이끄는 가장 중요한 요소이다. 많은 기업들이 매출의 50% 이상을 최근 5년 동안에 새로 출시한 제품들에 의존하기 때문이다.

그러나 신제품개발에 대한 지대한 관심에도 불구하고 제품개발(product development) 프로젝트의 실패율은 매우 높은 것으로 조사되었다. 참고 자료에 의하면, 많은 개발 프로젝트들은 완성되지 못하고, 완성된 프로젝트들도 시장에서 허우적거리고 있는 것이 현실이다. 따라서 어떻게 해야 신제품개발 과정을 더 효과적이고 더 효율적으로 만들 것인가에 대한 문제는 기업의 생존과 매우 밀접하게 관련되어 있다고 할 수 있다.

제품개발이란 '기술혁신에 의해서 새로운 품질, 성능을 갖춘 제품을 개발하거나, 기존 제품의 품질향상 또는 가격인하를 유도한 제품개발' 또는 '시장 조사 및 분석에 의한 상품기획을 근거로 품질, 비용, 개발 기간을 만족하고 시장 경쟁력이 있는 제품을 설계, 생산' 하는 것을 말한다. 따라서 제품개발은 연구개발의 목표이며, 연구개발 활동은 제품혁신을 위한 기술적 성공을 목적으로 하여 수행된다고 할 수 있다.

일반적으로 제품개발은 선도적 신제품개발, 신제품 개량 또는 유사제품 개발 및 기존 제품의 개량 등 3가지 형태로 분류하며 세부 내용은 〈표 11.1〉과 같다.

표 11.1 제품개발의 분류

구 분	내 용
선도적 신제품개발	시장수요변동을 사전에 예측하여 새로운 품질 및 성능을 갖춘 신제품을 개발
신제품 개량 또는 유사제품 개발	신제품의 시장성이 판명된 후 신제품의 개량 또는 유사제품으로 개발
기존 제품의 개량	기존 제품의 품질향상 또는 가격인하를 유도할 수 있는 제품의 개발

2. 신제품개발 시 고려요인

성공적인 신제품개발을 위해 개발자가 중점을 두고 고려해야 할 요인은 4가지로서, 소비자 만족도의 최대화, 개발 기간의 최소화, 개발비용 관리, 품질의 조기 안정화를 들 수 있다. 이러한 고려요인이 도출된 것은 신상품기획시의 5가지 평가항목인 ① 고객은 누구인가, ② 어떤 요구(needs)에 부응한 상품인가, ③ 어떠한 기술, 재료로 만들 것인가, ④ 적절한 시기에 제공 가능한가, ⑤ 수익성은 맞는가 등의 평가항목을 충분히 검토한 후 이루어진 것이다.

가. 소비자 만족도의 최대화

신제품이 성공하기 위해서는 소비자가 만족할 수 있는 제품을 만들어야 되는데, 이는 경쟁 제품보다 나은 기능, 높은 품질 또는 더 매력적인 가격의 제공을 통해 이루어질 수 있다. 그러나 이렇게 명백한 목표에도 불구하고 많은 신제품개발 프로젝트들은 소비자를 만족시키는 데 실패하였으며 그 이유는 〈표 11.2〉와 같다.

표 11.2 신제품개발이 소비자 만족에 실패하는 원인

- 기업은 소비자들이 어떠한 가치를 가장 중요하게 생각하는지에 대한 명백한 이해가 없어서 소비자들이 더욱 가치 있다고 느끼는 기능 이외의 기능들에 과도한 투자를 하는 경우가 많다.
- 기업은 특정 기능에 대한 소비자들의 선호를 과대 평가하여 시장에서 받아들여지기에는 너무 비싼 가격의 상품들을 만드는 경우가 있다.
- 기업은 고객 요구의 이질성을 해결하는 데 어려움을 겪을 수가 있다. 만약, 몇몇 고객 그룹들이 서로 다른 기능들을 요구한다면, 기업은 이러한 상충되는 요구들을 절충할 제품을 만들어 내는데, 이러한 제품이 결국에는 누구도 만족시키지 못하는 결과를 초래할 수도 있다.

위에서 언급한 사례로서 기존의 제품들에 비해 기술적으로 진보한 기능들을 제공했던 많은 제품들이 고객들의 요구에 부응하지 못해 시장에서 실패한 경우를 쉽게 찾아 볼 수 있다. 그 대표적인 예로 들 수 있는 것이 애플(Apple)의 Newton MessagePad이다.

PDA 시장에서 상대적으로 조기 진입자였던 Newton은 많은 측면에서 진보적이었으며 최상의 처리 성능을 가진 ARM610 RISC 칩을 탑재하고 있었다. 운영체제는 소프트웨어 프로그래머들이 강력히 요구했던 목적시향 방식이었고, 다른 개발자들을 통해 제품을 빠르게 확산시키기 위해, 구조를 개방적으로 허용했다. 또한 무게, 크기, 배터리 수명은 대부분의 초기 경쟁자들 보다 월등했다. 그러나 Newton MessagePad는 주머니 안에 넣고 다니기에는 너무 커서, 손에 들고 다니는 장치로서의 유용성이 제한적이었던 반면, 많은

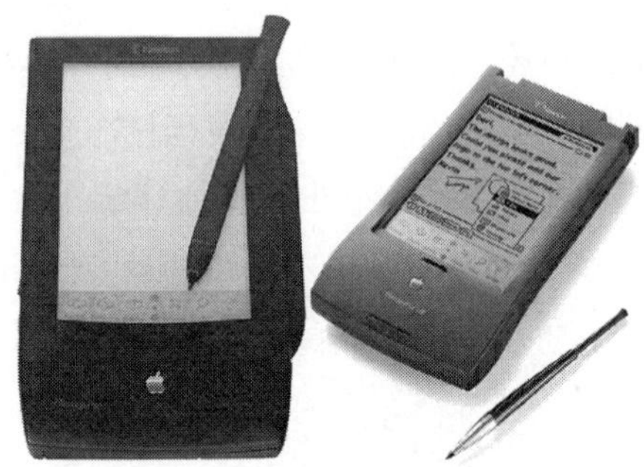

(애플의 Newton MessagePad)

(필립스의 CD-i)

‖ **그림 11.1** 소비자 만족에 실패한 제품개발 사례

기업 고객들은 그들의 응용제품을 Newton에서 사용하기에는 화면이 너무 작다고 생각했다.

필립스(Philips)의 비디오 게임기 산업의 진입 시도 또한 소비자 요구를 만족하지 못한 좋은 예이다. 1989년 필립스는 CD-i를 소개했다. CD-i는 32비트 시스템이었고, 게임기 본체와 더불어 다수의 교육용 프로그램을 제공했고, 오디오 CD를 사용할 수 있었다. 그러나 필립스는 소비자들이 이 기능들을 얼마나 가치 있게 여길 것인지 혹은 지불할 의사가 있는지에 대한 조사에서 과대평가를 했다. CD-i는 닌텐도(Nintendo)나 세가(Sega)의 비디오게임 시스템 가격의 두 배 이상인 $799에 가격이 설정되었다. 게다가 이 제품은 숙달된 판매원이 30분 이상 사용설명을 해야 할 정도로 매우 복잡했다. 결국 많은 소비자들의 관심을 끄는 데 실패했고, 필립스는 CD-i를 포기해야 했다. 소비자 만족에 실패한 제품개발 사례는 〈그림 11.1〉과 같다.

나. 개발 기간의 최소화

고객의 요구와 잘 부합되는 제품이라도 시장에 나오기까지 너무 오래 걸린다면 실패할 수 있다. 제품을 시장에 빨리 출시하는 것은 기업이 브랜드 충성도(brand royalty)를 구축하고, 희소한 자산을 먼저 획득하고, 고객 전환 비용을 마련하는 것을 도와준다. 다른 모든 조건들이 동일하다고 할 때, 시장에 일찍 소개된 제품들은 나중에 출시된 제품들에 비해 고객기반과 보완재를 이용할 수 있다는 장점을 갖는 경우가 많다.

몇몇 연구자들은 개발 기간을 짧게 하는 것과 신제품을 시장에 급하게 출시하는 것의 단점을 지적하기도 한다. 빠른 제품의 출시는 부정적인 소비자 반응을 일으킬 수 있다는 것이다. 소비자들은 과거의 구매에 대해 후회할 수도 있고, 신제품을 사더라도 그것들이 곧 진부화되는 것을 두려워한 나머지 구매를 주저할 수도 있다.

신제품개발 속도가 빨라지면 품질이 떨어지거나 제품이 완전하지 않은 상태에서 출시되는 결과가 발생할 수 있다고 주장하는 연구자들도 있다. 그러나 이들 위험에도 불구하고, 대부분의 연구들은 신제품들의 속도와 상업적 성공 사이에서 강한 양의 상관관계를 발견했다.

제품수명주기(product life cycle)와 관련하여 얘기하면 늦게 제품을 출시한 기업은 그 세대가 진부화하기 전에 개발에 관한 고정비용을 모두 상환할 수 있는 가능성이 줄어든다. 특히 제품수명주기가 짧은 전자제품 산업(컴퓨터, 반도체)에서는 개발 사이클에 매우 민감하다고 할 수 있다. 〈그림 11.2〉는 제품개발 사이클과 이익의 상관관계를 나타내는 그래프로 18개월의 수명주기를 갖는 반도체 제품에서 3개월 개발지연은 이익의 약 15%가 감소하고, 6개월 지연은 약 50%의 이익감소를 초래하는 것을 의미한다.

반면 짧은 개발기간을 갖는 기업은 디자인에서의 결함이 발견되거나 기술이 진보함에 따라 그들의 제품을 빠르게 변경하거나 업그레이드를 할 수 있어 시장의 최초 신입사로서의 이점과 추종자로서의 이점 모두를 취할 수 있는 것이다.

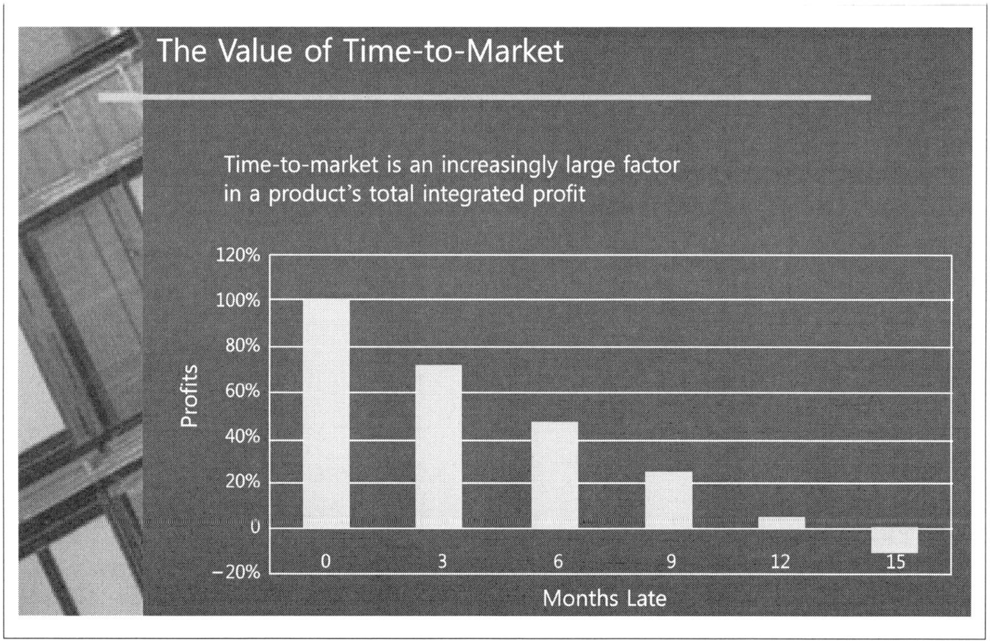

그림 11.2 제품개발 cycle과 profit의 상관관계

다. 개발비용 관리

어떤 경우에는 기업이 소비자의 기대치를 상회하는 제품을 만들고 일찍 시장에 출시시키기 위하여 집중적인 노력을 하는 과정에서, 개발비용을 지나치게 지출하여 제품이 시장에서 성공적인 반응을 얻더라도 개발 비용을 회수할 수 없는 경우가 있을 수 있다. 이는 개발 노력이 효과적이어야 할 뿐 아니라, 효율적이어야 함을 강조한다. 개발 사이클 시간은 개발 비용과 직결된다. 즉 개발 사이클이 길어질 경우 개발에 참여한 종업원들의 보수와 기업의 자본비용 모두 증가하게 된다.

라. 품질의 조기 안정화

새로이 개발된 신제품은 생산수율(yield)도 낮고 부대비용도 많이 소요된다. 이는 초기 생산설비의 비효율성에도 기인하지만 생산인력의 낮은 숙련도에도 영향을 받는다. 조기에 생산숙련도를 제고하고 제조원가를 낮추는 것이 신제품의 성패에 큰 영향을 준다. 생산설비를 개선하고 자동화율을 높이는 것도 원가경쟁력 측면에서 비교우위를 확보하게 되므로 중요하다.

3. 신제품개발의 중요성 및 어려움

가. 신제품개발의 중요성

기업이 소멸하지 않고 계속 성장하는 기업이 되기 위해서는 신제품을 개발해야 한다. 따라서 기업은 신제품개발에 대한 제품차별화(product differenciation) 전략을 가지고 있어야 한다. 제품차별화 전략이란 자사의 제품을 핵심제품, 상표, 포장, 서비스, 이미지 중 어느 하나 또는 이들의 조합을 이용해서 경쟁제품과 구별되도록 함으로써 독점적 혜택을 누리는 전략이다.

기업이 개발한 신제품은 계속적으로 독자적인 위치에 있는 것이 아니라 곧 소비자의 환영을 받으며 받을수록 경쟁자에 의해 모방된다. 아울러 신제품은 대부분 기술의 소산이며, 신제품개발 경쟁은 기술의 발전을 낳는데, 이는 결과적으로 능률과 효율을 높이게 된다.

나. 신제품개발의 어려움

신제품이 탄생하기까지는 많은 노력과 비용이 든다. 신제품이 실패한다면, 회생불능에 빠질 수도 있다. 신제품 실패율을 통계적으로 살펴보면 신제품 중에서 약 80%가 실패한다. 그리고 약 4년 내내 90%가 되는 제품들이 실패하며, 아이디어로 구성해 낸 신제품

중에서 58개의 제품이 실질적으로 개발이 된다면 그중에서 1개 정도가 최종적으로 성공을 한다. 예컨대, 포드는 에드셀(Edsel)의 개발로 3억 5천만 달러의 손해를 보았으며, 듀퐁사는 카팜이라는 인조가죽의 개발로 1억 달러의 손해를 보았다. 이와 같이 기업에서 신제품개발 실패율이 높은 원인들은 〈표 11.3〉과 같다.

‖ 표 11.3 신제품개발 실패 원인들

- 신제품개발 과정상에 많은 비용이 증가하고 있다.
- 시장의 세분화로 인하여 신제품은 이익을 내기가 쉽지 않다.
- 신제품은 경쟁기업으로부터 빨리 모방되기 때문에 수명주기가 매우 짧다.
- 소비자의 안전과 공공성에 대한 각종 규제로 인한 소비자주의의 증가로 소비자를 만족시키기가 어려워지고 있다.

4. 신제품의 상업화 프로세스

원천기술을 토대로 초기제품을 완성하고 나아가 본격 판매를 위한 최종 제품을 완성하는 과정을 크게 제품화와 상업화로 구분할 수 있다(그림 11.3 참고).

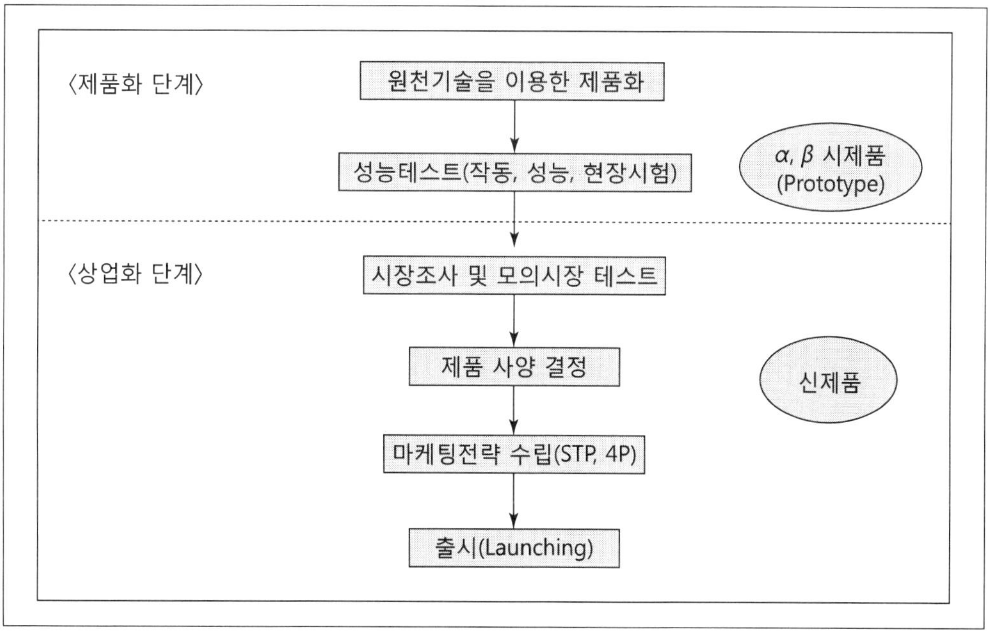

‖ 그림 11.3 제품화와 상업화 프로세스

가. 제품화 단계

원천기술을 토대로 팔릴 수 있는 제품으로 형상화하는 것이 제품화이다. 제품으로 구현하기 위해서는 다양한 연구개발이 시행되어야 하며, 이 과정에서 개발이 실패로 끝날 수도 있다. 제품이 어느 정도 성공적으로 만들어진 경우, 시제품을 대상으로 성능테스트가 시행된다.

성능테스트는 크게 3가지로 구분된다. 첫째, 작동모형테스트(working model test)는 초기에 만들어진 모형이 제대로 작동하는지를 점검하는 테스트이다. 둘째, 성능테스트(performance test)는 알파 시제품(α-prototype)으로 테스트 하는 것인데, 모형 작동이 확인된 후 시제품을 만들어서 성능을 테스트하는 것이다. 알파 시제품은 최종제품과 같은 재질, 형상이지만 양산 공정이 아닌 실험 공정에서 만든 것으로 핵심 성능을 시험하는 것이다. 셋째는 베타 시제품(β-prototype)으로 현장시험(신뢰도) 테스트(field trial reliability test)를 수행하는 것이다. 이는 실제 사용될 부품을 양산 공정에서 생산하나 수작업으로 조립한 베타시제품을 대상으로 극한 상황에서도 작동하는지를 측정하는 테스트이다.

나. 상업화 단계

상업화(commercialization)는 '개발, 이전된 기술을 상업적으로 성공적인 상품으로 전화하는 과정'이라고 정의된다(미국 상무성). 제품의 성능이 목표하는 수준을 달성하게 되면 출시를 앞두고 다양한 시장테스트(market test)를 수행한다.

시장테스트는 모의시험시장과 시험시장으로 구분된다. 모의시험시장(simulated test market)은 신제품 구입 가능성이 높은 잠재고객을 초청하여 신제품에 대한 구매의사, 반응 등을 다양하게 파악하는 것으로 신제품의 기술적 문제를 해결하고 출시전략을 수립하는 데 도움이 된다. 시험시장(test market)은 실제 출시할 제품과 동일한 제품을 표본고객을 구성하여 판매하면서 구매반응을 점검하는 활동이다. 시험시장은 구매의사가 높은 집단을 선택하거나, 전체시장을 대표할 수 있는 표본을 선정해야 한다. 이러한 제반 시장조사(market survey) 활동을 통해 제품규격(product specification)을 확정한 후 마케팅전략을 구체화하여야 한다.

5. 신제품개발 성과 측정방법

신제품개발의 성과를 측정하기 위해 다양한 형태의 매트릭스들이 사용된다. 특정 신제품에 대해 피드백을 제공하는 동시에 성과 측정은 기업이 혁신전략과 개발 프로세스를 향상시킬 수 있게 도와준다. 신제품개발에 대한 평가를 통해 기업이 집중해야 하는 핵심 역량, 프로젝트의 선택문제, 협력 파트너의 필요성, 개발팀의 관리 문제 등에 대한 통찰을 얻을 수 있다.

단일 지표를 통한 측정은 기업의 개발 프로세스와 총체적인 혁신 성과의 효과성을 공정하게 설명하기 어렵기 때문에 복수의 측정지표 활용이 중요하다. 또한 측정지표를 구축하고 결과를 해석할 때 기업의 개발전략, 산업 그리고 주변 환경상황들을 고려해야 한다. 일부 연구에 의하면 신제품개발 시, 65% 이상의 성공률을 기대하기는 어렵다고 한다.

가. 신제품개발 매트릭스 분석

- 개발 프로젝트를 위한 평균 사이클 타임은 얼마였나? 사이클 타임은 혁신, 플랫폼, 파생 등 프로젝트의 성격에 따라 어떻게 다른가?
- 지난 5년간 수행된 개발 프로젝트 중 프로젝트 마감시간을 준수한 프로젝트의 비율은 얼마나 되는가?
- 지난 5년간 수행된 개발 프로젝트 중 프로젝트 예산을 준수한 프로젝트의 비율은 얼마나 되는가?
- 5년간 수행된 개발 프로젝트 중 제품 개발을 완수한 프로젝트 비율은 얼마인가?

나. 종합적인 혁신성과 분석

기업은 종합적인 혁신 성과를 분석함으로써 신제품개발 시 기업의 투자 대비 가치창출 능력을 파악한다.

- 혁신으로 인한 기업의 급부는 무엇인가?
- 몇 퍼센트의 프로젝트가 매출목표를 달성하였는가?
- 수익의 몇 퍼센트가 지난 5년간 개발된제품들에 의해 발생되었는가?
- 총 프로젝트 포트폴리오에서 성공적인 프로젝트의 비율은 얼마인가?

2절 신제품개발을 위한 프로세스

1. 일반적인 제품개발 프로세스

PLM(product lifecycle management) 시스템이 발전하면서 여러 가지 제품개발을 위한 다양한 방법론, 프로세스들이 같이 발전되어 왔다. 이러한 제품개발 방법론들은 기업들이 목표로 하는 제품개발기간 단축, 비용절감, 품질향상을 위한 주요 기술로 고려되어 왔다.

특히 제품개발기간 단축은 경쟁력 확보를 위한 조기 시장진입에 가장 중요한 변수로 여겨졌다. 시장 조기진입이 시장점유율 확대, 매출 및 이익 증대를 가져오는 가장 중요한 부분으로 추구되었으며, 다음과 같은 다양한 방법론들이 존재한다(표 11.4 참고).

‖ 표 11.4 다양한 제품개발 방법론들

Concurrent engineering, Industrial Design, DMU(Digital Mock-Up), Bottom-up design, Top-down design, Front loading design, Modular Design, Template Design, NPD(New product development), DFSS(Dcsign for Six Sigma), DFMA(Design for manufacture/assembly), Digital simulation engineering, Requirement driven design, Specification managed validation

2. 제품개발 프로세스

위에서 언급한 바와 같이 효율적인 제품개발을 위해 다양한 방법들이 개발되어 왔으나 여기에서는 순차개발 프로세스, 병렬개발 프로세스, 쿠퍼(Cooper) 모형 프로세스를 중심으로 설명하기로 한다.

가. 순차개발 프로세스

1990년대 중반 이전에는, 대부분의 회사들에서 신제품개발은 하나의 개발 단계로부터 다른 단계로 이어지는 순차적 방식으로 진행되었다. 이 프로세스에는 여러 단계의 관문들이 있는데, 각 관문에서 관리자들은 프로젝트를 다음 관문으로 이동시킬지 아니면 전 단계로 되돌려 보낼지, 또는 프로젝트를 중단할지를 결정하게 된다.

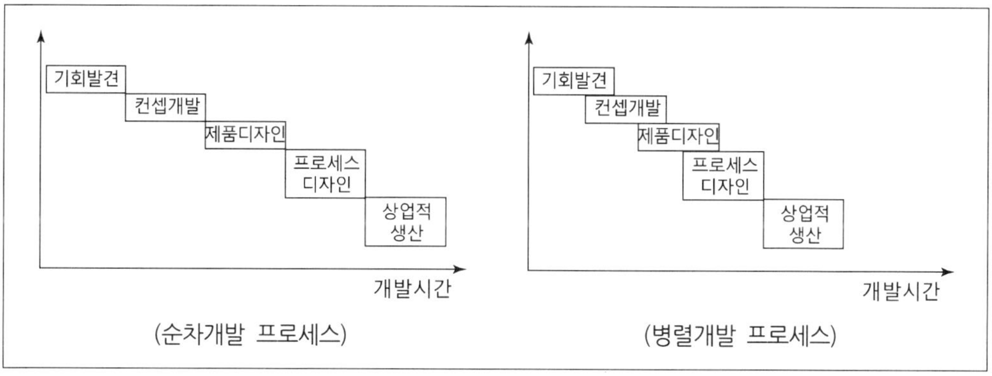

그림 11.4 순차개발 및 병렬개발 프로세스

일반적으로, R&D와 마케팅 부서가 기회 발견과 제품컨셉개발 단계에서 많은 정보와 노력을 제공하고, R&D가 주도적으로 제품을 디자인하며, 생산부서가 주도적으로 제조과정을 디자인하게 된다. 하지만 이 프로세스에서는 계획되었던 기능의 제조가 불가능하다는 것을 나타내주는 조기 경보시스템이 없다. 따라서 프로젝트가 제품디자인과 제조프로세스 디자인 단계들을 왔다갔다 반복함에 따라 제품개발 기간이 길어질 수 있다.

나. 병렬개발 프로세스

많은 기업들은 개발 프로세스를 짧게 하고 개발 사이클상의 단계간의 반복으로 인한 시간 낭비를 피하기 위하여 부분적 병렬 개발 프로세스를 적용하고 있다. 제품디자인은 제품개념이 완성되기 전에 시작되고, 프로세스 디자인은 제품디자인이 최종적으로 결정되기 오래 전에 시작되기 때문에, 다른 단계들 간의 밀접한 조정이 가능하게 되고 R&D 부서가 제조하기 어렵거나 비용이 많이 드는 제품을 디자인할 가능성을 줄일 수 있다. 따라서 디자인 단계들 간에 시간을 낭비하는 반복을 제거하고 전체적인 사이클 타임을 짧게 한다.

만약 제품 디자인의 변화가 제조 프로세스 디자인의 상당한 변화를 요구한다면, 제품디자인이 완성되기 전에 제조 프로세스 디자인을 시작하는 것은 비용을 많이 들여 제조 프로세스를 다시 디자인해야만 하는 결과를 초래할 수도 있다. 특히 빠른 변화와 불확실성의 특징을 가지는 하이테크 시장에서는 그러한 위험이 상당할 수 있다. 〈표 11.5〉는 순차 개발 및 병렬 개발 프로세스의 장단점을 나타낸다.

‖ **표 11.5 순차 개발 및 병렬개발 프로세스 장단점**

구분	순차 개발 프로세스	병렬 개발 프로세스
시기	1990년대 이전	1990년대 이후
장점	• 개별 프로세스의 구분이 명확 • 각 관문에서 Gate 역할이 가능 (다음 단계로 이동 or 전 단계로 되돌릴 것 인지)	• 개발 프로세스의 단축, 시간낭비 최소화 • 각 단계 간 밀접한 조정, 사전 위험여부 예측 가능
단점	• 계획했던 제조가 불가능한지 여부의 조기 경보 시스템 없음. • 프로세스를 왕복하면서 개발 cycle이 길어짐.	빠른 제조 프로세스 디자인으로 제품디자인 변경 시 더 많은 변경비용 발생 → 하이테크 시장(빠른 변화와 불확실성)에는 위험도 증가

다. 쿠퍼(Cooper) 모형 프로세스

신제품개발 과정에 대한 분석연구는 기술혁신 과정에 대한 분석연구와 맥락을 같이 한다. 이 분야의 오랜 연구자인 쿠퍼는 신제품 개발과정에 대한 연구를 통해 신제품 개발과정을 제시하였다. 쿠퍼 모형 프로세스의 각 단계별 내용은 다음과 같다.

(1) 1단계: 아이디어 창출(idea)

아이디어가 창출되는 단계로서 기업 내부의 아이디어 창출과 기업 외부 아이디어 창출의 두 경우가 있다.

(2) 2단계: 예비적 평가(preliminary assessment)

제품개발 단계부터 소요비용이 급상승하므로, 좋은 수익성이 예상되는 아이디어만을 선정하기 위한 평가 단계가 필요하며, 이 단계에서는 다음 사항이 고려된다.

- 이 제품이 진짜로 소비자와 사회에 유용한가?
- 우리 회사의 목적과 전략에 잘 부합하는가?
- 이 제품을 성공적으로 만들 수 있는 인적/기술적 자원을 확보하고 있는가?
- 광고와 유통이 쉬운가?

(3) 3단계: 개념설계(concept)

개념설계는 concept 개발과 concept 테스트로 나뉜다. concept 개발은 몇 가지 대안적인 제품 concept를 발전시켜 각각의 concept가 소비자에게 얼마나 매력적인지 알아내고, 가장 좋은 것을 선택하는 방식으로 이루어진다. concept 테스트는 목표한 소비자 그룹을 대상으로 신제품 concept를 시험해 보는 것으로 '어떤 concept가 가장 좋은가?'에 대한 검토로 이루어진다.

(4) 4단계: 개발(development)

앞의 concept 테스트에서 선정되고 마케팅전략과 사업분석의 결과가 긍정적일 때 필요한 기능적 특징을 잘 갖추도록 개발하는 단계이다.

(5) 5단계: 시장시험(testing)

실제 출시의 실패에서 오는 비용은 테스트 비용보다 월등히 높기 때문에 시장테스트는 반드시 필요한 단계이다. 전체시장을 대표할만한 몇 개의 대표적 시험시장을 선정한 후에 마케팅 캠페인을 실시한다. 제품의 성공여부를 가늠하기 위해 상점 감사, 소비자와 유통업자 대상 설문조사 등 다양한 측정방법을 사용하여 시장시험을 진행한다.

(6) 6단계: 예비적 출하(trial)

예비적으로 개발된 신제품을 출하하는 단계로서 최종적인 점검이 이루어진다.

(7) 7단계: 시장출하(launching)

최종 단계로서 본격적인 제품의 시장출하가 행해진다.

이상에서 설명한 쿠퍼의 신제품개발 과정은 <그림 11.5>와 같다.

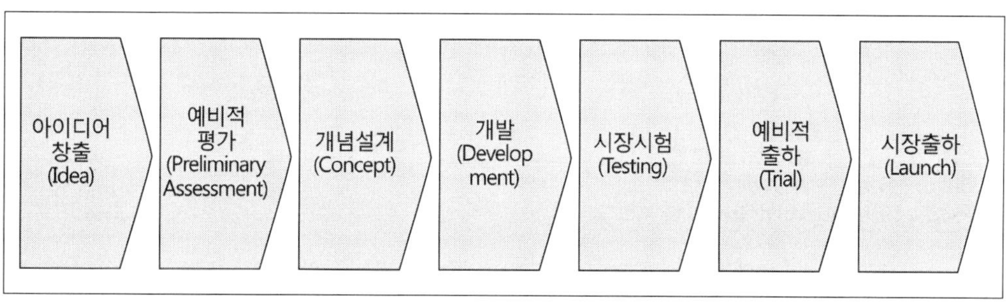

‖ **그림 11.5** 쿠퍼의 신제품개발 과정

3절 신제품개발 효율 제고를 위한 도구

신제품개발 능력을 향상시키기 위해 가장 많이 사용되는 도구들은 stage-gate process, DFSS, 품질요소 전개, APQP 등이 있다. 이러한 가용한 도구들을 사용하는 것은 신제품개발 효율을 향상시킬 수 있고 제품을 고객 요구에 부합시킬 수 있다.

1. stage-gate process

앞의 7장(R&D 관리)에서 설명한 바와 같이 stage-gate process 〈그림 11.6〉는 제품개발기간 동안 기업을 이끄는 청사진을 제공하고, 프로젝트의 계속 여부와 어떠한 활동들이 우선순위를 가져야 하는지 등에 대한 의사결정이 이루어지는 일련의 Go/No go 관문들을 제공한다.

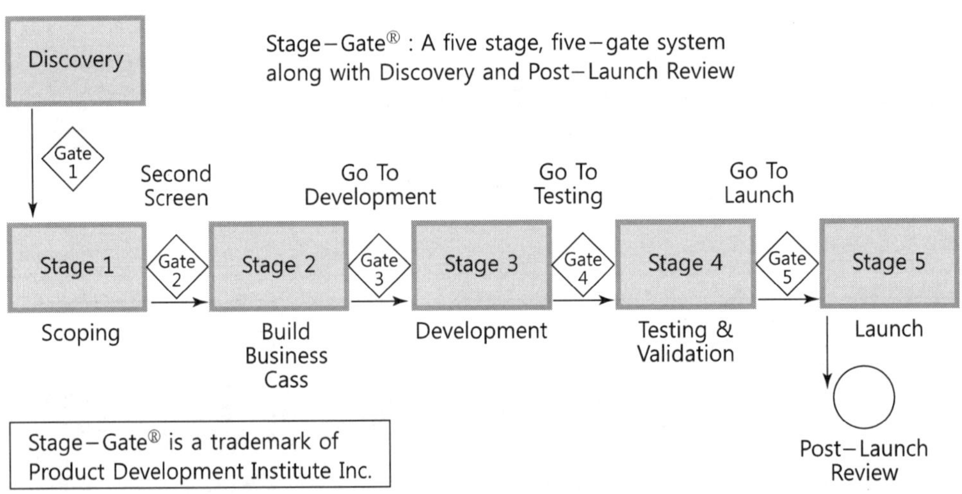

- Stage : Idea와 상품화를 연결하는 R&D 활동의 각각의 단계
- Gate : 각 단계에서 R&D 활동을 평가하여 계속 또는 중지, 우선순위 변경, 자원의 재배분 여부 등을 결정하는 관문

* 출처: Cooper(1993)

‖ **그림 11.6** stage-gate process

각 단계에서 다루는 바는 다음과 같다.

(Stage 1) Scoping: 각 프로젝트에 대한 신속하고 예비적인 조사, 프로젝트의 수를 좁히게 해주는 내부조사를 통해 저렴한 정보제공

(Stage 2) Build the business case: 주요한 마케팅 및 기술적 조사를 통한 좀 더 세부적인 조사, 비즈니스 사례에는 제품 정의, 제품 필요성 및 프로젝트 계획이 포함되어야 함.

(Stage 3) Development: 일부 간단한 제품 테스트와 함께 신제품의 세부 설계 및 개발, 생산계획 및 시장출시 계획 수립

(Stage 4) Testing and validation: 시장, 실험실, 공장에서의 광범위한 제품 테스트

(Stage 5) Launch: 전면적인 생산, 마케팅, 판매의 시장, 시장출시, 생산/운영, 유통, 품질보증, 런칭 후 평가 실행

쿠퍼의 stage gate process는 복잡한 혁신 프로세스를 여러 작은 단위로 나누고, 우선순위을 제공한다. 집중할 수 있게 하는 전체적인 그림을 제공한다. 각 gate에서 의사결정을 할 때 다양한 부서 직원들의 참여가 행해진다. 하지만 기본적으로는 결국 순차적이라는 한계가 있고, 새로운 아이디어를 창출하는 발견 프로세스 활동은 다루지 않는다.

2. design for six sigma(DFSS)[1]

6시그마가 주로 제조 중심의 문제점 해결에 사용되는 데 반해, 제조 단계에서 문제점이 발생하지 않도록 설계 단계에서 품질을 확보하려는 접근방식을 DFSS(design for six sigma)라 한다. DFSS의 개념을 이해하기 위해 IDOV와 DMADV 방법론에 대해 설명한다.

IDOV(identify-design-optimize-validate)는 주로 기술과 관련된 시스템 설계에 많이 활용되는 반면에 DMADV(define, measure, analyze, design, verify)는 주로 커머셜 부분의 서비스 프로세스 재설계에 활용되었다. 최근에 사용되는 DMADOV 방법론(그림 11.7 참조)은 IDOV와 DMADV를 통합한 개념이다.

그중 DFSS(DMADOV의 단계가 대표적임)는 R&D 단계의 생산성을 높이고자 하는 것이 목적이며, 연구/개발을 수행하면서 발생하는 핵심 문제점을 해결하는 과정 중심의 프로세스이다.

---

1) six sigma: 시그마란 결함 없는 작업을 수행할 수 있는 프로세스 능력을 정량화한 값을 뜻함. 업무 프로세스이든 제조 프로세스이든 품질성능을 동일한 척도로 바꾸어 비교할 수 있는 기준을 제공. 또는 무결점을 추구하며 일하는 방법, 전략을 뜻하기도 함.

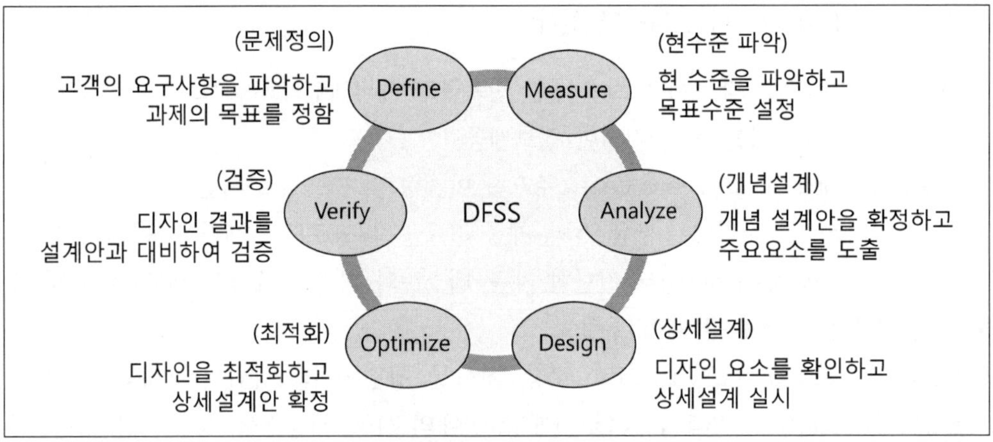

‖ **그림 11.7** DMADOV Process

3. 품질요소 전개(QFD)

R&D의 초기단계에서 고객의 요구사항을 충분히 반영하여, 제품 출시 이후 발생 가능한 불량 요소를 최소화하자는 것이 QFD(quality function deployment)의 기본 개념이다. 도출된 CTQ(critical to quality)에 대한 최적의 해결책을 제공한다기보다는 고객이 진정으로 원하는 것이 무엇인지 도출하는 데 필요한 사고의 틀을 가이드해 주는 데 의미가 있는 도구이다. 고객요구사항들과 기술 속성들 간의 관계에 대한 개발팀의 이해를 향상시키기 위해 사용된다.

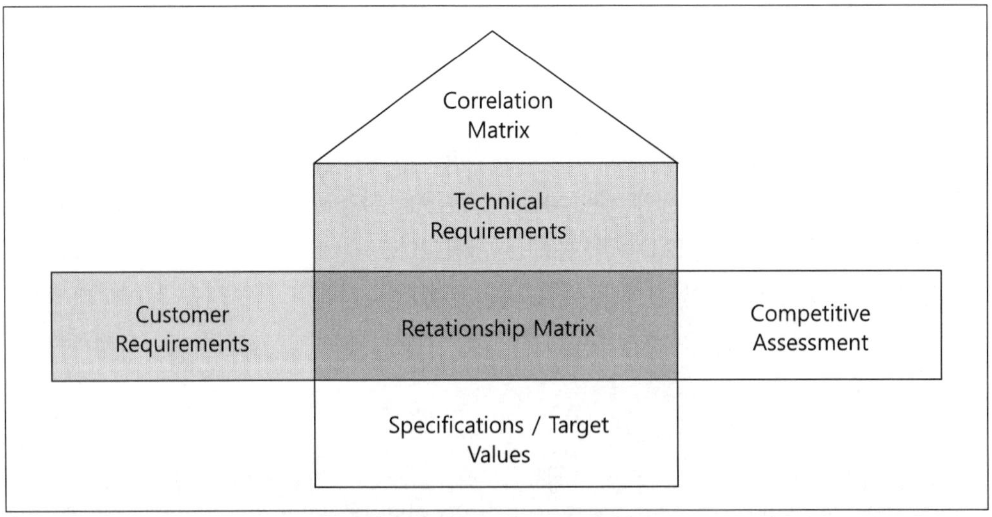

‖ **그림 11.8** 품질의 집의 구성요소

QFD는 품질의 집(HOQ, house of quality; 그림 11.8 참고)이라는 도표를 사용하여 제품 설계 시 고객의 요구나 기호가 최대한으로 반영되어 설계되도록 돕는다. 즉, 개발 프로세스에 참여하는 다양한 기능 부서들 간의 의사소통을 향상시키는 데 사용된다.

4. APQP

미국 Big3 자동차 회사(포드, 제너럴모터스, 크라이슬러)가 개발한 공통의 품질계획 및 관리계획의 가이드 라인으로 제품(부품)에 대한 고객만족을 보증하는 데 필요한 단계를 정의하고 확립할 목적으로 구성된 기법이다. 장점은 동시공학(concurrent engineering; 설계와 병행하여 생산기술, 제품검사, 품질보증의 개발을 추진)을 가능하게 하며, 시스템적/논리적으로 추진할 수 있다. 또한 고객을 만족시키는 대책의 제시가 가능하며, 변경의 필요를 조기에 알 수 있고, 변경 지연의 방지, 최소 비용으로 고품질의 제품을 제공할 수 있다는 점이다.

APQP(advanced product quality planning and control plan)에서는 시제품(prototype), 제품발표전(개발), 생산의 3가지 시점을 각기 별도의 관리계획서로 관리하도록 요구하고 있다. 개발 단계에서는 〈그림 11.9〉과 같은 각 단계를 관리하도록 규정하고 있다.

목업(mock-up)이란?

물체의 모양을 실물 크기로 만든 것을 말하며, 시제품이나 샘플제품 제작에 이용된다. 실제 금형(tool)은 양산을 위한 금형 제작 전에 실제 물건을 플라스틱이나 금속 재질로 양산판매 제품과 동일하게 완성품을 만드는 것을 말한다. 목업(mock-up)의 종류는 디자인목업(미적 감각 측정), 워킹목업(성능시험용), 아이디어 상품개발, 양산 금형제작(사출, 다이케스팅 등 금형제작 지원용)이 있다.

시제품 제작에 이용되는 방법

시제품(prototype)의 제작 시에는 아래의 방법이 이용된다. 우선 전자제품을 만들 때는 PCB(printed circuit board)가 이용되는데, 이는 전기회로 설계를 근거로 회로부품을 접속하는 전기배선을 도형으로 표현한 것이다. 금형(mold)은 실제 제품 형상을 만들 때 사용되며, 이의 제작 과정은 금형코어 제작, wire cutting, 부식, 후처리공정, 금형조립, 플라스틱 제품 취출공정으로 구성된다. 사출성형법(injection molding), 압출성형법(extrusion molding), press 금형, 다이케스팅 금형(die casting) 방법들도 이용된다.

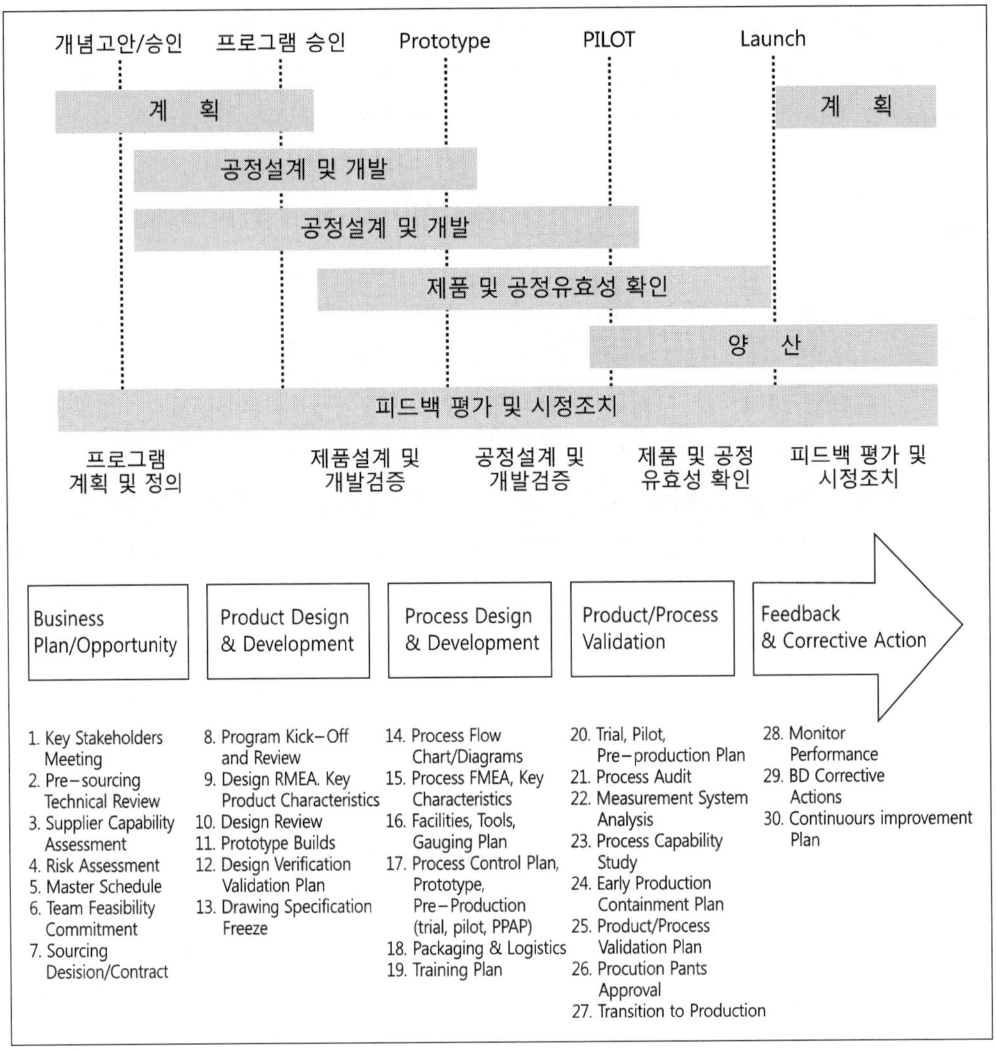

|| 그림 11.9 APQP의 구성요소

4절 고객지향 신제품개발

1. 소비자, 공급자의 신제품개발 과정 참여

많은 제품들은 기능과 가격에 대한 소비자의 요구를 충족시키지 못하거나, 시장에 출시되기까지 너무 많은 시간이 걸리기 때문에 경제적 이윤을 창출하는 데 실패한다. 이러한 문제점들은 개발 프로세스에 소비자들과 공급자들을 참여시킴으로써 감소될 수 있다.

가. 소비자 참여형 제품개발

소비자는 신제품의 최대 수행능력과 최소 서비스 요구를 가장 잘 확인할 수 있는 존재이다. 소비자를 실제 개발팀이나 최초 제품 버전들의 디자인 과정에 포함함으로써 소비자의 요구에 보다 더 부합되는 신제품을 개발하도록 도와준다.

사례 1

현대차	소비자 2만명 선정, 다양한 의견 수렴 창구인 '오토 프로슈머' 확대검토
기아차	여성 마케터 그룹인 '레드 아뜰리에' 발족 운영
한경희생활과학	주부 모니터링단 의견 반영 제품 출시 (가격책정도 소비자 의견 반영)
롯데마트	상품 개발에 참여할 고객 패널 2만명 모집
팔도	'앵그리꼬꼬면' 제품 개발에 소비자 50여명 참여
미스터피자	2004년부터 일반 소비자 대상 '그녀들의 피자 콘테스트' 진행

많은 기업들은 개발 프로세스의 초기에 소비자의 의견을 수렴하기 위해 베타 테스팅(β-testing)을 사용한다. 또한 기업은 제품이 상업적 생산 단계에 이르기 전에 베타 버전을

통해 제품 사양들을 시장에 알리기도 한다. 매력적인 기능을 가진 제품을 개발하는 기업의 입장에서는 베타 버전을 통해 기업이 자신의 제품을 출시할 때까지 소비자가 경쟁제품을 구매하는 것을 미루도록 손을 쓸 수도 있다.

기업이 많은 수의 고객 표본보다는 선도 사용자(early adapter)들의 제안에 보다 초점을 맞추어야 한다고 주장한다. 선도 사용자들은 일반적인 시장의 요구를 갖고 있지만, 그러한 요구를 다른 대부분의 소비자들보다 몇 달 또는 몇 년씩 일찍 경험하고, 그러한 요구를 해결함으로써 상당한 효용을 얻을 것이라 기대되는 소비자들을 의미한다.

나. 공급자 참여형 제품개발

기업은 공급자들의 지식 기반을 활용함으로써 그들의 정보 자원을 확장시킬 수 있다. 공급자들은 제품팀의 구성원 또는 파트너로서 조언할 수 있다. 예를 들어 공급자는 같은 기능을 낮은 비용으로 달성할 수 있는 부품을 제안할 수 있을 것이다. 또한 공급자들과 협력을 통해 부품들을 제시간에 공급받고 개발시간 단축을 위해 부품의 필요한 변화를 빠르게 일어나도록 할 수 있다. 제품개발 과정에 공급자들을 포함시킴으로써, 신제품들을 적은 시간, 적은 비용, 높은 품질로 생산할 수 있을 것이다.

사례 2

보잉(Boeing) 항공사는 777기의 개발과정에 소비자와 공급자를 모두 참여시켰다. 이 과정에서 모든 종업원(엔지니어, 기장, 승무원)들이 보잉의 기술자들과 긴밀히 협조하여 비행기가 최대의 기능과 편안함을 위해 디자인되도록 노력하였다. 보잉은 또한 제네럴 일렉트릭(General Electric)과 다른 부품 공급자들을 프로젝트 팀에 포함시켰고, 그렇게 해서 비행기의 엔진과 몸체가 동시에 디자인되어 최대의 적합성을 보일 수 있도록 하였다.

2. 고객특성 분류에 따른 제품개발

고객의 욕구가 다양해지고, 공급이 수요를 초과하게 됨에 따라 기업간 경쟁이 보다 격렬해졌으며 또한 제품시장의 검토대상 중심이 고객으로 옮겨지고 있다. 이러한 시장의 중심이동 경향에 따라 제품개발부터 고객의 특성을 반영하려는 노력이 이루어지고 있다.

이러한 고객 특성에 따른 제품개발은 마케팅적인 차원에서 이루어지고 있는 STP (segmentation, targeting, positioning) 전략과 함께 제품개발 단계부터 고객의 다양한 욕구에 대응하기 위한 방법이라고 할 수 있다.

고객은 인구통계, 지리적 위치, 라이프 사이클 등 고유한 특성에 따라 분류할 수 있다. 분류된 고객 중에서 자사의 특정 모델 제품을 사용할 목표고객(target customer)을 선정하고, 선정된 고객과 자사의 관련제품을 연계하는 것이 STP 전략이라 할 수 있다. 고객 특성 분류에 따른 제품개발 절차는 〈그림 11.10〉과 같다.

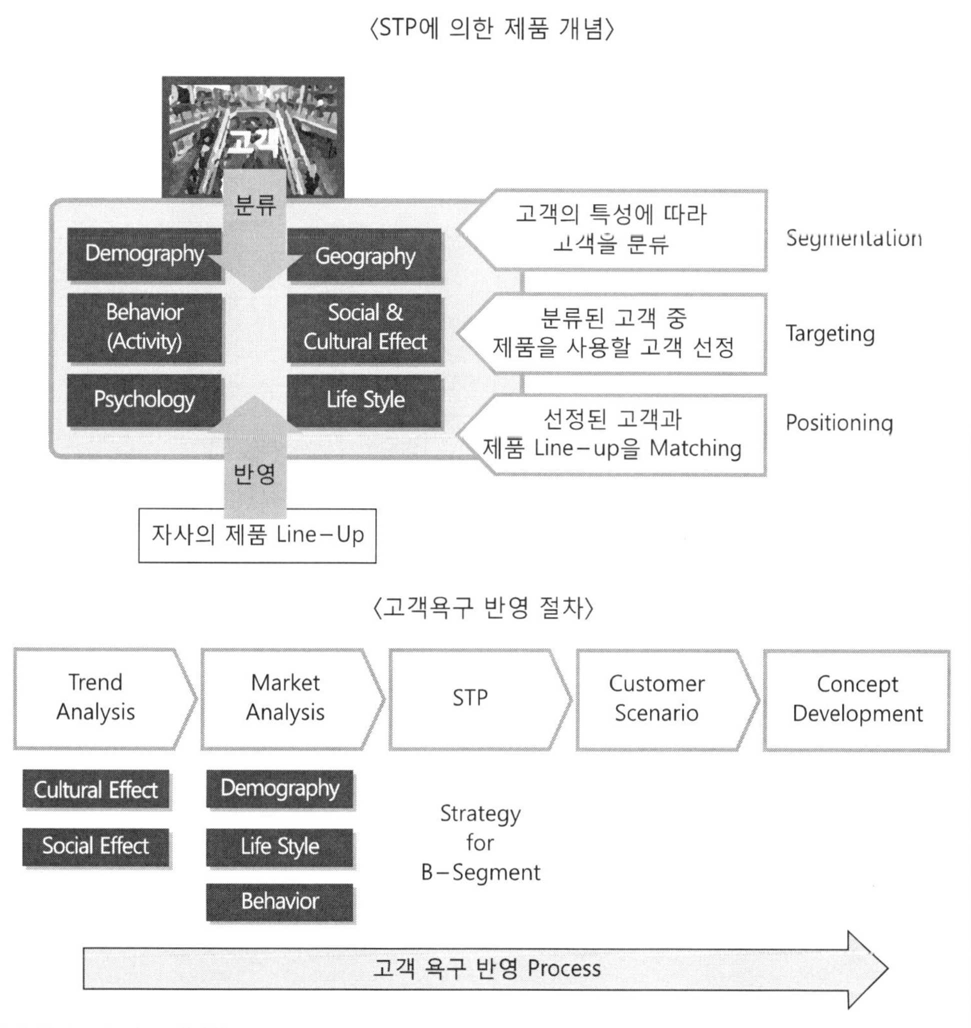

* 출처: Marketing(채서일)

그림 11.10 고객특성 분류에 따른 제품개발 절차

]최근에는 더욱 다양해진 고객의 욕구에 대응하기 위하여 제품 사용자를 대상으로 한 조사를 통해 얻은 데이터를 활용하기도 한다. 즉, 다변량 통계기법을 적용하여 사용자의 제품 사용 및 선호 특성이 반영된 고객분류 데이터를 제품개발에 반영하고 있는 것이 그 예이다. 다양한 데이터를 공통 속성으로 grouping 함으로써 정량적으로 다룰 수 있는 수준의 구조적 특성을 이끌어 내는 분석방법을 통해 고객의 욕구에 더욱 적합한 제품을 개발하고 있다. 이러한 다변량 통계기법을 적용한 제품개발 절차는 〈그림 11.11〉에서 보는 바와 같다.

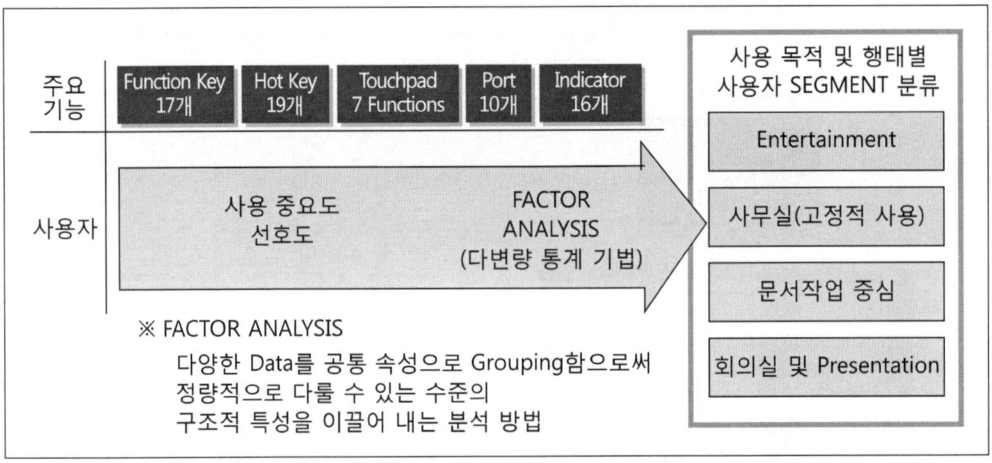

‖ 그림 11.11 다변량 통계기법을 적용한 노트북 제품개발

사례 3 제품기획단계 SUMMARY

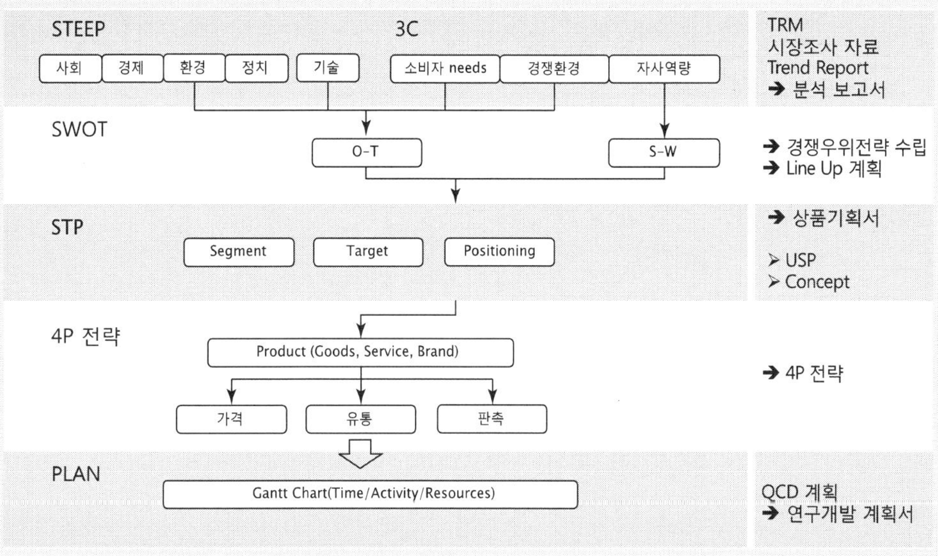

참고 1 기술수용주기(technology adoption cycle)

기업에 성장단계가 있는 것처럼 기술 혹은 제품도 성장단계가 있다. 특히 기술수용주기 〈그림 11.12〉를 이해하는 것은 기술기반 창업자들에게 중요하다. 왜냐하면 이 모델은 기술, 제품 그리고 서비스가 가지는 사업 잠재성을 평가하는 데 도움을 주기 때문이다.

기술기반기업 창업자들이 초기에 혁신적인 제품을 출시하면, 특정 혹은 소규모의 고객들이 관심을 보인다. 이들은 혁신적 수용자(innovator)들이다. 그러나 더 장기적인 관점에서 보면 시간이 지남에 따라 일정한 수용패턴이 나타난다. 즉 점차 많은 고객들이 신기술/제품에 대해서 관심을 표명하게 되고, 초기 수용자(early adopter) 단계 → 초기 다수수용자(early majority) 단계 → 후기 다수수용자(late majority) 단계 → 지각수용자(laggards) 단계로 이어진다. 물론 단계 단계마다 상이한 제품전략, 마케팅전략, 유통전략, 가격전략 등이 요구된다.

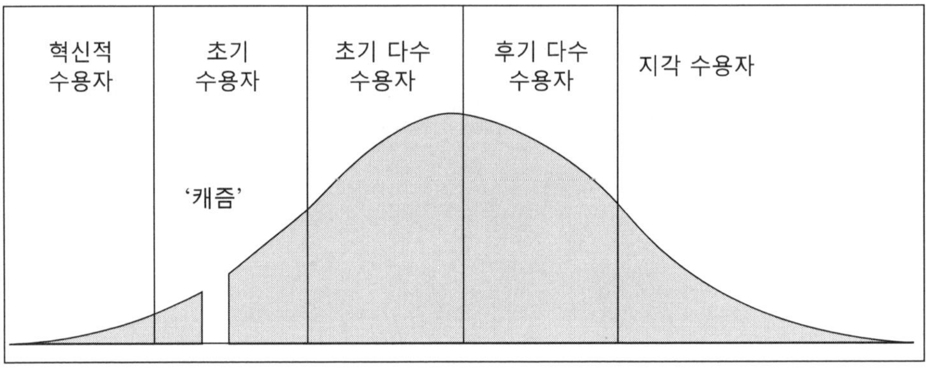

* 출처: Rogers(1995)

‖ 그림 11.12 기술수용주기

그런데 문제는 각 단계마다 틈새가 있고, 특히 초기 수용자와 초기 다수 수용자 단계 사이에 커다란 갭이 존재한다는 것이다. 이를 하이테크 마케팅에서는 '캐즘'(chasm)이라고 부른다. 이러한 갭이 나타나는 이유는 초기 수용자와 후기 수용자 간의 신제품에 대한 태도와 구매성향이 다르고, 이들 간의 의사소통이 잘 이루어지지 않기 때문이다. 이는 신제품이 초기에는 어느 정도 팔리다가 일정시점에서 시장 확대가 정체되는 현상을 잘 설명해준다. 캐즘을 탈출하기 위해서는 틈새시장에 대한 집중화를 통한 시장지배력을 확보하는 방법이 있다(성태경, 2011).

참고 2 신제품개발 과정 사례–㈜AB社

㈜AB의 R&D 단계는 planning, research, developmen, validation, production의 5단계로 이루어진다. 이 단계에 맞춰 현재 ㈜AB에서 개발 중인 차세대 브레이크 제품인 EMB(electro-mechanical brake, 전동식 브레이크)의 개발 과정을 살펴보기로 한다.

기존의 브레이크는 유압식 브레이크로 운전자가 브레이크 페달을 밟으면 마스터/부스터에 의해 압력이 형성되고 유압에 의해 디스크의 마찰을 일으켜 제동이 되는 원리이다. 이에 비하여 EMB는 전동식 브레이크로 마스터/부스터에 의한 압력 형성이나 유압 대신 운전자가 밟게 되는 페달에 장착된 센서신호를 인식하여 운전자의 제동 의지를 파악하여 각 바퀴에 장착된 모터가 이 신호를 받아서 모터가 구동되어 디스크의 마찰을 일으켜 제동이 되는 것이다.

따라서 기존의 유압 파이프라인 등의 배관이 없어지기 때문에 설계상의 자유도가 높아지며, 브레이크 오일 등의 폐유가 빌생하지 않기 때문에 친환경직이라 할 수 있다. EMB로 구성된 시스템 개념도는 〈그림 11.13〉과 같다.

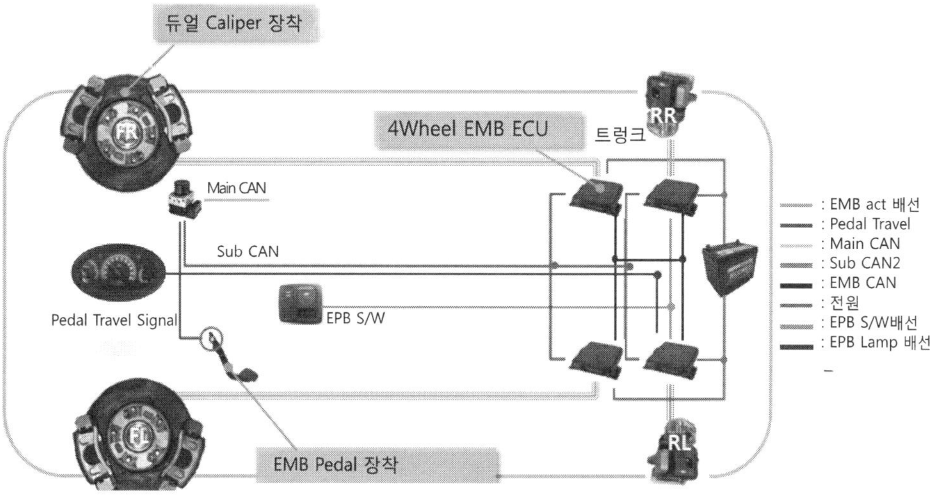

|| 그림 11.13 EMB 시스템으로 구성된 시스템 개념도

1. 기획단계

기획(planning)단계에서는 과제 기획단계로 아이템의 선정, 개발 목표 수립, 개발 기간 및 업무 계획, 예산 계획, 개발 인원 선정 등의 업무가 있다. 이 과제를 간단히 정리하면, 개발 아이템은 EMB로 선정하였고, 개발 기간은 총 4년이다. 과제의 목표는 전, 후륜에 EMB를 장착한 차량을 구성하여 현재의 유압식 브레이크와 동등한 성능을 내는 것이다. 향후 업무 계획은 〈표 11.6〉과 같다.

‖ **표 11.6** EMB 시스템으로 구성된 시스템 개념도

1차년도	2차년도	3차년도	4차년도
4-Corner BBW 개념 수립	Front System 시제품 제작	4-Corner BBW 시제품 제작	시제품 제작 및 성능 시험
제어 Logic Structure 수립	제어 Logic 개발	Logic Tunning 및 최적화	Failsafe/VAF Logic 개발
Simulation/Rig 환경 구축	Simulation/Rig 환경 구축	HILS 평가 및 실차 환경 구축	HILS 및 실차 평가

2. 연구단계

연구(research)단계에서는 1단계 기획단계에서 기획한 아이템을 대상으로 기술동향분석, 시장 분석, 특허 분석, 논문 분석 등의 업무를 통해 시스템 요구사항 도출을 목표로 한다.

개발 동향 파악 및 기존 특허 회피 설계를 위해 특허 분석을 미국과 EU를 대상으로 진행하였다. 특허 분석 결과, EMB 기술에 대한 특허는 미국이 유럽보다 더 많은 특허를 가지고 있으며, 가장 많은 특허를 보유한 기업은 Bosch라는 것을 알 수 있다(그림 11.14 참고).

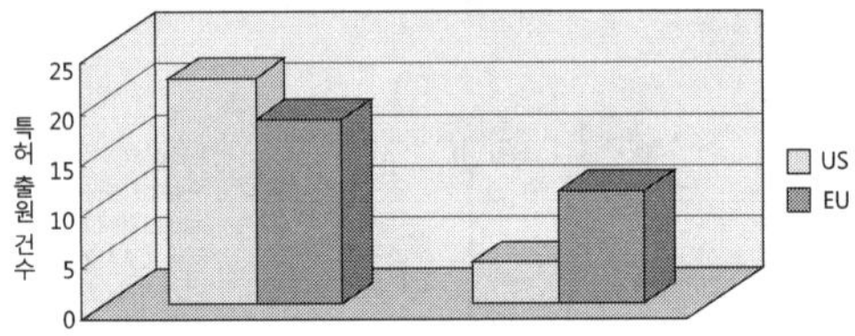

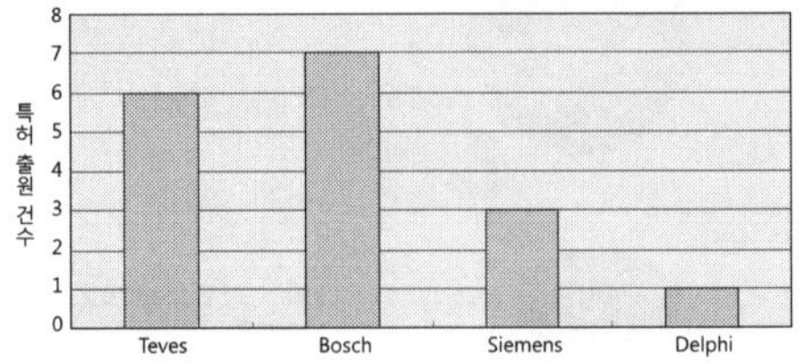

‖ **그림 11.14** 특허 동향 분석

EMB 주요 특허를 찾아보면 각각의 특허가 어떤 특징이 있는지, 대표 도면은 어떤 것인지 알 수 있다. 이를 통해 기술 동향분석을 할 수 있으며(표 11.7 참고), 경쟁사에 대한 정보를 파악할 수 있다. 또한 기존 특허를 회피하는 방안을 강구하여 제품에 대한 컨셉을 수립할 수가 있다.

표 11.7 EMB 주요 특허 분석

No	Assignee	Patent No	Publication date	Feature
1	***	US7104364	2006.09.12	유압식과 같은 Brake Piston을 이용하는 EMB, 마찰재 마모에 대응하기 위해, clamping force와 Motor current, 회전각 등을 monitor하여 모터 초기 위치 조정 마찰재 과도 마모 시 운전자에 경고
2	***	US7353101	2008.04.01	EMB 제어 방법
3	***	US7285927	2007.10.23	Inverter를 이용하여 모터를 제어하는 EMB에서 fail 발생으로 brake 오작동 시 신속하게 제동력을 해제하기 위한 수단(모터 구동 회로)
4	***	US20050173980	2005.8.11	EMB에서 Brake Pedal Force를 측정하는 방법과 이를 이용하여 적정한 Braking Force를 결정하는 방법
5	***	US20070282511	2007.12.06	Adaptive Parameter Identification을 이용하여 추가적인 sensor없이 EMB 제어
6	***	US20050161295	2005.07.28.	Tire/Road 마찰계수를 측정하여 제동력을 제어하는 Brake(EMB, EWB도 대상에 포함)

분석된 정보를 바탕으로 EMB의 사양을 선정할 수가 있으며, 성능목표를 포함한 시스템 요구사항을 도출할 수 있다. ㈜AB에서는 다음과 같은 사양을 결정하였다.

- BLDC Motor & 다단유성기어 감속기 사용
- 모터/감속기 동축형 EMB 형태
- EPB(Electronic Parking Brake) 결합

3. 개발단계

개발(development)단계에서는 시스템의 H/W design concept이 수립되며, 이를 기반으로 H/W(hardware) 설계가 진행된다. 시제품 제작에 앞서 해석단계를 통해 2단계에서 도출한 시스템 요구사항을 만족하는지 여부를 점검한다. 만약 성능 불만족 시에는 설계 변경을 통하여 재설계에 들어간다. 해석 결과 이상이 없을 시, 시제품 제작으로 진행이 된다.

▶ H/W 설계 ▶ H/W 해석

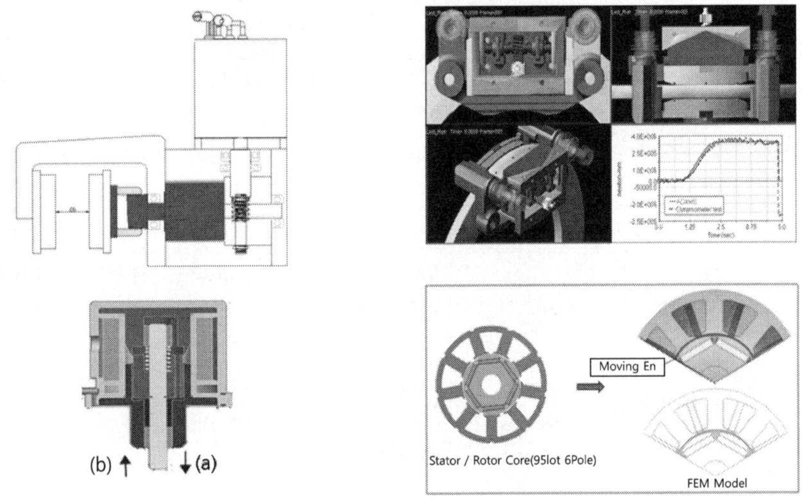

‖ **그림 11.15** H/W 설계 및 해석

3년 동안의 노력으로 개선된 EMB 시제품이 만들어졌다. 첫 시제품이 제작된 2차년도에 비해 4차년도 제품은 크기부터가 작아졌다. 레이아웃 간섭 방지를 위한 축소설계뿐만 아니라 소음 개선 등 재설계가 진행될수록 H/W 설계가 최적화되어 가는 것을 확인할 수 있다. S/W 역시 software architecture를 수립하여 기능 분류 및 각각의 제어 concept을 도출하고, 제어 알고리즘을 개발한다.

4. 검증단계

검증(validation)단계에서는 개발 단계에서 제작된 시작품을 샘플 테스트, Hils 검증, 실차 검증을 통하여 2단계인 연구단계에서 도출된 시스템 성능을 만족하는지 시험하는 단계이다. 검증 결과 불만족 시에는 3단계인 개발단계로 내려가 H/W 재설계 및 S/W 알고리즘 수정을 통해 재검증한다.

따라서 제품개발에서 가장 많은 시간이 소요되는 단계가 개발단계와 검증단계이며 이 둘은 불가분의 관계이다. ㈜AB에서는 EMB 시작품이 제작되면 먼저 단품 시험을 거쳐 시작품에 대한 성능을 확인하고, Hils 검증 〈그림 11.17〉를 통하여 차량 상태에서의 성능 테스트를 수행한다.

‖ **그림 11.16** EMB Hils 검증

이후 실제 차량에 시제품을 장착하여 차량에서 테스트를 수행한다. 위의 그림에서와 같이 후륜 브레이크는 EMB로 대체하였고, 전륜의 경우 유압식 브레이크와 별도로 EMB를 구성하였다. EMB 시험모드에서는 전용 EMB페달을 사용하기 때문에 유압식 브레이크는 작동하지 않고 순수하게 네 바퀴 모두 EMB로만 작동되어 차량에서 성능을 확인할 수 있다. 실차 시험을 통해 H/W의 성능 및 S/W의 성능을 검증할 수 있다.

5. 생산

㈜AB의 EMB는 개발 진행중으로 아직 구체적인 양산 계획은 없기 때문에 생산(production)에 해당되는 내용은 없다.

창업 Worksheet 7 제품기획

개발하려는 제품을 대상으로 하여 아래의 제품기획서를 구상하여 보자(서울대 최기창 교수 제공).

제품기획서(One Page)

Project 개요

Positioning

차별화 Point

Design Concept

Design

Main HW Spec.

Main SW Spec.

제 4 부

기업성장 단계

지속적인 기업성장을 위한 단계에서는 개발된 제품과 기술의 판매와 기술 마케팅 활동이 있어야 한다. 성장을 위한 노력들이 있어야 하는데, 우선 개발된 기술의 가치평가를 통해 기업과 기술의 가치증대를 추구해야 한다. 성장과정에서 야기되는 기업 내부문제 해결과 다양한 외적성장전략을 검토, 추구해야 한다.

제 12 장

마케팅과 기술마케팅

1절 전통적 마케팅

1. 마케팅의 의의

마케팅(marketing)은 시장을 창조해 나가는 행위를 말한다. 마케팅의 목적은 고객의 '니즈(needs)'를 찾아내고 이를 만족시키기 위한 것으로 "교환, 거래"를 창출하고 원활하게 하며, 그것을 지속적으로 유지하게 하기 위한 의도된 활동의 총체이다. 따라서 새로운 회사가 성공하기 위해서는 고객이 누구인지, 어떻게 고객과 접촉하게 되는지를 파악하는 것이 중요하다.

현대사회는 공급자 중심 시장에서 수요자 중심 시장으로 변화하고, 기업이 상대하는 고객의 수가 많아지고, 고객의 욕구가 다양해짐에 따라 시장과 고객을 세분화하여 관리할 필요성이 대두하였다. 과거의 매스 마케팅(mass marketing), 즉 한 가지 상품을 대량생산하여 값싸게 공급하는 것으로는 더 이상 복잡, 다양해진 시장과 고객의 요구에 대응하기 어려워졌다. 이를 극복하기 위한 대안으로 세분화된 마케팅 방법이 등장하게 되었다.

마케팅 분야의 전문가인 필립 코틀러(Philip Kotler)는 마케팅 과정을 다음의 5단계(표 12.1 참고)로 제시하였다. 코틀러에 의하면 효과적인 마케팅은 조사(research)로부터 출발한다. 시장조사를 통해 각기 다른 욕구를 가진 소비자들로 구성된 서로 다른 세분화된 시장들(S; segmentation)이 드러난다. 기업은 자신들이 경쟁자보다 탁월하게 충족시킬 수 있는 세분시장을 설정(T; targeting)하고, 각 표적 시장별로 상품을 포지셔닝(P; positioning)하여, 자사 상품이 경쟁상품과 어떻게 다른가를 알려야 한다.

‖ **표 12.1** Philip Kotler의 마케팅 5단계 과정

R → STP → MM → I → C

* R: 조사(research)
* STP: 시장세분화(Segmentation), 표적시장 설정(targeting), 포지셔닝(positioning)
* MM: 마케팅 믹스("4P", product, price, place, promotion)
* I: 실행(implementation)
* C: 통제(control)

이렇게 STP가 이루어지고 나면 기업은 STP를 바탕으로 하여 4P, 즉 제품(product), 가격(price), 유통(place), 판매촉진(promotion)결정들의 믹스로 구성된 마케팅 믹스(MM; marketing mix)를 개발하고 이를 실행(I; implementation)한다. 마지막으로 통제(control) 기법을 활용하여 얻어지는 결과를 모니터링 및 평가를 실행하고, STP전략과 마케팅 믹스 전술을 개선한다.

21세기로 접어들면서 끊임없이 진전되는 시장의 성숙화와 경쟁의 심화, 소비자 욕구의 다양화 및 개성화, 그리고 개별고객과 일대일로 대화할 수 있는 정보통신기술의 발달 등으로 인해 시장을 보다 미시적인 단위로 세분화해야 할 필요성이 커지고 있으며, 실제로 가능하게 해주고 있다. 결국 마케팅의 관점은 개별고객 한 사람 한 사람의 욕구를 충족시킬 수 있는 수준으로까지 발전하고 있다.

이러한 시장세분화를 통해 기업은 새로운 마케팅 기회의 발견, 경쟁우위 확보, 차별화를 통한 가격경쟁 완화의 효과를 기대할 수 있기 때문에 오늘날 대부분의 기업들은 STP 전략을 활용하고 있다.

따라서 본 장에서는 마케팅 5단계 중 세분화 마케팅의 구체적 방법인 STP 방법을 살펴보고자 한다. 아울러 마케팅 전략과 방법을 결정하는 핵심요소들인 product, price, place, promotion의 최적 조합을 찾기 위한 마케팅 믹스의 단계별 전략수립 방안도 함께 설명하고자 한다.

2. STP 전략

앞에서 살펴 본 바와 같이 소비자의 욕구가 다양해지고, 공급이 수요를 초과하면서 경쟁이 치열해짐에 따라 시장의 중심이 공급자에서 소비자에게로 옮겨짐에 따라 대두된 것이 '세분화 마케팅(segmentation marketing)' 개념이다. 즉, 매스 마케팅으로는 다양화된 고객의 욕구를 해결할 수 없고, 그렇다고 고객 개개인의 욕구를 모두 충족시킬 수도 없기 때문에 그 대안으로서 세분화 마케팅이 등장하게 되었다.

세분화 마케팅은 비슷한 욕구를 지닌 고객들을 묶어서 하나의 작은 시장(세분시장)으로 간주하고, 그 중에서 하나 또는 몇 개의 세분 시장을 표적시장(target market)으로 선정하고(targeting), 그 표적시장에 적합한 상품을 포지셔닝(positioning)하는 것을 의미한다. 위의 일련의 과정을 STP라고 하며, 이를 〈표 12.2〉에 제시하였다.

‖ **표 12.2** STP 과정

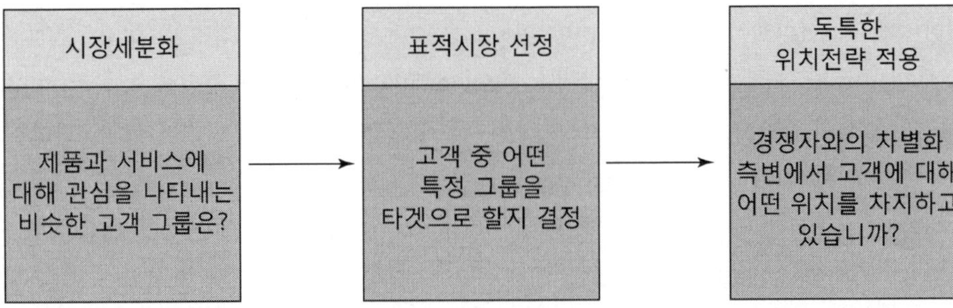

가. 시장세분화

시장세분화(market segmentation)는 이질적 욕구를 가진 다양한 소비자들의 집합을 특정한 제품에 대한 태도, 의견, 구매 행동 등에서 비슷한 성향을 지닌 소비자들로 그룹화하는 것을 의미한다.

(1) 시장세분화 기준

소비자 시장을 세분화하기 위한 기준은 다양하게 구분할 수 있으나, 여기에서는 고객의 행동과 관련된 기준과 고객의 특성에 의한 기준으로 나누어 설명하기로 한다. 고객의 구매행동과 밀접한 관련이 있는 기준들로는 추구하는 편익이나 사용상황, 사용량, 상표에 대한 충성도, 가격 민감성 등이 포함될 수 있다. 또한 고객의 특성과 관련된 기준은 지리적 특성(지역, 도시규모, 기후 등), 인구통계적 특성(연령, 성별, 가족규모, 소득 수준 등), 심리적 특성(라이프스타일, 개성 등) 등이 있다.

효과적으로 시장을 세분화하기 위해서는 〈표 12.3〉에 요약, 정리된 바와 같이 먼저 고객 행동과 관련된 기준을 이용하여 시장을 세분화한 다음, 고객 특성과 관련된 기준을 이용하여 세분된 시장 각각의 전반적인 특성을 파악하는 것이 바람직하다(박찬수, 2010).

‖ **표 12.3** 시장세분화 기준

구분		시장세분화 기준
고객 행동 관련 기준		추구하는 편익, 제품 사용 상황, 제품 사용량, 상표 충성도, 가격 민감성, 외제 선호도 등
고객 특성 관련 기준	지리적 특성	지역, 도시규모, 인구밀도, 기후 등
	인구 통계적 특성	연령, 성별, 소득, 직업, 학력, 가족의 크기, 가족생활주기, 종교, 인종, 국적, 사회계층 등
	심리적 특성	라이프스타일, 가치관, 개성, AIO 분석 등 *AIO: 활동(action), 관심(interest), 의견(opinion)

(2) 효과적인 시장세분화의 요건

시장세분화는 마케팅 전략에 있어 중요한 요소이지만, 시장세분화 자체가 무조건 유용한 것은 아니다. 합리적으로 시장세분화가 이루어졌는지는 〈표 12.4〉의 요건에 의해 점검해 볼 수 있다.

‖ **표 12.4** 시장세분화의 요건

구 분	시장세분화 요건
측정가능성	• 세분시장 크기, 구매력, 기타 특성들을 측정할 수 있는가? • 시장이 명확히 구분 가능한가?
접근가능성	• 광고나 유통 채널을 이용해서 접근 가능한가? • 고객들이 주로 이용하는 대중매체, 유통 채널은 무엇인가?
시장의 규모 (수익성)	• 세분화된 시장의 규모가 충분히 큰가? • 세분화된 시장을 통해서 지속적 이윤을 얻을 수 있는가?
차별성	• 세분시장 내에서는 동질성이 존재하는가? • 세분시장 간에는 이질성이 존재하는가?
행동가능성 (효과성)	세분화된 시장을 공략할 수 있도록 효과적 마케팅 활동을 갖추고 있는가?

나. 표적시장 선정

비슷한 욕구를 지닌 고객들을 그룹화하여 여러 개의 세분화된 시장을 만드는 과정인 시장세분화 과정이 완료되면, 각 세분화된 시장을 평가하여 어떤 시장을 표적으로 할 것인가를 결정하는 과정을 거치게 되는데, 이를 표적시장 선정(targeting)이라고 한다. 표적시장을 선택하는 기준은 대략적으로 〈표 12.5〉에서 보는 바와 같다.

‖ **표 12.5** 표적시장 선정 기준

• 높은 매력도(시장규모, 성장성, 경쟁정도, 시장 반응도 등)를 가지고 있는가? • 세분 시장에서 우리가 경쟁자들보다 높은 경쟁우위를 갖고 있는가? • 세분 시장에 진입하는 것이 기업과 적합한가?(기술, 원가, 기업문화, 목표 등과의 적합성)

상이한 여러 세분화된 시장의 평가가 완료되면 어떤 시장, 얼마나 많은 시장을 공략할 것인가를 결정하여야 한다. 이를 market coverage strategy라고 하는데, 다음과 같은 세 가지 유형으로 구분될 수 있다.

첫 번째 유형인 비차별적 마케팅전략은 세분화된 시장의 특성 차이를 무시하고, 한 가지 제품으로 전체 시장을 공략하는 전략이다. 대량생산과 마케팅 비용의 절감으로 원가의 경제성을 누릴 수 있다. 그러나 모든 소비자를 만족시킬 수는 없기 때문에 큰 위험성이 존재한다. 혼다(Honda)가 미국 시장에 진입할 때, 다양한 세분 시장 중 낮은 배기량과 경제성이라는 공통적 요소를 묶어서 하나로 취급하여 마케팅 전략을 펼친 것이 대표적인 사례이다.

두 번째 유형인 차별적 마케팅전략은 여러 세분 시장을 표적시장으로 삼고, 이들 각각의 세분 시장에 맞는 제품을 개발하여 공략하는 전략이다. 이는 일반적으로 비차별적 마케팅보다 많은 매출액을 창출하기 때문에 많은 대기업들이 채택하고 있다. 다양한 차종으로 자동차 시장을 공략하고 있는 GM이나, 다양한 상표로 세제시장을 공략하는 P&G가 대표적인 사례이다.

세 번째 유형인 집중적 마케팅전략은 재원이 제한되어 있는 기업에 적합한 전략으로, 큰 시장에서 낮은 점유율을 추구하기보다는 하나 혹은 몇 개의 하위 세분시장에서 높은 점유율을 추구하려는 접근법이다. 이러한 전략을 추구함으로써, 해당 세분시장의 욕구에 대해 더 많이 알 수 있다. 국순당이 주류시장의 다양한 세분시장 중 전통주, 그 중에서도 약주에 집중하여 마케팅을 하는 것을 사례로 들 수 있다.

이상에서 설명한 표적시장 선정 후 전략을 정리하면 〈표 12.6〉과 같다(이석규, 2006).

‖ **표 12.6** 표적시장 선정 후 전략

전략구분	특징	장단점
비차별적 전략	• 연결된 목표시장 접근 • 대중시장(mass market) 목표 • 보편성 높은 제품	• 경제적, 규모의 경제 • 시장기회 적음 • 생활필수품에 활용
차별적 전략	• 복수의 목표시장 접근 • 다양한 소비자 욕구에 대한 다양한 대응 • 세분시장별 마케팅 전략 수행	• 소비자 인식/이미지 강화 • 마케팅 믹스 복잡 • 비용과다/수익저하 우려
집중적 전략	• 단일 목표시장 접근 • 특정 세분시장에만 집중 • 틈새시장(niche market) 개념	• 한정된 자원 효율 극대화 • 마케팅 활동 전문화 • 특정 시장에서 거점 확보 • 고객 니즈 변화시 위험

다. 포지셔닝

표적시장이 정해지고 나면, 해당 시장에서 어떤 위치를 확보할 것인지를 정해야 한다. 포지셔닝(positioning)이란, 소비자의 마음 속에 경쟁상품과 차별화될 수 있도록 자사 상품을 위치시켜주는 것, 소비자의 지각 속에 제품의 개념을 정의해 주는 것을 의미한다.

대표적인 예로, 자동차시장에서 Mercedes와 Cadillac은 사치스런 자동차로 자리 잡고 있고, BMW와 Porsche는 좋은 성능의 자동차로, Volvo는 안전성에 대해 강력한 위치를 점하고 있는 것 등을 들 수 있다.

(1) 포지셔닝의 절차

성공적인 포지셔닝을 위해서는 표적시장 내의 실질적인 집단에게 관심을 가질 수 있도록 독특한 경쟁적 우위를 개발함으로써 제품을 차별화할 필요가 있다. 그러나 대개의 경쟁적 관계에 있는 기업들의 경우 비슷한 위치를 추구하기 때문에 자사만이 가지는 차별화전략을 추진하기에는 어려움이 따른다. 이러한 포지셔닝 업무는 〈표 12.7〉에서와 같이 5단계로 추진될 수 있다(이석규, 2006).

표 12.7 포지셔닝 전략의 실행 단계

구 분	내 용
(1단계) 소비자 분석	해당 제품군에서 소비자의 요구와 기존 제품에 대한 불만 원인을 파악
(2단계) 경쟁자 확인	제품의 경쟁 상대를 파악하는 과정으로 표적시장을 어떻게 설정하느냐에 따라 경쟁자가 달라진다는 점에 유의
(3단계) 경쟁제품 포지션 분석	경쟁제품이 소비자들에게 어떻게 인식되고 평가받고 있는지 파악하는 과정으로 포지셔닝 맵을 작성하면 도움이 됨
(4단계) 자사제품 포지션 개발	자사제품의 경쟁우위가 무엇인지를 찾고 경쟁제품에 비해 소비자 욕구를 더욱 충족시킬수 있는 포지션을 결정
(5단계) 확인 및 재포지셔닝	포지셔닝 실행 후 목표한 위치에 포지셔닝 되었는지 확인하고 소비자 욕구 변화에 따른 재포지셔닝을 추진

(2) 포지셔닝의 유형 및 사례

포지셔닝은 제품의 속성, 사용자, 경쟁제품과의 비교 등에 의한 유형으로 분류할 수 있다(표 12.8 참고).

표 12.8 포지셔닝의 유형 및 사례

구 분	내 용
속성에 의한 포지셔닝	경쟁제품이 가지지 못한 특징에 의한 포지셔닝 (예, '한국지형에 강한 애니콜', '조용한 차 레간자' 등)
사용자에 의한 포지셔닝	특정 사용자 계층에 적합하다고 강조 (예, 컨디션-접대가 많은 비즈니스 맨)
비교에 의한 포지셔닝	경쟁제품과 비교하여 자사 제품만의 유용성 강조 (예, 웅진-렌탈, 청호나이스-순도 99.9% 강조)

사례 1

시장 STP

개인의 유전체 특성을 분석하여 발병 위험률이 높은 질병, 맞춤 약물정보 등을 제공하는 맞춤건강 관리를 위한 개인유전체 분석서비스 시장 진입 시 가격과 제공가치로 세분화된 초고가와 저가시장에서 틈새시장인 고가제품으로 positioning함.

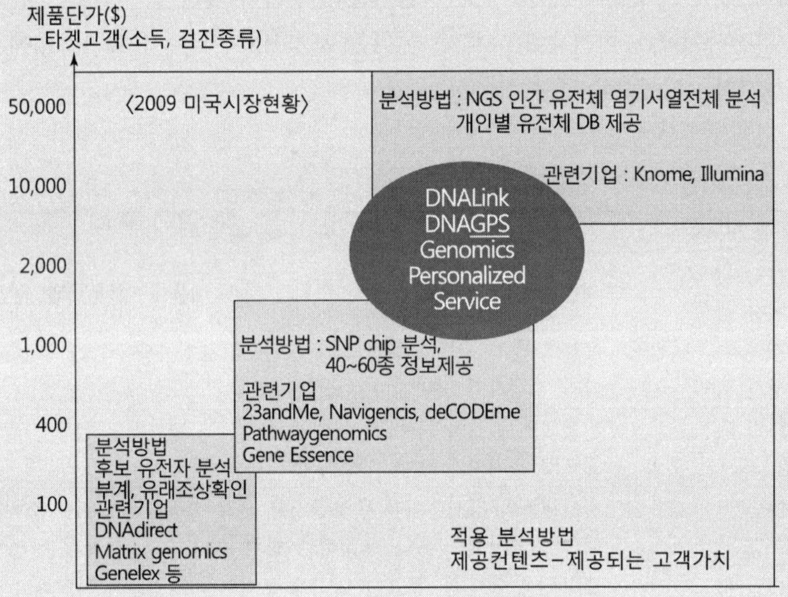

2절 마케팅 믹스

마케팅 믹스(marketing mix)는 표적시장의 욕구와 선호를 효과적으로 충족시키기 위해 기업이 제공할 수 있는 마케팅 수단들의 최적 조합을 의미한다. 기업이 조절(통제)할 수 있는 마케팅 수단인 마케팅 믹스는 제품(product), 가격(price), 유통(place), 판매 촉진(promotion)으로 구성되며 이를 4P라고 축약하여 부르기도 한다.

이들 4가지 수단들은 사전에 설정한 포지션에 부합되도록 일관성 있게 조정되고 통합된다는 의미에서 'mix' 라는 용어가 사용된다. 따라서 특정 제품에 가장 적합한 최적의 조합을 찾아내는 것이 중요하며, 4요소(4P)가 내부적으로 일관성이 있으면서 상호 균형적으로 연계되어야 한다. 마케팅 믹스의 구성단계는 다음 〈표 12.9〉와 같다.

표 12.9 마케팅 믹스의 구성단계

구 분	내 용
1단계	마케팅 믹스를 구성하는 핵심 요소 결정
2단계	각 요소에 대한 정량화를 통해 가능한 대안 설정
3단계	목적함수를 극대화하는 각 요소의 최적 값이나 방식 결정
4단계	요소 간 상호관계를 고려하여 전체적인 믹스 조정

1. 제품

가. 제품믹스

마케팅 믹스의 계획은 제품(product)으로부터 시작한다. 경쟁자의 제품보다 표적시장의 욕구를 더 잘 충족시켜 줄 수 있는 상품을 가지고 있다면, 성공의 가능성이 훨씬 더 높다는 점을 감안하면 제품은 마케팅 믹스에서 가장 중요한 위치를 차지하고 있다.

제품믹스(product mix)는 가장 적절한 제품계열의 결정을 의미하는 것으로, 제품 품종의 최적 수를 기업의 규모와 표적시장, 수요와 생산비용 등을 모든 각도에서 검토해야 한다. 따라서 표적시장이 단일 세분시장 전략일 경우에는 제품믹스를 단순화하고, 복수 세분시장 전략일 경우에는 제품믹스를 다양화 하는 것이 필요하다.

나. 기업의 제품구성 분석

기업의 전체 제품구성은 제품믹스와 제품계열에 의해 효과적으로 분석될 수 있다. 제품믹스는 기업이 제공하는 모든 개별 제품들의 집합을 말한다.

기업의 제품믹스의 구조는 제품믹스의 폭(width), 제품믹스의 길이(length), 제품믹스의 깊이(depth)로 구성된다. 제품믹스의 폭은 회사가 취급하는 제품계열의 수를 말하며, 제품계열의 길이는 각 제품계열의 제품수로 정의된다. 제품계열의 깊이는 특정 제품계열 내의 각 제품이 제공하는 품목의 수로서, 각 제품 내에서 얼마나 다양한 품목들이 판매되는지를 나타낸다.

다. 제품믹스의 폭에 관한 의사결정

제품믹스의 폭(width)에 관한 의사결정은 기업이 성장함에 따라 여러 제품계열을 확장하는 경우뿐만 아니라 기업이 처한 시장의 매력도에 따라 특정 제품계열을 유지하거나 확장할 것인지 혹은 철수할 것인지에 대한 의사결정을 의미한다.

기업은 각 제품계열의 매출 및 경쟁 상황, 기업 환경을 모니터링하여 최적의 제품믹스를 유지하도록 해야 한다. 이러한 최적의 제품믹스의 폭을 위한 방법으로는 '정적 최적화(static product-mix optimization)'와 '동적 최적화(dynamic product-mix optimization)'의 두 종류가 있다.

정적 최적화는 현재의 품목들 중에서 일정한 위험수준과 제약조건을 고려하여 매출 성장성과 안정성, 수익성을 최대로 하는 품목의 종류를 선정하는 것이며, 동적 최적화는 제품믹스가 기간경과에도 불구하고 최적의 상태를 유지하도록 변화하는 기회와 위험에 대응하여 적시에 현재의 제품믹스에 대하여 품목을 추가, 폐기, 수정하는 것을 말한다.

라. 제품계열의 길이 및 깊이에 관한 의사결정

제품계열에 대한 의사결정에서 중점적으로 다루어야 할 것은 제품계열의 길이를 어느 정도로 유지할 것인가를 결정하는 것이다. 제품계열에 관련한 의사결정에서는 제품계열의 연장전략(line-stretching strategy)과 제품 보충전략(line-filing strategy)을 사용한다.

(1) 제품계열의 연장 전략

제품계열 연장 전략(line-stretching strategy)은 기존의 제품계열이 포괄하고 있는 범위를 벗어나는 새로운 품목을 추가하는 것을 의미하며 〈표 12.10〉에서 보는 바와 같이 상향 연장 전략과 하향 연장 전략, 쌍방향 연장 전략으로 나누어 볼 수 있다.

표 12.10 제품계열의 연장 전략

구분	내용
상향 연장 전략	• 제품계열 내의 기존 품목들보다 향상된 기능을 가진 품목 혹은 고가품목을 동일계열에 추가하는 전략 • 높은 수익과 매출 증대를 기대할 수 있지만, 기존의 이미지로 인해 고급 신제품의 품질을 불실할 수 있음
하향 연장 전략	• 기존의 고급제품 계열에 저가 및 저기능의 신제품을 추가하는 전략 • 잠재시장의 선점을 통해 경쟁자의 진출을 막을 수 있지만, 기존 브랜드의 고급 이미지가 퇴색될 수 있음
쌍방향 연장 전략	• 상향 연장 전략과 하향 연장 전략을 동시에 추구하는 전략 • 자사의 제품이 품질 및 가격 면에서 중간위치에 있는 경우 유용하게 사용할 수 있음

(2) 제품 보충전략

제품 보충전략(line-filing strategy)은 기존 제품의 제품계열이 포괄하고 있는 범위 내에서 누락된 가격수준이나 품질의 품목을 보충하는 것을 의미한다. 이 전략을 통해서 잉여설비의 활용과 매출 증대, 세분 시장에의 침투 등의 긍정적 효과를 거둘 수 있다.

마. 기존 제품의 퇴진 전략

기입은 상황에 따라서는 제품믹스에서 어떤 품목을 세서해야 하는 의사결성을 할 경우도 발생할 수 있는데, 너무 즉각적인 제품의 폐기 및 철수가 이루어질 경우 이익 상실 등의 부작용이 우려될 수 있다. 따라서 제품을 폐기해야 하는 경우, 〈표 12.11〉과 같은 3가지 방법을 통해 신중하게 대응하여야 한다.

표 12.11 기존 제품의 퇴진전략

구분	내용
수확전략	• 추가적인 자원 투입 없이 현재 발생하는 이익을 회수하는 전략 • 제품이 매출성장에서 안정된 단계나 쇠퇴기에 이르렀을 때, 기업이 유휴자원을 저렴하게 활용할 수 있을 때, 감소하는 매출액과 시장점유율의 회복을 위해서 지출해야 하는 비용이 점차로 증가하기 시작할 때 활용
제품계열의 단수화 전략	• 기업이 제공하는 여러 제품 및 서비스의 수를 기업 역량에 맞게 관리가 용이한 수준으로 단순화하는 전략 • 원가 상승 및 가용자원 부족이 기업의 제품관리 역량에 부담을 줄 경우 사용
철수전략	• 특정 제품계열이 여러 환경변화로 인해 부의 성장을 하거나 제품이 기업 목표상 전략적으로 적합하지 못하다고 판단될 경우, 제품계열 전체를 시장에서 철수시키는 전략 • 기업 활동에 가장 큰 영향을 미칠 수 있으므로 의사결정에 있어 신중한 검토가 필요함

2. 가격

가격(price)을 결정하는 것은 많은 기업들에게 가장 큰 어려움 중의 하나로서 기업 성과에 가장 큰 영향을 미치는 변수이면서도 가격결정이 제대로 되었는지를 알기란 매우 어렵다. 가격믹스(price mix)는 가격을 어떻게 마케팅 전략에 이용할 것인가를 결정하는 것으로서 판매가격 결정, 할인율 등에 관한 전략적 의사결정을 포함한다.

가. 가격결정의 기준과 방법

일반적으로 고려되는 가격결정방법에는 어떤 기준에 따라 가격을 결정하느냐에 따라 비용 중심적 가격결정, 소비자 중심적 가격결정, 경쟁 중심적 가격결정으로 나눌 수 있다.

(1) 비용 중심적 가격결정

비용 중심적 가격결정은 제품의 생산과 판매에 소요되는 모든 비용을 충당하고, 목표이익을 낼 수 있는 수준에서 가격을 결정하는 방식으로 기본적으로 비용에 목표이익을 합해 가격을 결정한다. 〈표 12.12〉는 비용 중심적 가격결정 방식을 정리한 것이다.

‖ **표 12.12** 비용 중심적 가격결정 방법

구분	내용
비용가산에 의한 가격결정	• 사전에 결정된 목표이익을 총 비용에 가산하여 가격을 결정 • 총 생산량을 추정하고 이에 따른 고정비용과 변동비율을 산출한 후 목표이익을 합산한 다음 이 값을 총생산량으로 나누어 산출 (가격＝(총고정비＋총 변동비＋목표이익)/총생산량) • 계산이 간단하지만, 가격 결정에 소비자 실수요를 고려하고 있지 않으며, 효율화를 통해 비용을 절감하려는 동기부여를 제공하지 못함
가산이익률에 따른 가격결정	• 제품 단위당 생산비용이나 구매비용을 계산한 후 판매비용의 충당과 적정이익을 남길 수 있는 수준의 가산이익률을 결정하여 가격을 책정 (가격＝단위비용/(1－가산이익률)) • 계산이 단순하여 많이 사용하고 있으며, 수요량의 변화에 따라 가격을 자주 수정하지 않아도 되지만, 추정 소요량이 정확한 경우에만 적절한 가격결정을 산출할 수 있음
목표투자이익률에 따른 가격결정	• 기업이 목표로 하는 투자이익률을 달성할 수 있도록 가격을 설정하는 방법으로 일정한 표준생산량을 결정하고 그 때의 총원가에 목표로 하는 수익률을 가산하여 가격을 결정 (가격＝((투자비용×목표투자이익률)/표준생산량)＋단위비용)

	• 공공투자사업 등에서 일정 투자이익률 이상 규제하기 위해 사용됨. 자본투자 비중이 적은 기업에는 판매가격이 과소평가되고, 가격이 수요량을 고려하지 않고 책정됨. 표준생산량이 모두 판매되지 않는 경우 판매가격을 더 높게 설정해야되는 문제점이 있음
손익분기점 분석에 의한 가격결정	• 최소한 얼마만큼의 제품을 판매하여야 손실을 면할 수 있을 것인가에 대한 손익분기점 분석을 통해 제품가격을 결정 • 현실적으로 가격할인이나 수량할인 등과 같이 당위당 변동비를 변화시키는 요인들이 많고 생산량이 증가함에 따라 추가적인 설비 설치비용과 직원 고용 등을 고려하지 않은 문제점이 있음

(2) 소비자 중심적 가격결정

제품을 생산하는 데 드는 비용보다 표적시장에서 소비자들의 제품에 대한 평가와 그에 따른 수요를 바탕으로 가격을 결정하는 방법으로 최근에 많이 활용되고 있다. 소비자가 원하고 지불할 수 있는 가격 수준에서 가격이 설정되는 것으로 소비자가 제품에 대해 느끼는 가치를 높일 수 있다면, 비용 중심의 가격결정보다 높은 가격을 설정할 수 있다.

소비자 중심적 가격결정 방법 〈표 12.13〉으로 주로 활용되는 것은 지각된 가치에 따른 가격결정방법(perceived value pricing)으로서, 이는 측정방법에 따라 직접가격 평가법, 직접지각가치 평가법, 진단적 방법으로 분류된다.

표 12.13 소비자 중심적 가격결정 방법

구분	내용
직접가격 평가법	• 소비자들에게 상품의 가치를 직접 물어보는 방법 • 소비자들이 자주 구매하거나 상품의 평가가 용이한 제품에 적합
직접지각가치 평가법	상품의 상대적인 지각 가치를 직접 조사하는 방법
진단적 방법	상품에 대한 소비자의 지각가치를 보다 면밀하게 조사하기 위하여 소비자들이 제품에 대하여 제품속성의 중요도와 속성별 신념을 평가하는 방법

(3) 경쟁 중심적 가격결정

경쟁사들의 가격을 가격결정에 가장 중요한 기준으로 가장 많이 사용된다. 이 방법을 채택하는 기업은 소비자들이 각 경쟁사들의 제품이 서로 유사하다고 생각하고 경쟁제품들의 가격을 비교하여 제품을 선택할 것이라고 가정하고 있다. 경쟁 중심적 가격결정의 구체적인 가격결정 방법은 시장가격에 따른 가격결정(going- rate pricing), 경쟁 입찰에 따른 가격결정(sealed-bid pricing)이 있다(표 12.14 참고).

‖ 표 12.14 경쟁 중심적 가격결정 방법

구분	내용
시장가격에 따른 가격결정	• 자사의 비용구조나 수요보다는 시장의 가격을 보다 중요하게 생각하여 주된 경쟁자의 제품가격과 동일하거나 비슷한 수준에서 가격을 책정 • 수요나 비용 추정이 어렵고 경쟁사 반응이 불확실한 경우 좋은 해결책이 될 수 있으나, 자사의 비용구조가 경쟁사와 상이한 경우 최적가격 도출이 어려움
경쟁 입찰에 따른 가격결정	• 2개 이상의 기업들이 각각 독자적으로 특정 제품이나 서비스, 프로젝트 등에 대한 가격을 제시하는 방법 • 입찰에 낙찰되기 위해 경쟁사보다 더 낮은 가격을 제시해야 함으로 수요나 비용 등의 추정을 통한 가격보다는 경쟁사의 가격을 예측하는 것이 더 중요함

나. 제품수명주기(PLC)에 따른 가격결정 방법

제품은 탄생에서 소멸에 이르기까지 제품수명주기(PLC; product life cycle)를 가지게 되는데, 가격전략도 제품수명주기에 따라 변하는 것이 필요하다. 즉, 제품의 수명주기인 도입기, 성장기, 성숙기, 쇠퇴기 각 단계마다 대응할 수 있는 가격정책이 필요하다.

(1) 도입기에서의 가격전략

도입기에서의 마케팅 목표는 제품의 인지와 사용자의 확대로서, 이 단계에서는 소비자의 욕구를 충분히 알지 못하기 때문에 가격결정이 가장 어려운 시기이다. 이때 주로 사용되는 가격전략은 침투(penetration) 전략과 고가(skimming) 전략이다(표 12.15 참고).

‖ 표 12.15 도입기 가격전략(스키밍가격–침투가격)

구분	내용
스키밍가격 (흡수가격)	• 제품이 시장에 도입된 초기 단계에는 고가로 출시하다가 점차 가격을 하락시키는 방법으로 '흡수가격 전략'이라고도 불림 • 자금의 조기회수 목적으로, 가격탄력성이 비교적 낮은 상품을 대상으로 수행하며, 경쟁사와 가격경쟁을 피할 수 있거나 품질이 뛰어날 경우에 효과적임
침투가격 (시장침투가격)	• 제품의 도입기에 저가격전략을 취하다가 시장점유율이 향상되면 점차 올리는 방법으로 '시장침투가격'이라고도 불림 • 경쟁이 심한 시장에 신제품을 출시할 때 사용하는 가격전략으로, 저렴한 가격이지만 경쟁제품과 비교하여 품질이 뒤떨어지지 않을 때 효과적

(2) 성장기에서의 가격전략

성장기는 시장점유율 확대를 목표로 하는 시기로서, 수요가 증가하고 경쟁이 치열해지며 경험효과가 생기고 고정비용이 증가하는 시기이므로 이때의 가격결정은 상황에 따라 차이가 나타난다. 예로, 경쟁이 없는 경우에는 보통 도입 시의 가격으로 고정하는 전략을 취하고, 치열한 경쟁과 경험곡선이 존재할 경우, 가격을 인하하는 정책을 사용한다.

(3) 성숙기에서의 가격전략

성숙기는 이익을 극대화하고, 시장점유율(market share)을 유지하는 것이 목표를 두는 시기로, 수요는 최대로 상승하고 경쟁이 극대화된다. 일반적으로 이 단계의 가격전략은 수요의 탄력성이 높은 경우에는 가격을 인하하게 되고, 수요의 탄력성이 낮은 경우에는 가격을 고정하는 전략이 활용된다.

(4) 쇠퇴기에서의 가격전략

쇠퇴기는 비용을 절감하고, 투자한 것을 회수해야 하는 시기로, 시장에서의 경쟁력이 하락하기 때문에 가격을 직접 변동비보다 클 때까지 계속 유지하는 전략을 사용하는 것이 일반적이다. 그러나 제품을 완전히 시장에서 철수해야 할 시기가 오면, 재고비용을 낮추기 위해 원가 수준에서 남은 제품들의 가격을 낮추어 처분하는 것도 필요하다.

다음 〈표 12.16〉는 PLC에 따른 가격정책 변화를 정리한 표이다.

표 12.16 제품수명주기에 따른 가격정책 변화

도 입 기	성 장 기	성 숙 기	쇠 퇴 기
• 초기 고가전략 • 초기 저가전략 → 선택적 전략	• 경쟁제품 • 수요층 확대 → 가격하락	• 가격경쟁 치열 • 가격인하, 가격할인	• 판매감소 • 이익감소 → 상품단종

3. 유통

제품이나 서비스는 다양한 경로를 거쳐 최종 고객에게 전달되고 있는데, 이때의 경로를 유통경로(place)라고 한다. 유통경로는 어떤 제품을 최종 구매자가 구입할 수 있도록 만들어 주는 과정으로 이해하면 된다. 대부분의 기업들은 제품을 최종 구매자에게 직접 판매하는 것이 아니라 도매상, 소매상과 같은 중간상을 거쳐 판매하고 있다.

가. 유통경로의 종류

유통경로는 고객의 욕구와 형태에 따라 다양하게 조직될 수 있다. 소비재 제조업체가 이용할 수 있는 경로는 크게 네 가지 유형으로 나누어 진다. 그중 2단계를 거치는 세 번

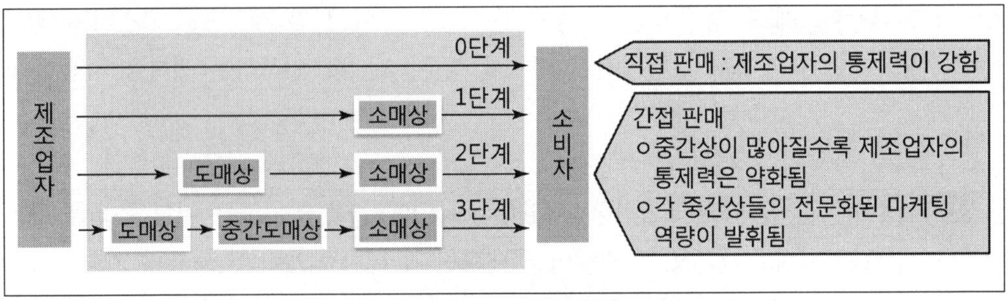

‖ **그림 12.1** 소비재 유통경로

째 유형이 가장 전형적이며, 이를 중심으로 중간상인 도매상과 소매상이 유통경로에서 생략되기도 하면서 새로운 유형을 형성하게 된다.

첫 번째 유통경로는 〈그림 12.1〉에서 보는 바와 같이 제조업자가 소비자에게 직접 제품을 판매하는 형태로, 직접 판매라고 한다. 예로, 한국 요구르트나 정수기 제조업체는 가정판매를 통해 제품을 판매하고 있다.

두 번째 유통경로는 제조업자와 소비자 사이에 소매상이 개입되는 형태이다. 백화점이나 할인점 등의 대형 소매업체들이 제품의 제조업체로부터 구매한 제품들을 소비자들에게 판매하는 경우가 이러한 경우이다.

세 번째 유통경로는 제조업자와 소비자 사이에 도매상과 소매상이 개입되어 있는 형태로서 가장 전형적인 경로 유형이다. 이러한 경로 유형은 식품, 약품 등의 많은 소비용품 분야에서 중소규모의 제조업자들에 의하여 자주 이용되고 있다.

네 번째 유통경로는 제조업자와 소비자 사이에 세 단계의 중간상이 개입하는 형태이다. 잡지, 레코드, 우유 등의 제품에서는 도매상과 소매상 사이에 중간도매상이 흔히 존재하는데 이들은 대형 도매상들이 직접 공급하기 어려운 소규모 소매업자들에게 상품을 공급하는 경우이다.

유통경로의 길이가 길어질수록, 즉 상품이 제조업자들로부터 최종 소비자에게 전달될 동안 거쳐야 할 유통단계의 수가 많아질수록 각 유통단계에서 수행하는 마케팅 기능은 전문화된다. 각 유통업자들은 자신이 잘 할 수 있는 유통기능만을 수행하기 때문에 이로 인해 얻어지는 효율성의 증대는 제조업자가 모든 유통기능을 직접 수행할 경우에 비해 최종소비자에게 제공되는 가격을 낮출 수 있게 해준다. 그러나 제조업자와 소비자 사이에 개입하는 중간 유통업자들이 많을수록, 제조업자의 통제력은 약화된다.

나. 유통경로의 설계

유통경로를 설계하는 과정은 '유통경로 서비스에 대한 고객욕구 파악 → 유통경로 목표 설정 → 최적경로 대안의 파악과 평가 → 유통경로 구성원의 선정과 평가'의 총 4가지 단계를 통해 이루어진다(이석규, 2006). 다음은 각 과정별 고려해야 할 사항들 중심으로 설명하고자 한다.

(1) 유통경로 서비스에 대한 고객욕구 파악

유통경로 설계과정에서 첫 단계로 해야 하는 것은 표적시장의 고객이 원하는 서비스와 이를 충족시키기 위해 각 경로 구성원들이 제공해야 할 구체적 서비스가 무엇인지 파악하는 것이다. 유통경로 구성원들이 고객에게 제공해야 하는 서비스는 일반적으로 입지의 편의성, 최소구매단위, 대기시간, 제품의 다양성 등을 들 수 있다.

(2) 유통경로의 목표 설정

유통경로 설계과정에서 두 번째 단계로 해야 하는 것은 유통경로의 목표를 설정하는 것이다. 이는 소비자들이 원하는 서비스 수준을 고려해서 결정해야 한다. 아울러 유통경로의 목표는 기업의 크기나 재무상태와 같은 기업의 성격, 기업이 생산하고 판매하는 제품의 성격, 경쟁자의 유통경로, 그리고 유통경로와 관련되어진 경제적, 법적 제한 등에 영향을 받을 수 있기 때문에 기업 전체의 장기목표도 고려되어야 한다.

(3) 최적 경로대안의 파악과 평가

표적 고객이 기대하는 경로서비스가 파악되면 이를 충족시킬 수 있는 최적의 경로대안을 개발하게 되는데, 주요 경로 대안들은 유통경로의 길이와 중간상의 수를 기준으로 평가를 하게 된다. 이를 평가하는 데 사용되는 기준은 경제성, 통제성, 적응성 등이 있다.

중간상의 수를 결정할 때에는 〈표 12.17〉에 제시된 바와 같이 집약적 유통, 전속적 유통, 선택적 유통 등의 방법을 고려할 수 있다.

(4) 유통경로 구성원 선정과 평가

유통경로 구성원 선택 시 평가기준에는 신용능력, 명성, 영업사원의 규모와 질, 판매능력, 취급하는 다른 제품들의 수와 특성, 기존고객, 수익성과 성장 잠재력, 입지 등을 들 수 있다. 기업은 장기적으로 각 경로 구성원의 성과를 성과표준과 비교하여 평가를 해야 한다. 이러한 정기적 재평가를 통해 취약한 경로 구성원을 대체할 수 있다.

‖ 표 12.17 중간상의 수 결정 시 고려해야 할 사항

구분	내용
집약적 유통	• 가능한 한 많은 소매상들로 하여금 자사제품을 취급하도록 함으로써 포괄되는 시장의 범위를 최대화하는 전략 • 대량판매를 발생시키지만, 브랜드 광고와 영업사원의 유지에 많은 비용이 소요되며, 중간상들로 하여금 자사제품을 보다 적극적으로 판매하도록 동기부여를 제공하는 데 어려움
전속적 유통	• 각 판매지역별로 하나 혹은 극소수의 중간상에게 자사제품의 유통에 대한 독점권을 부여하는 전략 • 중간상들에게 독점판매권과 높은 이익을 제공하여 적극적 판매노력을 기대할 수 있고 강한 통제를 할 수 있으나, 제한된 유통으로 판매기회가 상실되는 단점이 존재
선택적 유통	• 집약적 유통과 전속적 유통의 중간에 해당되는 전략으로, 판매지역 별로 자사제품을 취급하고자 하는 중간상들 중에서 자격을 갖춘 하나 이상의 소수의 중간상들에게 판매를 허용하는 전략 • 판매력이 있는 중간상들만 유통경로에 포함시키므로 만족스러운 매출과 이익을 기대할 수 있고, 집약적 유통에 비해 강한 경로통제와 낮은 비용을 기대할 수 있음

4. 판매촉진

기업은 우수한 제품을 만들고, 소비자들의 구매를 유도할 수 있는 가격을 책정하는 것만으로는 마케팅이 성공하기가 어렵다. 우수한 제품과 저렴한 가격을 고객들에게 알리고 구매하도록 설득하여 구매를 유인하고 소비자들과의 원활한 의사소통을 위해 많은 노력을 기울여야 한다.

기업은 판매촉진(promotion)를 통해서 시장을 개발하고 제품의 수요를 자극하는 제반 활동인 광고, PR, 인적판매, 판매촉진 등을 전개하게 되는데, 여기에서는 촉진관리 전략인 풀(pull) 전략과 푸시(push) 전략에 대해 살펴보고, 대표적인 촉진 수단인 광고와 PR을 중심으로 설명하고자 한다.

가. 풀 전략과 푸시 전략

풀(pull) 전략이란 제조업자가 최종 구매자들을 대상으로 하여 주로 광고(advertisement)와 홍보(PR; public relation) 혹은 소비자를 대상으로 한 판매촉진활동을 펼치는 것을 의미한다. 풀 전략의 목표는 최종 구매자들로 하여금 우리 회사의 상품을 찾게 만듦으로서 결국 유통업자들이 그 상품을 취급하게 만드는 데에 있다. 이러한 풀 전략은 최종 구매자들의 브랜드 선호도가 높고, 브랜드 선택이 점포에 오기 전에 이루어지며, 관여도가 높은

제품의 경우에 적합하다.

푸시(push) 전략이란 제조업자가 유통업자들을 대상으로 하여 주로 판매촉진과 인적판매수단들을 동원하여 촉진활동을 펼치는 것을 의미한다. 푸쉬 전략의 목표는 유통업자들로 하여금 우리 회사 제품을 많이 취급하도록 하고, 최조 구매자들에게 적극 권하도록 만드는 데에 있다. 일반적으로 푸시 전략은 최종 구매자들의 브랜드 선호도가 낮고, 브랜드 선택이 점포 안에서 이루어지며, 충동구매가 잦은 상품의 경우에 적합하다.

나. 광고

광고(advertisement)는 기업을 비롯한 각종 영리단체의 스폰서가 제품이나 서비스를 제시하거나 촉진하기 위해 비용을 지불하는 비개인적 형태의 커뮤니케이션을 총칭한다. 주요 광고 매체수단들의 특징을 살펴보면 다음의 〈표 12.18〉과 같다.

표 12.18 주요 광고 수단의 특징

구 문	장 점	단 점
신문	• 매체 다수 존재 • 긴급한 광고에 적합, 제작비가 낮음 • 길고 복잡한 메시지 전달 가능	• 짧은 수명, 자세히 읽히지 않음 • 다른 광고의 간섭 높음 • 시간효과에 한정됨
TV	• 동영상, 음향으로 다양한 연출 • 많은 수의 시청자에게 도달 • 높은 주목률, 간단한 메시지에 적합	• 시청자를 선별하기 어려움 • 빨리 지나가 버림 • 매체비용의 절대 액수 높음
라디오	• 폭넓은 도달범위 • 청중 선별 가능 • 매체비용 절대액수 낮음	• 청각효과에 한정 • 긴 메시지 전달에 부적합 • TV보다 주의 집중 낮음
인터넷, SNS	• 이용자가 다수이며, 증가 추세 • 청실시간 파급효과 큼 • 해외, 지방에도 실시간 전달 가능	• 긴 메시지 전달 어려움 • 비용이 비쌈 • 고객 취향에 따라 선별 청취
잡지	• 청중 선별 가능 • 고화질 인쇄 가능 • 긴 수명, 긴 메시지 전달	• 폭넓은 청중에 도달 어려움 • 시급한 광고에 부적합 • 다른 광고의 간섭 높음

다. 홍보

홍보(PR; public relation)는 사람 이외의 매체로 하여금 제품, 서비스 기업 등을 뉴스나 논설의 형태로 다루게 함으로써 이에 대한 수요를 자극하는 것이다. 대표적으로 기업이 자사의 이미지를 제고한다든지, 자사에 대한 호의적인 평판을 얻거나 비호의적인 평판을 제거 내지 완화하려는 커뮤니케이션 활동을 벌이는 것을 들 수 있다. 따라서 기업은 이러한 PR 활동을 통해서 기업과 직접·간접적으로 관련이 있는 여러 유형의 집단들과 좋은 관계를 유지해 나가고자 한다(표 12.19 참고). 일반적으로 홍보효과가 광고효과에 비해 크다.

‖ 표 12.19 기업의 대표적인 PR 수단

구 분	수 단
출판물	사보, 소책자, 연례보고서, 신문 또는 잡지 기고문
뉴 스	회사 자체 방송, 회사의 임직원 혹은 상품 등에 과한 뉴스거리를 발굴하여 언론 매체에 홍보
이벤트	기자회견, 세미나, 전시회, 기념식, 회사 스폰서쉽
연 설	최고경영자 또는 임직원들의 각종 행사 연설
사회봉사활동	지역 사회나 공익단체에 기부금을 내거나 임직원들이 봉사활동 참여
기업 아이덴티티	고객 및 일반 대중들에게 통일된 시각적 이미지를 주기 위해 로고, 명함, 문구, 제복, 건물 등을 디자인

라. 기타 판매촉진 활동

전통적인 판매촉진 활동은 아니지만, 인터넷을 통한 개인들의 활동이 활성화 되면서 최근에 주목받기 시작한 활동으로 바이럴 마케팅과 게릴라 마케팅 등이 있다. 이러한 활동들은 종종 적은 비용으로 매우 높은 효과를 거두고 있다.

바이럴 마케팅(viral marketing)은 네티즌들이 이메일이나 메신저 혹은 블로그 등을 통해 자발적으로 기업이나 제품을 홍보하는 새로운 인터넷 promotion 활동이다. 네티즌들이 퍼가기 등을 통해 지속적으로 전달하면서 자연스럽게 인터넷상에서 화제를 불러일으키도록 하는 방식이다. 컴퓨터 바이러스처럼 확산된다고 해서 바이럴(viral) 혹은 바이러스(virus) 마케팅이라고도 한다.

게릴라 마케팅(guerrilla marketing)은 게릴라 전술을 마케팅 전략에 응용한 것으로, 소규모의 조직인 게릴라를 통하여 기습적으로 적을 공격하여 피해를 준 후 신속하게 빠져나와 일반 민중 속에 숨어서 반격을 피하는 방식과 유사한 마케팅 활동을 가리킨다.

장소와 시간에 구애받지 않고 잠재고객이 많이 모인 공간에 갑자기 나타나 상품을 선전하거나 판매를 촉진하는 밀착형 마케팅을 전개하는 마케팅 활동으로, 후발 기업이 시장경쟁력을 확보하기 위하여 선발 기업들이 진입하지 않은 틈새시장을 공략하거나 적은 비용으로 고객에게 밀착한 마케팅을 펼치기 위한 방법으로 활용되고 있다.

사례 2 KIA Soul 자동차의 바이럴 마케팅

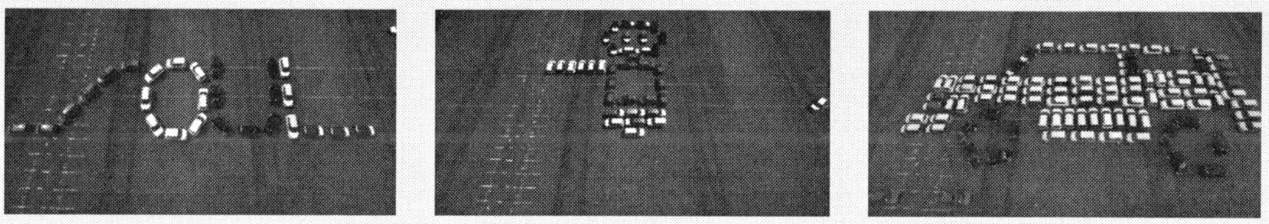

- 기아자동차의 인기 모델인 쏘울이 처음 출시될 때 동영상 사이트 유튜브를 이용하였으며, 동영상의 주제는 '기아 쏘울 락'으로 자동차 쏘울을 이용해 춤추는 거인과 달리는 소울을 만들어 냄
- 거대한 화물선에서 쏘울이 나오는 모습을 시작으로 1000여대의 쏘울로 만든 동영상은 미국과 유럽쪽에서 블로그에서 블로그로 바이러스처럼 퍼져 유튜브에 공개한 지 2주만에 40만건이 넘는 조회수를 기록하며 전세계의 관심을 모으는데 성공함

사례 3 "선영아 사랑해" 마이클럽 광고

- 2000년 연인에 대한 연서와 같이 서울 등 대도시의 육교와 지하철역 등에 플랜카드와 벽보로 붙였던 광고로서 "누가 이런 이렇게 사랑 고백을 하지?" 하고 궁금해 할 수 밖에 없었던 광고임.
- 광고주는 여성 포털사이트 마이클럽으로서 50억도 채 안되는 예산으로 800억 이상의 광고 효과를 보았다고 함.

3절 온라인 마케팅과 고객관계관리1)

1. 온라인 마케팅

가. 온라인 마케팅의 의의

넓은 의미의 온라인 마케팅(on-line marketing)은 다양한 영역을 포함한다. 인터넷 마케팅, 데이터베이스 마케팅, 고객관계관리 등이 포함되는데 이들은 새롭게 부각되는 마케팅 방식이다. 그러나 좁은 의미의 온라인 마케팅은 전자상거래(EC; Electronic Commerce)만을 의미한다.

스마트폰과 인터넷(internet)의 등장은 마케팅 방식에 혁명적인 변화를 가져왔다. 유통망에 기반한 전통적인 오프라인(off-line) 마케팅은 오늘날의 온라인(on-line) 마케팅에 의해 비교우위를 위협받고 있고, 그러한 추세는 IT 발전에 따라 앞으로 더욱 커질 것으로 전망된다.

온라인마케팅과 전통적 상거래 방식 간을 상호 비교하면 〈표 12.20〉과 같다.

‖ 표 12.20 온라인마케팅과 전통적 상거래와의 비교

구분	온라인마케팅 방식	전통적상거래 방식
유통채널	기업 ↔ 소비자	기업 ↔ 도매상 ↔ 소매상 ↔ 소비자
거래대상지역	전세계(global markething)	제한적인 일부지역(closed ‘clubs’)
거래시간	24시간	제한된 영업시간
마케팅활동	쌍방향 통신을 통한 1대1 interactive marketing	구매자의 의사에 상관없는 일방적인 마케팅
고객대응	on-line으로 고객 요구를 포착, 즉시 대응함	needs 포착이 어렵고 대응 지연 영업사원이 대응
판매거점	사이버 공간	판매 공간 필요
소요자본	인터넷 서버 구입, 홈페이지 구축 등 적은 비용소요	토지, 건물 등의 구입에 거액의 자금 필요

한편 전자상거래는 컴퓨터와 네트워크라는 전자적인 매체를 통해 기업, 개인, 정부 등의 경제주체 간에 이루어지는 상품 및 서비스의 거래라고 정의된다. 전자상거래에는 전

1) 이 부분은 박용태(공학도를 위한 기술과 경영 302P, 2005, 생능출판사)을 참고하여 작성함

자문서교환(EDI), 인터넷, PC통신, 전자우편, 전자 자금이체, 전자화폐와 통신망을 이용한 일반적인 상거래가 포함된다.

전자상거래라는 용어는 1989년 미국 국방성이 군수품 조달 과정에서 처음 사용되었다. 그러나 웹과 브라우저의 출현으로 전자상거래에 인터넷이 활용되면서, 기존의 기업 및 정부 간의 거래뿐만 아니라 기업과 개인 간의 거래에까지 그 적용 범위가 확대되어 오늘에 이르고 있다.

나. 온라인 마케팅의 장단점

온라인 마케팅은 판매자와 구매자 양쪽 모두에게 이점을 제공한다.

먼저 구매자 입장에서의 장점은 다음과 같다. 첫째, 온라인 마케팅을 통해 상품의 가격, 디자인 등 다양한 정보를 손쉽게 접할 수 있다. 둘째, 시간적, 공간적 제약을 받지 않고 온라인 제품을 구입할 수 있는 편리성과 선택의 다양성이 크다. 셋째, 오프라인과 비교했을 때 일반적으로 저렴한 가격으로 구입할 수 있다.

판매자의 입장에서 보자. 첫째, 온라인 마케팅은 고객과 대면하는 판매 사이트가 온라인(on-line)이기 때문에 판매 채널의 제약을 완화할 수 있다. 사이버(cyber) 공간을 활용하기 때문에 전시공간이 비교적 필요하지 않다. 둘째, 판매시간의 제약을 없앨 수 있다. 날짜와 시간에 상관없이 언제나 판매가 가능하다. 셋째, 유통기간을 단축할 수 있다. 넷째, 원가절감이 가능하다. 오프라인에서 발생하는 유통비, 임대료 등 여러 가지 비용을 절감할 수 있기 때문에 상대적으로 저렴한 가격으로 제품이나 서비스를 판매할 수 있다.

광고업체, 물류업체, 중개업자에게도 새로운 사업 기회를 제공할 수 있다. 인터넷은 비용과 시간 면에서 매우 효율적인 광고수단이다. 또 온라인 거래는 빠르고 정확한 배송이 필수적이므로, 온라인 상거래의 활성화는 곧 물류수송 분야의 성장과 연결된다.

온라인 마케팅이 좋은 점만 가지고 있는 것은 아니다. 단점으로는, 첫째, 상품에 대한 신뢰성 문제가 발생할 수 있다. 구매자가 직접 상품의 품질을 확인할 수 없기 때문에, 실제 구매한 상품 간에는 차이가 발생할 위험이 있다. 둘째, 대금 결제의 안정성과 정확성 문제이다. 온라인 거래에서는 전자적인 대금결제 방식을 사용해야 하는데 이 과정에서 여러 가지 기술적 문제가 발생할 수 있다.

다. 온라인 마케팅 시장 유형

온라인 마케팅 분류 체계는 분류의 관점과 목적에 따라 다양하게 제시될 수 있다.

(1) 기술 변화에 의한 분류

기술의 변화 추세에 따라 온라인 마케팅을 구분하는 접근법이다. 이 기준은 상거래의 수단을 분류 기준으로 한다.

첫 번째 유형은 웹 기반 상거래(web-based commerce: W-commerce)이다. W-commerce는 인터넷 채널을 통해 유선(wired)의 네트워킹으로 상거래를 하는 방식이다. 두 번째 유형은 모바일 상거래(mobile commerce: M-commerce)이다. M-commerce는 이동전화 채널을 통해 무선(wireless) 네트워킹으로 상거래를 하는 방식이다. 거래의 가치는 이동성과 개인화(personalization)에서 찾으며 선별적(targeted)인 고객층을 대상으로 한다. 마지막 세 번째 유형은 유비쿼터스 상거래(ubiquitous commerce: U-commerce)이다. U-commerce는 멀티캐스트(multi-cast) 채널을 통해 유비쿼터스 네트워킹으로 상거래를 하는 방식이다.

(2) 사업 주체에 의한 분류

이 분류 체계는 거래의 주체에 따라 구분한다. 이 기준에 의해, 기업 간(Business to Business: B to B) 거래, 기업과 소비자 간(Business to Customer: B to C) 거래, 기업과 공공기관 간(Business to Government: B to G) 거래, 개인과 공공기관 간(Customer to Government: C to G) 거래 등으로 나뉜다. 기업과 공공기관 간의 거래(B to G)는 전자정부기반이 구축되어야 가능하다.

(3) 인터넷사업의 내용별 구분

인터넷사업은 무엇을 추구하는지에 따라서 다음과 같이 구분할 수 있다(표 12.21 참조). 첫째, 영상, 방송 프로그램, 디지털 콘텐츠(contents)를 제작하여 공급하는 콘텐츠사업으로 CNN과 신문 제작사 Wallstreet Journal이 이에 속한다. 둘째, 인터넷 서비스를 제공하는 인프라제공사업으로 AT&T, Yahoo 등이 이에 속한다. 셋째, 인터넷망을 활용하여 제품, 서비스를 판매하는 시장을 운영하는 상품판매사업으로 Amazon, 옥션 등이 해단된다. 마지막 넷째는 거래 당사자들 간의 입찰, 경매, 교환 등의 거래중개사업으로 E-bay가 해당된다.

표 12.21 인터넷사업의 내용별 구분

분야	기존상거래	사례	수익
콘텐츠 사업	• 콘텐츠를 제작하여 공급 • 디지털 콘텐츠, 음악, 영상, 방송프로그램	• CNN • WSJ	• 광고 • 콘텐츠 판매 • 가입비
인프라 제공 (channel)	• 사용자의 편리한 활용을 지원하기 위한 서비스를 통합제공	• AT&T • Yahoo	• 서비스이용료 • 광고 • AOL
상품판매 (marketplace)	• 제품/서비스를 판매하는 시장운영 • 쇼핑몰	Amazon e-trade Dell, Cisco	• 상품판매료 • 서비스요금
거래중개 (transaction)	• 거래 당사자들 간의 입찰, 경매, 교환, 거래 중개 • 가상 주식거래, 가상은행	• E-bay • GE-TPN	거래수수료

라. 전자상거래와 보안

전자상거래는 거래 상대방과 직접 접촉하지 않고 거래가 체결되므로 고도의 보안이 유지되지 않고는 거래가 활성화되기 어렵다. 정보의 공유와 개방을 목표로 개발된 인터넷의 보안 취약성 때문에 고객의 비밀정보가 쉽게 누출될 위험이 있다는 것이 큰 이슈가 되었다.

전자상거래의 보안을 개선하기 위해 다양한 방법들이 개발되고 계속 개선되고 있다. 예를 들어 전자서명, 인증, 암호화 알고리즘, 방화벽시스템(firewall system), 홍채인식, 지문인식 시스템이 이에 해당한다.

2. 고객관계관리

가. 고객관계관리(CRM)의 의의와 단계별 목표

고객을 유치하고 매출을 늘리며 지속적인 유지의 필요성이 대두됨에 따라 부각된 개념이 고객관계관리(CRM; customer relationship management)이다. 즉, 고객관계관리란 '제반 경영전략을 고객 중심으로 재설계하고 통합하여 고객과의 장기적인 관계를 구축하고 경영성과를 개선하기 위한 마케팅 방식'이라고 할 수 있다. 고객중심(customer-oriented)으로 경영을 생각하고, 빠른 속도로 발전되는 IT기술을 활용하여 장기수익 극대화에 기여하는 전략이다.

CRM에서는 기업과 개별 고객과의 장기적 관계를 세단계로 구분하여 단계별로 전략과 목표를 설정하였다. 첫 단계는 고객창출 단계로 잠재고객을 신규고객으로 유치하는 전략에 중점을 둔다. 둘째 단계는 고객유지 단계로 신규고객이 이탈하지 않고 거래 폭을 늘리는 데 중점을 둔다. 셋째 단계는 고객강화 단계로 거래량의 확대와 질적 고도화를 추구하면서 고객충성도를 높이는 것이 목표이다.

나. CRM 프로세스

CRM이 어떻게 진행되고 세부활동이 무엇인지를 나타낸 것이 〈그림 12.2〉의 고객관계관리 프로세스이다. CRM process는 전형적인 Plan(계획) → Do(실행) → Check(점검) → Action(조정) 과정으로 전개된다.

CRM 세부활동의 첫 단계는 우선 마케팅활동의 목적을 명확히 설정하는 데서 출발한다. 목표는 신시장 개척, 시장점유율 확대, 매출액 증대 중에서 무엇인지 선택한다. 둘째 단계는 목적에 적합한 고객 및 관련시장 데이터를 확보하는 것이다. 여기에는 다양한 data-base 관리기술이 사용된다. 셋째 단계는 분석결과를 토대로 목표고객(target customer)을 대상으로 마케팅전략을 수립하는 것이다. 넷째 단계는 수립된 전략과 세부 실행계획에 따라 실천에 옮긴다. 마지막 다섯 번째 단계는 활동의 성과를 측정한 뒤 개선방안을 도출하여 차기의 CRM계획에 반영하는 것이다.

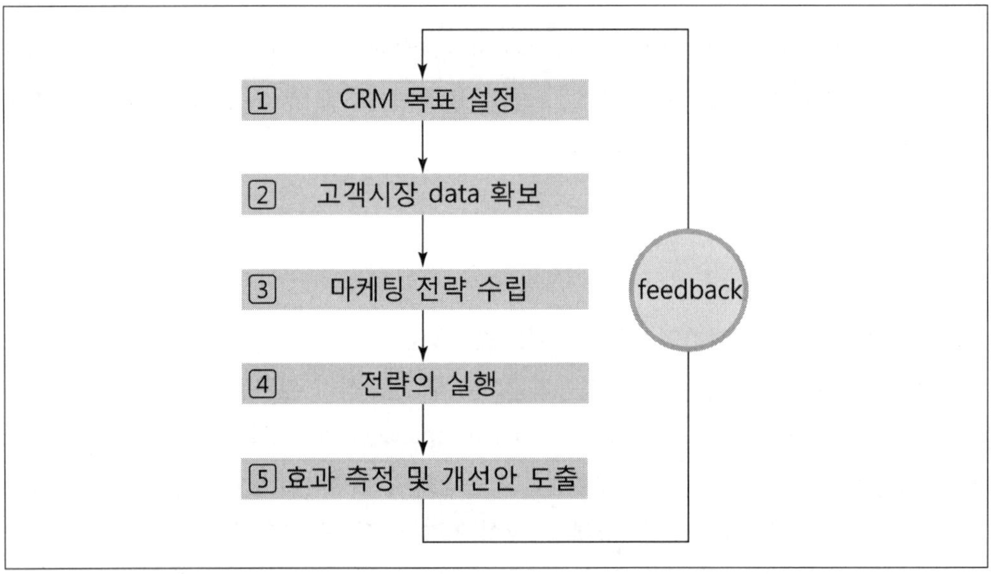

‖ **그림 12.2** 고객관계관리(CRM) 프로세스

4절 기술마케팅[2)]

1. 기술마케팅의 정의

기술마케팅(technology marketing)이란 "기업이 전략적인 관점에서 1) 어떠한 기술이 필요하며, 2) 이를 어떻게 획득하고(make or buy), 3) 보유한 기술을 어떻게 활용(keep or sell)할 것인가에 대한 결정 및 수행과정"이라고 정의내릴 수 있다(그림 12.3 참고).

첫째, 기업에 필요한 기술이 무엇인가를 결정하는 문제는 현재뿐만 아니라 미래에 중요시 될 기술을 망라한다. 즉, 현재의 제품 및 서비스에 필요한 기술에 대한 의사결정은 물론 앞으로 출시할 신제품에 필요한 기술에 대한 의사결정을 포함한다.

둘째, 기술마케팅은 기술에 대한 구매 의사결정을 포함한다. 기술을 내부적으로 개발할 것인지, 아니면 외부 도입할 것인가에 대한 의사결정의 문제이다. 이 의사결정은 기업 외부의 R&D 활동을 활용하는 모든 형태의 기술 획득수단(예: 라이선싱)뿐만 아니라 제품 및 공정기술 개발 과정에서의 모든 협력 형태(예: 조인트 벤처)를 대상으로 한다.

셋째, 기술마케팅은 기술 처분에 대한 의사결정을 포함한다. 즉, 어떤 시점에서 기업이 보유하는 기술을 배타적으로 계속 활용할 것인지, 아니면 다른 기업이 직접 활용하게 하거나, 대가를 받고 사용하게 할 것인지에 대한 의사결정을 포함한다.

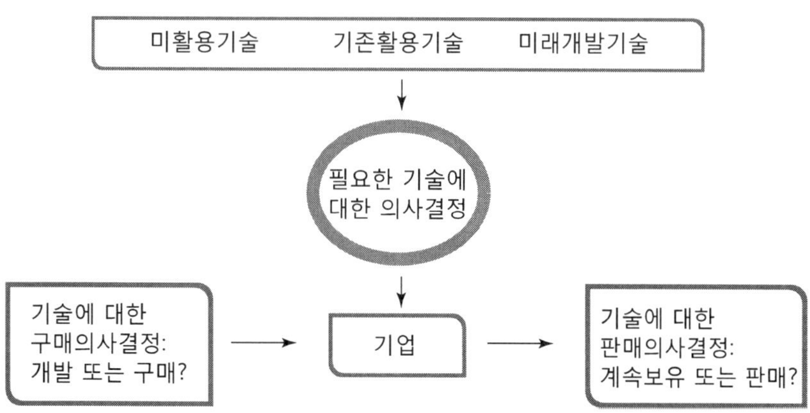

* 출처: 성태경(기술마케팅과 사업화, 2011)

‖ 그림 12.3 기술마케팅의 정의

2) 기술마케팅은 성태경(기술마케팅과 사업화, 2011)을 참고하여 작성함.

2. 기술마케팅과 전통적 마케팅의 차이

기술마케팅과 전통적 마케팅은 목표, 시장세분화 대상, 마케팅 수단, 가격설정, 유통채널 등 측면에서 본질적으로 다르다고 할 수 있다(표 12.22 참고).

첫째, 마케팅전략 면에서 다르다. 전통적 마케팅의 전략적 목표는 기업(혹은 제품) 경쟁력을 향상시키는데 있으나, 기술마케팅은 기술적 잠재력을 극대화하거나, 기술정보 관련 네트워크(network) 혹은 전략적 제휴(strategic alliance) 관계를 확립하는 데 있다. 물론 양자의 궁극적인 전략적 목표는 이윤극대화이다.

둘째, 목표그룹의 차이이다. 전통적인 마케팅에 있어서 목표그룹은 제품(products)의 사용

‖ 표 12.22 기술마케팅과 전통적 마케팅의 차이

기준	전통적 마케팅	기술마케팅
1. 전략	• 경쟁력 제고 • 자본수익률(ROE)의 증대	• 기술 잠재력의 최적화 • 제휴 및 네트워크의 구축
2. 목표그룹	제품사용자	• R&D 전문가 • 생산관리자 • 주문생산제조업자(OEMs: Original Equipment Manufacturers)
3. 시장세분화(예)	• 지역 • 인구 • 심리적 특성 • 행동상의 특성 • 최종 사용자 • 제품 사용자 • 핵심고객	• 신기술로 대체되는 제품 • 유사한 생산공정 기능 • 신제품 및 신공정의 기능 • 핵심역량전략 및 아웃소싱 • 생산능력
4. 마케팅 수단	• 제품 • 서비스 • 시스템	• 노하우 • 특허 • 프로토 타입 • 프로젝트
5. 가격설정	시장규칙에 따른 가격	특정 상황에 따른 가격
6. 시장관리수단	• 광고 • 판촉활동	전문가들 간의 평가 혹은 평판
7. 유통채널	시장	시장 및 비시장 메커니즘 (특정상황에서의 기술이전 등)
8. 요구되는 지식	마케팅(기술은 부수적)	기술과 마케팅

* 출처: 성태경(기술마케팅과 사업화, 2011)

자이다. 소비재라면 최종 소비자이고, 생산재라면 부품수요자이다. 그러나 기술마케팅에 있어서 목표그룹은 R&D 전문가, 생산관리자, OEMs(original equipment manufacturers) 혹은 ODMs(original development manufacturers) 등이다.

셋째, 시장세분화(market segmentation)의 차이다. 기술마케팅에 있어서 시장세분화의 기준은 기술 그 자체이다. 예를 들어 대체기술(예: 프린팅 기술의 경우 잉크젯, 레이저, 버블젯 등), 유사한 생산 공정 기능 등을 시장세분화 기준으로 삼을 수 있다.

넷째, 마케팅 수단에 있어서의 차이다. 전통적인 마케팅에서는 제품, 서비스 그리고 시스템이 마케팅 수단이지만, 기술마케팅에서는 기술정보가 마케팅 수단이다. 즉 기술시장에서는 노하우(know-how), 특허(patents), 프로토타입(proto-types), 프로젝트(projects) 등이 거래수단이 된다.

다섯째, 가격설정도 기본적으로 다르다. 전통적 마케팅에서는 마케팅 수단인 제품 및 서비스가 시장의 규칙에 의해서 결정되는 가격으로 거래된다. 이와 달리 기술마케팅에서는 노하우, 특허, 프로토타입, 프로젝트 등 기술정보의 가치를 추정하기가 어렵기 때문에(특히 복합적인 기술지식인 경우는 더욱 어려움) 특성 상황에 따른 가격에 의해서 거래된다.

여섯째, 시장관리수단의 차이다. 전통적 마케팅에서는 광고, 판촉활동 등이 시장관리 수단이나, 기술마케팅에서는 전문가 그룹이 기술에 대해서 부여하는 평판(reputation)을 관리히는 것이 일반적이다.

일곱째, 유통채널의 차이다. 전통적 마케팅에서는 시장(market)이 중요한 유통채널이지만, 기술마케팅에서는 시장뿐만 아니라 비시장 메커니즘(예: 조인트 벤처 등)이 모두 중요하다. 특히 기술시장은 시장실패(market failure)가 발생할 소지가 매우 크므로 비시장 메커니즘을 통한 거래가 더 중요하다.

여덟째, 요구되는 지식의 차이다. 전통적 마케팅에서는 마케팅 지식이 우선적으로 중요하고 기술에 대한 지식은 부수적인 역할을 가지나, 기술마케팅에서는 기술에 대한 지식과 마케팅에 대한 지식이 모두 중요하다.

이러한 차이점들이 존재하므로 우리는 제품시장과 기술시장을 분명하게 구분할 수 있다. 〈그림 12.4〉에서 보는 바와 같이 기술집약적 기업(technology-intensive enterprise)에 있어서 제1시장은 생산요소가 제품, 시스템, 서비스 등으로 전환되는 전통적인 기업활동을 나타내는 반면에 제2시장은 기술 자체를 생산하여 판매하는 활동을 나타낸다. 기술마케팅은 바로 제2시장을 다루는 분야라고 할 수 있다.

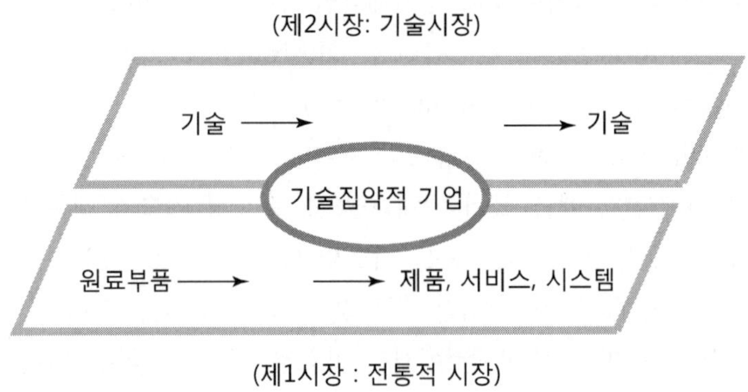

* 출처: 성태경(기술마케팅과 사업화, 2011)

‖ **그림 12.4** 기업 활동차원에서 본 기술마케팅의 역할

3. 기술마케팅 전략과 실행

기술마케팅의 전략 및 실행과정은 〈그림 12.5〉와 같이 4단계로 구분할 수 있다. 즉, 기술마케팅 전략수립 → 하부구조(조직)구축 → 실행 → 사후관리 단계이며, 각 단계 간 피드백(feed-back)이 작용한다.

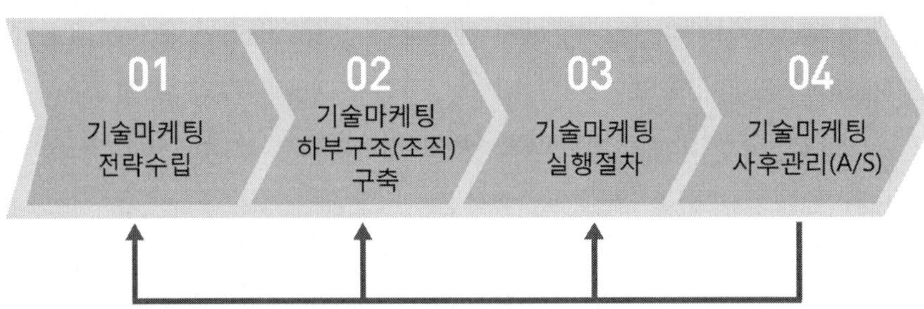

* 출처: 성태경(기술마케팅과 사업화, 2011)

‖ **그림 12.5** 기술마케팅 수행 단계

가. 기술마케팅 전략수립

일반적으로 마케팅 전략은 마케팅 목표를 달성하기 위해 다양한 활동을 통합하는 가장 적합한 방법을 찾는 것이 목표이나, 기술마케팅 전략은 기술마케팅 활동을 통합하는 적합한 방법을 찾는 것이라 할 수 있다.

기술마케팅 전략은 기업의 기술경영전략과 전사적 차원에서의 기업전략과 연계하여 수립하여야 하며 기술로드맵 작성, 보유기술의 검토, 기술포트폴리오 분석을 통한 판매기술의 선정 등의 과정을 거쳐 이루어진다. 기술마케팅 전략수립 시 고려해야 할 내용을 시장세분화, 표적시장 선정, 목표그룹의 설정으로 설명하면 다음과 같다.

(1) 시장세분화

기술마케팅 전략수립에 있어서 해당 기술에 대한 시장분석은 필수적이며, 시장을 세분화하여 공략하기에 유리한 목표시장을 선정해야 한다. 기술시장분석이란 당해 기술의 매력도와 특성을 분석하는 것이다. 즉, 기술시장의 규모, 성장성, 부가가치의 창출 정도를 분석하고, 기술혁신의 정도, 구매자의 특성 등을 파악하는 것이다. 그러므로 기술시장분석은 기술 포트폴리오 작성과 동시에 진행되어야 한다.

기술시장분석은 시장세분화(market segmentation) 작업을 수반한다. 기술마케팅 전략수립 시 시장세분화 기준은 기술 그 자체이다. 경쟁적으로 사용할 수 있는 대체기술(substituting technologies)이 하나의 기준이 될 수 있다. 프린팅 기술을 예로 든다면, 잉크젯기술, 레이저기술 그리고 버블젯 기술 등 3개로 세분화할 수 있다. 디스플레이 기술의 경우에는 브라운관, LCD(liquid cristal display), PDP(plazma display panel), LED(light emitting diode) 등 4개로 구분할 수 있다.

(2) 표적시장의 선정

기술시장의 세분화가 이루어지면 이 중에서 표적으로 삼을 시장을 선택하여 집중화하는 작업이 필요하다. 디스플레이 기술시장을 예로 든다면 브라운관, LCD, PDP, LED 등 대체기술 중에서 하나의 혹은 다수의 기술시장을 표적시장으로 선정하는 것이다.

제품 마케팅에서는 수익성이 높고 달성 가능한 시장을 선택하게 된다. 기술마케팅에서도 동일 원칙이 적용된다. 세분화된 기술시장 중에서 자사가 기술판매를 통해 수익을 극대화할 수 있는 시장을 선택해야 한다.

(3) 목표그룹의 설정

제품 및 서비스마케팅에 있어서 목표그룹은 제품의 사용자이다. 이와 달리 기술마케팅에 있어서 기술 구매자는 기업 내부의 R&D 전문가, 생산관리자, OEMs(original equipment manufacturers) 혹은 ODMs(original development manufacturers) 등이다. 목표그룹을 설정할 때 고려해야 할 사항은 다음과 같다.

첫째, 기술구매의 동기는 무엇인가? 예를 들어 기업의 핵심역량을 강화하기 위한 것인지, 혹은 기존기술을 보완하기 위한 것인지, 기술수준을 유지하기 위해서인지, 아니면 새로운 사업화를 추구하기 위한 것인지 등을 파악해야 한다.

둘째, 기술마케팅 담당자는 잠재적 기술 구매자에 대한 정보를 체계적으로 파악해야 한다. 이는 공식적 방법(예: DB, 기업연감자료, 산업협회정보, 특허마트 등)과 비공식적 방법(예: 개인적 교류, 인맥 등)을 동원하여 탐색할 수 있다.

셋째, 잠재 고객의 기술흡수역량 혹은 재무상황, 나아가 기술활용 의지 등을 파악할 필요가 있다. 만약 기술 및 재무 측면의 역량이 크다면 기술판매의 가능성은 높아지기 때문이다. 구매기업 내부상황도 중요하다. 기업은 구매의사가 있음에도 불구하고 기업 부설연구소의 과학기술자들이 편견 혹은 중복투자 등을 이유로 반대할 수도 있기 때문이다.

나. 기술마케팅 조직 구축

기업이 적극적인 기술마케팅을 수행하기 위해서는 이에 적합한 조직 구축이 필요하다. 일반적으로 기술마케팅 조직은 사내 전담기구, 자회사 형태로 독립법인화, 아웃소싱 등의 형태로 구분할 수 있으며 각각의 장단점은 〈표 12.23〉과 같다.

‖ **표 12.23** 기술마케팅 조직 유형

	사내전담부서	자회사	아웃소싱
조직 구성	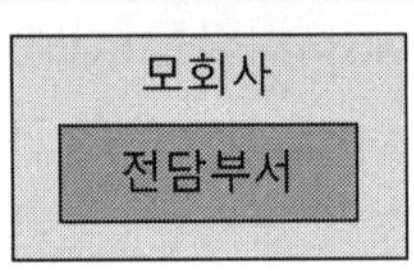	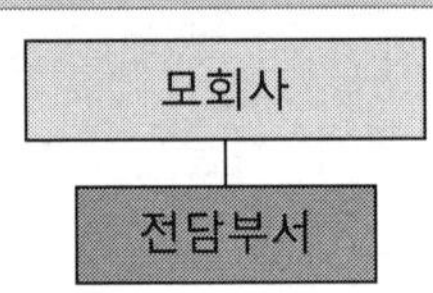	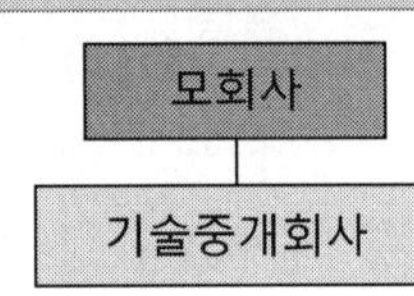
장점	적은 변동비	기술마케팅 업무의 전문성 확보	적극적 기술마케팅으로 상업화 기회 증대
장점	• R&D와 기술마케팅 간의 긴밀한 연계 • 부서 간 이해조정 용이	적극적 기술마케팅으로 상업화 기회 증대	기술마케팅 관련 비용 절감
단점	• 큰 고정비용 • 전문성 미흡 • 프로젝트 관리 어려움 • 과감한 인센티브 부여 곤란	본사와의 상호연계성 취약	• 변동비 큼 (기술료의 10~25%) • 개별조직의 특허 포트폴리오 관리 취약 • 기회활용 인센티브 적음

* 출처: 정기대 · 박상문(2005)

다. 기술마케팅 절차

일반적으로 기술마케팅 절차는 판매대상기술의 선정 → 기술가격의 결정 → 기술구매절차 파악의 순으로 이루어진다. 각 단계별 검토되어야 할 내용은 다음과 같다.

(1) 판매대상기술의 선정

기술마케팅의 경우 판매할 기술이 가시적이지 않기 때문에 판매할 대상 기술을 명확히 하는 것이 어렵다. 따라서 '기술에 대한 설명'(TD; technology description)이 선행되어야 하며, 여기에는 당해 기술의 성능 및 경제성, 다른 기술과의 연관성, 제품과 생산기술과의 연계성, 그리고 기술이 최종 고객을 만족시키는 제품의 특징에 영향을 미치는 요소 등이 포함되어야 한다.

(2) 기술가격의 결정

기술의 가격은 일반상품과 달리 시장에서 결정되기 어렵다. 그 이유는 첫째, 거래대상인 기술의 내용이 구체적이지 못하기 때문이다. 둘째, 기술의 가치는 기술이 체화되는 제품의 가치에 의해서 간접적으로 결정되기 때문이다. 셋째, 기술 자체가 변화하기 때문이다. 만약 기술 변화가 급격하다면 기존기술의 경제적 가치, 즉, 가격은 크게 변동할 것이다. 넷째, 동질적인 기술은 거의 존재하지 않기 때문이다.

따라서 기술 가격은 특정한 상황 하에서 판매자와 구매자와의 협상에 의해서 결정될 수밖에 없다. 한편 기술은 통상적으로 라이선스 형태로 거래되며 기술 활용에 대한 대가, 즉 기술사용료(로열티; royalty)가 결정된다. 로열티 역시 특정한 상황 하에서 라이선서(licensor)와 라이선시(licensee) 간의 협상에 의해서 결정된다. 관행에 의하면 '25% 룰'이 있는데, 이는 기술 실시로 인한 이익 중 25%를 로열티로 지급하는 것이다.

기술판매자는 기술마케팅 전략 하에서 나름대로의 가격전략을 설정하여 이를 구매자에게 제시하여야 한다. 기술구매자로부터 받고자 하는 최고 가격, 판매조건, 추가적 기술지원 등 기술가격과 관련된 일련의 사항을 결정해야 한다.

(3) 기술 구매절차 파악

기술을 판매하려면 기술구매자들이 어떠한 절차를 거쳐 구매의사결정을 하는지를 이해하여야 한다. 일반적으로 기술구매자는 〈그림 12.5〉에서 보는 바와 같이 기술평가 착수 → 기술스캔 및 모니터링 → 기술평가 → 기술선택 → 기술실행(기술판매 포함) 등의 단계를 거쳐서 기술의 구매효과를 극대화하려고 할 것이다. 특히 구매대상이 되는 기술이 과거 기술과 단절되는 혁신적인 기술(disruptive technology)인 경우는 이러한 절차가 더욱 필요하다.

〈그림 12.6〉은 기술마케팅의 수행 단계를 나타낸 것이다. 기술구매절차는 크게 기술평가 및 기술도입 두 단계로 구분되는데, 기술평가단계는 기술평가 착수로 시작하여, 기술스캔 및 모니터링, 평가실시까지의 과정을 말한다. 기술도입단계는 기술을 재평가하여 대안적 기술 중에서 적합한 기술을 선정하여 이를 제품, 시스템, 서비스 등에서 활용하는 활동까지를 포함한다.

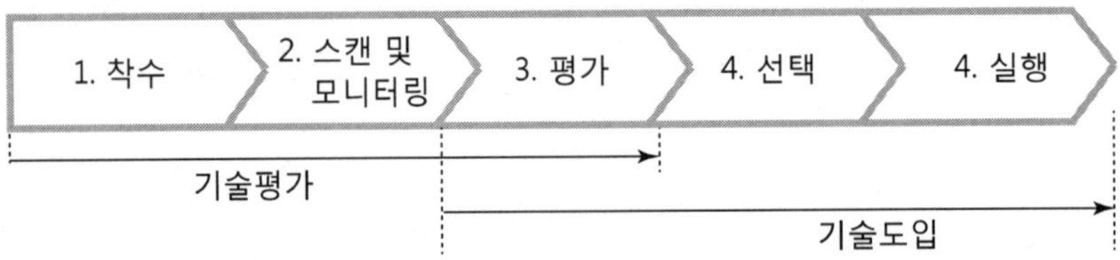

* 출처: 성태경(기술마케팅과 사업화, 2011)

‖ **그림 12.6** 기술마케팅 수행 단계

라. 기술마케팅의 수단 결정

일반적으로 기술이전의 채널은 크게 일반적 채널, 리버스 엔지니어링 채널(reverse engineering channels), 계획된 채널의 세 가지로 나누어 볼 수 있다. 일반적 채널은 교육, 훈련, 출판, 학술대회, 인력 교환 등으로 의도적이지 않으며, 추가적인 자원 투입 없이도 기술이 이전된다. 리버스 엔지니어링은 기술 수요자가 타사의 제품을 보고 기술의 코드를 분해하여 그것을 복제할 수 있는 능력을 개발하는 것이다. 만약 지적소유권 침해 등 법적인 문제가 없다면 리버스 엔지니어링은 아주 효과적인 기술이전의 수단이 된다. 계획된 채널은 라이선싱, 프랜차이즈, 조인트벤처, 턴키프로젝트, 기술컨소시엄 등으로 기술마케팅과 직접 관련되는 채널이다.

(1) 라이선싱

라이선싱(licensing)은 기술을 이전받는 사람이 다른 누군가의 기술을 사용할 권리를 구입하는 것을 말한다. 이 경우 기술구매자가 기술 사용권을 완전히 구입하기도 하고, 초기에 정액을 지급하고 판매 성과에 따라서 일정 금액을 지급하기도 한다.

(2) 프랜차이즈

프랜차이즈(franchise)는 라이선싱의 한 형태이나, 기술판매자가 계속적으로 기술구매자를 지원해주는 경우를 말한다. 예를 들면, 기술거래 후에도 원료를 계속적으로 공급한다든가, 마케팅을 도와준다든가, 교육훈련서비스를 지원하는 것이다. 프랜차이즈는 주로 음식점 체인이나 서비스업종에서 많이 행해지는데, 맥도널드나 피자헛이 대표적인 예이다.

(3) 조인트벤처

조인트벤처(joint-venture)는 두 개 이상의 이해당사자가 새로운 기술을 개발하거나 제품을 생산하기 위해 지식과 자원을 공유하거나 서로의 약점을 보완하기 위해서 각각의 노하우를 사용하는 것이다.

(4) 턴키프로젝트

턴키프로젝트(turn-key project)는 기업이 다른 기업으로부터 완성된 하나의 프로젝트를 구입하는 것이다. 이 경우 계속적인 교육훈련서비스와 운영을 위한 지원 거래당사자 간 계약에 포함된다. 턴키프로젝트를 수행한다는 것은 기계를 사고파는 일이지만, 그 규모가 공장 전체라는 면에서 거래가 대규모적이다.

(5) 기술컨소시엄/공동 R&D 프로젝트

기술컨소시엄(consortium) 혹은 공동 R&D 프로젝트는 두 개 이상의 경제활동주체(기업, 공공연구소, 대학)들이 기술개발을 위해서 협력하는 형태이다. 지난 30년간 기술혁신활동에서 기업 간 협력이 크게 증대되어 왔다. 대표적인 예가 미국의 세마테크

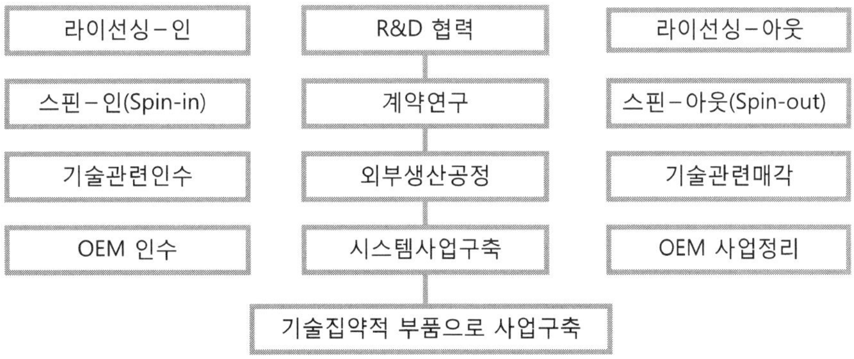

* 출처: 성태경(기술마케팅과 사업화, 2011)

‖ 그림 12.7 기술마케팅의 형태

(SEMATECH) 컨소시엄으로, 여기에는 14개 기업들이 반도체 칩 개발을 위해 공동으로 참여하였다.

이상에서 살펴본 기술마케팅 수단을 그림으로 나타내면 〈그림 12.7〉과 같다. 한편, 기술마케팅의 궁극적인 목적은 수익 창출이므로 어떠한 기술마케팅의 형태를 선정할 것인가에 대한 의사결정도 수익극대화에 기반을 두어야 한다. 즉, 바람직한 기술마케팅의 형태는 바람직한 비즈니스모델과 관련이 있다.

기업은 어떠한 형태의 기술마케팅을 선정하는 것이 바람직한가? 이는 기술 활용의 통제정도와 기술의 공유 정도에 따라 달라진다. 〈그림 12.8〉에서 보는 바와 같이 기술활용의 통제 정도는 매우 높으나 기술의 공유 정도가 약하다면(영역 A) 자체 생산하여 판매하는 것이 가장 유리할 것이다. 반대로 기술 활용의 통제 정도가 낮고 기술의 공유 정도가 높다면(영역 D) 기술을 공표하거나, 비배타적인 공동 라이선스를 제공하는 것이 좋은 대안이다. 만약 기술의 활용정도에 대한 통제정도는 매우 높으나, 역시 기술의 공유 정도도 높다면(영역 B), 조인트벤처, 라이선스, 프랜차이즈 등이 유리할 것이다.

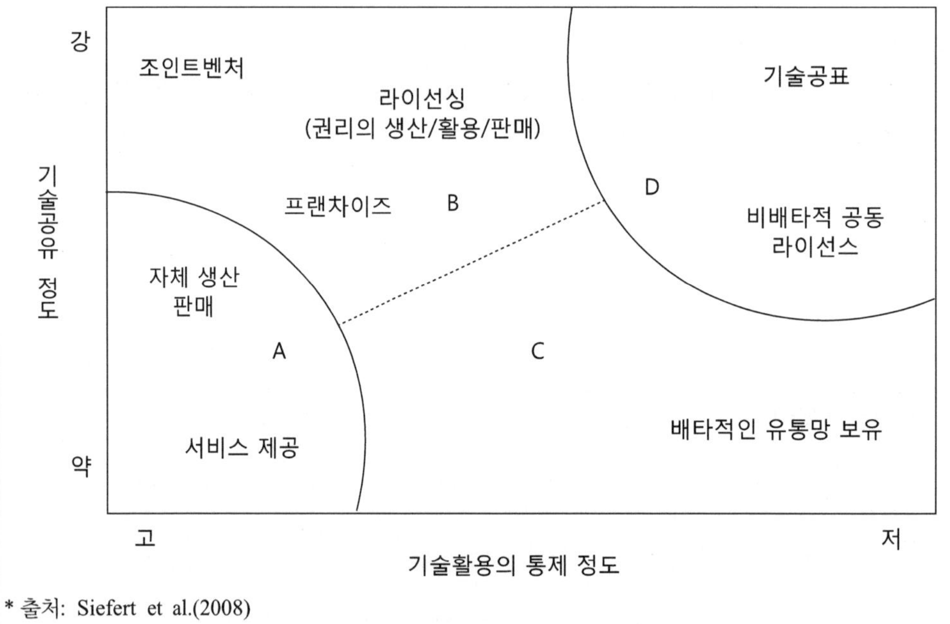

* 출처: Siefert et al.(2008)

‖ 그림 12.8 효과적인 기술마케팅 수단의 선정

마. 기술거래 절차

기술거래란 “기술을 도입하는 자와 기술을 이전하는 자 간에 매매, 교환, 임대차, 증여 등으로 기술 양수도계약, 라이선스 계약, 노하우 실시권계약, 기술 용역계약 등을 통하여 기술이 이동하는 것”을 말한다. 물론 기술성, 시장성 등의 타당성, 파트너의 물색, 기술이전 관련 협상 등 기술이전을 원활히 하려는 활동도 포함한다.

기술거래 절차를 간단하게 요약하면 〈그림 12.9〉와 같다. 그림에서 보는 바와 같이 기술판매자는 보유기술에 대한 평가를 기반으로 판매하려는 기술을 결정하여 수요자를 탐색하고, 기술구매자는 구입하려는 기술을 규정하고 기술판매자를 탐색한다. 거래상대를 찾게 되면 협상(negotiation)을 통해 계약이 이루어진다. 기술거래 상대를 찾는 일은 어려운 일이므로 통상 기술중개자가 개입한다.

기술거래협상은 기술판매 및 기술구매의 제반 조건을 결정하는 절차이다. 기술거래는 한 번에 끝나는 것이 아니므로 양자 모두 우호적인 관계를 유지하는 것이 필요하다. 기술거래협상 전에는 비밀유지 계약을 체결하는 것이 유익하다.

협상이 완료되면, 쌍방은 기술거래 계약서를 쓰고 거래를 완료한다. 기술거래계약서에는 계약의 목적, 특허권 목록, 기술이전의 방식, 기술료 및 지급방법, 사후 분쟁해결 방법(예: 기술유출 시 처리방법) 등을 모두 포함시켜야 한다.

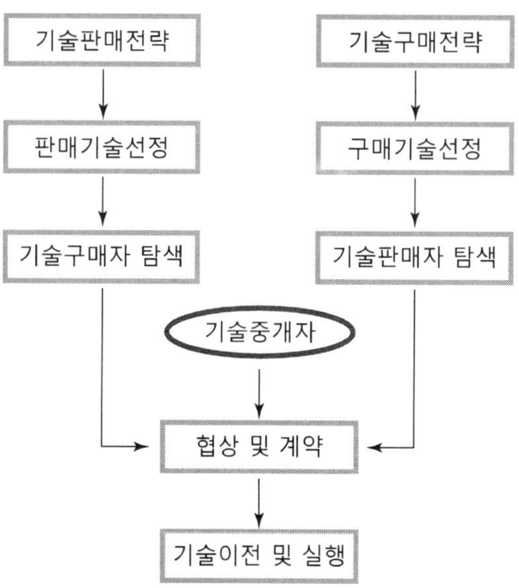

* 출처: 성태경(기술마케팅과 사업화, 2011)

‖ 그림 12.9 효과적인 기술마케팅 수단의 선정

바. 기술거래 사후관리

기술거래가 성사된 이후에도 기술거래에 대한 계약사항의 준수 여부를 지속적으로 관찰해야 한다. 특히, 로열티 관련 사항이나 기술구매자가 당초 목적한 범위 이외의 사용 등에 대해서는 위험관리 차원에서 파악해야 한다.

장기적인 라이선스 거래의 경우 추가적인 교육훈련이 지원되어야 하며, 많은 경우 기술제공기업의 기술 인력이 기술구매기업에 투입된다. 거래 대상이 노하우(know-how)인 경우 교육지원이 더욱 필요하다. 프랜차이즈의 경우에는 핵심원료 및 인력의 계속적 지원을 통해 제품 및 서비스의 질을 유지해야 한다. 기술구매자가 구입한 기술을 바탕으로 기술혁신을 했을 경우에는 기술판매자가 단독 또는 공동으로 소유할 수 있으므로 사후관리도 이루어져야 한다.

창업 Worksheet 8 마케팅계획 수립

1. 자신의 경쟁자 파악하기

종류	경쟁자
직접 경쟁자	
간접 경쟁자	
미래 경쟁자	

2. 경쟁자 분석하기

	가격	품질	특징	유통체계	마케팅	위치	강점	약점
내 사업								
경쟁자 A								
경쟁자 B								
경쟁자 C								

• 경쟁자별로 모든 항목을 다 기입할 필요는 없으며, 파악되는 경쟁자를 모두 작성한다.

3. 자신의 상품을 사용할 유저(User)와 고객(Customer)을 구분해 보라.

사용할 유저	돈을 지불할 고객
1. 2. 3.	1. 2. 3.

4. 고객의 프로필 작성하기

NO	항목	구체적으로 기술하기(그들의 가치,태도,신념 등)
1	연령	
2	성별	
3	직업	
4	소득 수준	
5	지리적 위치	

5. 가격 정책

당신의 가격 정책은?	고가정책, 저가정책 이유는?
경쟁자의 가격 정책은?	
가격 결정시 영향을 주는 요인은?	
대표 상품의 소비자가? 배송비, 할인정책?	
기타 특별한 가격 정책은?	

6. 유통가 정책

경쟁자들이 가지고 있는 유통망은 어떤 것인가?	
총판이나 대리점에 보장해줘야 할 마진폭은?(소비자가 기준)	
업계에서 사용되고 있는 영업이익률은 어느 정도인가?	

제 13 장

기술회계 및 가치평가

1절 원가회계와 제조원가명세서

1. 원가회계의 의의와 목적

회계란 앞에서 설명한 바와 같이 기업의 경제적 정보를 정보이용자들에게 제공하는 것이다. 회계는 주주, 채권자, 정부 등 기업 외부의 정보이용자에게 경제적 의사결정과 관련한 정보를 제공하는 재무회계(financial accounting)와 기업 내부의 의사결정자를 위한 관리회계(managerial accounting)로 구분된다(표 13.1 참고).

‖ **표 13.1** 재무회계와 관리회계의 비교

구 분	재무회계	관리회계
목적	외부 보고	내부적인 의사결정 및 성과평가
보고대상	주주, 채권단, 정부 등 외부정보이용자	내부정보이용자
준거기준	일반적으로 인정된 회계원칙	특별한 준거기준 없음
특징	주로 과거지향적 정보	주로 미래지향적 정보

재무회계는 일반적으로 인정된 회계원칙(GAAP)에 따라 재무제표를 작성하여 보고하게 된다. 반면, 관리회계는 기업 내부의 정보 이용자들의 합리적인 의사결정 및 성과평가를 위한 정보를 제공하는 것이 목적이므로 특별한 회계원칙의 제한 없이 작성된다.

원가회계(cost accounting)란 원가의 계산이 주된 목적이며, 좀 더 넓은 의미로는 원가와 관련된 계획 및 통제를 위한 원가정보를 제공하는 것을 목적으로 하는 회계를 의미하기도 한다. 원가회계가 원가의 계산이 주된 목적이라면, 관리회계는 이러한 원가 정보를 바탕으로 원가의 관리 및 통제를 위한 의사결정과 관련된 회계라고 구분할 수 있다. 원가회계와 관리회계를 포함하여 원가관리회계라고 부른다(그림 13.1 참고).

원가회계를 통해서 원가관리와 통제를 보다 용이하게 수행할 수 있으며, 신제품 가격결정에 필요한 원가 정보를 획득하는 데 도움이 된다. 예산통제를 통해 이익관리를 할 수 있으며, 제품별, 생산단위별 소요비용 정보를 알 수 있어 업적평가에도 활용할 수 있다.

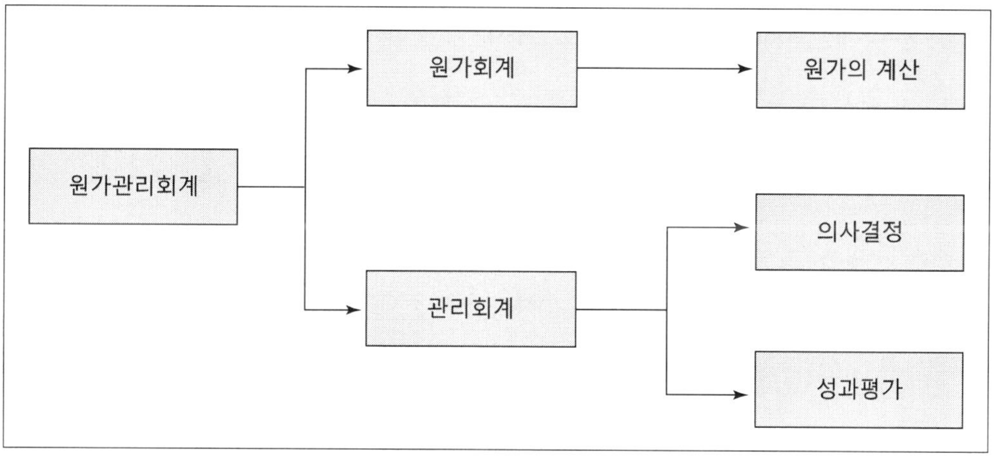

‖ **그림 13.1** 원가관리회계의 분류

2. 제조업의 영업순환과정

상품매매기업은 외부에서 구매한 상품을 그대로 외부에 판매한다. 반면 제조기업은 원재료, 노동력, 제조생산설비 등을 외부에서 구입한 후, 이를 이용하여 제품을 생산, 판매하여 이익을 창출하며 이러한 제조활동이 기업의 주요 활동이다. 제조기업에서는 상품매매기업과는 달리 제조활동을 수행하는 과정에서 발생되는 제조원가의 회계처리 문제가 대두된다. 제조기업의 활동은 다음 〈그림 13.2〉와 같이 구매활동, 제조활동, 판매활동의 3가지로 나눌 수 있다.

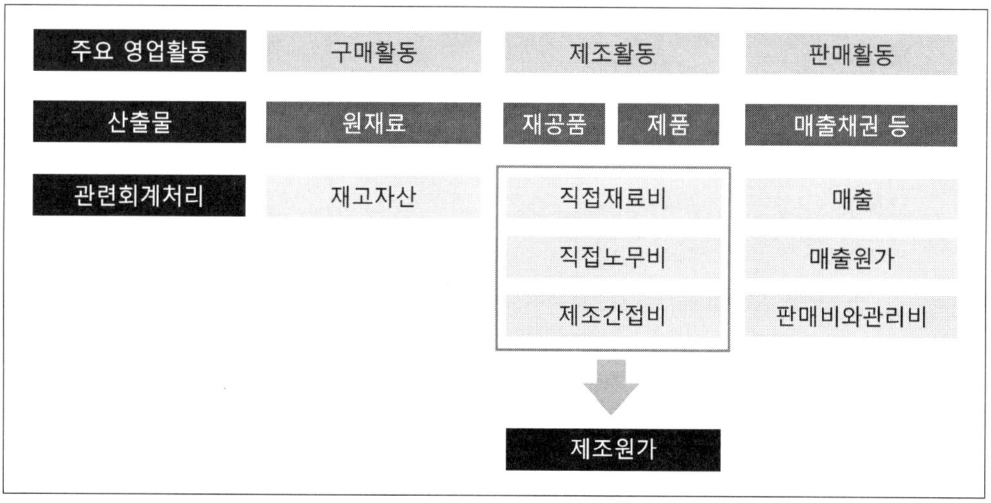

‖ **그림 13.2** 제조기업의 활동 분류

3. 손익계산서 상의 제조원가 위치

상품매매기업과 제조기업의 손익계산서는 매출원가의 구성항목이 각각 당기상품매입액과 당기제품제조원가로 차이가 난다. 즉, 상품매매기업은 외부에서 상품을 매입하여 외부로 판매하는 영업활동을 하는 반면, 제조기업의 경우 외부에서 제품 제조를 위한 원재료 등을 구입한 후 가공하여 제품을 제조하여 판매하는 활동을 한다.

상품매매기업의 상품 매입과정은 단순하지만 제품제조 과정은 복잡하므로 제조원가명세서는 제조기업의 경우 반드시 작성해야 하는 필수적 부속명세서이다. 한편 하기 제조원가명세서 상의 당기제품제조원가 금액은 손익계산서 상의 매출원가의 구성항목 중 하나인 당기제품제조원가의 금액과 일치하여야 한다(그림 13.3 참고).

상기업			제조기업		
Ⅰ. 매출액		100,000	Ⅰ. 매출액		100,000
Ⅱ. 매출원가			Ⅱ. 매출원가		
1. 기초상품재고액	20,000		1. 기초제품재고액	20,000	
2. 당기상품매입액	80,000		2. 당기제품제조원가	80,000	
3. 계	100,000		3. 계	100,000	
4. 기말상품재고액	30,000	70,000	4. 기말제품재고액	30,000	70,000
Ⅲ. 매출총이익		30,000	Ⅲ. 매출총이익		30,000
Ⅳ. 판매비와 관리비		15,000	Ⅳ. 판매비와 관리비		15,000
Ⅴ. 영업이익		15,000	Ⅴ. 영업이익		15,000

그림 13.3 상품매매기업과 제조기업의 손익계산서 양식

제조원가명세서를 나타낸 〈그림 13.4〉에서 다음과 같은 관계식을 얻을 수 있다. 재공품(work in progress)이란 생산 과정 중에 있는 미완성제품을 말한다.

> 당기총제조원가 = 직접재료비 + 직접노무비 + 제조간접비
>
> 당기제품제조원가 = 당기총제조원가 + 기초 재공품원가 − 기말재공품원가

제조원가명세서		
Ⅰ. 직접재료비		
1. 기초원재료재고액	15,000	
2. 당기원재료매입액	55,000	
3. 계	70,000	
4. 기말원재료재고액	10,000	60,000
Ⅱ. 직접노무비		10,000
Ⅲ. 제조간접비		15,000
Ⅳ. 당기총제조원가		85,000
Ⅴ. 기초재공품원가		10,000
Ⅵ. 계		95,000
Ⅶ. 기말재공품원가		15,000
Ⅷ. 당기제품제조원가		80,000

‖ **그림 13.4** 제조원가명세서

4. 원가의 분류

원가란 특정 목적을 달성하기 위하여 정상적인 상태에서 소비된 재화나 용역과 같은 경제적 자원을 화폐단위로 측정한 것을 말한다. 이러한 원가의 구조는 〈그림 13.5〉 원가구성표와 같이 분류될 수 있다.

제조활동이란 공장 종업원의 노동력과 공장 및 기계장치 등의 생산시설을 이용하여 생산과정에 투입된 원재료를 제품으로 전환하는 활동을 의미한다. 이러한 제조활동에서 발생한 원가를 제조원가라고 하며, 직접재료비, 직접노무비, 제조간접비를 제조원가의 3요소라고 한다.

가. 직접재료비

직접재료비는 제품을 생산하는 데 사용된 재료 중에서 제품의 실체를 구성하는 주요 재료의 원가로서 특정 제품에 추적할 수 있는 원가를 말한다. 예로는 자동차에 투입된 철판과 타이어의 원가 등이 있다.

나. 직접노무비

직접노무비는 제품의 제조에 직접 참여하는 제조부문 작업자들에게 지급되는 임금으로 특정 제품에 추적할 수 있는 원가를 말한다.

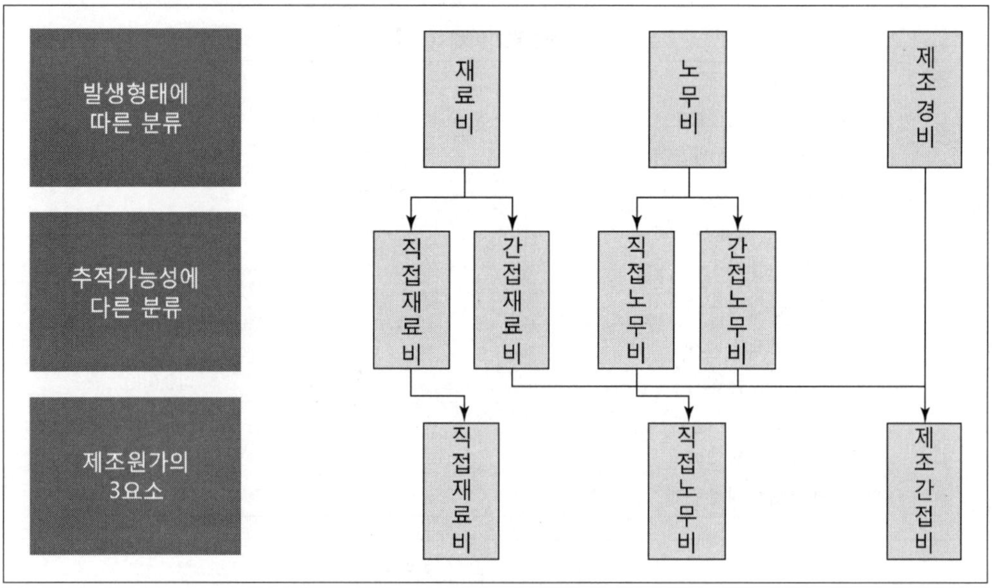

‖ **그림 13.5** 원가구성표

다. 제조간접비

생산에 투입되는 원가 중 직접재료비, 직접노무비 이외의 제조원가를 제조간접비라고 한다. 공장토지세, 재산세, 보험료, 수선유지비 등의 제조활동 원가가 이에 해당되며, 특정 제품에 직접 추적할 수 없는 간접재료비, 간접노무비도 제조간접비에 포함된다.

라. 판매가격과 원가의 구성

모든 원가의 구성요소는 〈그림 13.6〉과 같이 표시할 수 있다. 제조원가는 직접노무비, 직접재료비와 제조간접비로 구성되며, 제조원가에 판매비와 일반관리비를 더하면 총원가가 된다. 총원가에 판매이익을 더하면 비로소 판매가격이 결정된다.

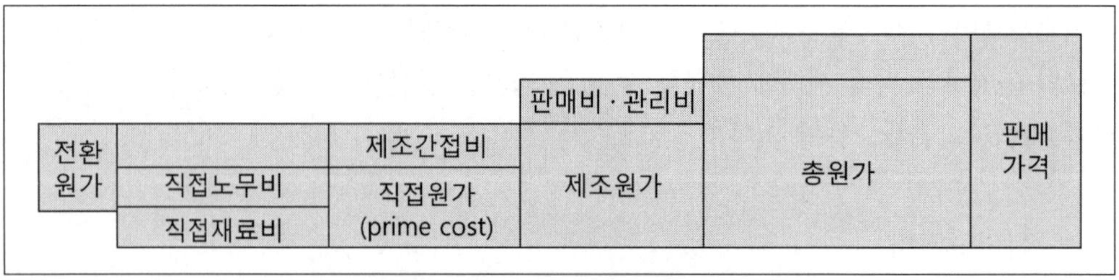

‖ **그림 13.6** 판매가격과 원가의 구성

2절 원가-조업도-이익분석

1. 원가의 분류

가. 변동원가 및 고정원가

원가와 관련된 다양한 의사결정을 수행하기 위해서는 우선 원가의 종류와 특성에 대한 이해가 필요하다. 일정 기간 관련 범위 내에서 조업도의 변동에 따라 총원가가 일정한 모습으로 변동할 때, 그 모습을 원가행태(cost behavior)라고 하며, 원가행태에 따라 원가를 변동원가와 고정원가로 구분한다. 또한 변동원가와 고정원가의 성격이 혼합되어 있는 혼합원가(mixed cost)는 준변동원가 또는 준고정원가로 구분된다.

(1) 변동원가(variable cost)

변동원가(〈그림 13.7〉참조)란 관련범위 내에서 조업도가 변동함에 따라 정비례하여 총원가가 변동하는 원가를 말한다. 변동원가는 조업도 수준이 변동하면 원가총액이 정비례해서 증감하는 원가로 단위당 변동원가는 조업도에 관계없이 일정하다. 예를 들어, 완성 자동차 생산에 필요한 자동차 엔진의 경우, 자동차 생산이 두 배 증가하면 자동차 엔진

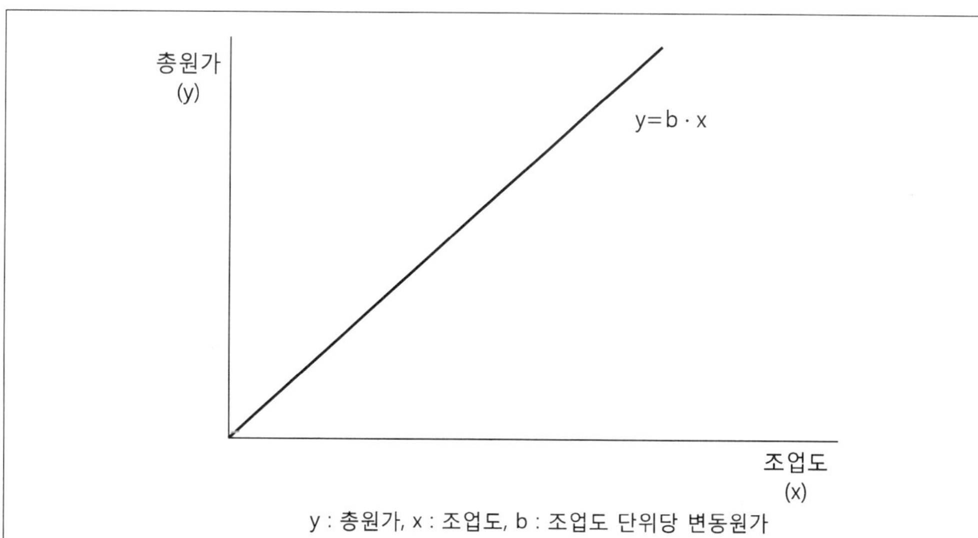

‖ 그림 13.7 변동원가(variable cost)

또한 두 배가 필요하다. 자동차의 생산량이 증가함에 따라 투입되는 엔진의 원가 또한 비례적으로 증가하는데 이러한 원가를 변동원가라고 한다.

(2) 고정원가(fixed cost)

고정원가(그림 13.8 참고)란 관련범위 내에서 조업도의 변동에 관계없이 총원가가 일정한 원가를 말한다. 즉, 가격변화와 같은 외부요인의 변동이 없는 한 조업도가 증가하거나 감소하더라도 총액이 항상 일정하게 발생하는 원가를 말한다. 공장건물의 임차료나 정액법에 의한 감가상각비 등이 고정원가의 예로 들 수 있다.

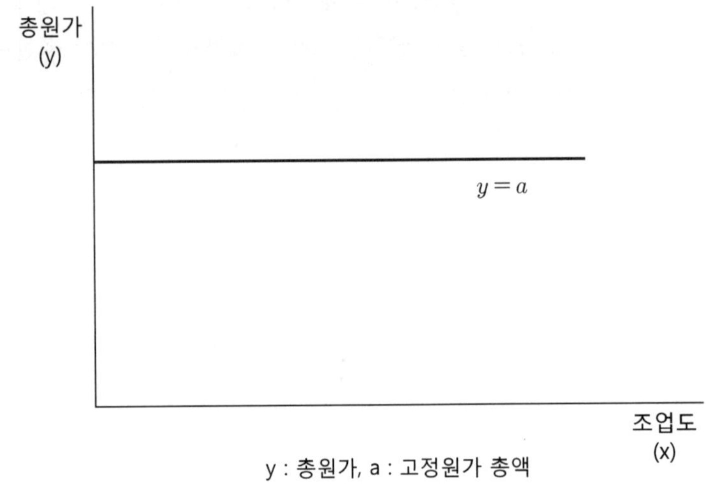

‖ **그림 13.8** 고정원가(fixed cost)

2. 원가-조업도-이익(CVP)분석

원가-조업도-이익 분석(CVP분석; cost-volume-profit analysis)은 조업도의 변화가 원가와 이익에 어떠한 영향을 미치는가를 분석하는 기법이다. 특히 사전에 손익분기점의 판매량과 매출액은 얼마인지, 특정 판매량에서 획득 가능한 이익은 얼마인지 등 판매계획 수립, 가격결정 등의 의사결정에 유용한 장점이 있다.

CVP분석을 하는 기본적인 방법으로 도표를 이용한 방법이 있으며, 〈그림 13.9〉를 CVP도표라고 한다. CVP도표는 조업도를 독립 변수로 하는 수익선과 비용선을 도출해서 조업도가 변동될 때 수익, 비용 및 손익이 어떻게 변동되는지를 그림으로 나타낸 것이다.

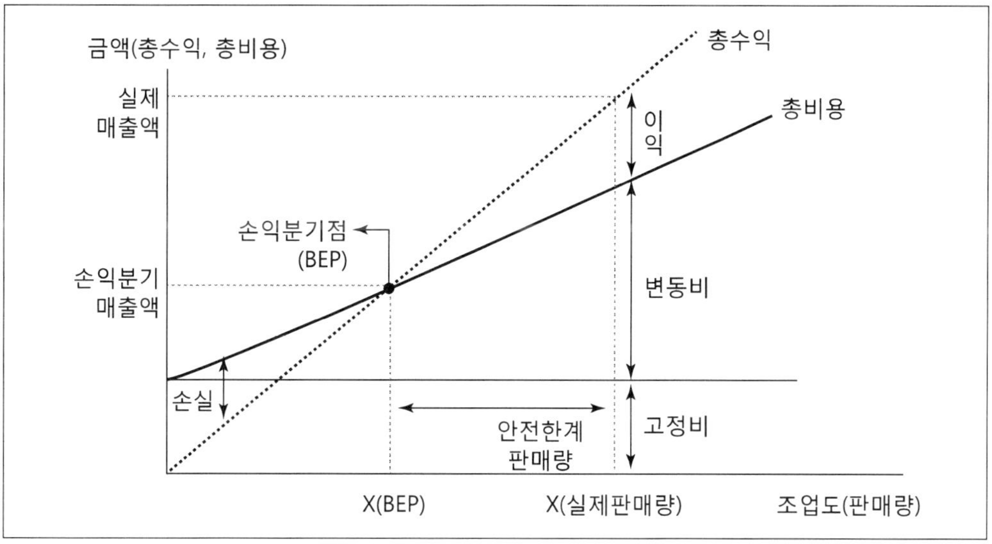

‖ **그림 13.9** 원가-조업도-이익 도표(CVP Chart)

총수익선은 원점에서 출발하며 기울기가 단위당 판매가격인 직선으로, 변동비선은 원점에서 출발하고 기울기가 단위당 변동비인 직선으로 표현할 수 있으며, 총수익선과 변동비선의 차이는 공헌이익을 의미한다.

변동비선을 고정비만큼 위로 이동시키면 총비용선을 유도할 수 있다. 총수익선과 총비용선이 만나는 점에서는 이익이 0이 되는 지점으로 손익분기점(BEP; break-even point)이라고 부른다. 손익분기점 오른쪽에서는 총수익이 총비용보다 크므로 이익이 발생하고, 손익분기점 왼쪽에서는 총수익이 총비용보다 작으므로 손실이 발생한다.

3. 공헌이익

가. 공헌이익의 개념

공헌이익(contribution margin)은 매출액에서 변동비를 차감한 금액을 말하며, 이 금액이 증가함에 따라 점차 고정비가 회수되어 이익 증가에 공헌하게 된다. 공헌이익이 고정비보다 클 경우에는 이익이 발생하고, 고정비보다 작을 경우에는 손실이 발생한다.

$$
\begin{aligned}
\text{공헌이익} &= \text{매출액} - \text{변동비} \\
&= (\text{단위당 판매가격} - \text{단위당 변동비}) \times \text{판매량} \\
&= \text{고정비} + \text{이익}
\end{aligned}
$$

나. 단위당 공헌이익

단위당 공헌이익은 단위당 판매가격에서 단위당 변동비를 차감한 금액을 말한다. 제품을 한 단위 추가 판매하면 총수익은 단위당 판매가격만큼, 총비용은 단위당 변동비만큼 증가하므로 이익은 단위당 공헌이익만큼 증가한다. 따라서 단위당 공헌이익은 제품 한 단위를 추가로 판매할 경우 이익의 증가분을 말하며, 판매한 제품 1단위가 고정비를 회수하고 이익을 창출하는 데 얼마나 공헌하는지를 알려준다.

단위당 공헌이익 = 단위당 판매가격 − 단위당 변동원가

예제 13.1

신일(주)는 신제품을 개당 6만원에 판매키로 하였다. 소요된 총고정비는 20억원, 신제품 생산시 단위당 변동비는 4만원이다. 다른 비용은 없다고 가정한다. 신일(주)가 4억원의 목표이익을 얻기 위해서는 매출량은 몇 개이어야 하나?

풀이

단위당 공헌이익 = 단위당 판매가 − 단위당 변동원가 = 6만원 − 4만원 = 2만원

매출량 = (총고정비 + 목표이익) / 단위당 공헌이익

= (20억원 + 4억원) / 2만원 = 12만개

다. 공헌이익률

공헌이익률은 매출액에 대한 공헌이익의 비율로서 매출액에서 공헌이익이 차지하는 비율을 나타내 주는 개념이다.

공헌이익률 = (공헌이익 ÷ 매출액) = (단위당 공헌이익 ÷ 단위당 판매가격)

4. 기본가정 하의 CVP 분석

가. 손익분기점

손익분기점(BEP; break-even point)이란 총수익과 총비용이 일치하여 이익도 손실도 발생하지 않는 판매량 또는 매출액을 의미하며, 산출과정은 다음과 같이 표시된다.

손익분기점 판매량=고정비/단위당 공헌이익

* 이익=단위당 공헌이익×판매량-고정비 ⇒ 손익분기점판매량
=고정비/단위당 공헌이익

손익분기점 매출액=고정비/공헌이익률

* 이익=공헌이익률×매출액-고정비

공헌이익과 판매량, 고정비 등의 항목으로 세전목표이익과 세후목표이익을 다음과 같이 계산할 수 있다.

세전목표이익=단위당 공헌이익×판매량-고정비
⇒ 세전목표이익을 달성하기 위한 판매량=(세전목표이익+고정비)/단위당공헌이익

세전목표이익=공헌이익률×매출액-고정비
⇒ 세전목표이익을 달성하기 위한 매출액=(세전목표이익+고정비)/공헌이익률

세후목표이익=세전이익×(1-법인세율)
=(단위당 공헌이익×판매량-고정비)×(1-법인세율)
⇒ 세후목표이익을 달성하기 위한 판매량
=((세후목표이익)/(1-법인세율)+고정비)/(단위당 공헌이익)

세후목표이익=세전이익×(1-법인세율)
=(공헌이익률×매출액-고정비)×(1-법인세율)

나. 안전한계(M/S; margin of safety)

안전한계는 실제 또는 예상판매량(매출액)이 손익분기점의 판매량(매출액)을 초과하는 판매량(매출액)을 의미한다. 안전한계는 현재 상황에서 손실을 발생시키지 않으면서 허용할 수 있는 판매량(매출액)의 최대 감소폭을 나타내기 때문에 기업 안정성을 측정하는 지표로 활용된다.

안전한계 판매량(매출액)=실제 판매량(매출액)-손익분기점 판매량(매출액)

예제 13.2

ABC 제품을 생산하는 (주)XYZ의 20x0년의 자료는 다음과 같다.

> 단위당 판매가격: 150만 원　　　　단위당 변동비: 90만 원
> 연간 고정비 총액: 150,000만 원

(1) 단위당 공헌이익과 공헌이익률을 구하시오.

풀이

공헌이익 = 150만 원 − 90만 원 = 60만 원

공헌이익률 = 60만 원/150만 원 = 0.4

(2) 손익분기점 판매량과 매출액을 구하시오.

풀이

손익분기점 판매량 = 고정비/단위당 공헌이익 = 150,000만 원/60만 원 = 2,500개

손익분기점 매출액 = 고정비/공헌이익률 = 150,000만 원/0.4 = 375,000만 원

(3) 30,000만 원의 영업이익을 얻기 위한 판매량과 매출액을 구하시오.

풀이

(목표) 판매량 = (세전목표이익 + 고정비)/단위당 공헌이익

= (30,000만 원 + 150,000만 원)/60만 원 = 3,000개

(목표) 매출액 = (세전목표이익 + 고정비)/공헌이익률

= (30,000만 원 + 150,000만 원)/0.4 = 450,000만 원

다. 원가구조의 선택

원가구조란 기업의 고정비와 변동비의 상대적 구성관계를 말한다. 각 기업의 원가구조는 기업이 자본집약적 방법 또는 노동집약적 방법과 같은 특정방법을 선택하여 어느 범위까지는 조정할 수 있다. 노동집약적 방법을 선택하면 직접노무비의 비중이 커져 단위당 변동비와 변동비율은 커지나 고정비의 비중은 작아진다. 반면에 자본집약적인 방법을 선택하면 직접노무비의 비중이 작아져 단위당 변동비와 변동비율은 작아지고 고정비의 비중이 커진다.

자본집약적 방법을 선택하면 단위당 공헌이익과 공헌이익률이 커지므로 판매량과 매출액의 변화에 따라 영업이익이 크게 변화한다. 반면에 노동집약적 방법을 선택하면 단위당 공헌이익과 공헌이익률이 작아지므로 판매량과 매출액의 변화에 이익이 적게 변화한다. 호황이라면 판매량과 매출액이 증가하므로 자본집약적 방법이 유리하고, 불황인 경우에는 판매량과 매출액이 감소하므로 노동집약적 방법이 상대적으로 유리하다. 따라서 어떤 원가구조가 최적인가 하는 것은 일률적으로 말할 수 없으며, 경영자의 위험에 대한 태도, 경기상황 등에 따라 달라질 수 있다.

(1) 노동집약접 방법의 원가구조 선택

고정비(L)/단위당변동비(H) → 단위당 공헌이익(L), 공헌이익률(L) → 판매량과 매출액의 변화에 따른 영업이익 영향(L) → 이익의 안정성(H) → 호황시 불리, 불황시 유리

* 단 (L)은 해당수치가 낮은 경우, (H)는 높은 경우를 의미함

(2) 자본집약적 방법의 원가구조 선택

고정비(H)/단위당변동비(L) → 단위당 공헌이익(H), 공헌이익률(H) → 판매량과 매출액의 변화에 따른 영업이익 영향(H) → 이익의 안정성(L) → 호황 시 유리, 불황 시 불리

라. 영업레버리지

영업레버리지(operating leverage)란 총비용 중 고정비가 차지하는 정도를 의미한다. 따라서 기업이 제품을 생산할 때 변동비 대신 고정비를 많이 사용하는 경우에는 높은 영업레버리지를 갖는다고 한다. 영업레버리지가 높은 경우 매출액이 변할 때 영업이익은 매출액이 변하는 비율보다 큰 비율로 변하게 되는데 이를 영업레버리지효과라고 한다.

영업레버리지효과는 영업레버리지도로 측정할 수 있다. 영업레버리지도(DOL; degree of operating leverage)는 매출액의 변화에 대한 영업이익의 변화의 정보를 측정하는 지표로서 다음과 같이 계산한다.

$$
\begin{aligned}
\text{영업레버리지(DOL)} &= \text{영업이익 변화율}/\text{매출액 변화율} \\
&= \text{공헌이익}/\text{영업이익} \\
&= \text{공헌이익}/(\text{공헌이익}-\text{고정비}) \\
&= 1/\text{안전한계율}
\end{aligned}
$$

영업레버리지도는 매출액이 1% 변화할 때 영업이익이 몇 % 변화하는지를 나타내며, 위의 첫 번째 식을 변형하면 다음과 같은 식이 유도된다.

$$
\text{영업이익 변화율} = \text{매출액 변화율} \times \text{영업레버리지도(DOL)}
$$

예제 13.3

다음은 (주)ABC와 (주)XYZ의 손익계산서 자료이다.

	ABC	XYZ
매출액	360억 원	360억 원
변동비	240억 원	180억 원
공헌이익	120억 원	180억 원
고정비	100억 원	160억 원
영업이익	20억 원	20억 원

1. 각 회사의 영업레버리지도를 계산하시오.

풀이

	ABC	XYZ
공헌이익	120억 원	180억 원
영업이익	20억 원	20억 원
영업레버리지도	6	9

2. 다음의 경우 각 회사의 영업이익을 계산하시오.

(1) 매출액이 10% 증가하는 경우

풀이

ABC의 영업이익 = 20억 원 × (1 + 10% × 6) = 32억 원

XYZ의 영업이익＝20억 원×(1＋10%×9)＝38억 원

(2) 매출액이 10% 감소하는 경우

풀이

ABC의 영업이익＝20억 원×(1－10%×6)＝8억 원
XYZ의 영업이익＝20억 원×(1－10%×9)＝2억 원

3절 원가와 경영의사결정

1. 원가관련 장단기 경영의사결정

의사결정이란 일정한 목표를 달성하기 위하여 여러 가지 선택 가능한 대체적 대안들 중에서 최적의 대안을 선택하는 것을 말하며, 의사결정의 효과가 나타나는 기간에 따라 단기적 의사결정과 장기적 의사결정으로 구분할 수 있다.

단기적 의사결정은 효과가 짧은 기간 내(보통 1년)에 나타나는 의사결정이다. 단기적 의사결정에는 제품생산계획과 같이 일상적으로 발생하는 업무적 의사결정과 특별주문 수락여부 결정, 생산중단여부 결정 등과 같은 특수의사결정이 포함되는데 이 중 특수의사결정을 관련원가분석이라고 부른다. 장기적 의사결정은 생산설비 취득, 공장신축, 신제품의 개발 등과 같이 의사결정 효과가 장기간에 나타나는 것을 말한다.

단기적 의사결정은 효과가 짧은 기간 내에 나타나므로 화폐의 시간가치를 고려하지 않아도 합리적이지만, 장기적 의사결정은 효과가 장기간에 걸쳐 나타나므로 시간가치를 고려해야 한다. 기업가치의 원천은 이익이 아닌 현금 흐름에 있으므로 현금 흐름을 기초로 의사결정을 하여야 한다. 장기적 의사결정은 단기적 의사결정과 비교시 이익과 현금 흐름 간에 차이가 크므로 현금흐름을 토대로 의사결정을 한다.

2. 의사결정과 관련된 원가 개념

가. 기회비용

기회비용(opportunity cost)은 재화, 용역 또는 생산설비를 특정 용도 이외의 다른 대체적인 용도로 사용할 경우에 얻을 수 있는 최대 금액을 말한다. 즉, 자원을 특정 용도가 아닌 차선의 용도에 사용하였더라면 얻을 수 있는 최대이익을 말한다. 기회비용은 장부상에는 기록되지 않지만 의사결정에서는 반드시 고려하여야 한다(예, 기존 정규시장의 이익 감소분, 유휴생산 능력의 대체적 용도를 통한 이익 상실분).

나. 매몰원가

매몰원가(sunk cost)는 경영자가 통제할 수 없는 과거의 의사결정으로부터 발생한 역사적 원가(historical cost)로서 현재 또는 미래의 의사결정과 관련이 없는 원가이다. 매몰원가는 현재 또는 미래에 어떠한 의사결정을 하여도 변경될 수 없으므로 의사결정과는 아무런 관련이 없는 비관련원가가 된다.

다. 관련원가와 관련수익

관련원가(relevant cost)는 의사결정과 관련이 있는 원가로, 고려 중인 대체적 관계에 있는 대안들 사이에 차이가 발생하는 미래원가를 말한다. 따라서 관련원가가 되기 위해서는 미래원가이어야 하고 차액원가이어야 한다. 반면에 비관련원가는 의사결정에 영향을 미치지 못하는 원가로 과거에 이미 발생된 원가와 각 대체적 대안들 간에 차이가 발생하지 않는 미래원가가 해당된다.

관련수익이란 의사결정과 관련이 있는 수익으로, 고려중인 대체안 간에 차이가 발생하는 미래수익을 말한다. 미래수익 중에서 대체적 대안들 간에 차이가 있으면 관련수익이 되지만, 과거에 이미 발생한 수익이나 각 대체안 사이에 차이가 없는 미래수익은 의사결정과 관련이 없는 비관련수익이 된다.

3. 원가관련 특수 의사결정

가. 특별주문 수락여부 결정

(1) 의의

기업은 예상하지 않았던 일회성 특별 주문을 요청 받는 경우가 있다. 이 경우 제의를 수락할 것인가 또는 거절할 것인가를 결정하여야 하는데 이를 특별주문 수락여부 의사결정이라고 한다. 특별주문을 수락할 것인지 여부를 결정할 때, 증분수익의 계산은 비교적 간단하므로 증분비용에 관심을 가져야 한다.

특히 특별주문 수락여부에 대한 의사결정을 할 때 주의할 점은 현재 사용하지 않는 유휴생산설비가 존재하는지의 여부이다. 유휴생산설비가 존재하는 경우 유휴생산설비를 이용해서 특별주문량을 생산하여 기회비용이 '0'이 되므로 분석에 특별한 주의를 기울이지 않아도 된다. 그러나 유휴생산설비가 존재하지 않는 경우에는 대안을 선택할 때 생산설비를 늘려야 하거나 기존에 생산하던 제품의 생산을 줄여야 하므로 주의를 기울여야 한다.

(2) 유휴생산능력이 존재하는 경우(특별주문량 < 유휴생산능력)

특별주문을 수락하더라도 기존 생산설비로 충분히 생산할 수 있으므로 특별주문 수락으로 인하여 증가되는 수익과 증가되는 비용을 고려하여 의사결정을 한다.

(3) 유휴생산능력이 부족한 경우(특별주문량〉유휴생산능력)

특별주문을 수락하기 위하여 다음의 세 방법 중 하나를 선택해야 한다.

- **방법 1**: 생산능력 확장(추가 구입 또는 임차) → 감가상각비 또는 임차료 증가
- **방법 2**: 외부에서 구입. 외부 구입원가 증가
- **방법 3**: 정규판매량을 감소시켜 특별주문에 충당. 특별주문을 수락키 위해 포기하는 이익발생. 기존 정규시장의 이익 감소분(기회비용) 발생

(4) 유휴생산능력의 대체적 용도가 있는 경우

유휴생산능력을 다른 제품의 생산에 이용할 수 있거나 임대할 수 있는 경우가 있다. 이때 특별주문을 수락하기 위해서는 유휴생산능력을 다른 제품의 생산에 이용할 경우에 얻을 수 있는 이익이나 임대할 경우에 얻을 수 있는 임대료를 포기해야 한다. 즉, 특별주문을 수락할 경우 포기해야 하는 이익(기회비용)이 발생되는데 이 기회비용을 유휴생산능력의 대체적 용도를 통한 이익상실분이라 표현한다.

(5) 특별주문의 수락이 기존 시장에 영향을 미치는 경우

특별주문을 수락할 경우 특별주문가격보다 높은 가격으로 제품을 구입하던 기존 고객들의 반발로 기존 시장의 판매가격이 하락하거나 판매량이 감소할 수 있다. 이 경우에는 기존 정규시장의 매출이 감소하여 기존 정규시장의 이익이 감소하게 된다. 즉, 기존 정규시장의 이익 감소분(기회비용)이 발생되므로 이를 증분비용에 포함시켜야 한다.

(6) 의사결정모형

특수주문의 의사결정모형을 도표 사례로 표시해 보면 다음과 같다.

[의사결정모형]		
Ⅰ. (특별주문 수락 시) 증분수익		
1. 매출액 증가분	×××	×××
Ⅱ. (특별주문 수락 시) 증분비용		
1. 변동비 증가분	×××	
2. 고정비 증가분	×××	×××
기회비용(계획안을 채택하기 위하여 포기해야 하는 이익)		
3. 기존 정규시장의 이익감소분	×××	
4. 유휴생산능력의 대체적 용도를 통한 이익상실분	×××	×××
Ⅲ. (특별주문 수락 시) 증분이익		×××
[의사결정]		
(특별주문 수락 시) 증분이익＞0 (증분수익＞증분비용): 계획안 채택		
(특별주문 수락 시) 증분이익＜0 (증분수익＜증분비용): 현재안 유지		

특별주문 수락 여부에 관한 의사결정을 할 때 위의 재무적 요소 외에 고려해야 할 질적 요소는 다음과 같다.

- 회사 평판에 미치는 영향: 낮은 가격으로 공급하는 사실을 고객들이 알게 되면 회사 평판이 나빠지며, 고객 충성도가 떨어질 수 있다.
- 장기적인 측면에서의 생산능력: 갑자기 수요가 증가하면 유휴생산능력의 부족으로 수요에 대처할 수 없게 되며, 수요에 대처하기 위하여 생산능력을 증가시킬 경우 많은 원가가 발생할 수 있다.
- 기존 유통업자들의 불만: 낮은 가격으로 공급하는 사실을 기존 유통업자들이 알게 되면 그들은 회사의 제품을 취급하지 않거나 전보다 소극적으로 제품을 판매할 가능성이 있다. 이 때문에 기존 유통업자를 통한 매출이 감소할 수 있다.
- 장기적인 가격구조에 미치는 영향은 할인판매가 지속되면 장기적으로 가격이 떨어질 수 있다는 점이다.

나. 제품의 생산중단 여부 결정

기업이 현재 생산 판매하고 있는 제품 중에 손실이 발생하는 제품이 있다면 이 제품을 계속 생산할 것인가 아니면 생산을 중단할 것인가를 결정하여야 한다. 이 의사결정을 할 때에는 제품의 생산중단으로 감소되는 비용과 감소되는 수익을 각각 증분수익과 증분비용에 포함시켜야 하는데 제품의 생산중단으로 감소되는 비용의 계산 시 각 제품에 배부되는 고정비에 유의하여야 한다. 왜냐하면 제품 생산을 중단하는 경우에 고정비가 감소된다는 단서가 없는 한 고정비는 계속해서 발생하기 때문이다.

또한 제품 생산을 중단하면 유휴생산능력이 발생하므로 이에 대한 활용 방안이 있다면 이로 인한 이익을 증분수익에 추가로 포함시켜야 한다.

제품의 생산중단 여부에 대한 의사결정을 할 때 위의 재무적 요소 외에 고려해야 할 질적 요소는 다음과 같다.

- 기존 제품의 생산중단이 기업의 대외적 이미지에 미치는 영향
- 다른 제품의 판매에 미치는 영향
- 종업원의 감원에 따른 노동조합의 반발 가능성
- 유휴생산능력의 활용방안

4절 가치평가

1. 가치평가의 개요

가치평가(valuation)란 "평가대상에 대한 가치를 산출하는 행위 또는 과정" 이라 정의된다. 기업의 미래를 책임지는 핵심 부서에서는 때로 유망한 신규 사업이나 시너지효과가 큰 기업의 인수, 합병을 검토하고 첨단기술 도입을 고려할 경우가 있다. 이때 금융자산이나 사업체, 추진하려는 신규사업, 기술가치를 포함한 무형자산을 평가해야 할 경우가 발생한다.

본 교과서에서 다룰 가치평가는 기업가치평가와 기술가치평가이며 〈표 13.2〉와 같이 세분된다. 기업가치 평가방법은 크게 자산가치, 수익가치, 상대가치에 의한 평가방법으로 나눌 수 있다. 기술가치 평가방법은 크게 정량적평가와 정성적평가로 나뉘며, 정량적 평가는 다시 원가접근법, 이익접근법, 시장접근법으로 나눌 수 있으며, 정성적평가는 평점평가법, 프로파일접근법 등으로 나뉜다.

기업가치 평가방법인 자산가치, 수익가치, 상대가치에 의한 평가방법은 기술가치 평가방법 중 정량적 평가방법인 원가접근법, 이익접근법, 시장접근법과 각각 산정 원리가 유

‖ 표 13.2 가치평가 방법 총괄

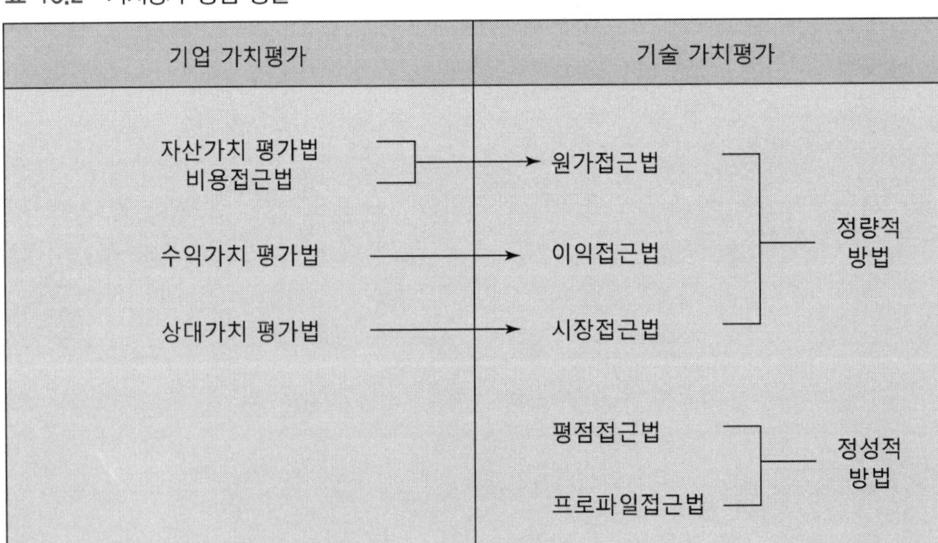

사하다. 가치평가는 단지 기업가치와 기술가치평가에만 한정되는 것이 아니라 금융자산, 신규사업과 같이 이들과 유사한 자산의 평가에도 당연히 이용될 수 있다. 이하 이들 방법에 대해 순서대로 설명코자 한다.

2. 기업가치 평가

가. 기업가치 평가의 의의

기업을 운영하고 있는 경영자의 경우 때때로 기업 가치를 평가해야할 경우가 발생한다. 즉, 새로운 사업을 추진하는 경우, 기업공개(IPO; initial public offering)를 준비하는 경우, 융자를 신청할 경우, 회사 전체나 사업부를 매각하려는 경우 등에 가치평가의 필요성을 느낀다. 기업가치평가는 수치로 표시되는 기업가치만이 아닌 수치로 표시하기 어려운 미래의 사업기회, 회사가 보유한 인적자원의 능력, 창의성, 구축된 영업 네트워크 등 무형의 자산도 고려되어야 한다. 무형의 자산은 영업권(goodwill)이나 경영권 프리미엄으로 보상받을 수 있으므로 여기에서는 수치로 계산될 수 있는 기업가치 평가방법 중에서 많이 이용되는 자산가치법, 수익가치법, 시장가치법을 주로 설명코자 한다.

나. 자산가치법(비용접근법)

자산가치에 의한 평가방법은 해당 자산의 총사산에서 총부채를 차감한 순자산으로 평가하는 방법이다. 기업 인수 시 협상가격은 이렇게 산정된 자산가치에 경영권(영업권) 프리미엄을 더하여 결정된다.

> (순)자산가치 = 총자산 − 총부채
> 협상가격 = 자산가치 + 경영권(영업권) premium

즉, 자산가치법은 대차대조표적 접근방법으로 평가 대상기업의 재무제표상 순자산가치(net asset value)에 자산에 대한 시장가치 또는 청산가치를 기준으로 한 차이조정이나 부채의 보수적 계상 등을 반영한 수정순자산가액에 영업권이나 경영권 프리미엄 등의 추가 조정항목을 고려하여 기업가치를 평가하는 방법이다.

이 방법은 대차대조표 상의 자산합계 금액에서 부채합계 금액을 차감하는 방식으로 간략히 계산되나, 정확한 추정을 위해서는 해당 자산, 부채 계정의 현재가치(present value)로 표시하여야 한다. 예를 들어 토지 가격은 장부상에는 구입 시의 원가로 표시되어 있는, 즉 역사적원가(historical cost)로 계상되어 있으나 이를 현재의 시세를 반영한 토지

가격으로 조정하여야 한다. 이를 통해 정확한 자산가치가 계산될 것이다.

순자산가치 접근법은 기업의 수익가치는 크지 않으나 부동산 등의 자산이 많아 자산가치가 기업가치에 큰 영향을 미치는 경우에 채택할 수 있는 평가방법이다. 회사의 미래수익 창출능력을 고려하지 못하는 단점이 있으나, 순자산가치에 경영권 프리미엄을 고려한 수치가 가격협상의 기준이 되는 기초자료로 활용될 수 있다. 한국에서 채택한 국제회계기준(IFRS)에서는 모든 계정금액을 현재 실현 가능한 수치, 즉 현재가치로 반영하는 것을 큰 원칙으로 삼고 있다. 자산가치법은 장부가치에 의한 평가, 시장가격에 의한 평가, 청산가치에 의한 평가로 나눌 수 있다. 유사방법으로 비용접근법이 있는데, 이는 보유 중인 자산을 구입, 대체하는 데 소요되는 비용을 추정하여 가치를 결정하는 방법이다.

다. 수익가치법

수익가치(earning value)에 의한 평가방법이란 해당기업이 사업 개시 전에 추정한 사업계획과 전제사항과 같이 경영된다고 가정하고, 이때 기대되는 미래의 수익창출액, 즉 미래의 순현금흐름을 현재가치로 할인하여 산출되는 순현재가치(NPV; net present value)로 평가하는 방법이다. 앞에서 언급한 순현재가치법과 동일한 원리로 산출되며, DCF방법(discounted cash flow method), 소득접근법(income approach)으로도 불린다. 수익가치법에 의한 기업 매수 의사결정은 매수 후 기업의 현금유입액의 현재가치가 인수가격보다 크게 추정될 경우 이루어진다.

NPV; $(CF_{\circ} + CF_1 + CF_2 + \cdots CF_n + \cdots)$
미래에 유입될 순현금흐름액을 현가할인한 수치

CF_1; 사업개시 후 1차연도의 순현금유입액(net cash flow = cash in-cash out)

수익가치를 산출하기 위해서는 연도별 추정재무제표를 작성해야 하며, 작성 시에는 수많은 전제 사항이 필요하다. 일례로 매출원가 하나의 항목을 추정하기 위해서도 소요 재료별 연도별 소요량, 재료별 연도별 구입가격, 생산성의 변화에 따른 연도별 원료 소요량 등 많은 변수의 추정이 필요하다. 즉, 수익가치 산출을 위해서는 장기간의 방대한 작업이 필요하며, 그 신뢰성에도 의문이 있다.

그럼에도 불구하고 수익가치 산정을 위해 미래의 재무제표를 추정하는 작업은 그 기업의 미래에 발생될 수 있는 시나리오를 그려 본다는 측면에서 의의가 있으며, 실제로 기업가치 추정 시 수익가치법은 많이 이용되고 있다.

라. 상대가치법(시장가치법)

상대가치(market value)에 의한 평가방법이란 평가 대상회사와 업종이 유사한 상장회사(또는 등록법인)의 주가를 기준으로 가치를 평가하는 방법이다. 해당 자산이 시장에서 실제로 팔릴 수 있는 가격으로 가치를 평가하는 방법으로, 보통 주식시장의 메커니즘을 통해 형성되는 주식가치로 평가하며, 이 방법은 시장접근법과 유사하다. 예로서 상장된 기업의 가치를 평가하는 경우, 기업의 가치는 해당 기업의 1주당 현재가격에 총주식수를 곱하면 계산된다.

해당기업의 전체가치 = 1주당 현재가격 × 총주식수
인수하려는 주식지분의 가치 = 1주당 현재가격 × 인수하려는 주식수

이 방법의 장점은 비교 가능한 거래가 있을 경우 적용이 간단하고, 가정이 최소화되어 자의성이 배제된다는 점이다. 단점은 최근에 발생한 비교 가능한 거래가 존재하여야 평가의 객관성이 유지된다는 점이다. 이는 상대적 시기로 평가하는 방법으로 비교가능기업분석법과 비교가능거래분석법이 이에 속한다.

마. 기타 방법

기타 방식으로는 주가수익률 방식, 세법상의 기업가치 평가방법, 증권거래법상 기업가치 평가방법 등이 있다. 이들 방법은 위에서 제시된 방법과 유사하거나 이의 원리를 토대로 하여 응용된 방법이라 할 수 있다.

바. 기업가치 평가방법 종합

보통 기업가치를 평가할 때는 수익가치와 순자산가치를 가중 평균한 금액에 경영권 프리미엄을 고려한 수치를 더하여 결정하는 방법이 이용된다. 이 수치를 참고로 하여 해당 기업의 현재 주가를 토대로 한 시장가치가 협상 자료로 활용되기도 한다.

'유가증권의 발행 및 공시등에 관한 규정'에서는 보통주식은 수익가치와 자산가치를 각각 1과 1.5로 가중 평균한 가액으로 본질가치를 규정하고 있으며 기업공개 및 협회등록공모를 위한 주식을 분석하는 경우에는 상대가치를 반영할 수 있다고 규정하고 있다.

기업가치평가(business valuation)는 기업(business)과 기업소유권(business ownership)의 평가로 구분된다. 기업가치는 기업의 전체 총자산가치를 말한다. 기업소유권의 가치는 기업가치에서 부채가치를 차감한, 즉 기업의 총자산에서 총부채를 차감한 순자산가치를 말하며, 이는 주식의 시가 총액과 대등한 개념이다.

사례 1 **기업가치평가**

아래의 계산식과 양식에 따라 특정 기업의 가치를 평가하여 보자.

1. 자산가치=총자산−총부채

2. 수익가치: 미래의 순현금흐름을 현가로 할인한 금액(NPV; net present value)

	1차년(CF!)	2차년(CF1)	3차년(CF1)	4차년(CF1)
매출액				
매출원가				
판매관리비				
당기순이익				
감가상각비				
순현금흐름				
할인율(6%)	0.94	0.89	0.84	0.79
현재가치				
현재가치 합계	=CF!+CF2+CF3+CF4+잔존가치			

잔존가치(현금흐름 추정한 이후 년도의 기업가치)=(최종년도 현금흐름)×(1+성장율)/(할인율−성장율)

수익가치=현재가치 합계+잔존가치

3. 시장가치=총주식수×1주당 시가

4. 기업가치 평가(예): (수익가치+1.5×자산가치)/2.5

5. 주식 40% 매입시 필요자금=기업가치×40%+premium

3. 기술가치평가

가. 기술가치평가와 회계학

20세기 후반을 지나면서 높은 마진의 새로운 기술집약 첨단제품들이 다수 출현하였으며, 첨단 제품을 경쟁기업보다 빨리 생산, 판매하는 기업의 이익이 크게 증가하고 기업가치도 신장하였다. 이에 따라 차별화된 기술의 중요성이 증대하였으며, 기술가치평가의 중요성도 커지고 있다.

스미스(Smith, 1994)는 기술가치평가는 "무형의 기술을 대상으로 이의 기술성, 사업성, 시장성을 검토하여 기술의 금액, 등급, 점수, 의견 등으로 표시하는 평가활동"이라고 정의한 바 있다. 기술을 누가 소유하며, 어떤 목적으로 활용하느냐에 따라, 즉 기술소유자의 다양한 상황에 따라 기술가치는 달리 평가될 수 있다.

자산적 가치를 가지고 있는 기술은 회계학적으로는 무형자산(intangible asset)으로 분류된다. 무형자산은 국제회계기준(IAS) 제38호에서 정의하기를, '물리적 실체가 없이 생산되어, 상품 서비스의 공급, 임대 또는 관리 목적으로 사용되는 식별할 수 있는 비화폐성자산'이라 하였다. IAS에서는 무형자산으로 인식되기 위해서는 식별가능성, 자원에 대한 통제, 미래의 경제적 효익에 대한 존재를 입증하여야 한다고 규정했다.

IAS 38호에서는 무형자산의 예로 컴퓨터소프트웨어, 특허권, 저작권, 영화필름, 거래처목록, 서비스권리, 어업권, 수입할당량, 고객 또는 공급자 관계, 시장점유율과 마케팅권리 등을 열거하였다. 대표적인 무형자산인 기술관련, 시장관련, 예술관련 무형자산의 분류는 무형자산의 분류표 〈표 13.3〉과 같다. 일반적으로 기술관련 무형자산으로 분류될 수 있는 것은 지적재산권, 특허권, 공정특허, 특허적용기술, 기술증서, 기술적 know-how, 실험노트, 컴퓨터 프로그램 등이다.

표 13.3 무형자산의 분류

분류	종류
기술 관련 무형자산	특허적용기술, 실험 노트, 기술 노하우, 공정특허 등
시장 관련 무형자산	상표권, 상표, 브랜드명 등
영업권 관련 무형자산	법인영업권, 계속기업의 가치
매출 관련 무형자산	음악작곡, 문학작품과 저작권, 조각 등
자료처리 관련 무형자산	소프트웨어, 데이터베이스 등
엔지니어링 관련 무형자산	제품특허, 설계도, 청사진, 독점증서 등

기술가치가 있는 자산의 특징은 건물과 같은 유형자산과는 달리 여러 차례에 걸쳐 다른 기업에 판매할 수 있다는 점이다. 그러므로 기술자산은 자체 판매의 경우 외에 사용권을 허가하는 라이선스 계약도 발생될 수 있으므로 기술자산의 사용 로열티(royalty) 수입에 대한 가치평가도 고려해야 한다.

나. 기술가치평가 방법

기술가치를 평가하는 방법은 크게 정량적 방법(quantitative method)과 정성적방법(qualitative method)으로 나눌 수 있다. 정량적 방법을 세분하면 원가접근법, 수익접근법, 시장접근법으로 나눌 수 있으며, 이외에 최근 논의되는 실물옵션기법과 경제적부가가치 모형에 의한 방법이 있다. 정량적 방법은 화폐금액을 평가 척도로 하며 해당 기술이 수익에 공헌할 수 있는 잠재력을 금전적 가치로 평가하는 방법이다.

정성적방법은 평가지표나 지수를 평가척도로 하며 정량화하기 어려운 대상을 평가할 때 사용되는 의사결정방법으로, 점수평가법, 프로파일접근법으로 다시 나눌 수 있다. 대표적인 정성적 평가방법은 전문가들의 판단, 직관, 조사, 비교 등을 이용하는 포커스 그룹 방법(focus group method)과 델파이법(delphi method)이다.

위에서 언급한 방법 중 수익접근법이 기술가치를 추정하는 데 많이 이용되는 방법이다. 기술이 실제로 거래된 자료를 활용하는 방법인 시장접근법은 실증적 증거로 많이 사용된다. 이하 이들 방법에 대해 각각 설명코자 한다.

다. 원가접근법

원가접근법(cost approach method)은 해당 기술을 다시 확보하는 데 소요되는 금액을 산정하여 이를 기술가치로 평가하는 방법이다. 이 방법은 새로운 자산을 구입하고 개발하는 데 소요되는 비용이, 해당 자산을 통해서 얻게 되는 경제적 효익과 일치한다는 전제하에서 출발한다.

원가접근법에서는 발생하는 경제적 이익과 효익 발생 기간 등 수익적 요소는 검토하지 않는다. 이 방법의 문제점은 기술개발에 소요되는 비용이 기술의 가치를 나타낸다는 가정 하에 가치를 산정한다는 것으로, 해당 기술이 보편적인 기술이 아닌 경우 원가 산정에 어려움이 있다.

원가접근법을 적용하기에 적당한 평가 대상으로는 발전소, 원자로, 컴퓨터 소프트웨어, 포장 디자인의 평가시를 들 수 있으며, 취득원가와 감가상각비 계산이 가능해야 원가접근법에 의한 추정을 할 수 있다. 원가접근에 의한 기술가치평가는 다음과 같은 3가지의 원가 개념으로 접근할 수 있다.

(1) 대체원가

대체원가(replacement cost)는 해당 기술과 동일한 용도 또는 유용성(효용)을 가지는 기술을 개발, 완성하는 데 소요되는 총원가를 말한다. 이때 대체되는 기술은 대상 기술자산보다 큰 유용성을 가져야 한다.

(2) 재생산원가

재생산원가(reproduction cost)는 현행물가를 기준으로 동일한 기술을 개발하는 데 소요되는 총원가를 말한다. 동일한 기술은 비교 대상 기술을 개발하는 데 사용된 동일한 과학적 연구, 디자인 및 개발 방법을 사용하여야 가능하다는 전제하에서 제시되었다.

(3) 신대체원가

신대체원가(replacement cost new)는 일반적으로 합리적인 투자자가 대체 가능한 기술에 지불할 수 있는 최대금액을 말한다. 획기적인 첨단기술은 유일하고 독특해서 대체할 수 없는 기술인 것이 보통이며, 이 경우 신대체원가는 기술구매자가 대상기술에 지불할 수 있는 최대 금액으로 볼 수 없다. 이러한 기술은 동일 금액을 지불한다 해도 해당 기술을 개발할 수 없는 경우가 많기 때문이다. 신대체원가는 기능 진부, 기술 진부, 경제적 진부 등의 원인 때문에 가치가 감소하므로 손실분을 조정해야 한다.

라. 수익접근법

(1) 수익접근법의 의의

수익접근법(income approach)은 해당 기술을 통해 미래에 얻게 되는 수익의 현재가치(present value)의 크기로 기술가치를 평가하는 방법이다. 이 방법은 기술을 개발, 창출하는 데 소요되는 비용을 추정하여 기술가치를 추정하는 원가접근법과는 차이가 있다. 수익접근법은 가치추정(valuation)에 필요한 전제사항이 많이 필요하다는 등 논란이 있으나, 무형자산 가치평가의 실무에서 널리 이용되는 방법이다. 이 방법이 적용되기 용이한 대상은 신규사업, 계약, 라이선스, 특허, 로열티계약 등으로 가치평가, 손해액 산정, 이전가격의 계산, 무형자산의 거래에 활용될 수 있다.

(2) 계산방법

수익접근법의 가치평가방법은 앞의 기업가치 평가시의 수익가치접근법(DCF법)과 기본원리가 유사하다. 추정을 위해서는 매년 발생하는 경제적 이익금액의 추정, 예상수익기간의 설정, 현재가치 환산 시에 적용할 할인율의 결정이 필요하다. 가치 추정 시 과다한 전제사항, 할인율 결정의 어려움, 잔존가치(terminal value) 추정의 어려움 등이 있어 복잡한 계산 과정에도 불구하고 정확성에는 의문이 있다.

(3) 수익접근법에 의한 기술가치분석 세부방법

이 방법은 무형기술자산 뿐만 아니라 모든 무형자산에도 적용할 수 있으며 다음의 세

가지 방법이 대표적인 방법이다.

▸ 증분수익분석

증분수익분석방법(incremental income analysis)에 의한 가치평가 접근 방식에는 첫째, 평가대상 기술로 인해 유발되는 수익의 증가분, 즉 증분수익에 의해 접근하는 방법과, 둘째 해당기술로 인하여 유발되는 회피된(감소된) 원가로 접근하는 방법, 셋째, 증분수익과 회피원가에 대한 결합효과를 정량적으로 계산하여 접근하는 방법이 있다.

▸ 이익분할분석

이익분할분석(profit split analysis)는 해당기술의 사용으로 인해 유발되는 경제적 효익을 이익창출에 공헌한 경제 주체들에 배분하는 과정에서 해당 기술에는 얼마나 배분해야 하는 논리로 접근하는 방식이다. 실제 이익배분율은 무형자산의 특성, 평가대상 경제단위의 특성, 평가대상 경제단위가 속하는 산업의 유형 등에 따라 결정된다.

▸ 기술사용료 분석

기술사용료는 많이 발생되는 항목이 아니므로 이 방법은 많이 사용되는 방법은 아니다. 기술사용료를 측정해야 할 필요성이 발생하는 경우는 첫째, 기술권리자가 무형자산을 대여함으로서 얻게 되는 기술사용료 수입이 발생한 경우, 둘째, 무형기술자산을 소유하고 있어 타인으로부터 기술대여가 필요 없을 경우 지급하지 않아도 되는 예상 기술사용료의 추정하는 경우 등이다. 기술사용료 수익의 측정 시에 활용할 수 있는 수치는 매 기간별로 지급된 기술사용액, 수익 또는 이익의 일정비율로서 기술사용비율, 판매수량별 기술사용액 등이 있다.

마. 시장접근법

(1) 시장접근법의 의의

시장접근법(market approach)은 최근에 실제 거래된 기술거래를 참조하여 해당기술의 가치를 평가하는 방법이다. 모든 유형-무형기술자산의 가치평가에 적용할 수 있으나, 실제로 최근에 기술의 가치나 흐름을 파악할 수 있는 유사한 거래가 존재하여야 이 방법을 사용할 수 있다.

비슷한 자산의 매매가 실제 많이 발생한 경우 사용하기 적합한 방법으로, 급속하게 기술이 발전하는 분야에 대한 평가에는 적용상 한계가 있다. 기술 라이선스, 로열티 산정, 부동산, 컴퓨터 하드웨어, 프랜차이즈의 가치평가에 유용한 방법이다.

(2) 시장접근법의 계산절차 및 평가척도

시장접근법에 의한 기술가치평가 방법은 평가 대상기술과 유사한 기술거래의 실제사례를 수집하여 이 자료를 이용하여 분석하는 것이다. 거래와 관련된 계약조건도 가치평가에 큰 영향을 미치나, 실제 상세한 계약조건에 관한 자료수집이 용이하지 않다.

유사한 거래에 대한 자료 수집을 마친 다음에는 실제 평가하려는 기술의 가치산정에 적용할 유사거래 가격의 가격배수(pricing multiple)를 정해야 한다. 비교대상 기술의 분석 시 기술이 속하는 산업, 기술거래 조건, 기술소유에 대한 법적 권리 등을 검토해야 한다. 시장접근법에 의한 기술가치평가 시 평가척도로 사용될 수 있는 항목은 해당기술의 사용빈도, 시장의 전망, 기술이 투입되어 생산될 제품의 생산량 등이다.

(3) 시장접근법에 의한 가치평가방법 분류

시장접근법에 의한 가치평가방법에는 〈표 13.4〉의 5가지 주요한 방법이 있다. 이중에서 자료수집이 가능할 경우, 매매거래사례접근법이 가장 체계적이고 시장접근법의 취지에 부합되는 방법이라 할 수 있다.

표 13.4 주요한 시장접근법에 의한 기술가치 평가방법

- 매매거래사례접근법(sales transaction method)
- 로열티 회피추정법(relief from royalty method)
- 이익차액비교법(comparative income differential method)
- 경험적 원칙(rule of thumb)
- 시장대체원가법(market replacement cost method)

바. 점수평가법

점수평가법은 대안의 경제성을 점수(score)로 측정하여, 점수의 크기에 따라 대안의 우열을 판단하는 방법이다. 점수평가법은 점수모형(scoring model)에 따라 평가하며, 적용할 수 있는 범위가 넓기 때문에 사용 시 주의만 한다면 가장 실용적이고 유효한 방법이라 할 수 있다. 이 방법의 장점은 이해하기 쉬우면서 프로파일 모형과 비교 시 세부적인 항목들을 고려할 수 있다는 점이다. 단점은 평가자의 주관적인 판단에 따라 상대적인 순위만을 정하기 때문에 경제적인 수치로 나타낼 수 없고, 또한 대안들의 차이를 절대치의 차이로 비교하기 어렵다는 점이다.

점수평가법이 많은 문제점이 있음에도 불구하고 유용하게 사용될 수 있는 영역은, 비전문가인 투자자 그룹에 가치평가 결과를 설명할 때와 기술협상을 앞두고 기술가치를 결정하는 요소들을 미리 생각하게 한다는 점을 들 수 있다.

점수평가법은 개별 항목에 대해 배점하고 최종점수를 도출하는 기준과 방식에 따라 다시 세분할 수 있다. 즉, 첫째, 평가항목을 단순히 합하는 단순가산방식, 둘째, 평가항목의 중요도에 따라 가중치(weight)를 부여하여 합계액을 산출하는 가중치가산방식, 셋째, 각 평가항목의 평점을 곱하는 연승방식과 넷째, 앞에서 제시한 가산방식과 연승방식의 장점을 적절히 조화시키는 가승방식이 있다.

점수평가법은 다음의 다섯 단계로 진행된다.

(1) 평가항목의 선정

평가항목(scoring criteria)은 수행하려는 목적에 따라 달리 설계되어야 하며, 보통 5개 이상의 평가항목을 설정한다. 평가 목적으로 들 수 있는 것은 기술의 사업타당성 평가, 라이선싱을 위해 특허의 로열티 요율 결정 등 다양하게 있으며, 목적에 따라 평가항목을 달리 채택하여야 한다.

(2) 평점시스템의 결정

평점시스템(scoring system)은 다양하게 존재하고 있으나, 어떤 평점시스템을 선택하느냐는 평가자의 경험과 취향의 문제이다. 일반적인 평가시스템은 5점척도 방식이다. 점수평가법은 경험과 과거 데이터가 많이 축적될수록 신뢰도가 올라간다. 따라서 평가방법이 자주 바뀌면 효과가 줄어들므로 채택한 방법을 표준화하여 계속 사용하는 것이 바람직하다.

(3) 평점부여방식의 결정

평점부여방식(scoring scale)은 주관적인 방식과 객관적인 방식이 있다. 주관적인 방식은 평가자 각자의 기준으로 주어진 상황 하에서 선택한 평가시스템에 따라 점수를 부여하는 방식이다. 점수는 예를 들어 0점에서 5점까지 부여할 수 있다.

객관적인 방식은 등급/순위 평가방법을 활용하여 예측치를 결정하고 그 예측치와 실제치를 비교하는 방법이다. 이 방법은 과거의 많은 경험이 전제되어야 한다. 경험이 많이 축적되어 있으면 계수척도의 도출이 가능하며, 도출된 척도는 영향계수로서의 역할을 할 수 있다. 기술가치평가에는 3-5인의 심사위원 구성이 바람직하며 구성원 중 절반은 기술가치평가 전문가로 구성하는 것이 바람직하다.

(4) 가중치의 부여

특정 평가항목에 가중치를 부여한다는 것은 해당 항목을 보다 주요하게 고려한다는 것이다. 또한 평점평가법과 같은 상대평가 방법은 주관적인 요소가 다분히 작용할 수 있는 약점이 있으므로, 각 항목에 대한 상대 전문가의 결정을 계속 피드백하면서 점수를 수렴시키는 델파이기법 등을 사용하면 개선시킬 수 있다.

(5) 점수 기입 및 의사결정표(decision table)의 완성

점수평가법에 의한 최종 결과는 평가표의 각 평가요소별로 평가자가 점수를 기입한 후, 이에 각각의 가중치를 곱하여 가중된 점수가 계산됨으로서 나타난다. 이후 가중된 점수를 합산하여 계산되는 총점으로 순위와 등급을 결정한다. 다음 단계는 도출된 결과를 어떻게 현실적 가치평가에 활용하느냐는 것이다. 평점을 부여하기 위해서는 평점 부여 시 참조할 수 있는 기준이나 유사거래가 필요하다. 유사거래는 기술이 유사한 거래조건 하에서 매매되었다는 것을 의미한다.

사. 프로파일접근법

프로파일접근법(profile approach)은 비교대상이 되는 대안들에 대해 중요한 평가항목을 설정한 후 각 항목의 평가 결과를 직관적으로 파악할 수 있는 도형으로 표시하는 방법으로 상대비교법으로도 불린다. 즉, 대상 기술들 간의 상대적 우열을 평가하는 방식으로 기술가치를 평가하는 방법으로, 특정 기술에 대한 가치를 절대적, 독립적으로 평가하는 것이 아니라 여타 기술들과의 상대적 비교를 통해 평가를 하는 것이다.

프로파일접근법의 장점은 단순하고 평가가 쉬우며, 일차적인 평가정보를 시각적으로 이해하기 쉽게 제시할 수 있다는 점이다. 또한 기술개발 초기에 가치의 화폐적 측정이 어려운 경우에 적용할 수 있다. 특히 시각적 효과가 높아 짧은 시간에 평가결과를 이해해야 하는 최고경영자나 대중들을 대상으로 설명하기에 적당하다. 단점으로는 정량적 가치 또는 화폐적 가치로 측정할 수 없다는 점과 여러 개의 대안을 비교하는 경우 하나의 도형 안에 모든 대안을 표현하기 어렵다는 점이다.

프로파일 모형(profile model)은 도형의 표현 방식에 따라 차트(chart) 방식, 방사형(radial) 방식, 블록(block) 방식, 스케일(scale) 방식으로 나뉜다. 도형이 아니라 각 항목에 대해 적절한 값이나 해딩 여부를 ○, ×로 표시하는 체크리스트(checklist) 방식도 있다. 〈그림 13.10〉은 프로파일 방식 중 방사형 방식의 예이다.

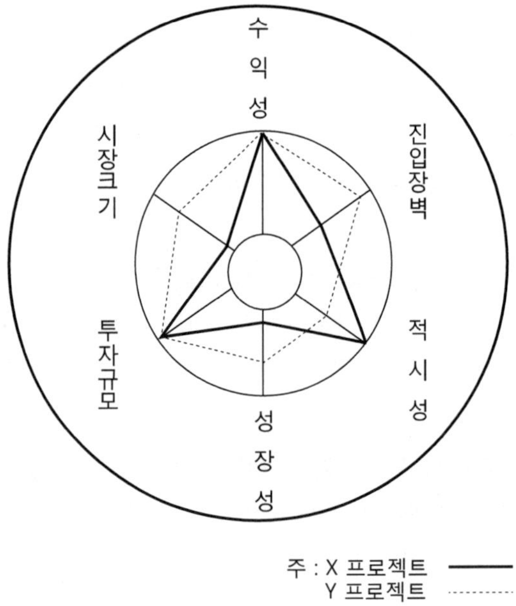

‖ 그림 13.10 프로파일 방식 중 방사형 방식의 예

5절 무형자산 특성별 가치평가

1. 무형자산 특성별 실무적인 가치평가방법

일반적으로 식별 가능한 무형자산은 5가지로 대분류할 수 있다. 5가지를 구체적으로 언급하면 기술(developed technology), 개발중인 기술(in process R&D), 고객관계 자산(customer relationship), 상표권(trademarks, trade names), 기타 무형자산(non-compete agreement, licenses)이다. 무형자산 특성별로 실무적인 가치평가방법은 다양하나, 특징적인 무형자산의 가치평가 방법은 다음과 같다.

고급회계 영역에 속하는 "유무형자산의 진부화, 자산손상의 회계처리, 국내 규정상의 실무 가치평가방법"은 전문적인 사항이므로 이 장의 "참고 3. 기술가치평가 관련 이론"에 기술하였다.

가. 라이선스 특허 계약

특허의 가치는 특허가 중요한 기술진척을 이룬 것인가, 대체특허가 존재 하는가 등의 요소로 평가될 수 있으나 가장 중요한 점은 특허 사용을 통해 로열티 등의 비용 절감, 나아가 결국 기업에 얼마만큼의 수익을 가져다 줄 것인가의 점이다. 특허는 앞에서 언급한 세가지 가치평가 방법을 모두 채택할 수 있으나 실증적인 가격결정 자료를 이용 가능하면 시장접근법이 가장 적절한 방법이다. 특허 보유를 통해 로열티가 얼마나 절약되는지의 추정이 필요하다.

나. 해외 자원개발권

회사가 투자하거나 보유 중인 해외자원개발권은 광구별 공정 가치를 산출하여 추정한다. 공정가치 산출시 개발권 보유에 따른 향후 개발 시 또는 매각시의 현금유출입액의 현재가치를 공정가치로 추정한다.

다. 회사 브랜드, 상표권

회사의 상호로 대표되는 브랜드(brand), sub-brand 및 각종 mark 등은 이들로 인해 유입이 예상되는 초과수익율을 현가화하여 추정한다. 때로는 로열티 면제법이 적용될 수 있다. 지주사, 관계회사와의 관계도 고려하여 평가한다.

라. 유형의 동산(tangible property) 가치의 평가

유형의 동산을 평가할 때는 대상 유형자산의 규모와 내용연수(age)를 파악하고, 나아가 실제 사용될 수 있는 용도 및 잠재적 용도를 파악하여 평가한다. 유형의 동산 평가는 따라서 대체원가접근법이 적합하며, 인플레이션에 의해 가격이 상승하거나 기능진부화로 인해 가치감소가 예상될 경우 조정하여야 한다.

마. 고객과 관련된 특수계약, 무형자산

고객과의 독점계약, 비경쟁협약(non-compete agreement), 고객 리스트 등은 이들 무형의 자산으로 인해 예상되는 현금유입액의 현재가치로 평가함이 적합하다. 따라서 할인된 순현금흐름법(DCF법)에 의해 평가된다.

참고 1　준변동원가, 준고정원가

1. 준변동원가(semi-variable cost)

준변동원가란 조업도와 관계없이 발생하는 고정원가와 조업도의 변동에 비례하여 발생하는 변동원가로 구성된 원가를 말한다. 따라서 준변동원가는 조업도가 '0'일 때에도 고정원가 부분만큼의 원가가 발생하며 조업도가 증가함에 따라 비례해서 선형으로 증가한다. 준변동원가의 예로 전화를 사용하지 않아도 발생하는 기본요금과 전화사용량에 비례하는 요금으로 구성된 전화요금을 들 수 있다.

2. 준고정원가(semi-fixed cost)

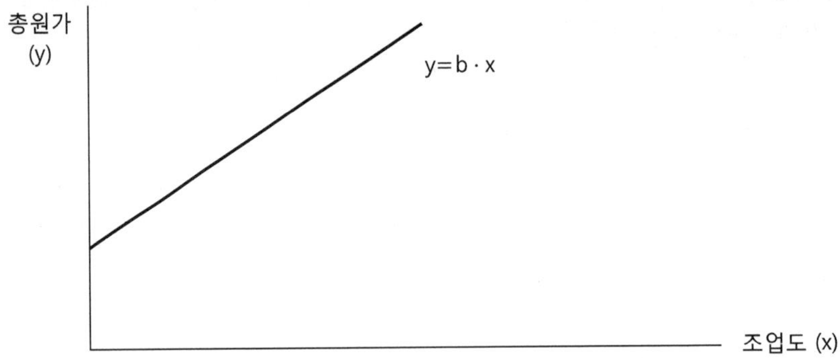

y : 총원가, x : 조업도, a : 고정원가 총액 b : 조업도 단위당 변동원가

준고정원가란 일정 조업도 내에서는 총원가가 일정하지만, 조업도가 그 범위를 벗어나면 총원가가 일정액만큼 증가 또는 감소하는 원가를 말한다. 예로 품질검사원 1명이 100개의 제품을 검사할 수 있다면, 제품생산량이 101개일 경우에는 품질검사원을 1명 추가로 고용해야 한다.

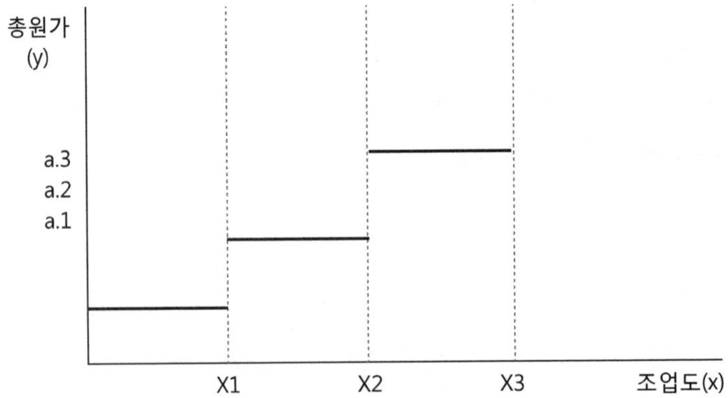

∞ 참고 2 다양한 원가계산방법

원가계산의 중요한 기능은 제품이나 서비스의 원가를 계산하는 것이다. 정확한 제품원가계산은 외부 보고를 위한 재고자산의 평가와 매출원가를 계산하는 데 필수적이며, 가격결정, 특별주문 수락여부 결정 등과 같은 의사결정 및 사후적 성과평가에 유용한 정보를 제공한다.

제품원가계산은 각 기업의 생산 형태에 따라 또는 원가의 집계 방법에 따라 개별원가계산과 종합원가계산으로 나눌 수 있다. 개별원가계산(job-order costing)은 주로 조선업, 항공기산업, 기계공업 등과 같이 고객의 주문에 따라 특정 제품을 개별적으로 생산하는 기업에서 사용하는 원가계산방법으로 제조원가를 개별 작업별로 구분하여 집계한다. 종합원가계산(process costing)은 정유업, 제지업, 시멘트공업 등과 같이 동종 제품을 연속적으로 대량생산하는 기업에서 사용하는 원가계산방법으로, 제조공정별로 원가를 구분하여 집계한다.

1. 개별원가계산

개별원가계산은 각 작업별로 독립적으로 원가를 집계한다. 따라서 개별원가를 적용하기 위해서는 우선 원가계산 대상이 되는 작업을 설정해야 한다. 작업이 설정되고 나면 제조원가를 작업별로 집계해야 하는데 그 과정은 다음과 같이 두 단계로 나뉜다.

▸1단계: 직접원가의 집계

작업별로 추적가능한 직접원가인 직접재료비와 직접노무비를 파악하여 작업별로 바로 집계한다. 즉, 원재료가 작업에 투입될 때마다 직접재료비를 작업별로 바로 집계하고, 생산작업자가 작업시간을 사용할 때마다 직접노무비로 바로 집계한다.

▸2단계: 제조간접비의 배분

작업별로 추적할 수 없는 제조간접비는 구성항목이 다양하므로 우선 제조간접비라는 계정에 집계한다. 여기에는 간접재료비, 간접노무비, 감가상각비, 동력비 등이 포함된다. 제조간접비를 집계하고 나면 이를 적절한 배부기준에 따라 개별 작업에 배부한다.

제조간접비는 개별제품이나 작업과 직접적인 관련이 없으므로 제조간접비를 각 작업에 배분하기 위해서는 작업별로 측정가능한 공통적인 배부기준을 선택해서 배분해야 한다. 제조간접비를 배분하기 위한 기준으로는 노동시간이나 기계 사용시간 또는 직접노무비가 많이 사용된다.

제조간접비 배부기준 중에서 제조간접원가와 상관관계가 높고, 논리적으로 타당한 인과관계가 있으며, 쉽게 적용할 수 있는 기준을 선택, 사용한다. 제조간접비 배부기준을 결정하고 나면 제조간접비 계정에 집계된 금액을 배부기준의 조업도로 나누어서 제조간접비 배부율을 결정한다.

제조간접비 배부율 = 제조간접비 ÷ 배부기준의 조업도 수준

2. 종합원가계산

가. 종합원가계산의 의의

종합원가계산은 제약업, 석유화학산업, 제지업, 시멘트제조업, 식품가공업 등과 같이 표준화된 작업공정을 통해 한 가지 제품만을 대량생산하는 제조환경에서 사용하는 원가계산방법으로 공정별 원가계산이라고도 한다. 종합원가계산은 제품별로 원가를 집계하지 않고, 생산라인에서 일정 기간 동안 발생한 제조원가를 집계하여 같은 기간 동안에 생산된 제품의 총 수량으로 나누어 제품의 단위당 원가를 계산한다.

제품 단위당 제조원가 = 공장에서 발생한 제조원가 ÷ 공장에서 생산된 수량

이와 같이 종합원가계산은 직접원가와 간접원가를 구분하지 않고 제조공정에서 일정기간 동안 발생한 제조원가를 일정기간 동안 생산된 산출량으로 나누어 평균화된 단가를 계산하는 방식을 사용한다. 다만, 실제 기업의 산출물 중에는 기말에 미완성된 재공품이 존재하기 때문에 재공품이 포함된 산출물의 수량을 결정하는 것이 중요한 과제가 된다.

종합원가계산에서 공정에 투입된 원가(기초재공품원가 + 당기총제조원가)를 당기제품제조원가와 기말재공품에 배분할 때 사용하는 배분기준은 산출 물량 자체를 직접 사용하지 않고 완성품환산량을 사용한다. 완성품환산량(equivalent unit)이란 특정 공정에서의 모든 노력이 완성품만을 생산하는 데 사용되었을 경우 완성되었을 완성품의 수량을 말한다.

나. 종합원가계산의 절차

(1) 물량의 흐름 파악

공정에 투입된 기초재공품과 당기투입량을 파악하고 공정에서 산출된 완성물량과 기말 재공품 물량도 파악한다.

(2) 완성품환산량 계산

물량흐름 자료를 기초로 공정에 투입되는 시점이 다른 재료원가와 가공원가를 구분해서 원가요소별로 산출물의 완성품환산량을 계산한다.

(3) 총원가의 요약

기초재공품원가와 당기발생원가를 파악하고, 원가요소별(재료원가와 가공원가)로 구분해서 배분대상이 되는 원가를 집계한다.

(4) 단위당 원가의 계산

원가요소별(재료원가와 가공원가)로 배부대상원가를 완성품환산량으로 나누어 완성품 환산량 단위당 원가를 계산한다.

(5) 원가의 배분

완성품의 완성품환산량에 단위당 원가를 곱해서 완성품원가를 계산하고 기말재공품의 완성품환산량에 단위당 원가를 곱해서 기말재공품원가를 계산하여 산출물원가를 결정한다.

3. 종합원가계산과 개별원가계산의 비교

종합원가계산은 동일제품을 대량생산하는 업종에 적용되는 반면에 개별원가계산은 여러 종류의 제품을 소량으로 생산하는 업종에 적용된다. 종합원가계산은 생산되는 제품 전체를 대상으로 원가를 집계하므로 작업별로 원가를 집계하지 않고 제조공정별로 원가를 집계한다. 반면 개별원가계산은 특정 작업별로 원가를 집계한다.

이런 이유로 종합원가계산을 적용하는 경우에는 제품단위별로 원가통제와 성과평가를 할 수 없으며, 제조공정별로 해야만 한다. 반면에 개별원가계산을 적용하는 경우에는 특정제품별로 실제원가를 보고하므로 제품단위별로 원가통제와 성과평가를 한다.

개별원가계산과 종합원가계산은 〈표 1〉과 같이 비교된다.

‖ **표 1** 개별원가계산과 종합원가계산의 비교

구분	개별원가계산	종합원가계산
생산형태	종류와 규격이 다른 개별제품의 주문생산	동일한 제품의 반복 대량생산
적용대상 산업	건설업, 조선업, 항공업, 주문가구제작업, 회계법인	정유업, 제분업, 철강업, 식품가공업, 제지업 등
제조원가 계산방법	각 작업별로 집계되며 그 작업에서 생산된 제품단위에 원가를 배분	각 공정별로 집계되며 그 공정을 통과한 제품단위에 원가를 배분
원가배분 기준	노동시간, 기계 사용시간	완성품 환산량
장점	• 보다 정확한 원가계산 가능 • 효율성 통제 및 미래작업 평가	• 보다 경제적이며 복잡하지 않음 • 부문별로 집계되어 책임, 통제 용이
단점	• 상세기록으로 회계비용 증가 • 작업기록 복잡, 오류 가능성	• 원가가 비교적 부정확 • 작업, 제품별 손익 비교가 어렵다

4. 활동기준원가계산

가. 활동기준원가계산의 의의

제조간접비가 차지하는 비중이 커짐에 따라 정확한 제품원가를 계산하기 위해서는 제조간접비를 어떻게 배부할 것인지가 핵심적인 요소로 대두되고 있다. 이처럼 제조간접비의 정확한 배부를 목적으로 개별원가계산을 발전시켜 개발한 원가계산방법이 활동기준원가계산(ABC; activity based costing)이다.

활동기준원가계산은 수익창출 과정에서 원가가 발생하는 원인을 분석하여 자원과 활동 및 제품 사이의 인과관계에 따라 원가를 배분함으로써 개별제품원가를 계산한다. 자원획득 과정에서 원가가 발생하고, 자원을 소비함으로써 제품이 생산된다고 본다. 여기서 자원은 수익창출활동에 이용되는 물적 자료, 노동력, 기술 등을 말하여, 활동은 수익창출과정에서 수행하는 업무를 뜻한다.

나. 활동기준원가계산의 기본절차

활동기준원가계산에서는 제품생산과정을 자원이 원가를 발생시키고, 활동이 자원을 소비하여 제품을 생산한다고 파악하므로, 제품원가 계산은 자원원가를 활동별로 집계하는 단계와 활동원가를 제품에 배부하는 두 단계로 계산한다. 즉, 지출한 자원원가를 활동별로 소비된 자원을 기준으로 활동에 배부하여 활동원가를 집계한다. 활동별로 집계된 원가는 활동을 소비한 활동원가동인을 기준으로 개별제품이나 작업에 배부한다.

다. 활동기준원가계산의 장점

- 원가배분 시 각 활동별로 인과관계를 추적하여 배분하므로 전통적인 원가배분방식에 비해 정확한 제품원가계산이 가능하다.
- 활동별로 원가를 관리함으로써 불필요한 활동(비부가가치활동)과 상대적으로 많은 자원을 소비하는 활동을 줄여나감으로써 원가통제가 가능하다.
- 실제로 수행된 활동의 원가와 원가동인을 측정하여 성과를 평가하므로 업무실적과 성과평가의 인과관계가 명확해진다.
- 활동을 기준으로 원가계산을 수행하므로 제품구성이 변화하더라도 신축적으로 원가계산이 가능하다.

라. 활동기준원가계산의 단점

- 활동기준원가계산은 도입초기와 운영, 개발하는 과정에서 많은 비용이 지출된다.
- 활동기준원가계산에서도 설비수준원가에 대해서는 자의적인 배분을 피할 수 없다. 따라서 개별제품이나 서비스의 수익성을 파악할 때에는 공장설비수준원가를 제외시킨 자료를 사용하는 것이 보다 바람직하다.
- 기업이 수행하는 수많은 활동들을 정의하고 이를 구분하기 위한 명확한 기준이 정립되어 있지 않았다.
- 활동기준원가계산을 적용하면서 원가절감방안을 모색하다 보면 묶음크기를 증가시켜 묶음수준활동원가를 절감하는 경우가 많은데, 이때 재고자산이 증가하여 재무적인 성과에 악영향을 미칠 수도 있다.

5. 표준원가계산

가. 표준원가계산의 의의

표준원가계산(standard costing)이란 직접재료비, 직접노무비, 제조간접비에 대하여 미리 성정해 놓은 표준원가를 이용하여 제품원가를 계산하는 원가계산방법이다. 표준원가를 이용하면 실제원가를 집계하기 전에도 제품원가를 계산할 수 있으며, 기간별로 제품단위원가가 변동되지 않기 때문에 실제원가계산의 문제점을 극복할 수도 있다. 또한 표준원가계산은 정상적이고 효율적인 상황에서 발생할 것으로 예상되는 표준원가와 실제원가를 비교하여 그 차이를 분석함으로써 성과평가에 유용한 정보를 제공해 준다.

나. 표준원가계산의 유용성

- 기초에 수립된 계획을 화폐가치로 표시한 예산을 편성하는 데 표준원가가 이용된다.
  * 예외에 의한 관리: 표준원가계산을 사용하면 경영자는 표준수량과 표준가격에 비추어 실제수량과 실제가격이 표준의 한계 내에서 투입되고 지급되었는지를 파악할 수 있다. 실제수량이나 실제가격이 설정된 표준의 한계를 초과하게 되면, 경영자는 그 차이에 관심을 가지고 이에 대한 통제에 노력을 집중할 수 있는데, 이 과정을 예외에 의한 관리라고 한다.
- 사전에 설정된 표준원가를 이용하여 원가계산을 하므로 원가흐름의 가정이 필요없으며, 수량만 파악하면, 당기제품제조원가, 매출원가, 기말재고자산금액을 쉽게 계산할 수 있다. 즉, 제품원가계산과 회계처리가 신속, 간편해진다.

다. 표준원가의 설정

제품단위당 표준직접재료비 = 제품단위당 직접재료 표준수량[1] × 직접재료단위당 표준가격[2]

1) 능률적인 생산조건에서 제품 1단위를 생산하기 위하여 투입해야 하는 직접재료의 수량. 공손, 감손, 증발, 작업폐물 등을 고려하여 설정
2) 직접재료 1단위의 표준구입가격을 말하여 시장 가격동향, 거래조건 등을 고려하여 설정

제품단위당 표준직접노무비 = 제품단위당 표준직접노동시간[3] × 직접노동시간당 표준임률[4]

3) 능률적인 생산조건에서 제품 1단위를 생산하기 위하여 투입해야 하는 직접노동시간을 의미하며 시간 및 동작연구 등을 이용하여 설정
4) 일정기간 직접노동시간당 지불해야 하는 임률을 의미

제품단위당 표준변동제조간접비 = 제품단위당 표준배부기준수 × 배부기준단위당 변동제조간접비 표준배부율

제품단위당 표준고정제조간접비 = 제품단위당 표준배부기준수 × 배부기준단위당 고정제조간접비 표준배부율

라. 표준원가계산의 차이분석

차이분석이란 실제성과를 고정예산 및 변동예산과 비교하여 그 차이를 분석하는 기법으로 통제 및 성과평가에 이용되며, 결과는 다음 연도 계획수립에 반영된다.

- 고정예산: 하나의 특정조업도(목표조업도)를 기준으로 사전에 편성된 예산으로, 사후에 실제조업도가 특정조업도와 일치하지 않더라도 바뀌지 않는 예산
- 변동예산: 통제목적을 위한 예산은 실제조업도에 근거하여야 한다는 관점에서 회계연도 말에 실제조업도의 변동에 따라 조정되어 편성되는 예산

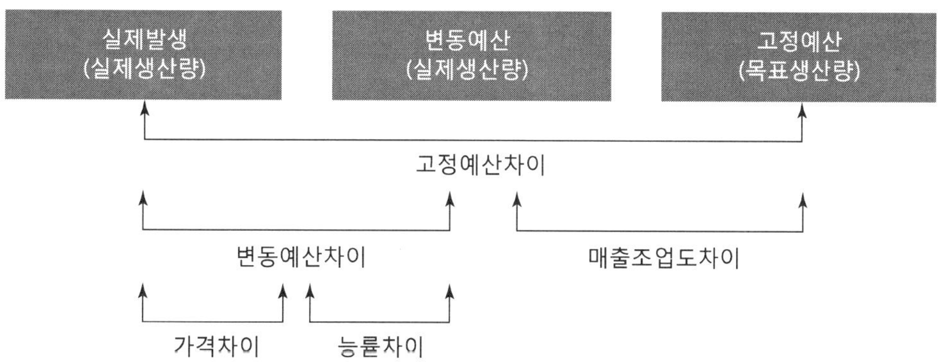

‖ **그림 1** 차이분석의 체계

(1) 변동예산차이

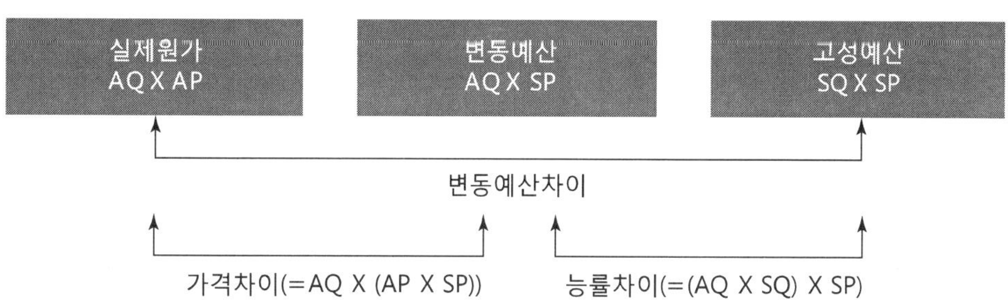

AQ : 투입요소의 실제투입량(실제배부기준수)
AP : 투입요소단위당 실제가격
SQ : 실제산출량에 허용된 표준투입량
SP : 투입요소단위당 표준가격

* 출처: 조근태(R&D 관리, 2011)

‖ **그림 2** 변동예산차이

▸ 변동제조원가의 가격차이

변동제조원가의 가격차이는 기업이 사전에 설정한 투입요소의 표준가격과 실제가격의 차이 때문에 발생한다. 가격차이는 생산과정에서 투입하는 직접재료의 단위당

실제구입가격, 생산 활동에 종사하는 근로자의 시간당 실제 임률 또는 제품생산과정에서 발생하는 변동 제조간접비의 실제가격이 사전에 설정한 각 투입요소의 표준가격과 얼마나 차이가 발생하였는지에 대한 정보를 제공한다. 가격차이는 투입량을 고정(실제투입량으로 고정)하고, 실제가격과 표준가격을 비교하여 계산한다.

▶ 변동제조원가의 능률차이

변동제조원가의 능률차이는 제품을 생산하는 과정에서 투입한 투입요소의 실제수량과 실제산출량에 대해 허용되는 표준수량과의 차이 때문에 발생한다. 능률차이는 제품의 생산과정에서 투입하는 재료의 실제투입량과 근로자의 실제직접노동시간 등이 당기의 실제산출량수준에서 허용되는 표준투입량 또는 표준 직접노동시간과 얼마나 차이가 났는지에 대한 정보를 제공한다. 능률차이는 생산과정에서 투입되는 투입요소의 가격을 고정(표준가격으로 고정)하고, 실제투입량과 표준투입량을 비교하여 계산한다.

(2) 고정제조간접비 차이분석(매출조업도 차이)

▶ 고정제조간접비 차이분석의 의의

변동제조원가는 투입과 산출 사이에 비례관계가 존재하므로 원가통제(성과평가)목적으로 설정한 단위당 표준이 제품원가 계산 목적에 그대로 사용된다. 따라서 원가통제목적을 위한 변동예산(SQ×SP)과 제품원가계산을 위하여 재공품계정에 집계(배부)되는 금액(SQ×SP)은 일치하게 된다.

그러나 고정제조간접비는 변동제조원가와는 달리 투입과 산출 사이에 비례관계가 존재하지 않으므로 원가통제(성과평가)목적으로는 고정제조간접비예산을 사용하지만, 제품원가계산목적상으로는 고정제조간접비 표준배부율을 이용하므로 원가통제목적을 위한 변동예산(고정제조간접비예산)과 제품원가계산을 위하여 재공품계정에 배부되는 금액(SQ×SP)은 일치하지 않는다. 원가통제목적인 변동예산과 제품원가계산을 위하여 재공품계정에 배부되는 금액 간의 차이를 조업도차이라고 하는데 조업도차이는 고정제조간접비에서만 발생한다.

▶ 고정제조간접비 차이분석방법

고정제조간접비 차이분석은 앞에서 설명한 변동제조원가의 차이분석과는 다른 형태를 가진다. 고정제조간접비예산은 조업도수준과는 관계없이 관련 범위 내에서는 동일한 금액을 갖기 때문에 투입과 산출사이에 비례 관계가 존재하지 않으므로 직접재료, 직접노동시간, 기계시간 등이 제조과정에서 얼마나 효율적으로 사영되었는가를 나타내는 능률차이의 개념은 존재하지 않는다.

따라서 원가통제 목적상으로 수행하는 원가차이분석에서는 고정제조간접비 실제발생액과 예산총액을 비교하여 예산차이를 구하게 되는데 능률차이가 존재하지 않으므로 예산차이는 모두 소비차이가 된다. 또한 제품원가계산을 위하여 고정제조간접비를 배부하면 예산총액과 배부액 간에 차이가 발생하는데, 이를 조업도차이라고 한다.

▸ 조업도차이의 발생 원인과 의미

고정제조간접비에 대한 조업도차이가 발생하는 원인은 고정제조간접비예산(기준조업도×SP)은 조업도수준에 영향을 받지 않고 일정한데 반해, 고정제조간접비 배부액(SQ×SP)은 실제산출량에 따라 변동하는 행태를 보이기 때문이다. 조업도차이는 표준배부율을 계산하기 위한 기준조업도와 실제산출량에 허용된 표준조업도가 다르기 때문에 발생한다. 조업도차이는 다음과 같은 이유 때문에 경제적 의미가 불분명하여 이에 대한 책임을 어느 부문에게도 귀속시키지 않는다.

표 2 원가차이 발생원인

구분	직접재료비	직접노무비	제조간접비
가격차이 (제조간접비: 소비차이)	• 재료시장가격의 변동 • 긴급주문 • 가격할인 • 운송방법 및 거리의 변경	• 임률의 변경 • 정시외 작업의 증가 • 고임률 근로자 배치	• 물가의 변동 • 계절적인 소비량의 증감 • 예산편성의 오류 • 소모품, 전력 등의 낭비
능률차이	• 생산방법의 변경 • 불량재료 사용 • 가공상의 실패 • 기계, 공구의 정비 불량	• 근로자의 과다 배치 • 작업방법, 조건의 변경 • 작업자의 불성실 • 불량재료의 사용 • 기계, 공구의 정비 불량 • 미숙련 노동자의 배치	• 능률차이: – 직접노무비와 동일 • 조업도차이: – 제품수요 감소 – 기계고장 – 기준조업도설정 오류

참고 3 기술가치평가 관련 이론

1. 유무형자산의 진부화

유형자산과 무형자산은 공히 시간이 경과함에 따라 〈표 13.5〉요인들에 의해 가치가 감소하는 진부화(obsolescence)가 발생한다.

‖ 표 13.5 유무형자산의 진부화 원인

- 물리적 손상(physical deterioration): 장기간 사용, 낡음, 손상으로 인해 서비스성을 감소시키는 물리적 요인에 의한 자산 수명 감소
- 기능적 진부화(functional obsolescence): 의도한 기능의 수행을 제한하는 요인에 의한 가치 감소
- 기술적 진부화(technological obsolescence): 새로운 생산방법과 제품의 출현으로 기능적으로 진부화가 나타난 경우
- 경제적 진부화(economical obsolescence): 수요공급 관계의 변화 또는 새로운 법규 제정 등 외부요인에 의한 가치 감소

2. 자산 손상의 회계처리

가. 손상 징후의 검토 의무

자산의 가치가 하락하는 자산 손상(impairment)과 관련하여 새로이 한국에서 채택하는 국제회계기준(K-IFRS)의 1036호에서는 영업권과 내용연수가 비한정인 무형자산 등에 손상 징후가 있는지 검토하도록 규정하였다. 즉, 회수가능액이 장부가액 이하로 감소했다는 징후가 나타났을 때 손상검사(impairment test)를 반드시 실시해야 한다고 규정하였다. 손상 징후는 자산의 진부화와 물리적 손상, 자산의 경제적 성과 하락, 자산의 시장가치 하락, 시장이자율 상승 등으로 감지할 수 있다.

나. 손상검사 원칙과 손상액의 결정

손상검사와 관련하여 K-IFRS에서는 다음과 같은 일반 원칙을 제시하였으며, 이를 그림으로 나타내면 〈그림 13.11〉과 같다.

① 자산 또는 현금창출단위 자산의 회수가능액이 장부금액에 미달하는 경우 자산의 장부금액을 회수가능액으로 감소시키도록 하고 이때 감소금액은 손상차손으로 당기손익에 반영함
② 회수가능액: 자산 또는 현금창출단위의 순공정가치와 사용가치 중 큰 금액으로 함

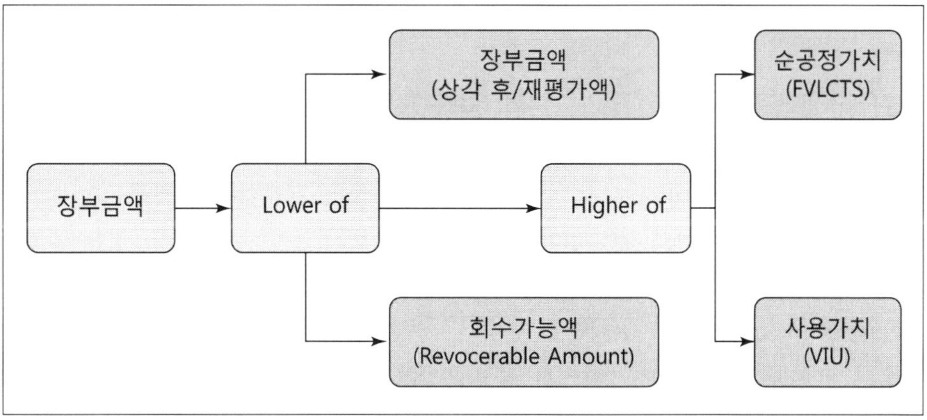

‖ **그림 13.11** 자산 손상의 회계처리 절차

③ 순공정가치(FVLCTS; fair value less costs to sell): 합리적인 판단력과 거래의사가 있는 독립된 당사자 간의 거래에서 매각으로부터 수취할 수 있는 금액에서 처분부대원가를 차감한 금액

④ 사용가치(VIU; value in use): 자산 또는 현금창출단위에서 유입될 것으로 기대되는 미래현금흐름의 현재가치

이때 현금창출단위의 장부금액은 회수가능액을 결정하는 방법과 같은 원리로 결정되어야 하며, 고려항목은 다음 식과 같다.

$$장부금액 = 순운전자본 + 직접귀속자산 + 영업권 + 배분된\ 공동자산$$

미래현금흐름 추정 시 포함해야 할 항목은 자산의 계속 사용으로 인한 현금유입액, 현금유출액 추정치, 내용연수 말에 당해 자산의 처분으로 수취 또는 지급될 순현금흐름액이다. 기업이 구조조정을 확약한 경우 예상되는 원가절감이나 효익을 현금유출입에 반영한다. 현금흐름 추정 시 제외해야 할 항목은 확약되지 않은 미래의 구조조정, 자산 성능의 향상, 재무활동으로부터의 현금유출입, 법인세환급액 또는 납부액 등이다.

3. 국내 규정상의 실무 가치평가방법

가치평가방법은 새롭게 제정된 한국의 국제회계기준(K-IFRS)에서 구체적으로 언급되어 있다. 그러나 국내의 여러 기관에서는 실무적인 가치평가방법으로 다음과 같은 방법들을 제시하고 있다.

가. 한국공인회계사회의 가치평가 서비스 수행 기준

무형자산평가와 관련하여 구체적 방법은 제시하지 않고 일반고려사항만 나열하였다. K-IFRS에서 제시방법과 유사한 이익기준 평가접근법, 자산기준 평가접근법(원가기준 평가접근법), 시장기준 평가접근법이 있다.

나. 재무보고에 관한 실무의견서

2006년 11월에 제정된 '비상장주식 평가에 관한 회계처리'의 평가방법은 기업가치평가와 관련된 내용으로, 무형자산의 평가에만 적용하기에는 무리가 있다. 방법은 실무에서 사용되는 세가지 방법과 유사하다.

다. 상속세법 및 증여세법

상속세법과 증여세법에서 언급된 평가방법은 과세 목적을 달성하기 위한 평가방법이다. 예로서 이 법에서는 영업권은 자기자본이익률을 초과하는 순손익액을 현재가치로 평가한다. 또한 특허권, 상표권, 저작권은 장래에 유입될 수입금액을 현재가치로 환산하여 평가하고 있다.

라. 기술거래소, 기술보증기금

기술가치평가 시에는 기술자산구성비, 기술완성도계수, 기술수명, 미래의 현금흐름액, 할인율 등을 고려한다. 기술자산구성비, 기술완성도계수 추정 시에는 주관성이 많이 개입될 수 있다. 기술자산가치는 기업가치에 기술기여도를 고려하여 구하는데, 기술기여도는 다음과 같이 기술자산구성비, 기술완성도 계수의 곱으로 계산된다.

기술기여도=기술자산구성비×기술완성도 계수

* 기술자산구성비: 평가 기술자산의 상대적 기여도. 기술, 시장, 인적 자산의 특성이 반영된 지표
* 기술완성도계수: 목표 기술의 판매시점까지의 완성도를 나타냄

제 14 장

성장을 위한 전략과 리스크관리

1절 기업성장의 어려움과 필요성

1. 기업성장의 어려움

기회를 잘 포착하고, 비즈니스모델이 훌륭하게 완성되고, 조직이 잘 구성되고, 자금조달도 성공적으로 이루어졌다고 해도 기업이 지속적으로 성장하기 위해서는 계속적인 노력이 필요하다. 일반적으로 창업된 10개의 기업 중 1개 기업만이 상당 기간 살아남는다고 한다.

아울러 혁신적인 아이디어 3,000개 중 300개만 정제된 아이디어로 발전하고, 이중 125개만이 소규모 프로젝트로 발전하며, 최종적으로는 1개만이 성공적으로 사업화된다는 기술혁신 깔때기 이론은 기술의 상업화를 통한 기업성장이 얼마나 어려운지를 나타낸다.

중소기업청이 벤처기업을 대상으로 조사한 '2013년 벤처기업정밀실태조사' 자료에 의하면 벤처기업의 가장 심각한 경영 애로사항은 '자금조달·운용 등 자금관리가 어렵다'는 응답이 75.4%로 가장 높았으며, 다음으로 '새로운 국내 판로개척이 어렵다'가 67.5%, '필요인력의 확보 및 유지관리가 어렵다' 58.7%, '개발된 기술을 사업화하기가 어렵다'와 '해외시장 개척이 어렵다' 56.1% 등의 순으로 나타났다. 동 조사 자료에 의하면 벤처기업의 성장에 있어 발생하는 애로사항은 다음 〈그림 14.2〉와 같다.

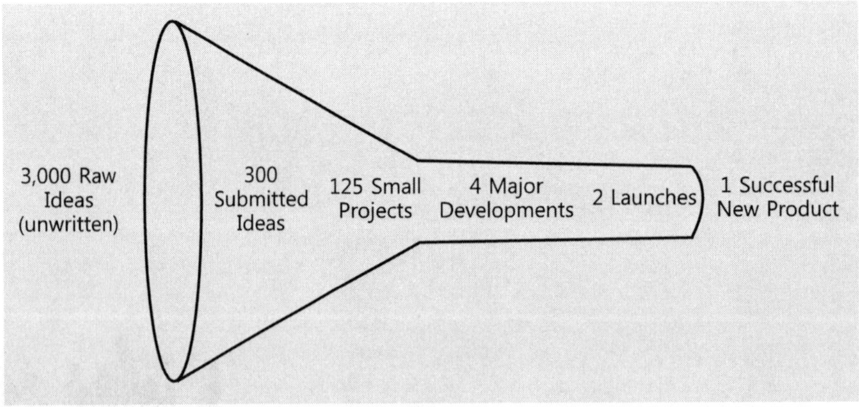

* 출처: innovation funnel by Steven & Burley, 1997

‖ 그림 14.1 기술혁신의 깔때기 이론

* 출처: 2013년 벤처기업정밀실태조사(중소기업청)

|| 그림 14.2 벤처기업의 경영상 애로사항

위의 조사에서 보는 바와 같이 기업들의 성장과정상 가장 큰 애로사항은 자금조달이라 할 수 있다. 실제로 대부분의 초기 창업단계의 기업들은 기술개발에 성공하였다 하더라도 사업화 단계에 이르기까지 자금조달에 어려움을 겪고 있으며, 이러한 현상을 죽음의 계곡(valley of death)라고 한다. 신기술을 기반으로 창업을 도모하는 기업은 기초연구, 기술개발, 상업화 등의 3개의 단계를 거치게 되는데, 초기단계인 기술개발 단계에서 개발단계에 이르는 과정에서 자금조달에 큰 어려움을 겪게 된다. 다음 〈그림 14.3〉은 죽음의 계곡 과정을 나타내고 있다.

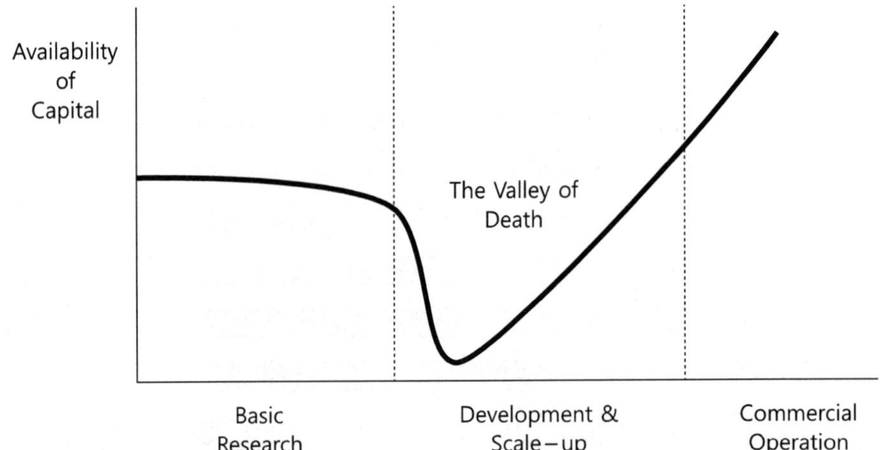

* 출처: 미국 상무성(2001)

‖ **그림 14.3** 죽음의 계곡

한편, 기업을 창업한 후 운영하는 과정에서 성장을 위한 노력을 꾸준히 하더라도 모든 기업이 실제로 성장 잠재성이 있는 것이 아니며, 사업 성장이 빠르게 진행되어도 성장의 부작용으로 문제점이 발생된다.

기업 성장에 대하여 인식하여야 할 주요 사항으로는 첫째, 모든 사업이 성장 잠재성이 있는 것이 아니라는 점이다. 성장잠재성이 높은 기업은 문제해결 능력이 뛰어나거나, 고객의 생산성을 향상시키거나 삶에 중요한 영향을 미칠 수 있는 기업이다. 이러한 사업의 대표적인 예로 헬스 케어, 사회미디어, 엔터테인먼트 등을 들을 수 있다.

두 번째로 인식하여야 할 사항은 급성장에 따른 현금유동성(liquidity) 부족에 대한 주의가 필요하다는 점이다. 기업의 빠른 성장은 원재료 구입액, 인건비 지급액 등으로 구성되는 운전자금(working capital)의 급증을 야기하여 현금부족, 즉 유동성불량을 초래 할 수 있다. 이러한 기업은 미래 이익은 발생하여도 현재 현금이 부족하여 발생하는 흑자도산(technical insolvency)에 대한 주의가 필요하다. 따라서 기업의 급속한 성장 시점에 속도를 조절하고 관리할 수 있는 능력이 필요한데, 이는 기업이 상승세를 겪은 이후 어려워질 수 있기 때문이다. 다음 〈표 14.1〉은 기업에 있어 바람직하지 않은 급성장이 일어나고 있다는 징후를 나타내는 대표적인 사례들이다.

표 14.1 바람직하지 않은 급성장이 일어나고 있다는 징후

• 일반운영비를 충당하기 위한 대출 행위	• 극히 적은 이윤
• 초과 근무인원	• 품질 저하
• 답이 없어지기 시작하는 e-mail	• 고객불만 증대
• 출근하기 싫은 직원들	• 생산성 저하
• 위기상황이 예외가 아닌 일상이 되어버림	
• 기업 재무구조가 걱정되기 시작하는 일들	

세 번째로 인식하여야 할 사항은 규모 성장만이 사업성공의 기준이 아니라는 점이다. 성장은 "양날의 칼(two edged sword)"이라 할 수 있으며, 성공의 결과로 고통도 따른다.

이에 대한 예로써, 신설된 투자자문회사를 들 수 있다. 신설된 후 초기에는 높은 수준의 개인고객 중심의 서비스 제공이 가능하다. 그러나 고객이 늘어남에 따라 수준 높은 서비스의 표준화가 완성되기 전까지는 초기의 수준 높은 서비스를 제공하기 어렵게 되어 보통 수준의 서비스를 제공하는 회사로 전락할 수 있다. 따라서 규모 성장과 함께 높은 수준의 서비스를 제공하는 시스템이 함께 갖추어져야 한다.

2. 기업이 성장을 추구하는 이유

기업은 끊임없이 매출액, 이익, 기업 가치를 증대시키기 위해 노력해야 한다. 소규모 벤처기업 수준에 머물러 있으면 규모의 경제효과를 누리지 못하기 때문에 일정규모의 이상의 기업으로 성장할 필요가 있다.

기업의 규모가 커지면 기업은 신용이 커지며, 시장접근이 용이하게 되고, 고객들에게 좋은 평판을 얻을 수 있고, 다른 기업과의 협력이 많아지며, 유능한 인력을 채용할 수 있다. 따라서 기업들은 신기술을 상업화하는 과정에서 최대한 빨리 일정수준의 규모, 즉 임계수준(critical mass)까지 성장할 필요가 있다. 일반적으로 기업이 성장을 추구하는 대표적인 이유는 규모의 경제, 범위의 경제, 시장리더십(market leadership), 핵심인력 확보 및 유지 등이라고 할 수 있다. 세부 내용을 설명하면 다음과 같이 정리할 수 있다.

가. 규모의 경제(economy of scale)

기업의 생산비용은 크게 고정비용과 변동비용으로 구분할 수 있다. 고정비용은 인건비, 임대료, 금융비용 등 매출 규모와는 관계없이 고정적으로 발생하는 비용이며, 변동비용은 생산에 필요한 재료구입비와 같이 매출의 증가에 따라 비례하여 변동하는 비용이다.

〈그림 14.4〉은 기업의 매출증가에 따른 생산비용 증가를 나타낸 그래프이다. 생산이 증가하면 생산 단위당 평균생산비용이 감소되어 기업 이익이 증가하는 규모경제를 설명하고 있다.

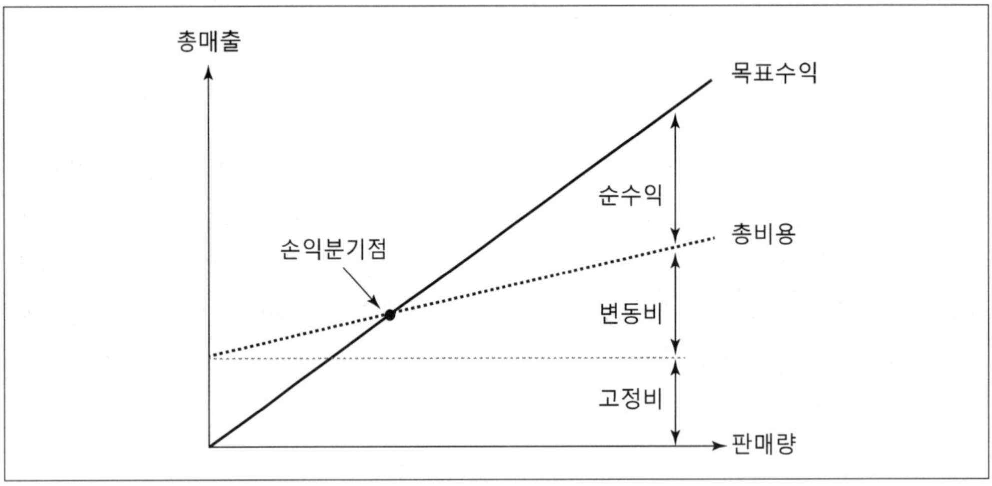

‖ **그림 14.4** 기업의 매출과 생산비용(변동비용-고정비용)

나. 범위의 경제(economy of scope)

범위의 경제는 하나의 기업이 유사성이 있는 2가지 이상의 제품을 함께 생산할 경우, 2가지를 각각 따로 다른 기업에서 생산하는 경우보다 생산비용이 적게 드는 것을 말한다. 범위의 경제가 존재한다는 것은 생산품의 다양화가 특화보다 효율적이라는 것을 의미하며, 인수 합병(M&A)의 이론적 근거가 되기도 한다. 여러 제품을 함께 생산하는 결합생산의 방식을 채택하면 생산비용을 절감할 수 있다는 점에서 '규모의 경제'와는 다르다. 〈표 14.2〉가 성립할 때 범위의 경제가 존재한다.

‖ **표 14.2** 범위의 경제 성립조건

TC(Q1, Q2) < TC(Q1, 0) + TC(0, Q2)
TC: total cost(총생산비용), Q1 · Q2: 생산품의 종류

다. 시장 리더십

기업이 한 산업이나 특정 시장을 리드할 수 있는 위치에 있는 것이 시장 리더십이다. 많은 기업들은 시장 리더십(market leadership)을 실현하고 규모의 경제와 범위의 경제를 달성하고, 브랜드 리더로서 인식되기 위해 노력한다.

시장에서의 리더십은 시장규모, 제품경쟁력, 사업선도능력 등에 의해 확보될 수 있으며, 이로 인해 고객을 확보하고 능력 있는 인력을 영입할 수 있다는 점에서 성공적 성장을 이끌어내는 주요 원인이라 할 수 있다.

라. 지배적 디자인

지배적 디자인(dominant design)을 통해 기업은 시장에서의 리더십을 확보할 수 있는데, 지배적 디자인이란 시장과 업계의 표준이 되는 지배력을 갖춘 제품 또는 디자인을 말한다. 기술은 연속적인 발전과정으로 이어지는 것이 아니라 혁신적인 기술개발을 통해서 기존과는 전혀 새로운 제품(기술)이 등장하는 경향이 있다. 기존 기술 체계를 무너뜨리는 신기술의 혁신성이 갖는 특징 중 하나가 바로 '지배적 디자인'이라 할 수 있다.

PC에 윈도우즈가 아닌 다른 OS가 설치되어 있거나, 안드로이드 폰이 처음으로 등장했을 때 시장에서의 거부감 등은 '시장 지배력을 보유한 디자인(dominant design)'이 발휘하는 영향력의 대표적인 사례라고 할 수 있다. 기존의 높은 시장점유율을 가진 제품의 사용성과 인터페이스에 익숙해진 사용자들의 생각은 점점 다른 경쟁업체의 기술이 등장했을 때에 이를 수용하기를 거부하는 현상이 나타나게 되고, 경쟁업체들은 결국 기존의 지배적 디자인을 따라갈 수밖에 없는 follower 전략을 추구할 수밖에 없게 된다.

마. 핵심고객 성장의 수용 필요

기업은 늘어나는 주 고객을 수용하기 위해서 성장이 필요하다. 인텔의 경우 반도체를 사용하는 주 고객이 전자회사로서 매년 20%씩 고객이 늘어남에 따라 생산설비를 증설하게 되어 기업이 성장하게 되고 사업기회를 확장할 수 있었으며, 사업의 손실을 회피함으로써 지속적으로 성장할 수 있었다.

바. 핵심인력 확보 및 유지

기업은 능력 있는 높은 수준의 인력을 끌어들이고 유지하기 위해 성장한다고 할 수 있다. 능력이 있는 인력은 승진, 높은 연봉, 확대되는 권한과 복지 수준 등을 제공하는 기업에서 근무하기를 원하는 경향이 있다. 소규모 기업과 초창기 기업들은 유능한 인력을 확보하기 위하여 성장을 추구한다고 볼 수도 있다.

2절 기업성장이론과 경영다각화

1. 기업성장이론

기업의 성장을 설명하기 위하여 다양한 이론이 제시되어 왔다. 개별 기업이 아닌 국민경제의 관점에서 기업성장을 바라보는 중요한 관점이 될 만한 이론을 요약하면 〈표 14.3〉과 같다.

‖ 표 14.3 기업성장에 관한 경제이론

경제이론	주요 내용	강조 요인
슘페터 성장이론	기업성장은 창조적 파괴(혁신) 과정에서 발생하는 미시적 현상	혁신, 시장창출중심
불확실성하의 실험	기업이 불확실성하에서 능동적 또는 수동적 실험을 시도함으로써 성장	학습과 실험
M. Porter의 경쟁력 모형	산업 내에서 여러 위협에 대응하는 5가지 경쟁우위를 확보하는 기업이 성장	경쟁우위
제품 라이프 사이클 모형	신제품(신시장) 출현에서 성숙에 이르는 과정에서 기업이 성장	제품의 개발과 마케팅 초점

* 출처: 최성호 외, 새로운 기업성장 패러다임과 신산업정책 방향 연구(2012)

가. 슘페터의 성장이론

슘페터는 '창조적 파괴(creative destruction)'를 자본주의의 본질적 현상으로 인식하였다. 기업이 창출하는 새로운 소비재, 새로운 생산·수송 방법, 신 시장, 새로운 형태의 산업조직 등이 자본주의 발전의 근본적 동력이라고 주장하였다. 이러한 관점은 기업성장을 창조적 파괴의 과정에서 발생하는 미시적 현상으로 인식한다.

슘페터에 의하면 새로운 기업이 신기술을 가지고 시장에 등장하여 우월한 경제적 성과를 거두면서 노후기술을 가진 기존 기업이 쇠퇴하는 창조적 파괴가 전개된다는 것이다. 혁신기업가에 의한 시장진입과 성장은 종전의 기술·조직·규제·경제 패러다임에 의하여 가능했던 기존 기업의 시장지배력을 파괴함에도 불구하고 경제성장의 동력으로 간주되었다.

나. 불확실성하의 실험

불확실성하의 실험이란 신제품에 대한 수요나 새로운 기술의 비용효과성이 불확실한 상황 하에서 개별 기업들은 서로 다른 기술의 사업화를 시도하는 것이 일반적이라는 점을 말한다. 이 이론은 기업의 실험과 성장을 연관시켜 불확실성하에서의 실험에 성공하는 기업이 성장한다는 논리이다. 산업 내부와 외부의 경쟁 압력에 기업이 대응하는 자세에 따라 수동적 학습모델과 능동적 학습모델로 구분된다. 제조업 부문의 기업들이 주로 능동적 학습모델과 부합하는 한편, 소매유통 부문의 기업들은 수동적 학습모델에 더 부합하는 것으로 인식되고 있다.

다. 마이클 포터의 경쟁력 모형

마이클 포터(Michael Porter)는 산업 수준에서 5가지 경쟁우위 요인이 한 산업의 경쟁강도와 매력도를 결정한다고 한다. 그는 이러한 경쟁우위 요인을 상응하는 위협에 대한 대응력으로 개념화하였다.

이 이론에 의하면 개별 기업도 두 가지 범주의 위협에 직면하며 이러한 위협에 대응하여 확보한 경쟁우위가 기업의 성장성과를 좌우한다는 것이다. 여기에서의 두 가지 범주의 위협은 대체재의 위협, 기존 경쟁기업의 위협, 신규 진입기업의 위협을 포함하는 수평적 위협(horizontal threats)과 공급업자 교섭력 위협, 소비자 교섭력 위협에 해당하는 수직적 위협(vcrtical thrcats)이다.

라. 제품 라이프사이클 모델

제품 라이프사이클(product life cycle) 모델은 기업 혁신이 주도하는 시장에서 기업 성장을 잘 설명해 주는 이론이다. 〈그림 14.5〉에서 보듯이 신제품이 나왔을 때, 시장은 빠른 속도로 성장하고 많은 신생기업들이 시장에 진입한다. 이후 시장이 성숙되면서 수요증가 속도가 줄어들고 규모의 경제(economies of scale)가 더 중요해지며 마침내 시장이 쇠퇴하게 된다.

이에 따르면 제품 라이프사이클의 초기 단계에 기업 성장이 활발하며 지속적 혁신을 통하여 신제품을 개발하고 개발된 제품의 마케팅을 성공적으로 전개하는 기업이 빠르게 성장한다. 일반적으로 기업 성장은 시장 확대, 시장점유율 상승, M&A 진행 등에 의하여 이루어진다.

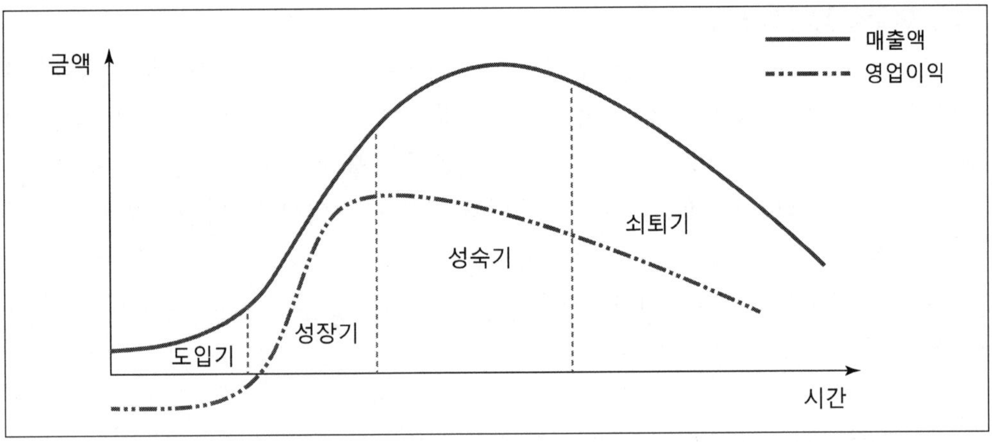

‖그림 14.5 제품 라이프사이클 모델(PLC; product life cycle model)

2. 경영다각화

가. 경영다각화의 의의와 목적

기업의 지속적인 성장을 위해서는 새로운 미래 지향적사업을 지속적으로 발굴하여야 한다. 그러나 경영다각화(corporate diversification)는 모든 기업이 동일한 형태로 추구되는 것이 아니라, 개별 기업이 처한 상황에 따라 다양하게 추진되어야 한다. 1990년대까지는 경영자원의 효율적 배분을 통한 다양한 분야에 대한 경영다각화가 주류를 이루었지만, 최근에는 핵심역량 중심의 경영다각화를 추진하는 경향을 보이고 있다.

기업의 핵심전략(core strategy)은 '기업의 핵심역량을 특별히 잘하는 일에 집중하는 것'으로 정의 될 수도 있는데, 핵심전략에 집중하고 이를 잃지 않는 것이 중요하다. 유망한 사업기회라 판단되어 많은 유망사업을 동시에 추진하면 기업의 역량이 분산되고 산만해져 경쟁에서 뒤쳐지게 될 수 있다. 이러한 현상을 'the alexander problem'이라고도 하는데, 이는 알렉산더 제국의 급속한 영토 확대가 제국의 안정성을 악화시켰듯이, 무분별한 다각화를 통한 급속한 기업 규모 확대는 기업 생존 자체의 불확실성을 가중시킬 수 있다는 것을 말한다.

최고 경영층은 새로운 성장사업 발굴과 수익성 향상이라는 두 가지의 과업을 추구해야 한다. 경영다각화의 목적은 추진 필요성에 따라 〈표 14.4〉와 같이 설명할 수 있다.

‖ **표 14.4** 경영다각화의 목적

다각화의 목적	내 용
성장 추구	• 기업의 생존을 위한 지속적인 성장을 달성 • 조직구성원들에게 새로운 업무 기회와 목표를 부여할 수 있음 • 다각화를 통해 증대된 기업규모로 인해 자금조달이 용이해짐
위험 분산	• 경기순환 및 제품(사업) 수명주기의 이행에 따른 위험 분산 • 특정 사업의 사양화에 따른 새로운 수익 창출 사업으로의 진출
범위의 경제성 달성	• 유형자원 측면에서 물리적 설비나 유통망 등을 공유 • 무형자원 측면에서 핵심기술이나 브랜드 가치를 공유
시장지배력 강화	• 다각화된 기업의 내부 거래를 통한 시장 지배력 확보 • 상호경쟁의 자제를 통한 시장지배력 확보

경영다각화는 현재의 기업 활동과 연계된 다른 사업에 진출하는 수직적 통합전략, 현 사업과 관련이 있는 사업에 진출하는 관련 다각화전략, 현 사업과 아무런 관련이 없는 완전히 새로운 사업에 진출하는 비관련 다각화전략의 세 가지로 구분할 수 있다.

나. 수직적 통합전략

수직적 통합전략(vertical integration strategy)은 기업의 생산이나 판매의 가치창출 활동과 관련되는 다른 기업을 통합하는 전략이다. 즉 제품생산 관련 공급원이나 제품의 판매자와 같이 산업의 생산-분배의 연결고리에 속해 있는 다른 단계에 있는 기업을 통합하는 것이다.

수직적 통합전략은 통합의 방향에 따라 생산-분배의 연결고리의 전 단계인 원재료나 부품의 공급업자를 통합하는 후방통합과 연결고리의 다음 단계인 도·소매업자를 통합하는 전방통합으로 나누어진다. 예를 들어, 셔츠 제조업자가 직물 제조업자를 통합하면 후방통합이 되는 것이고, 의류상점을 새로 개설하여 판매업자를 통합하면 전방통합이 된다.

다. 관련다각화 전략

관련다각화 전략(related diversification strategy)은 기업의 현재 사업 분야와 공통적인 활동요소(제조, 마케팅, 자재관리, 기술, 상표명과 명성 등)를 공유하는 사업이나 유사한 사업에 참여함으로써 사업을 다각화하는 전략이다. 관련다각화 전략은 단순히 특정기업 활동요소를 여러 사업에 공통적으로 적용하는 것이 아니라, 기업이 가지고 있는 핵심역량의 이점을 여러 사업에 활용하여 기업 전체의 시너지를 창출하고자 하는 전략이다.

이 전략은 기업이 현재 사업에서 가지고 있는 강점을 활용할 수 있는 다른 분야로 다각화하고자 하는 경우에 사용된다. 예를 들어, 담배(Malboro) 판매를 통해 축적된 마케팅 능력을 활용하여 맥주(Miller), 식료품(general foods) 사업에 진출한 필립 모리스는 관련 다각화 전략을 추구한 대표적인 기업이라 할 수 있다.

라. 비관련다각화 전략

비관련다각화 전략(unrelated diversification strategy)은 기존의 사업 분야와는 아무런 관련이 없는 사업, 즉 현재의 사업 분야와 기술·시장·유통망 등에 있어서 공통의 요소가 존재하지 않는 사업으로 다각화하는 전략이다. 비관련 다각화 전략은 기본적으로 이익을 낼 수 있다고 생각되는 사업이면 어디라도 진출한다는 목표를 가지며, 다각화구성에 있어 명확한 전략적 주제가 없는 것이 일반적이다. 이러한 점에서 이 전략을 복합기업(conglomerate) 다각화라고도 한다.

비관련 다각화 전략을 추구하고 있는 대표적인 기업으로는 철도운영, 석유와 가스탐사, 광산, 트럭운송, 석유정제, 부동산 사업을 병행하여 하고 있는 미국의 복합기업인 유니온 퍼시픽 코퍼레이션(Union Pacific Corporation)과 한국의 여러 재벌그룹들을 들 수 있다.

마. 경영다각화 정도에 따른 기업수익성 차이

경영다각화를 어느 정도 추진해야 기업의 장기 수익이 좋아질까? 여기에 대한 해답은 하버드대 R. Rumelt 교수가 수행한 실증적 연구에서 해답을 찾을 수 있다. Rumelt는 1974년 미국 Fortune지 500대 기업에 대해 25년간 경영다각화 수행 정도에 따른 기업수익률 변화를 연구하였다. 분석한 결과, 관련다각화만을 추구한 기업의 수익률은 초기 25.7%에서 42.3%로 변화하였고, 비관련다각화도 추구한 기업은 4.1%에서 20.7%, 다각화를 전혀 추구하지 않은 단일사업 기업은 수익률이 42.0%에서 14.4%로 변화한 것을 측정하였다. 이를 통해, 관련다각화를 추구하는 기업의 수익성은 비관련다각화, 단일사업 기업보다 수익성이 훨씬 높음을 밝혀냈다.

아울러 경영다각화가 충분히 이루어진 기업보다 덜 이루어진 기업이 우량하며, 경영다각화 추진 시 내외부 조직을 단순하게 해야 수익성 훼손이 방지된다고 주장한 바 있다. 물론 시대적 상황, 기업 여건에 따른 차이도 있겠지만 본 연구는 많은 시사점을 제공한다.

3절 성장에 따라 부각되는 문제점과 대책

1. 기업성장에 따른 경영자의 고민거리

기업의 제품개발이 순조롭게 이루어지고 판매량이 증가하는 등 기업 규모가 커지면 새로운 유형의 문제가 대두된다. 운전자금 증가, 신구 조직원 간의 갈등, 경영자의 업무 과다, 규정화의 필요성, 품질관리 문제 등으로 특히 엔지니어 출신 창업자는 이러한 문제를 미리 예측하지 않으면 큰 위기에 맞이할 수 있다. 기업성장에 따른 문제점과 대책을 정리하면 다음과 같다.

가. 끊임없는 기술 · 시장 트렌드의 파악

급변하는 주변 경영여건에 맞추어서 경영자는 계속하여 변화하는 기술 트렌드에 뒤처지지 않고 따라잡아야 한다. 특히 기술이 급변하는 첨단산업에 종사할 경우, 기술·시장 추세를 파악하지 못할 경우 순식간에 사업의 몰락을 초래할 수 있다. 소비자와 시장의 소비 패턴, 욕구추이도 파악해야 한다. 이를 위한 대책은 외부의 중요한 기술·경영전략세미나에 참석하고, 소비자와의 대화 채널을 유지하는 방법을 들 수 있다.

나. 기존사업 확대와 신사업 진출 여부 결정

제품 판매가 안정기에 진입하면 경영자는 기존제품의 투자확대와 신사업 진출 사이에서 어떤 것을 선택할지 고민하게 된다. 즉, 시장에서의 지위가 굳어가는 기존 분야에 투자를 확대하여 시장점유율(market share)을 높여야 할지, 유망한 미래 신사업에 새로이 진출하여 장래 수익원 확보를 도모해야 할지 고민해야 한다. 이와 같이 경영자는 투자확대와 신사업진출에 대한 고민을 중요한 일상 업무로 인식하여 지속적인 관심을 보여야 한다.

다. 운전자금 증가와 현금흐름 관리(cash flow management)

기업이 성장함에 따라 원재료 매입량, 외상매출금, 직원 급여지불액 증가 등으로 인해 현금소요, 즉 운전자금(working capital) 소요액이 커지게 된다. 따라서 증가하는 자금수요를 충족하기 위해 충분한 현금, 즉 유동성(liquidity)을 보유하고 있는지 확인하여야 한다. 매출액은 증가하였으나 현금으로 회수하지 못한 외상매출금이 급증하여 어려움을 겪을 수 있다. 손익계산서 상으로는 흑자이나, 현재 시점의 현금 부족으로 도산하는 흑자도산(technical insolvency)을 유념해야 한다.

기업 성장이 보다 많은 현금 수요를 발생시킨다는 것을 고려하여 은행의 신용라인을 개설하고, 당좌차월액을 증대시킬 필요가 있다. 차입을 통한 적극적 투자보다는 이익의 내부적립을 통해 자기자본비율도 올려야 하며, 외부 차입원도 다양화해야 한다. 투자자본을 확충하는 한편, 경우에 따라서는 기업의 성장 속도를 의도적으로 제한할 필요도 있다.

라. 인력채용과 유지

조직이 커지면 인력소요가 급증하여, 때로는 외부의 전문지식을 갖춘 경력직원을 채용하게 된다. 이때 창업 초기부터 근무한 직원과 뛰어난 전문지식을 갖추어 비교적 높은 직위로 스카웃된 직원과의 갈등이 발생하기 쉽다. 기존직원은 우리는 초기부터 고생했는데 회사에 기여도 하지 않은 외부인이 높은 자리로 차지한다고 불평한다. 스카웃된 직원은 실력도 없는 사람들이 오래 근무한 것만 가지고 텃세를 부린다고 투덜거린다.

이러한 경우 회사에서는 확고한 인사원칙과 철학을 널리 알려서 갈등(conflict) 요인을 회사발전에 도움이 되는 동기부여 요인(motivator)으로 변환시켜야 한다. 급여, 근무조건 등 위생요인(hygiene factor)은 결국 만족도를 충족하는 요인은 되지 못한다.

마. 경영자의 과다한 업무량과 권한 이양 필요성

매출이 늘어나면 거래처의 수와 구매금액도 급증하고 직원 수도 늘어나게 된다. 조직 팽창 시 경영자가 창업 시점의 작은 조직에서 수행하던 방식대로 업무를 대부분 직접 결정하면 업무량이 폭발적으로 늘어나게 된다. 최고경영자의 결재를 받는 것이 병목현상(bottleneck)이 되며, 경영자는 중요한 일에 몰두할 시간을 갖지 못하게 된다.

조직이 커지면 경영자는 중요성이 떨어지는 업무의 결정권을 아래로 이양해야 한다. 권한이양을 통해 경영자는 신사업, 새로운 계약체결 등 중요 업무에 할애할 시간을 확보할 수 있다. 경영자 개인이 모든 것을 수행하기보다는 조직시스템이 업무를 수행하는 체제로 바꿀 필요가 있다.

바. 규정화의 필요성

창업 초기의 적은 인력으로 구성된 조직에서는 전체 인원이 모여 회의하는 등 의사소통(communication) 문제는 심각하지 않다. 그러나 인원이 많아지고 전체회의가 쉽지 않을 경우, 의사전달에 왜곡이 발생할 수 있다. 또한 다양한 단위조직 책임자의 개성에 따라 업무처리 결과가 달라지고 예외조치도 발생하게 된다.

조직이 커지면 업무처리의 동일화를 위해 회사의 동일 업무에 대해 규정화를 추진해야 한다. 적은 인력 때문에 규정화 작업에 많은 시간을 소모할 수 없으므로, 비슷한 규모와 업종의 회사 규정을 원용하여 이를 수정하여 사용하는 방법도 있다.

사. 가격 정책

기업성장이 경쟁사와 시장점유율 확대 전쟁에 휘말려, 가격을 연속적으로 상호 인하하는 가격경쟁(price competition)에 빠질 수 있다. 가격경쟁에 빠지면 소비자는 이익이나, 경쟁하는 회사들은 결국 수익성이 악화된다. 창업 초기 회사는 소비자 인지도, 여유자금 사정, 유통망 등에서 열세이기 쉬우므로 가격경쟁은 회피하는 것이 좋다.

차별화된 제품을 명확히 정의된 세분화된 목표시장에서 판매하는 것이 중요하며, 중소기업이 대기업과 가격으로 경쟁하는 것은 좋지 않다. 중소기업이 가격경쟁을 회피하는 방법으로는 틈새시장(niche market)으로 진입하는 방법도 있다.

아. 품질 관리

기업이 성장함에 따라 높은 수준의 품질과 고객서비스를 유지하는 것이 매우 어렵게 된다. 따라서 품질관리(quality control)와 고객서비스 차원에서 부족함을 피하기 위한 방법을 개발할 필요가 있다. 높은 수준의 품질을 유지하기 위해 제조공정상 터득한 노하우를 토대로 제조업무메뉴얼을 만들 필요도 있다. 품질 불량이 발생한 원인을 명확히 규명하여 책임소재를 밝히는 것도 품질안정에 기여한다.

2. 기업의 성장단계별 관리 주안점

기업은 〈그림 14.5〉와 같이 도입기, 초기성장기, 지속성장기, 성숙기, 쇠퇴기를 거친다. 각 성장단계별 관리 주안점은 다음과 같다.

가. 도입기(introduction stage)

사업의 핵심 강점과 역량이 무엇인지 결정하고 초기 제품과 서비스를 판매하는 단계이다. 사업을 운영하는 데 있어서 규칙이나 절차가 거의 없는 상태이며, 사업의 주목적은 순조로운 시작과 시장에서의 탄력을 얻기 위해 노력한다. 초기 제품과 서비스가 옳은 지를 확인하고 좀 더 큰 조직을 구축하는 초석을 다지는 것이 중요하다.

나. 초기 성장기(early growth stage)

판매가 증가하고 복잡성이 강화되어 초기 제품이나 서비스에 집중하고 시장점유율을 증대시키고 연관된 제품이 나오는 단계이다. 초기형태의 규칙이나 절차들이 생겨나고 사업운영 절차에 대해 보다 많은 시간과 주의가 필요한 시점이다. 설립자나 상위 관리자 부재 시에도 직원들이 준수하여야 할 형식화된 규정이나 절차가 필요하게 된다.

다. 지속 성장기(continuous growth stage)

새로운 제품과 서비스를 개발하기 시작하고 새로운 시장으로 확장하며, 소기업을 인수하거나 동종 기업 간 협력관계를 보다 적극적으로 맺기 시작하는 단계이다. 이 시기에는 주로 핵심 강점과 능력과 연관된 분야에서 사업 확장이 이루어지거나 기업 활동을 보완하기 위해 새로운 강점과 능력을 개발하는 것이 중요하다.

따라서 지속성장기에는 소유주와 기존 경영진이 더 이상 기업을 발전시켜나갈 경험과 능력이 있는가에 대한 의사결정이 필요한 시점이다. 정형화된 조직 구조를 개발하고 사업전반에 걸쳐 명확한 위임 체계를 결정하는 것이 필요하다.

라. 성숙기(maturity stage)

성장이 둔화되는 단계로 새로운 영역의 확장보다는 기존 제품 및 서비스를 효율적으로 관리하는 데 보다 집중하게 된다. 정형화된 규정과 절차가 오히려 경직되고 엄격해져서 장애가 되기도 하고 혁신이 둔화되는 시점으로 제품에 대한 변화에 적극적이지 않으면 기업은 성장 제로의 단계로 쉽게 빠질 수 있다. 따라서 새로운 도약을 준비하기 위해 제휴와 인수기회를 찾는 것이 필요하다.

마. 쇠퇴기(decline stage)

쇠퇴기 기업들에 있어서의 제품이나 서비스는 새로운 혁신적 제품에 의해 위협을 받기도 한다. 이러한 위기를 돌파하기 위해서는 리더의 강력한 리더십과 위기 관리능력이 필요하다. 기업이 시장에서 경쟁우위를 갖고 있지 않거나 목적을 상실할 경우 쇠퇴 단계로 진입할 수 있다.

제 15 장

외적성장과 정부 역할

1절 외적성장방법 개요

기업이 성장해 나가는 형태에는 내적성장과 외적성장이 있다. '내적성장(internal growth)'은 이익의 유보나 외부로부터의 자금조달을 통해 투자규모를 확대하는 것을 말하고, '외적성장(external growth)'은 다른 기업과의 연합이나 결합을 통해 생산 및 판매 능력을 확장시켜 나가는 것을 말한다. 내적성장과 외적성장 방법의 장단점은 〈표 15.1〉과 같다.

기업의 내적성장은 주로 새로운 제품을 개발하고, 내부 자원의 역량확대를 통해 기업을 성장시키는 전략으로 안정적이고 점진적인 발전이 가능하다는 장점이 있는 반면, 점진적인 발전으로 인해 변화하는 외부의 환경에 대응하지 못해 경쟁력을 상실할 수 있다는 단점이 있다.

기업의 외적성장은 기업 성장을 위해 필요한 부분을 기업 외부로부터 조달하는 전략으로 시대적 흐름에 대한 대응이 빠르고, 규모의 경제 실현이 가능하다는 장점이 있으나, 외부 기업의 인수합병 과정에서 기업문화의 충돌과 사업의 복잡성 증가 등 부작용이 초래될 수 있다는 단점이 있다.

‖ 표 15.1 기업의 내적성장과 외적성장의 장단점 비교

구 분	내적성장전략	외적성장전략
장 점	• 일정하면서도 점진적 성장 • 품질 제어의 극대화 가능 • 조직문화의 유지 및 보존 가능 • 내부 기업가정신 장려 및 촉진 • 내부 승진기회 제공(동기부여)	• 경쟁 감소로 제품가격 안정화 • 독점적제품/서비스, 기술전문성 • 새로운 제품 및 시장 접근 • 정착된 브랜드 접근 • 규모의 경제 실현 • 사업관련 위험의 분산
단 점	• 느린 성장으로 경쟁력 상실 • 새로운 Resources 개발 필요 • 내적 노력의 실패 시 회복 곤란 • 산업적 수익성 강요	• 최고 경영층의 부조화 • 기업문화의 충돌 • 운영상 발생되는 문제점 • 사업복잡성의 증가 • 조직유연성의 상실 • Antitrust(독점금지) 관련 문제

본 장에서는 기업의 외적성장에 대해 설명하게 되는데 이의 대표적인 방법은 인수합병, 라이선싱, 전략적 제휴, 조인트벤처, 프랜차이징 등이 있다. 외적성장전략에 대한 개요는 〈표 15.2〉와 같다. 다음 절에서는 외적성장전략의 각 방법을 설명한다.

‖ 표 15.2 주요 외적성장전략의 종류

구 분	개념	기대효과
인수합병	• (인수) 하나의 회사가 다른 회사를 매수하는 행위 • (합병) 2개 이상의 회사를 하나의 회사로 결합하기 위한 지분 통합 행위 • 외적성장을 위해 창업회사는 합병보다는 인수전략에 관여	• 제품라인(product line)의 확대 • 판매채널 증가 • 규모의 경제 실현 • 제품의 가치를 향상시키는 기술 확보 • 숙련된 종업원의 보유
라이선싱	특정 지식재산권의 이용을 허락하는 계약	• 신제품개발 회사가 제품개발 또는 판매망을 위한 재원 없이 수익을 창출 • 기술 실시권 계약을 통해 자신보다 큰 회사로부터 수익발생 가능
전략적 제휴	2개 이상의 회사들이 특정 목적을 달성하기 위해 개발하는 파트너쉽(partnership)	• 새로운 시장 진입 용이 • 규모의 경제, 위험과 비용 분담 • 시장진입 속도 증가 • 경쟁자들을 중립화하거나 blocking
조인트벤처	시장진입을 위한 공동 소유의 별도 조직을 설립하기 위해 2개 이상의 회사들이 재원의 일부를 공동출자(pooling)하여 형성되는 법인	• 특정 제원 및 해외시장의 진입 용이 • 규모의 경제, 위험과 비용 분담 • 학습(learning) • 경쟁자들을 중립화하거나 blocking
프랜차이징	프랜차이즈 본사와 프랜차이즈 가맹점 간의 계약된 조건과 방법에 따라 운영	• 가맹점의 독립성 • 동질성, 마케팅 용이 • 시장변화에 공동 대응 • 불확실성의 감소 • 소자본 창업 가능

2절 인수합병(M&A)

1. 기업 합병의 정의

외적성장을 시도하는 경우 많이 이용되는 방법이 인수합병(M&A; merger & acquisition)이다. 이 중에 합병(merger)이란 두 개 이상의 회사가 청산절차를 거치지 않고 계약에 의하여 당사자인 회사의 일부 또는 전부가 소멸함과 동시에, 소멸회사의 권리, 의무가 포괄적으로 존속회사 또는 신설회사에 이전, 수용되는 현상을 말한다. 기업 합병은 그 특성에 따라 다음과 같은 형태로 나뉜다.

가. 법률적 관계에 따른 분류

(1) 흡수합병(merger)

한 기업이 법률적으로 존속하여 다른 회사를 인수하고 인수되는 기업은 소멸되는 형태의 합병이다. 이때 흡수하는 회사를 합병기업이라 하고, 흡수당하는 회사를 피합병기업이라고 한다.

(2) 신설합병(consolidation)

합병하고자 하는 기업들이 모두 해산되고, 새로운 하나의 기업이 설립되어 이에 참여하는 모든 기업의 권리와 의무를 이전 받는 형태의 합병을 말한다.

나. 경제적 관계에 따른 분류

(1) 수직적 합병(vertical merger)

생산과정이나 유통경로상의 전, 후방에 있는 기업이 설립되어 참여하는 모든 기업의 권리와 의무를 이전 받는 형태의 합병이다. 수직적 합병은 주로 배급, 유통에 따른 비용의 절감, 기술상의 합리화 달성, 제품과 요소시장에서의 안정성 확보 등을 주요 목적으로 한다.

(2) 수평적 합병(horizontal merger)

동종 산업에 속해 있는 기업들 간의 합병이다. 경쟁 배제, 시장지배력 확대, 생산·유통·광고·연구개발에 있어서의 규모경제를 통한 효율 증진 등을 주요 목적으로 한다.

(3) 다각적 합병(conglomerate merger)

생산이나 판매 면에서 상호관련성이 없거나 업종이 서로 다른 기업 간의 합병을 말한다. 다각적 합병은 경영다각화를 통한 위험 분산, 인적 자원의 효율적 활용 등을 목적으로 한다.

이외에도 기업합병은 거래교섭의 성격에 따라 '우호적 합병'과 '적대적 합병'으로, 교섭방식에 따라 '개별교섭식 합병'과 '공개매수식 합병'으로, 합병 대가의 지급수단에 따라 '현금매수식 합병'과 '주식교부식 합병'으로 구분하기도 한다.

2. 기업 인수

기업 인수(aquisition)란 한 기업이 다른 기업의 지배권을 획득할 목적으로 대상기업의 주식이나 자산 또는 영업의 전부 내지 일부를 취득하는 것을 말한다. 취득에는 '주식취득'과 '자산취득'이 있다. '주식취득'은 취득기업이 기업지배를 목적으로 인수대상기업의 주식 전부 또는 일부를 그 기업의 주주들로부터 인수하는 것을 말한다. '자산취득'은 두 기업 간의 계약에 따라 한 기업이 다른 기업의 자산 및 영업의 전부 내지 일부를 취득하는 것으로 영업양수라고도 한다.

'takeover'라는 용어도 흔히 사용되는데, 이는 한 기업의 지배권이 다른 기업 또는 주주집단으로 이전되는 것을 말한다. 즉, 기업인수는 지배권의 취득 또는 인수를 의미하기 때문에 합병, 주식취득, 자산취득 뿐 아니라 백지위임장 투쟁을 통한 지배권의 획득이라든지 사기업화까지도 포함하는 개념이다.

3. 인수와 합병의 방법

가. 협상에 의한 방법

합병 당사회사의 경영자 또는 대주주가 직접 협상을 벌이고 협상 결과에 대하여 주주총회의 승인을 받는 방법이다. 협상에 의한 인수·합병은 당사자인 회사 쌍방이 그 필요성에 대하여 의견을 같이 하고 있는 경우에 가능하기 때문에 대부분 우호적 인수(friendly takeover)에 속한다. 그러나 경우에 따라서는 적대적 인수(hostile takeover)의 형태를 띠기도 한다.

적대적 인수의 방법에는 '새벽의 기습(dawn raid)'과 '곰의 포옹(bear's hug)'이 있다. '새벽의 기습'은 대상기업의 주식을 상당량 매입해 놓고 기업인수 의사를 대상기업 경영자에게 전달하는 방법이다. 곰의 포옹은 마치 곰이 몰래 껴안듯이 공포분위기와 함께 기업인수 의사를 대상기업에 전달하는 방법이다. 적대적 인수의 경우, 대상기업에 대응할 여유를 주지 않기 위하여 주로 주말과 같은 시간에 의사를 전달한다.

나. 공개매수에 의한 방법

공개매수(TOB; tender offer or takeover bid)란 취득기업이 인수대상기업 이사회의 승인 여부와 관계없이 대상기업의 주주들을 상대로 특정가격에 주식을 매수하겠다는 것을 공시 또는 우편 방식 등을 통해 공개적으로 제안하고, 주식을 매입함으로써 지배권을 확보하는 방식을 말한다. 공개매수에 의한 방법은 협상에 의한 인수·합병이 잘 이루어지지 않을 때 택하는 경우가 많기 때문에 적대적 인수에 속하는 경우가 많다.

다. 레버리지매수에 의한 방법

레버리지매수(LBO; leveraged buy-out)는 차입에 의한 기업인수 또는 자산취득을 말한다. 즉, 기업인수가 성공할 것이라는 가정 하에 인수대상기업의 자산이나 수익력을 담보로 인수에 소요되는 대부분의 자금을 차입하여 조달하고, 이후에 인수대상 기업의 수익성이 향상되면 그 이익이나 자산의 매각대금으로 채무를 상환하는 기업인수 방법이다.

LBO를 이용하면 비교적 적은 자기자본으로 기업을 인수할 수 있고, 부채의 이용에 따른 레버리지 효과를 얻어낼 수 있는 장점이 있다. 단점으로는 기업인수 후의 기업가치가 인수가격보다 낮게 평가될 위험이 있으며, 부채비율의 급격한 증가로 채무불이행위험과 재무위험이 크게 증가하게 된다는 점을 들 수 있다.

라. 지주회사를 설립하는 방법

지주회사(holding company)란 다른 기업을 지배할 목적으로 지배에 필요한 비율만큼 지배대상기업의 주식을 소유하는 회사를 말한다. 이때 지배 대상이 되는 자회사는 법률적 독립성은 유지되나 실질적으로 지주회사의 지배를 받게 된다. 지주회사는 지배에 필요한 정도의 지분만의 취득으로 다른 기업을 지배할 수 있기 때문에 거대한 피라미드형 기업 군을 형성하는 데 유효한 수단으로 이용된다.

4. 인수합병의 순기능과 역기능

가. 인수합병의 순기능

인수합병(M&A)은 기업들의 빠르고 효과적인 신규사업진출 수단이 되며 타기업과의 결합을 통해 사업상의 시너지 효과가 창출되고, 한계에 다다른 기업에게 적법한 퇴출의 기회를 준다. 또한 방만한 경영을 하는 기업에게는 적대적 M&A를 통해 경영권 행사에의 제재를 가할 수 있으며 경영의 비효율성도 제거된다.

나. 인수합병의 역기능

기업인수를 노리는 공격자와 방어자 모두가 자금 마련을 위해 부채를 증대시켜 재무구조를 악화시킬 수 있다. 또 경영층이 단기적 주가에만 신경을 쓰고 장기자본투자와 R&D 등을 소홀히 여기게 할 수도 있다. M&A 성사 이후 기업구조조정 과정에서 임금삭감, 종업원 해고가 따르므로 기업 내부의 효율성은 상승하나 실업률이 증가하는 등 사회적비용이 발생한다.

3절 라이선싱

1. 라이선싱의 정의

라이선싱(licensing)이란 특정 기업(licensor)이 자신의 특허, 노하우, 기술, 상표 등과 같은 무형의 지적재산권을 일정기간 동안 다른 기업(licensee)에게 사용하도록 허용하고 그 대가로 로열티나 다른 형태의 보상을 받도록 체결하는 계약 형태를 말한다(그림 15.1 참고). 간단한 사례로 도시락, 빵 등의 식품에 인기있는 캐릭터를 사용하는 것도 라이선

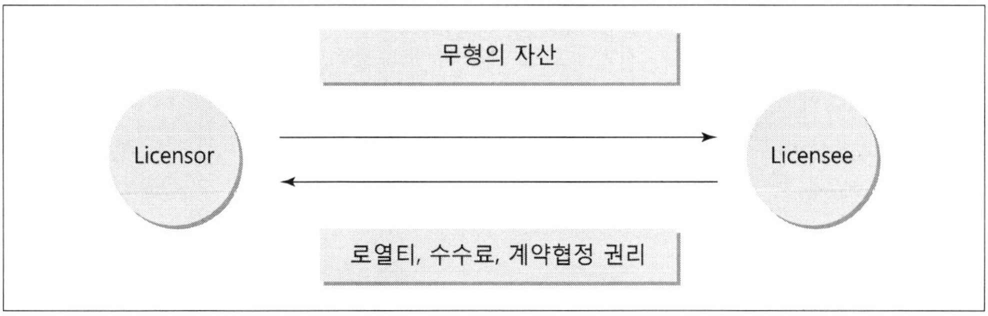

‖ 그림 15.1 라이선싱의 구조

싱의 예이다.

라이선싱은 높은 생산원가 때문에 제품을 국내에서 생산하는 것이 비효율적이거나, 내에서 생산한 제품을 판매지역까지 운송하는 데 많은 비용이 소요되는 경우, 그리고 현지정부의 규제 때문에 현지생산이 불가능한 경우 등에 이용되고 있다.

라이선싱은 정상적인 수출보다는 많은 위험이 따르지만 해외 직접투자보다는 적은 위험을 수반한다. 이러한 이유로 라이선싱은 특정 기업체의 국제적 시장 확대에 있어서 수출로 부터 현지 생산판매를 위한 해외직접투자로 가는 중간 단계로 이용되고 있다.

한편 라이선싱은 지적소유권을 라이센시 기업체에게 공여한 대가를 그 기업체에 대한 불입자본으로 활용할 수도 있다. 그러나 일반적으로 로열티를 받는 데 목적이 있는 라이선싱은 하나의 비자산합작투자라고 할 수 있다. 라이선싱은 성격상 지적소유권을 매도하는 것이 아니고 특정 기간에 차용 또는 대여해 주는 것이다.

2. 라이선싱의 동기

가. 경제적 동기

라이센서의 입장에서는 신상품과 관련된 새로운 기술이 생산물에 부분적으로만 영향력을 발휘하거나 일정기간 동안만 효과가 있어서 새로운 시설을 갖추어 해외시장에서 전제품을 장기간 생산하는 전략을 채택하기가 곤란할 때 라인센싱이 유리하다. 또한 해외생산을 할 만큼 해외수요가 크지 않을 경우, 또는 경쟁자가 곧이어 기술개발을 하여 우위요인이 상실될 가능성이 큰 경우에 라이선싱을 통하여 이익을 얻는 것이 유리할 수 있다. 한편 라이센시의 입장에서도 자체 개발보다 기술공여를 통한 라이선싱이 비용이 적게 드는 경우 이를 택하게 된다. 한편, 전자산업과 같이 기술변화가 급격한 산업의 경우에는 교차 라이선싱(cross-licensing)을 통해 서로가 보유한 기술을 교환하기도 한다.

나. 전략적 동기

글로벌화 된 다국적기업들은 지속적으로 제품의 포트폴리오를 통해 제품을 재평가하고 전체 사업부의 매트릭스를 재조정한다. 그리하여 전략적 가치가 떨어져 더 이상 개발할 필요가 없다고 판단되는 제품이나 기술은 라이선싱을 통하여 다른 기업에게 이전하여 이익을 얻을 수 있다.

다. 정치적, 법적 동기

관세, 쿼터 등의 수입 장벽을 피하기 위해 라이선싱을 택할 수도 있고 수입제한이나 경쟁의 심화로 더 이상 수출이 어려운 경우, 상대국 화폐의 평가절하가 지속될 경우 라이선싱으로 전환하게 된다. 또한 라이선싱은 무역제한이나 외국인 소유에 대한 제한을 회피하는 수단도 되지만 상표, 특허, 저작권 같은 무형자산을 보호하는 수단이 되기도 한다. 과거 구소련과 동구권에는 원칙적으로 직접투자가 금지되었다. 이러한 상황에서는 라이선싱이 유일한 진입 방법이었다. 이런 경우에, 현지기업과 라이선싱 계약을 체결하면 그 지역 내의 기술주도권을 확립하는 셈이 된다.

3. 라이선싱의 문제점과 대책

가. 통제와 경쟁

라이선싱을 하게 되면 라이센서의 입장에서는 기술에 대한 통제력이 그 만큼 약화되기 때문에 계약상 품질검사방법, 판매지역제한 등에 관한 규정을 두게 된다.

나. 비밀유지

많은 기술이 널리 알려지게 되면 그 가치가 퇴색되기 때문에, 대개 라이센시가 기술을 누설하지 않도록 하는 조항을 삽입하게 된다. 비밀 문제는 공정기술의 경우 두드러지게 나타나는데, 아직 상업화되지 않은 기술을 라이선싱 후보자에게 보일 때 비밀유지를 위해 사진계획을 하게 된다. 때로는 지불조건에 대한 비밀 문제도 생기는데, 그것은 상대국 정부가 다른 나라에 비해 불리한 조건이면 승인을 해주지 않기 때문이다.

다. 대가지불

라이선싱에서 대금의 지불방범이나 지불액은 여러 종류가 있고, 각 계약은 그 장점에 따라 협상이 이루어지는 경향이 있다. 그러므로 기술의 독창성이 높고 다른 기술공급 원천이 없다면 라이센서가 유리한 입장에서 지불조건을 협상하게 되는 것이 일반적이다.

라. 관련기업 선호

라이선싱 계약은 특히 라이센서 기업과 소유관계에 있는 기업들간의 관계에서 더욱 빈번하게 이루어진다. 이는 이러한 관련 기업이 기술면에서 경쟁력을 제고할 수 있기 위한 목적도 있겠지만, 이들 기업이 기술을 더 효율적으로 사용하여 판매고를 높일 수 있을 것으로 생각하기 때문이다.

4절 전략적 제휴

1. 전략적 제휴의 정의

전략적 제휴(strategic alliance)란 “한 기업이 다른 기업과 상호협력 관계를 유지함으로써 경쟁우위를 확보하고자 하는 전략”으로 요약될 수 있다. 다시 말해서 경쟁관계에 있는 기업이 일부 사업 또는 기능별 활동 부문에서 경쟁기업과 일시적인 협조관계를 갖는 것을 의미한다. 전략적 제휴의 근본적인 원리는 상호성(reciprocity)이다. 즉 파트너끼리 상호이익을 위해 경영자원들을 공유, 교환, 통합하는 조직적 접근을 의미한다.

따라서 기업 구조상으로 보면 전략적 제휴는 항상 제휴관계 회사와 어느 정도 수평적 또는 수직적 통합을 가져온다. 전략적 제휴 중에서 가장 느슨한 형태의 제휴는 라이선스 협정, 상호마케팅협정 등이 있다. 이보다 더 긴밀한 기업 간 제휴는 합작투자와 상호주식 보유를 통한 제휴관계이다.

2. 전략적 제휴의 파트너 선정원리

전략적 제휴의 가장 근본적인 원리는 win-win game 이론이다. 즉, 양사 모두 이익이 있어야 하는 것이다. 파트너 선정을 위한 가장 중요한 요인은 양립성(compatibility), 능력(capability), 헌신(commitment) 등의 세 가지로 설명된다.

양립성이란 제휴 기업들 간의 협력할 수 있는 두 기업의 관리시스템, 전략 및 문화를 종합적으로 의미한다. 능력이란 파트너의 경영자원과 핵심역량이 제휴목적에 부합되는지에 관한 것으로서 상대에 대한 엄밀한 분석을 토대로 상대 능력이 자사의 제휴목적에 잘 부합될 때 성공가능성이 높은 것이다. 헌신이란 제휴에 임하는 파트너의 자세를 의미하는데 그 열의가 높을수록 성공가능성이 높다.

3. 전략적 제휴의 동기

기업이 전략적 제휴를 고려하고 실행에 옮기게 되는 근본적 이유는 기업이 자신들의 경쟁력을 창출하고 유지하기 위하여 상대방 기업의 핵심역량을 상호 이용하여 시너지 효과를 극대화하는 데 있다. 자원과 위험의 공유, 신제품개발과 시장진입 속도 단축, 산업

표준의 선택, 유연성 확보 등이 그 구체적인 동기라고 할 수 있다. 이중 가장 빈번한 주요동기 네 가지를 요약하면 〈표 15.3〉과 같다.

‖ **표 15.3** 전략적 제휴의 주요 동기

제휴동기	내 용
자원과 위험의 공유	R&D 등과 같이 대규모로 투자되는 비용에 있어 제휴관계를 통해서 높은 고정비용에 대한 투자와 그에 따른 위험을 낮추는 효과
신제품개발과 시장진입의 속도 단축	• 신제품개발 수명주기의 단축과 초기진입자의 우위(시간에 의한 경쟁우위)를 누리기 위함. • 산업통합화 등과 같은 새로운 시장환경변화하에서 핵심역량의 융합을 통한 시장진입속도의 단축과 신제품개발속도의 가속화
산업표준의 선택	산업표준이 확립되지 못하고 기업과 소비자 모두가 혼동상태일 경우 제휴를 통하여 기술을 확산시켜 산업표준으로 정하고자 함.
유연성 확보	핵심역량이 아닌 주변활동기능의 외주를 통하여 설비투자비용을 줄이고 보다 유연한 비용구조를 유지함.

* 출처: 심세신(글로벌경쟁시대의 경영전략, 1996), 이성봉 외(KIEP 세계경제, 1999)

4. 전략적 제휴의 유형

전략적 제휴의 범위에는 OEM방식의 생산, 제품교환, 연구개발, 제조 및 판매를 위한 합작투자(joint venture) 등 다양한 형태가 있다. 〈표 15.4〉에서 보듯이 전략적 제휴는 크게 자본참여가 있는 전략적 제휴(equity alliance)와 자본참여가 없는 전략적 제휴로 구분

‖ **표 15.4** 전략적 제휴의 주요 형태

		신제품 개발	생산 위험의 공유	개발 비용의 공유	제품 기술장애 극복	생산 능력의 확장	규모의 경제 활동	제품 라인갭의 극복	새로운 시장의 진출
전략적 제휴	핵심경영의 합작투자			⦿	⦿	⦿	⦿	⦿	⦿
	판매 합작투자				⦿	⦿		⦿	⦿
	생산 합작투자				⦿	⦿	⦿		⦿
	연구개발 합작투자			⦿		⦿		⦿	⦿
	판매제휴(licence)			⦿	⦿		⦿	⦿	
	생산제휴(licence)	⦿		⦿	⦿	⦿	⦿		
	기술제휴(licence)	⦿	⦿						
	연구개발제휴(licence)	⦿	⦿	⦿					

* 출처: Joel Bleeke and David Ernst, Collaborating to Compete(1993), 이성봉 외(1999)

된다. 자본참여가 있는 제휴의 형태는 제휴기업끼리 자본투자를 포함한 새로운 합작투자이나, 일방이 자본만을 투여하는 재무적 제휴(finance alliance)도 포함될 수 있다. 자본참여가 없는 제휴에는 라이선스, 공동연구개발, 공동마케팅(symbiotic marketing), 판매연합 등 일반적인 제휴형태가 포함된다.

5. 전략적 제휴의 이점

가. 위험(risk)의 분산 및 자원의 상호보완 가능

불확실한 환경에서의 사업은 큰 위험을 동반하므로, 타 기업과 협력하는 것으로부터 위험감소(risk sharing) 효과가 얻어진다. 최근 위험회피 수단으로서 연구개발 부분에서의 기업간 협력이 증가해 왔다.

사업에서 위험을 분산하고 완성된 기술을 응용하는 단계에서 경쟁하려면 연구개발 중복이나 시장점유를 위한 과도한 투자를 피하고, 저비용에서의 제품공급이 가능해지도록 자원배분의 효율성을 유지하는 것이 바람직하다. 천연자원, 기술, 현지유통채널, 기술자, 현지인적자원 부족은 전략적 제휴를 통해서 극복할 수 있다. 현재 생산에 필요한 기술특허가 여러 나라의 기업에 분산되어 있는 일이 많다. 이 경우에 합작이나 크로스 라이선싱(cross-licensing)을 통하여 부족한 특허를 보완할 수 있다.

나. 외국시장으로의 진입용이 및 보호 장벽의 회피 가능

현지기업과 합작하여 시장접근 또는 진입이 가능해지는 경우가 있다. 가령 다국적 기업이 현지 시장에 관한 마케팅지식을 지니지 않은 경우에 현지 파트너의 유통망을 이용하는 경우와 역으로 현지의 파트너가 생산한 제품을 외국시장에 판매하기 위해서도 합작이 이루어지기도 한다.

또한 최근 EU(유럽연합), NAFTA(북미자유무역협정) 등에 따른 세계 경제의 블럭화로 각 경제권역별 관세 및 비관세 장벽과 기술 장벽이 높아지는 등 보호무역주의 분위기가 팽배해지고 있다. 또한 외국인 소유 지분 제한, 현지부품 조달 규정(local contents), 수출의무조항 등 행정적 규제도 강화되고 있다. 유럽·미국 등 선진국에서의 이러한 압력은 많은 기업들로 하여금 미국과 유럽에서 단독사업의 추진보다는 비용과 위험을 줄여 주는 제휴방안을 적극 고려하게도록 만들었다.

다. 시너지 효과(synergy effect)

시너지 효과란, 다른 주체간의 결합에 의해 각 주체의 독립적인 총 능력을 상회하는 경우를 말한다. 자원간의 상호보완성은 공통 목적 하에서 상승효과가 생길 가능성이 높기 때문이다. 부족한 자원을 타사로부터 보완하는 수단으로써 합작은 입력에서 '경제성'이 중시되지만, '시너지효과'는 출력에 있어서 2+2는 5를 창출해 내는 것을 말한다.

5절 조인트벤처

1. 조인트벤처의 정의

조인트벤처(joint venture; 합작회사)란 공동 소유의 별도 조직을 설립하기 위해 2개 이상의 회사들이 자금을 투자하여 설립한 합작법인을 말한다. 조인트벤처는 계약형 조인트벤처와 회사형 조인트벤처가 있는데, 타국의 시장진출 등을 목적으로 추진되는 전략적 제휴의 한 형태로서 자본참여가 있는 긴밀한 제휴관계라 할 수 있다. 제2차 세계대전 이후 합작회사 형태가 많이 발생하고 있는데, 이는 기술제공에 따른 특허사용료 증가 추세에 기인하는 바가 크다. 외환통제가 엄격하여 해외투자 이윤의 본국 송금이 제약을 받으므로, 이를 재투자하지 않을 수 없게 된 것도 증가 원인이라 할 수 있다.

2. 조인트벤처의 특징

조인트벤처의 특징 중에서 두드러진 사항은 다음과 같다. 첫째, 2개 이상의 회사가 참여하므로 재원 조달과 해외시장 진입이 용이하다. 둘째, 규모의 경제(economy of scale)가 존재하고, 위험과 비용이 분산되는 효과가 있으며, 셋째, 합작회사를 통해 학습효과(learning effect)를 획득한 후 본격적인 진입을 할 수 있다. 넷째, 경쟁자들을 중립화하거나 blocking을 할 수 있다. 다섯째, 조인트벤처는 영리사업인 만큼 이익획득이라는 공동목적이 있어야 한다. 마지막 여섯째는 참가회사가 협정의 목적인 사업에 관하여 손익분담과 공동계산을 하여야 한다.

3. 계약 시의 중요 합의사항

조인트벤처는 국적이 다른 회사가 영리를 목적으로 설립한 회사이므로 각자의 이익을 추구하기 위해 심각한 분쟁을 야기할 수 있다. 이를 방지하고 원만한 관계를 계속 유지하기 위해 초기 계약 시점에 철저한 준비가 필요하다. 계약합의사항은 참여자 간의 계약이나 회의록 등의 형태로 나타나기도 하며, 조인트벤처의 정관이나 내규에 포함되기도 한다. 계약합의사항은 형태에 상관없이 일반적으로 문서화되며, 다음과 같은 사항을 다룬다.

- 조인트벤처의 활동, 존속기간 및 보고의무사항
- 조인트벤처의 이사회 또는 이와 동등한 지배기구의 구성 및 참여자의 투표권
- 참여자의 출자
- 조인트벤처의 산출물, 수익, 비용 또는 운영성과에 대한 참여자 간의 배분

조인트벤처에 대한 공동지배는 계약합의사항에 의하여 성립하므로, 어떠한 참여자도 일방적으로 조인트벤처의 활동을 지배할 수 없다. 계약합의사항에 의하여 참여자 중에서 조인트벤처의 운영자를 지정할 수 있다. 운영자는 조인트벤처를 지배하는 것이 아니라 계약합의사항에 의하여 정해지고 운영자에게 위임된 조인트벤처의 정책 범위 내에서 활동한다.

6절 프랜차이징

1. 프랜차이징(franchising)의 정의와 특징

프랜차이징이란 비지니스모델의 하나로 상호, 특허품, 기술 등을 소유한 자(프랜차이저; franchiser)가 계약을 통해 이를 이용하고 싶은 자(프랜차이지; franchisee)에게 상호 및 상표의 사용권과 특정제품의 판매권, 기술 및 특정 지역에서의 독점적 영업권 등을 제공하고 그 대가로 가맹비, 보증금, 로열티 등을 받는 사업모델을 말한다(그림 15.2 참조). 보통 프랜차이즈(franchise)라고 불리는데 이는 지역 독점영업권을 의미한다. 우리가 일상생활에서 접하는 유명한 상표의 카페나 음식점이 대부분 이 경우에 해당한다.

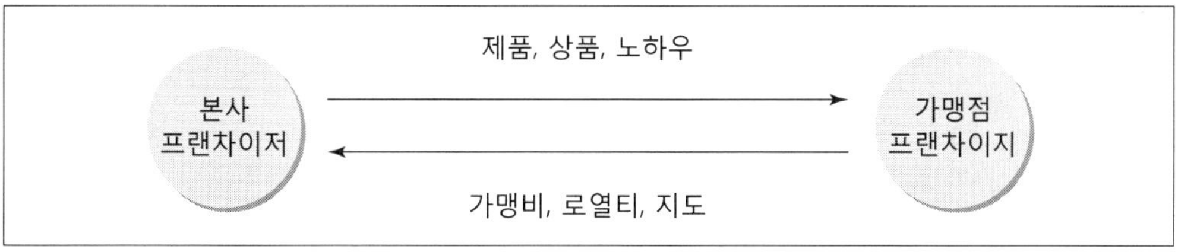

‖ 그림 15.2 프렌차이징의 구조

프랜차이징은 제조업 중심 경제가 서비스 중심 경제로 옮겨가는 추세에 따라 대부분 산업에서 빠르게 확산되었으며, 최근 중요한 유통 형태로 부각되고 있다. 소비자는 편의성과 품질의 일관성을 선호하며 프랜차이징은 이를 모두 만족시킬 수 있어 지속적으로 증가하고 있다. 프랜차이징 시스템의 특징을 살펴보면 〈표 15.5〉와 같다.

‖ 표 15.5 프랜차이징 시스템의 특징

구 분	주요 특징
가맹점 독립성	가맹본부와 가맹점의 자율성이 인정되고 각자는 독립된 이윤의 흐름을 보장 받음
제품의 동질성	소비자들이 시스템을 동질적으로 인식하여 마케팅 효과 동일
협동성·공동성	쌍방간의 노력이 필요하며 시장환경 변화에 대해 능동적으로 공동 대응
불확실성 감소	가맹점들을 모집하여 영업활동을 허가하여 불확실성 제거
소자본 창업	사업활동에 공동으로 참여하여 작은 자본으로 창업 가능

프랜차이징은 유리한 재정모델, 가맹본부와 가맹점의 위험 공유를 통해 비교적 안정적으로 운영을 할 수 있는 장점이 있다. 반면에 협상조건의 변화 등에 따른 가맹본부와 가맹점감의 갈등이 발생할 수 있는 여지가 있어 이러한 사항에 대해 프랜차이즈 창업 이전에 충분히 검토해 보아야 한다. 프랜차이징의 장점과 단점은 〈표 15.6〉과 같다.

‖ **표 15.6** 프랜차이징의 장단점

장 점	단 점
• 이미 정립된 사업의 평판, 로고, 상호 이용과 마케팅 개념과 전문 지식 활용 • 개인사업에 비해 비교적 저렴한 투자 • 구매에 대한 융자 보조 가능 • 적절한 점포 위치 선정에 대한 전문가 지원 가능 • 가맹점과 주요 직원에 대한 교육 프로그램 활용 • 사업에 대한 상세한 영업 지침서 활용 • 사업 개시 시에 본사로부터 사업운영 지원 및 광고와 홍보에 대한 지원 • 시장이나 상품에 대한 본사의 지속적인 연구개발 보조 • 사업에 필요한 설비, 기계, 소모품, 재고, 토지, 건물 등의 사업 패키지의 일괄 종합 구매 가능 • 가맹점이 지역 사회에 기여함으로써 장기적으로 안정된 영업 가능 • 가맹점으로부터 신상품에 대한 아이디어나 제안 사항의 수렴 가능	• 가맹점이 본사의 정형화된 영업 및 운영 절차에 대해 순응해야 함 • 상품 개발, 시장 개척 등에 있어 독자적인 변화 추구의 어려움 • 계약에 따른 지속적인 로열티 및 관리비 지출 • 재무 구조가 취약하고 경험이 부족한 본사의 파산으로 인한 연쇄 피해 가능성 • 가맹점의 영업 성과와 상관없이 본사의 실패 및 평판 하락으로 인해 가맹점에 간접적으로 미칠 수 있는 악영향 • 본사의 입장에서 가맹점의 자격 요건 및 영업에 대한 보부 규정 준수 등에 지속적인 확인과 감독을 해야 함 • 본사의 매출이 각 가맹점의 영업 성과에 직결되어 있음

2. 프랜차이징 유형

프랜차이징은 다양한 유형이 존재하나 일반적으로 〈표 15.7〉과 같이 제품-등록상표 프랜차이징, 사업형 프랜차이징, 전환 프랜차이징의 세 가지 유형으로 구분할 수 있다.

‖ **표 15.7** 프랜차이징의 유형

구 분	내 용
제품-등록상표 프랜차이징	가맹점이 본부의 제품을 본부의 등록상표에 의해 판매하는 형태로 미국의 경우 전체 프랜차이즈 매출의 70% 차지함(예: Coca Cola, Ford, Texaco).
사업형 프랜차이징	본부가 제품/서비스, 등록상표, 운영방식, 지속적인 경영지도 등 사업에 필요한 모든 요소를 가맹점에 제공하는 형태로 패키지 프랜차이즈라고도 함(예: Mcdonald’s).
전환 프랜차이징	독립적으로 운영되던 점포를 프랜차이즈 시스템에 끌어들여 형성된 프랜차이징 형태

3. 프랜차이즈 운영 방식

프랜차이즈의 운영방식은 프랜차이즈 본부가 가맹점에게 제공하는 서비스, 수입원천 등으로 설명할 수 있다. 프랜차이즈 본부가 가맹점에게 제공하는 서비스는 초기 서비스와 지속적 서비스로 구분된다.

초기에는 시장 조사(market survey)와 입지선정, 설비설계와 배열, 리스협상 및 자금조달 조언, 운영지침, 관리자 훈련프로그램, 가맹점 종업원 훈련 등을 지원한다. 이후 현장감독, 관리자 및 종업원 재훈련, 품질검사, 전국 광고, 중앙집중식 계획, 시장자료와 지침, 회계감사와 장부기록 등을 지원한다. 프랜차이즈의 수입원천은 〈표 15.8〉과 같다.

‖ 표 15.8 프랜차이즈 수입원천

구 분	내 용
초기가입비	입지선정, 교육, 운영통제시스템 설치 및 프랜차이즈 개발비
로열티	일정금액의 수수료, 주로 매출액에 비례
광고비	가맹점에게 매출의 일정비율을 광고비로 부담
제품판매비	가맹점에 대한 원재료나 완제품 판매비
라이선스 비용	프랜차이즈 본부의 등록상표 사용료
관리비	경영보고, 컨설팅 서비스 비용부과
임대료 및 리스비	가맹점에 대한 임대 및 리스 관련 수입

7절 기업성장과 정부의 역할

1. 기업성장을 위한 정부의 역할

지난 40여 년간 우리 경제의 성장을 이끈 추격형전략은 글로벌 경제위기 및 신흥 산업국가 등장 등으로 한계에 봉착하고 있다. 소득의 균등분포를 나타내는 지니계수[1])가 2006년 0.306에서 2011년 0.311로 증가하여 불평등이 심화되고 있고, 청년 고용률이 OECD 평균인 37.8%보다 낮은 23.1%에 머물고 있다. 즉 고용 없는 성장이 지속되고 있어, '성장과 복지가 균형을 이루는 사회'에 대한 국민적 열망이 증가하고 있다.

아울러 부가가치 창출요소가 노동·자본(산업경제), 지식·정보(지식경제)에서 '혁신적 기술과 창의적 아이디어'로 이동하고 있으며, 상상력과 아이디어에서 혁신적 시장, 경제발전의 새로운 동력이 창출되고 있다. 세계적인 조사기관인 Martin Prosperity Institute에 의하면 창의성이 높은 국가가 1인당 GDP와 국가경쟁력도 높은 것으로 나타나고 있고, 미국, 영국, EU 등 주요 선진국들은 창조와 혁신을 통해 시장과 일자리를 창출하는 경제패러다임으로 전환하고 있다.

이러한 전환기에 우리나라는 고용창출효과가 높은 벤처·중소기업을 집중 창업 육성할 필요성이 제기되고 있다. 우리의 강점인 과학기술·ICT 역량 등을 활용한 신성장동력을 창출해야 할 시기가 도래한 것이다.

한편 전국경제인연합회, 중소기업중앙회, 벤처기업협회 등 주요 경제단체에서는 성장과 고용창출을 이루기 위해서는 우수 벤처기업 육성을 위한 창업 확산과 벤처 생태계 고도화, 기업의 애로사항과 기업 성장을 가로막고 있는 규제에 대한 조속한 개선이 필요하다는 의견을 제시하고 있다.

2. 벤처 생태계 조성

벤처 생태계를 건강하게 육성하기 위해서는 아이디어를 사업화하여 질 높은 창업을 활성화하고, 끊임없이 재도전하는 '창업-성장-회수-재도전'의 선순환 구조를 정착하는 것이 가장 중요하다. 아이디어 창출과 창업, 그리고 성장과 회수, 재도전의 기회가 제도적으로

---

1) 이탈리아의 통계학자 C. 지니가 제시한 것으로, 인구분포와 소득분포와의 관계를 나타내는 계수로, '0'은 완전평등, '1'은 완전 불평등함을 의미, 클수록 불평등이 심화되고 있음을 나타냄.

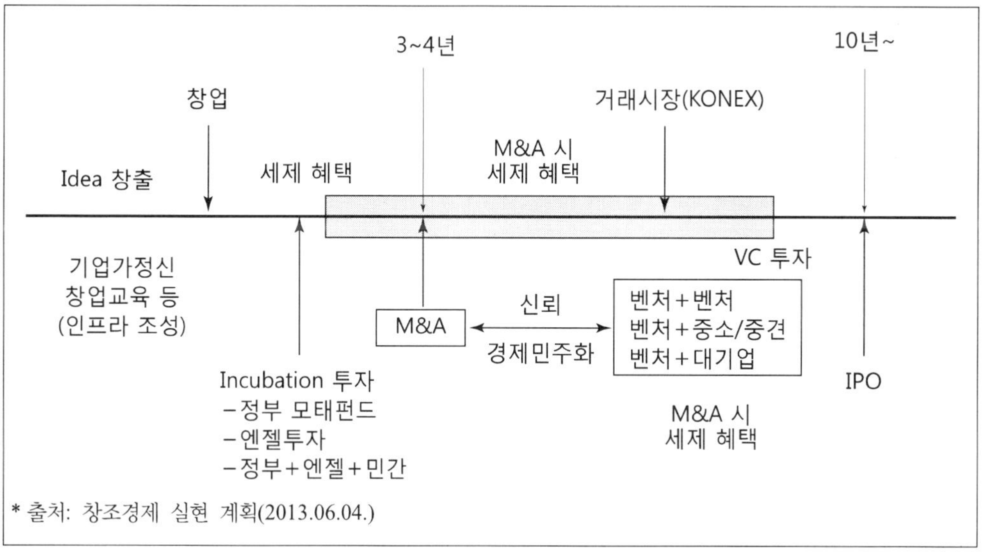

그림 15.3 벤처 생태계의 선순환 구조

확충되어 창의적인 기업이 성장과 재도전을 할 수 있는 국가·사회적인 인프라가 구축되어야 한다. 〈그림 15.3〉은 벤처 생태계의 선순환 구조를 나타내고 있다. 벤처 생태계의 선순환 구조가 정착되기 위해서는 단계별로 추진되어야 할 과제들이 있으며 세부 내용은 다음과 같다.

가. 창업 준비(아이디어 창출)

국가적으로 기술 창업을 활성화하기 위해 성공 벤처인과 함께하는 기업가정신 교육과 멘토링 프로그램을 운영함으로써 도전정신과 기업가정신 고취를 통한 창업문화를 조성하는 것이 필요하다.

나. 창업 초기(3년까지)

창업 초기 단계에서는 기존의 융자중심에서 투자 중심으로 전환하고 창의적 아이디어와 가능성으로도 자금조달이 가능한 투자 환경을 조성하는 것이 필요하다. 일반인들로부터 소액자금을 모집하는 크라우드 펀딩과 엔젤 투자 활성화를 위한 투자자에 대한 소득공제 한도 확대 등을 통해 창의적인 아이디어와 기술에 대한 투자 활성화를 추진하는 것이 필요하다. 아울러 창업보육서비스를 운영하여 창의적 기술을 보유하고 있는 대학과 출연연의 창업이 활성화 되도록 유도하여야 할 것이다.

다. 기업 성장(초기 3년 이후)

성장 단계에서는 벤처캐피탈(VC; venture capital)과 사모투자펀드(PEF; Private Equity Fund)[2] 투자 등을 통해 성장가능성이 있는 기업에 대한 투자가 활성화되도록 유도해야 한다. 또한 기업에 축적된 지식재산권을 활용한 금융 활성화를 위해 지식재산 가치평가 시스템을 구축하는 것이 필요하다. 특허의 가치평가를 통한 기술보증은 기업의 자금난을 해결하는 수단으로 활용될 수 있다. 해외 벤처캐피탈의 국내 창업기업에 투자할 수 있는 여건을 마련하여 해외 투자회사도 국내 VC와 동등하게 투자에 참여할 수 있도록 유도해야 한다.

라. 회수 및 재도전

벤처자금의 재투자가 이루어지기 위해서는 10년 이상이 걸리는 기업공개(IPO; initial public dffering)에 이르기 전에 조기에 투자금을 회수할 수 있는 방법이 선결되어야 한다. 정부는 M&A를 활성화함으로써 중간에 회수할 수 있는 방안을 확충하는 것이 필요하다.

또한 기업이 사업에 실패하더라도 재도전을 할 수 있게 자금지원을 강화하고, 신용불량의 사전적 예방과 신속한 신용회복 여건을 조성하는 것이 필요하다. 재도전기업 전용의 재기자금을 확대하는 것이 필요하다. 신용불량의 예방을 위해서는 기업 자금 대출시 연대보증을 폐지해야 할 것이다. 이상에서 설명한 벤처 생태계 단계별 주요 추진 과제를 정리하면 〈표 15.9〉와 같다.

‖ **표 15.9 벤처 생태계 단계별 주요 추진과제**

단 계		주요 정책과제
1. 창업 준비(아이디어 창출)	⇨	• 기업가정신 및 창업교육 확대, 창업문화 조성 • 아이디어 제안·사업화 지원
2. 창업 초기(초기 3년까지)	⇨	• 국내외 창업보육(인큐베이팅) 서비스, 대학·출연연 창업 활성화 • 엔젤투자 소득공제, 크라우드 펀딩 등
3. 성장(초기 3년 이후)	⇨	• 성장단계의 투자(VC, PEF 투자 등) • 지식재산 보호 및 가치평가, 기술보증, 해외진출 자원 등
4. 회수 및 재도전	⇨	• 회수방법 다양화(M&A, 제3시장 등) • '성실실패'에 대한 재도전 기회 제공(연대보증 폐지 확대, 벤처 1세대 경험 활용 등)

* 출처: 창조경제 실현계획(2013.06.04.)

2) 사모투자펀드(Private Equity Fund)는 소수의 투자자로부터 모은 자금을 운용하는 펀드로, 사모펀드의 운용은 비공개로 투자자들을 모집하여 자산가치가 저평가된 기업에 자본참여를 하게 하여 기업가치를 높인 다음 기업주식을 되파는 형식으로 운영된다.

벤처기업 및 중소기업 육성을 위해 정부차원에서 추진 중인 기업 성장단계별 정책을 살펴보면 〈그림 15.4〉와 같다. 그림에서 보는 바와 같이 정부는 기업의 성장 단계별로 '초기/창업단계', '중간/성장단계', '회수/성숙 단계'로 구분하여 벤처기업 육성 방안을 수립하여 추진하였다.

주요 내용으로는 벤처기업에 대한 민간투자 활성화를 위해 엔젤투자 활성화, 기술혁신형 M&A 활성화, 재투자 유인확대의 정책을 수립하였으며, 정부차원에서는 벤처기업에 대한 자금 조달을 위해 미래창조 펀드, 전문 엔젤 매칭 R&D, 지식재산권 보호펀드, 재기기업 투자 펀드 등의 정책자금 지원 방안을 수립하여 기업의 성장 단계별 자금 조달이 원활하게 이루어질 수 있도록 관련 제도를 마련하여 시행하고 있다.

그러나 이러한 정책 수립보다 더 중요한 것은 기업가정신을 바탕으로 벤처기업이 설립될 수 있는 사회적 분위기 형성과 정부가 추진하고 있는 각종 벤처기업 관련 정책이 산업현장에서 실질적으로 체감할 수 있도록 각종 규제 완화가 이루어지는 것이 필요하다고 할 수 있다.

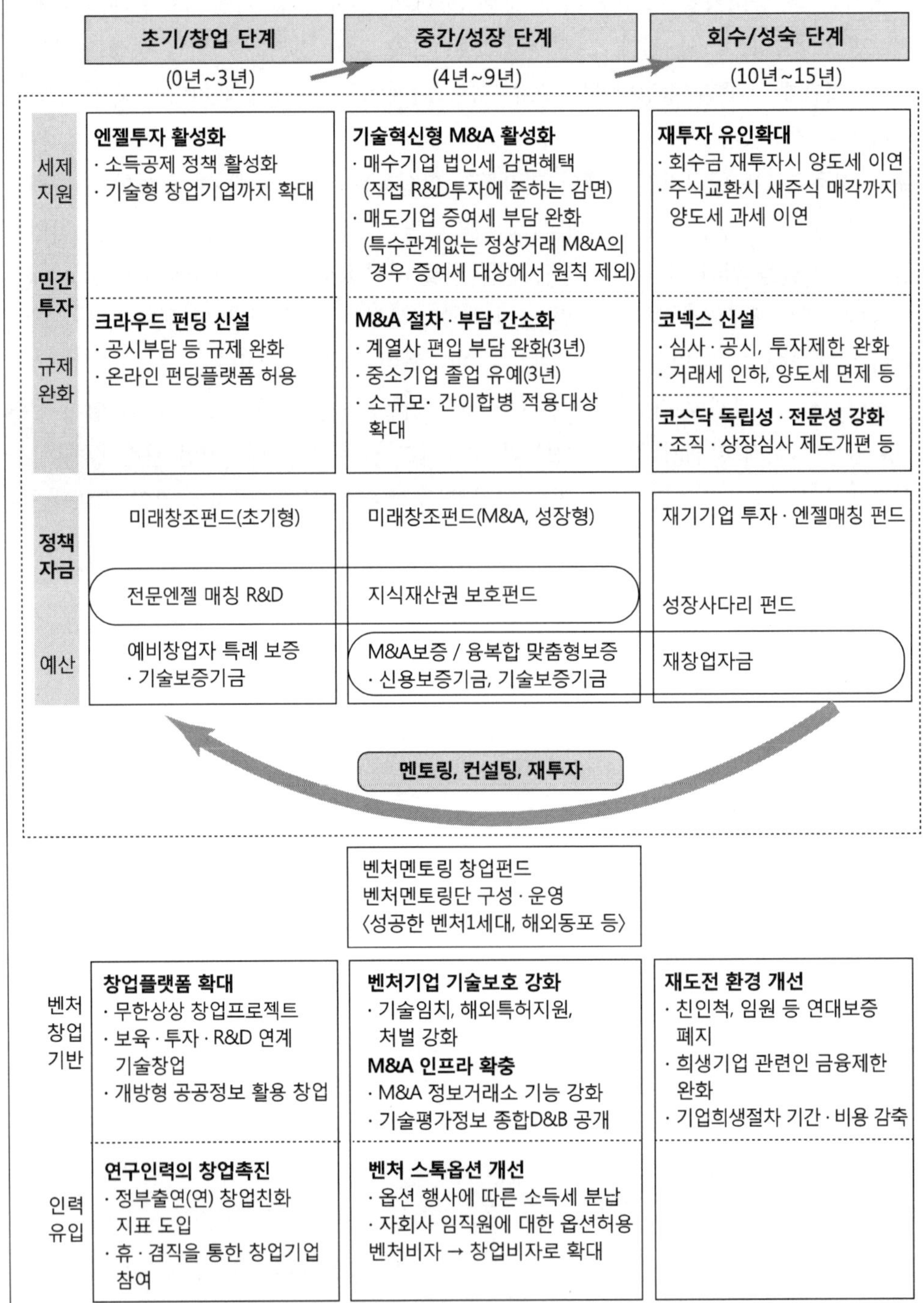

* 출처: 벤처 · 창업 자금생태계 선순환 방안(기획재정부, 2013.5.15.)

‖ 그림 15.4 기업 성장단계별 정부 역할

참고 1 인수합병의 동기에 관한 이론

1. 시너지효과 이론

이는 합병 후의 가치가 합병 전의 개별기업의 가치를 합한 것보다 클 것이기 때문에 합병을 한다는 이론이다. 이러한 시너지 효과에는 영업시너지와 재무시너지가 있다. 전자는 합병 전 개별기업의 생산 활동이나 판매 활동이 최적 수준 이하에서 이루어지고 있을 때, 합병함으로써 중복시설이나 인력의 절감을 통하여 생산원가를 감소시키는 효과를 얻을 수 있다는 것을 말한다. 후자는 자본비용의 감소 내지는 자본조달상의 이익을 말한다.

2. 차별적 효율성 이론

차별적 효율성 이론은 기업 A의 경영효율성이 기업 B의 경영효율성보다 높을 경우, 두 기업이 합병한다면 기업 B의 효율성이 기업 A의 수준으로 향상될 것이기 때문에 합병이 이루어진다는 이론이다. 이에 바탕을 둔 합병은 같은 업종 내의 기업 간에 발생할 가능성이 크기 때문에 차별적 효율성 이론은 수평적 합병에 대한 이론적 근거를 제공한다.

3. 비효율적 경영자 이론

경영자의 경영능력 부족이 다른 기업에게 합병의 유인을 제공한다는 이론이다. 이 경우 합병 동기는 기업 효율성의 차이에서 기인하는 것이 아니라, 경영자의 무능력에서 기인하는 것이기 때문에, 경영자의 비효율에 의한 합병은 다각적 합병의 형태로 이루어지는 것이 대부분이다.

4. 경영 전략적 접근

이것은 기업합병이 급변하는 기업 환경에 대처하기 위한 장기적 전략의 한 방법으로 이용될 수 있다는 이론이다. 물론 환경변화에 대처하기 위한 능력을 기업 내부적으로 개발할 수도 있기 때문에 반드시 합병을 해야 하는 것이 아니다. 그러나 환경변화가 기업으로 하여금 신속한 조정을 요구한다면 다소의 시간이 소요되는 자력 개발보다는 합병이 더 효과적일 수 있다.

5. 정보 이론

정보 이론은 기본적으로 자본시장이 정보비대칭 상태에 있음을 가정한다. 즉, 자본시장의 대다수 투자자들이 알지 못하고 피취득기업의 주가에 반영되어 있지 않은 정보를 취득기업의 경영자가 알고 있다는 것이다. 만약 그 정보가 피취득기업과 관련된 좋은 정보라면 취득기업은 피취득기업의 가치가 과소평가 되어 있다고 여길 것이므로 인수·합병을 추진할 것이다. 이때 인수·합병을 하려는 취득기업의 행위 정보가 시장에 전달되면, 피취득기업의 가치는 재평가되어 정보 불균형은 개선된다는 것이다.

6. 대리인 이론

기업인수의 위협이나 합병이 대리인 문제를 해결하는 한 방법이라는 이론이다. 기업인수의 가능성이 있는 경우 경영자들은 인수 위험으로부터 자신의 지위를 유지하기 위해 낭비적 소비를 줄이고 효율적 경영을 위해 노력할 것이다. 따라서 기업인수 위협은 경영자를 감시하기 위한 주주들의 노력과 비용을 절감시켜 준다.

7. 시장지배력 이론

이는 시장점유율의 증대나 독점적 이윤의 확보를 위하여 합병이 이루어진다는 이론이다. 이 이론은 합병을 통한 규모 대형화 또는 기업자원 사용상의 집중화로 시장 내에서의 지배력 내지 통제력을 증대시키고자 한다는 데 초점을 맞추고 있다.

8. 세금효과 이론

세금효과 이론은 정상소득 및 배당소득에 대한 세율과 자본이득에 대한 세율이 다르다든지, 이월결손금의 상계를 허용하는 경우 인수·합병이 세금을 절약할 수 있는 수단으로 이용될 수 있다는 이론이다. 예를 들어, 배당소득세율이 자본이득세율보다 높은 경우에는 성장기회가 적은 기업이 배당이 적고 성장기회가 많은 기업을 인수하여 이에 장기간 투자함으로써 배당소득세를 회피하고 자본이득세만 부담할 수 있다. 또한 합병시 이월결손금의 상계가 허용된다면 수익성이 높은 기업이 이월결손금이 누적된 기업을 합병함으로써 법인세를 절감할 수 있다.

9. 경영자주의 이론

경영자주의 이론은 경영자들이 주주들의 이익을 위해서가 아니고 경영자 자신의 이익을 위해서 합병을 추진한다는 이론이다. 즉, 경영자들은 기업규모가 큰 경우에 자신들의 위신이 향상되고 보수가 증가한다고 생각하기 때문에, 합병이 주주의 부를 극대화하는 것이 아니더라도 규모를 증대하기 위한 수단으로 이용된다는 이론이다.

참고 2 피합병기업의 방어 전략

적대적 M&A의 경우, 타겟 기업은 경영권을 빼앗기지 않으려고 상황에 적절한 여러 가지 방어 전략을 구사할 것이다. 대표적인 방어 전략에 대해 알아보도록 하자.

1. 왕관의 보석(crown jewel)

왕관에 있는 보석과 같이 기업의 핵심적인 자산을 매각 처분함으로써 기업인수 위험을 피하는 방법이다.

2. 극약처방(poison pills)

이는 타겟 기업이 자사의 매수 매력을 떨어뜨리기 위해 취하는 조치를 말하는 것이다. 현재 주주에게 특정 상황에서만 행사할 수 있는 옵션을 줌으로써 인수위험을 피하는 방법이다. 예로, 합병과 같은 사태가 발생한 경우에는 합병 후 신주를 시가의 50%로 취득하는 권리를 가진 신주인수권을 기존주주들에게 배당한 경우를 들 수 있다. 이때 합병 후 매수회사의 주주가 받는 불이익이 커지기 때문에 매수 회사 측의 주가가 낮아질 것이 예상되므로 매수회사 주주의 매수 반대를 받아 실행 불가능하게 되는 것을 말한다.

3. 상어 격퇴법(shark repellent)

M&A의 공격을 받을 것이 예상되는 경우, 매수 위험을 회피하기 위하여 사전에 정관을 변경하고 경영 지배권의 획득을 곤란하게 하는 방법이다. 이때의 shark는 물론 raiders를 지칭하는 말이다. 'raiders'란 공개매수방법을 통해 주식을 매입하거나 위임장대결을 통해 경영진을 교체하는 등의 전략으로 기업의 경영권 지배를 노리거나, green-mail 등의 방법으로 단기간의 막대한 주식 매각차익을 노리는 개인투자가 또는 기업을 말한다.

4. 백기사(white knight)

기업인수의 공격을 받을 때 적대적인 상대로부터의 경영 지배를 피하기 위해 대신 자신을 매수할 제 3자를 물색하게 되는 경우가 있다. 이때의 우호적인 제 3의 매수자를 지칭하는 말이다. 즉, 현재 경영진에게 우호적인 제3자에게 기업을 넘김으로써 경영자의 지위를 유지하는 방법이다. 이 전략은 shark repellent 등의 방어 전략이 더 이상 효과가 없을 때 쓰는 마지막 수단이 된다.

'look up option'이라는 말도 있는데, 이는 우호적 매수자에게 타겟 회사가 자사의 가장 매력적인 사업 분야를 우선적으로 취득할 수 있도록 부여하는 선택권을 말한다. 백기사에게 부여되는 'incentive'라고 할 수 있다.

5. 자기주식 취득(buy back)

주식시장에서 회사 자금으로 자기주식을 되사는 것을 말한다. 이 경우 시중에 유통되는 주식수가 감소하게 되어 주가를 상승시키는 경우가 많이 발생한다.

6. 비공개기업화(going private)

이는 going public과는 반대의 개념으로 사용되는 용어로, 특정 기업이 제 3자에 의한 주식 전량매입 또는 자체의 자기주식 매입을 통해 비공개기업이 되는 행위를 일컫는다. 즉, 매수의 대상이 되어 혼란이 되는 것을 피하려는 극단적인 방법으로 주식을 비공개주식으로 변환시키는 수단을 취할 수 있는데 이것을 'going private'라고 한다. 이러한 going private는 기업이 주식을 공개하여 불특정 다수의 주주로부터 자금조달을 하는 것을 지향하는 going public에는 역행하지만, M&A의 방어수단으로써 최근 증가일로에 있다.

7. 금 낙하산(golden parachute)

M&A로 회사의 최고 경영진이 실직할 경우에 대비하여 사전에 이들에 대한 충분한 보상을 보장하는 계약으로서, 거액의 퇴직금, 저가에 의한 주식 매입권(stock option), 잔여임기 동안의 상여금 지급 등의 조건을 말한다. 즉, TOB(주식공개매입)에 걸려 매수된 기업 경영자의 신분보장 차원에서 행해지는 모든 방책을 총칭한다고 할 수 있다. 이처럼 golden parachute의 규정을 만들어 두는 것은 직접적으로 경영자의 신분을 보장하는 것이 되는 동시에 매수 비용을 크게 인상시키기 때문에 매수에 대한 방어책으로서도 유효하다.

8. 은 낙하산(silver parachute; tin parachute)

이것은 golden parachute와 계층을 달리하는 개념으로서 M&A에 의하여 타회사에 매수되는 기업의 종업원을 위한 일종의 보호장치이다. 즉, 한 기업이 적대적인 M&A에 의하여 타회사에 매수되더라도 그 기업의 종업원을 함부로 해고하지 못하도록 막대한 퇴직금을 지급하도록 규정하는 것 등을 들 수 있다.

9. 팩맨 방어(pac man defense)

이것은 매수위협을 받고 있는 타겟 회사가 역으로 상대방을 매수하려는 counter offer를 제시하여 대세를 역전시키는 전략을 말한다.

10. CB(전환사채)/BW(신주인수권부사채) 활용

전환사채(CB; convertible bond)는 사채 소유자가 자신의 의사에 따라 정해진 조건과 가격에 보통주로 전환할 수 있는 사채이다. BW는 사채 발행기업이 발행하는 신주를 인수할 수 있는 권리가 부여된 사채이다. M&A에서 지분율이 매우 중요한 만큼 이들 두 가지는 방어에 있어서도 중요하게 쓰인다.

참고 3 세계 주요국의 벤처창업 정책 사례

(다음 내용은 2015년 11월 벤처기업협회 창립 20주년 심포지움에서 이영달, 하규수 교수가 "벤처정책의 미래방향-세계 주요국의 벤처창업정책"에서 발표내용을 토대로 수정한 것임)

1. 미국의 벤처창업 지원책: Startup America Initiative(2011년)

정부 부문	1. 자금 접근성 확대 • 창업 및 초기단계 투자펀드 조성(중기청, $1B) • 민간투자 관련 세액공제 규칙 간소화(재무부) 2. 멘토와 기업가 연결 • 민간 엑셀러레이터 지원 • 군 퇴역자를 위한 인큐베이팅 프로그램(보훈부) 3. 정부 역할 정립: 기업가정신 고취를 위한 고위 관료의 전국 순회 4. 혁신 가속화: 혁신 아이디어 장려, 특허심사 단축(특허청)
민간 부문	1. 창업생태계 조성 • 민간으로부터 재원 조달을 통해 기업가정신 교육시킴. 사업화 촉진, 창업 지원을 위한 비영리재단인 Startup America Partnership 조직 2. 차세대 기업가 양성: 저소득층, 소외 청소년 대상 기업가 양성 교육 3. 멘토와 창업가 연결 4. 대기업과 창업가 연결 • 멘토링, 교육확대, 사업기회 제공(인텔, HP, 페이스북 등) • 자사 제품 무료 또는 할인 판매(아메리칸 에어라인, FedEx, Hp 등) 5. 혁신 가속화: 지역기반 혁신과 기업가정신 촉진 • 대학생 창업 보조금 프로그램 확대(전미대학 발명가혁신연합회)

- 미국 벤처창업정책의 방향은 다음 사항을 균형 있게 촉진하는 것임
  1) 기업가적 인재의 양성과 세계적 수준의 기업가의 역내 유입 촉진(사람),
  2) 목적형 펀드의 세분화 등 자본시장 기능 확대(자본),
  3) 혁신기술 기반 창업기회 확대(아이디어),
  4) 공동 시장을 중심으로 한 수요창출(시장과 고객)
- 백악관이 콘트롤 타워 역할을 하면서, 전 부처가 상기 4부문을 구체화하고 실현을 독려하며, SBA를 중심으로 부처 간 협력의 조정자 역할을 수행함

2. 영국의 Startup Britain(2011): Startup-led Economy

- 모든 학교들이 창업경진대회 프로그램을 통해 사업 창출을 지원함
- 대학과 고등교육기관에 창업동아리 개설
- 피터존스재단의 '10파운드 기부' 프로그램의 교육과정 정착 지원
- 온라인 기반 혁신 런치패드를 만들어 소사업을 쉽게 창업하도록 지원함
- 브라이튼 휴즈 프로그램을 통해 IT와 예술, 인문학 등 영역융합 창업의 지원

(출처: Department for Businessm, Inovation & Skills and Rt Hon Dr Vince, 28 March 2011)

- 영국은 Startup Britain 정책을 총리실에서 주관하여 범국가적으로 펼친 이래 2014년 영국 역사 상 가장 많은 약 58만개의 신생기업이 출연하였음
- 2015년은 10월말 기준 513,000 기업이 창업하여, 60만개 이상 추정됨

3. EC의 Entrepreneurship 2020의 실천 3대 과제

1. 창업과 성장을 지원하기 위한 기업가정신과 창업교육 확대: 전 계층 대상 의무 교육화
2. 기업가들이 번창하고 성장할 수 있는 환경 조성
   - 자본의 접근성 제고, 성실 실패에 대한 재도전 기회 부여
   - 기업생애주기 중 결정적 단계(죽음의 계곡, 다윈의 바다 등)의 지원
   - 디지털시대의 신사업기회 촉진, 소유권 이전의 편의성 제고
3. 기업가로의 역할모델 발굴과 대상 확대를 통한 새로운 기업가적 문화 조성: 여성, 시니어, 청년, 이민자 계층 등

- 유럽의 창업정책은 진화하여 'Startup Europe Initiative'로 구체화 됨
  1) 교육을 통한 창업 잠재력의 저변 확대
  2) 규제혁신과 창업 활동의 전주기적 관점의 애로요인 해결 지원
  3) 역할모델의 적극 발굴을 통한 문화 조성

4. 세계 주요국의 벤처창업 정책 분석을 통한 시사점

(1) 벤처창업을 국가전략으로 채택(Entrepreneurialism)
- 특정 부처에 편중된 제한적 정책이 아닌, 범국가적 정책 수립 및 전개
- 창업에 관심이 낮았던 독일, 일본도 국가전략으로 채택함

(2) 기업가적 인재 양성과 문화조성을 창업정책의 시발점, 플랫폼으로 인식
- 지속성장이 가능한 창업생태계를 조성키 위해 중요하게 간주함
- 이를 위해 교육 인프라에 집중적인 투자를 전개함

(3) 글로벌화: 전략적 기업가의 이민 촉진 및 '속지주의형' 창업정책 도입 (창업자 국적과 관계없이 창업을 하면 자국기업과 동일하게 간주)

- 미국의 기업가이민촉진법 발의: 자금이 없어도 창업 전제시 영주권 취득케 함
- 영국, 이스라엘의 '속지주의' 창업정책. 중국, 인도의 유학생 귀국 창업지원

(4) 창업 소요비용 부담을 완화하는 방향으로 정책 전개

- 창업의 '진입(entry)비용, 유지(remaining)비용, 수확(harvestin)비용, 정리(exit) 비용, 재도전(serial entrepreneurship)비용 등 창업 관련비용을 최소화함
- 사회적 안전망 구축을 통해 실패에 대한 부담 최소화

(5) 전주기적 접근 및 단계별 정책적 연계성의 강조: 재도전 기능을 강조함

(6) 창업대상 그룹별/목적별 세분화된 정책 지원

(7) 산업, 지역개발 전략과 연계한 '계획된 창업기업' 육성: 투자회수사이클 단축

- 정부의 개발전략 내용을 공개하고 창업기업들이 참여하게 법규 마련
  예) 미국의 iCorps 프로그램: 우리나라의 구매조건부 R&D 지원사업과 유사
  뉴욕의 빅데이터 공개. 이스라엘, 중국의 방위산업 벤처 참여 의무

(8) 중앙, 지방 정부간 역할 분담과 민간참여

- 정책 가버넌스를 유지하여, '중앙-지방정부-민간-국제관계' 간 시너지 극대화

(9) 규제혁신과 창업지원 및 창업기업 보호를 위한 제도적 뒷받침

- 미국: 오바마 대통령이 주관하는 민관합동 창업 관련 규제개선위원회 운영
- 덴마크, 독일의 채무자 친화적 금융환경, 중국의 교판기업 지원 정책

(10) 생산적 기업가정신 생태계 조성을 통한 벤처창업의 지속가능성장모델 구현

- 창업촉진정책은 비생산적 또는 파괴적 형태의 결과로 나타날 수도 있음

참고문헌

관계부처 합동. “창조경제 실현 계획.” (2013).

기획재정부. “벤처·창업 자금생태계 선순환 방안.” (2013).

길영준, 류지선, 남태영, 이찬희, 김효준. “전략 통합형 R&D 를 위한 과학적 연구방법론 에 관한 연구.” 연구보고 (2002): 1-239.

김세진. “글로벌경쟁시대의 경영전략.” (1996).

김철환, 이재홍, 이춘주. “기술경영.” 비전피엠 (2010).

박용태. “공학도를 위한 기술과 경영.” 생능출판사 (2005).

박원구, 황호찬. “기술재무회계.” 경문사 (2011).

박재민, 성태경, 박원구. “MIS 분야의 기술추적과정 연구.” 기술혁신연구 (2011).

박찬수. “마케팅 원리.” 법문사 (2000).

산업연구원(KIET). “새로운 기업성장 패러다임과 신산업정책 방향 연구.” (2012).

성태경, 장동식, 김형기. “기술마케팅과 사업화.” 경문사 (2011).

신영수, 장성근, 정해혁. “R&D 투자, 기술경영능력, 기업성과간의 관계.” 경영학연구 38.1 (2009): 105-132.

신용하, 장동훈. “기술경영원론.” 전략기술경영연구원 (2005).

이석규. “마케팅 관리.” 박영사 (2006).

이성봉. “세계경제 Focus: 전략적 제휴의 국제적 추세와 한국기업의 현황 및 시사점.” 대외경제정책연구원(KIEP) 2.11 (1999).

이영달, 하규수. “한국의 벤처 20년 성과와 과제: 벤처정책의 미래방향: 세계 주요국의 벤처창업정책 비교분석.” 벤처기업협회. (2015): 27-48.

이장재, 현병환, 최영훈. “과학기술정책론: 현상과 이론.” 경문사 (2011).

이정동. “공학기술과 정책.” 지호출판사 (2011).

정선양. “전략적 기술경영.” 박영사 (2011): 302.

정우성, 윤락근. “특허전쟁.” 에이콘출판 (2011).

정원일, 한상록, 이정원. “연구기획평가실무자를 위한 R&D 프로젝트 관리.” 한국산업기술진흥협회 (2007).

정재용. “공학기술과 경영.” 지호 (2006).

조근태, 이정훈, 조용곤. “R&D 관리.” 경문사 (2011).
중소기업청. “2013년 벤처기업정밀실태조사.” (2013).
지식경제부. “기술가치평가 실무가이드.” (2011).

Abernathy, William J., and Kenneth Wayne. "Limits of the learning curve." Harvard Business Review 52.5 (1974): 109-119.

Ahmad, Sohel, and Roger G. Schroeder. "Refining the product-process matrix." International Journal of Operations & Production Management 22.1 (2002): 103-124.

Barringer, Bruce. Entrepreneurship: Successfully Launching New Ventures, (2012).

Barry Jaruzelski, Kevin Dehoff, & Rakesh Bordia, “Money isn’t everything”, Booz Allen Hamilton study, Issue 45 (2006).

Gawer, Annabelle, and Michael A. Cusumano. "How companies become platform leaders." MIT Sloan management review 49.2 (2008): 28.

Hayes, Robert H., and Steven G. Wheelwright. "Dynamics of process-product life-cycles." Harvard business review 57.2 (1979): 127-136.

Jaruzelski, Barry, Kevin Dehoff, and Rakesh Bordia. "The Booz Allen Hamilton Global Innovation 1000: Smart Spenders." Strategy+ Business 45 (2006): 46-61.

Kim, Linsu. "Building technological capability for industrialization: analytical frameworks and Korea's experience." Industrial and corporate change 8.1 (1999): 111-136.

Lovallo, Dan P., and Lenny T. Mendonca. "Strategy's strategist: an interview with Richard Rumelt." McKinsey Quarterly 4 (2007): 56.

McGahan, Anita M., and Michael E. Porter. "How much does industry matter, really?." Strategic management journal (1997): 15-30.

Porter, Michael E. "The five competitive forces that shape strategy." Harvard business review 86.1 (2008): 25-40.

T, Khalil. “Management of Technology.” McGraw-Hill (1996).

Utterback, James M., and William J. Abernathy. "A dynamic model of process and product innovation." Omega 3.6 (1975): 639-656.

Vernon, Raymond. “International Investment and International Trade in the Product

Cycle." (2002): 159-277.

Walsh, James P., and John W. Ellwood. "Mergers, acquisitions, and the pruning of managerial deadwood." Strategic Management Journal 12.3 (1991): 201-217.

WonKoo Park, KwangSook Lee, & SungSoo Yoon(2016), Investments for New Product Development: A Break-Even Time Analysis", Engineering Management Journal (SSCI), Vol. 28 No.3 pp.158~167.

찾아보기

ㄱ

ㄴ

ㄷ

ㄹ

ㅁ

ㅂ

ㅈ

ㅊ

ㅋ

ㅌ

ㅍ

ㅎ

기타

■ 지은이

박원구 (경영학 박사)

서울대학교 공대 졸업, 서울대학교 대학원 경영학과 졸업
미국 MIT 경영대학원 수료, 세종대학교 대학원 회계학과

고려대 기술경영전문대학원 교수
Erlang System Inc. 창업하여 경영
POSCO 신사업개발부에서 경영다각화 수행

공공기관 경영평가단 위원(기재부), 국책연구기관 평가위원(총리실)
지식경제부 기술경영교재 편찬위원장, IT벤처기업협회 부회장
한국벤처투자(주) 모태펀드 투자심의위원, 기술경영경제학회 부회장
하나금융지주 이사회의장, 서울대 객원교수

저서: 《기술회계》, 《종합회계원리》, 《기술경영개론》 등

단계별로 본

기술사업화와 창업

지은이 박원구
펴낸이 조경희
펴낸곳 경문사
펴낸날 2017년 11월 1일 1판 1쇄
2024년 3월 1일 1판 3쇄
등 록 1979년 11월 9일 제1979-000023호
주 소 04057, 서울특별시 마포구 와우산로 174
전 화 (02)332-2004 팩스 (02)336-5193
이메일 kyungmoon@kyungmoon.com

값 25,000원

ISBN 979-11-6073-074-6